Paulus
Schuldrecht BT/1

Schuldrecht BT/1

Vertragliche Schuldverhältnisse

von

PD Dr. David Paulus

Privatdozent an der
Ludwig-Maximilians-Universität München

3. Auflage 2024

Zitiervorschlag: Paulus, SR BT/1 Kap. 1 Rn. 1

www.beck.de

ISBN 978 3 406 81099 2

© 2024 Verlag C.H.Beck oHG
Wilhelmstraße 9, 80801 München
Druck: Beltz Grafische Betriebe GmbH,
Am Fliegerhorst 8, 99947 Bad Langensalza

Satz: DTP-Vorlagen des Autors
Umschlaggestaltung: Druckerei C.H.Beck Nördlingen

chbeck.de/nachhaltig

Gedruckt auf säurefreiem, alterungsbeständigem Papier
(hergestellt aus chlorfrei gebleichtem Zellstoff)

Alle urheberrechtlichen Nutzungsrechte bleiben vorbehalten.
Der Verlag behält sich auch das Recht vor, Vervielfältigungen dieses
Werkes zum Zwecke des Text and Data Mining vorzunehmen.

Vorwort

Das vorliegende Lehrbuch dient der kompakten Einübung sowie Wiederholung des wichtigsten Examensstoffes im Bereich der vertraglichen Schuldverhältnisse. Auch wenn das Format der Reihe „Jurakompakt" zwangsläufig eine gewisse Beschränkung des Umfangs erforderlich gemacht hat, habe ich mich doch bemüht, alle wesentlichen und ausbildungsrelevanten Informationen zu erfassen.

Die Neuauflage war dringend erforderlich, um die zahlreichen Änderungen, die v.a. das Kaufrecht mit Wirkung vom 1.1.2022 erfahren hat, einzuarbeiten. So hat bekanntlich sowohl die Umsetzung der (die Verbrauchsgüterkauf-Richtlinie vom 25.5.1999 ablösenden) EU-Warenkaufrichtlinie vom 20.5.2019 als auch der – wenn auch v.a. in den §§ 327 ff. BGB, d.h. im SchR AT, umgesetzten – Digitale-Inhalte-Richtlinie (vom selben Tag) zu bedeutenden Änderungen im Bereich des Kaufrechts geführt. Ein besonderes Augenmerk i.R.d. Neubearbeitung lag dabei auf der Abgrenzung zwischen dem Anwendungsbereich der §§ 433 ff. sowie der §§ 327 ff. BGB. Darüber hinaus war – neben zahlreichen kleineren Änderungen – die Neuregelung des Sachmangelbegriffs in § 434 BGB (sowie daneben nunmehr auch in § 475b und § 475c BGB) einzuarbeiten. Schließlich mussten bedeutende Rechtsprechungsänderungen (etwa im Bereich der Ersatzfähigkeit fiktiver Mängelbeseitigungskosten im Wege des kleinen Schadensersatzes statt der Leistung) berücksichtigt werden.

Mein besonderer Dank gilt meinen Lehrstuhlkollegen *Matteo Fontana* und *Peter Moser* für die Durchsicht des Manuskripts und zahlreiche hilfreiche Anmerkungen. Darüber hinaus bitte ich auch Sie, liebe Leserinnen und Leser, um Hinweise, Kritik und Änderungsvorschläge jeglicher Art; diese werden erbeten an david.paulus@jura.uni-muenchen.de.

München, 18. Oktober 2023 *David Paulus*

Inhaltsverzeichnis

Vorwort V

Abkürzungsverzeichnis XVII

Literaturverzeichnis XIX

Kapitel 1. Einführung 1
  A. Begriff der vertraglichen Schuldverhältnisse 1
  B. Regelungsstandort im System des BGB 2
  C. Besonderes Leistungsstörungsrecht 3
  D. Typisierung vertraglicher Schuldverhältnisse im BGB 3
  E. Anspruchsaufbau 4

Kapitel 2. Kaufrecht 7
  A. Grundlagen 7
  B. Die Pflichten von Käufer und Verkäufer 9
    I. Überblick über die verschiedenen Pflichten 9
    II. Die Hauptleistungspflichten des Verkäufers gem. § 433 I 10
    III. Die Hauptleistungspflicht des Käufers gem. § 433 II 11
  C. Pflichtverletzungen im Kaufrecht 11
  D. Mangel der Kaufsache 12
    I. Sachmangel, § 434 13
      1. Allgemeine Definition des Sachmangels 13
      2. Begriff der Beschaffenheit 14
      3. Maßgeblicher Zeitpunkt 15
      4. Subjektive Anforderungen, § 434 II 15
        a) Beschaffenheitsvereinbarung (§ 434 II 1 Nr. 1) 15
        b) Eignung für die vertraglich vorausgesetzte Verwendung (Nr. 2) 17
      5. Objektive Anforderungen, § 434 III 18
      6. Montageanforderungen, § 434 IV 20
      7. Falschlieferung (§ 434 V) und Mengenabweichung 21
      8. Sachmangel bei Waren mit digitalen Elementen, §§ 475b, 475c 22
    II. Rechtsmangel, § 435 24

E. Gefahrtragung beim Kaufvertrag 26
  I. Definition und Arten der Gefahr 26
  II. § 446: Übergabe und Annahmeverzug 27
  III. § 447 I: Versendungskauf 28
F. Die Mängelrechte des Käufers gem. § 437 29
  I. Überblick 30
    1. Mängelrechte bei Behebbarkeit des Mangels 30
    2. Mängelrechte bei Unmöglichkeit der Nacherfüllung 30
  II. Die „Brückennorm" des § 437 31
  III. Der Anspruch des Käufers auf Nacherfüllung 33
    1. Inhalt des Nacherfüllungsanspruchs, § 439 I 33
      a) Nachbesserung 34
      b) Nachlieferung 35
      c) Modalitäten des Nacherfüllungsanspruchs; § 439 II .. 37
    2. Voraussetzungen des Nacherfüllungsanspruchs 38
    3. Ein- und Ausbaukosten, § 439 III 38
    4. Ausschluss der Nacherfüllung 41
      a) Ausschluss wegen Unmöglichkeit, § 275 I–III 41
      b) Einrede der Unverhältnismäßigkeit, § 439 IV 41
    5. Selbstvornahme der Nacherfüllung 42
  IV. Das Rücktrittsrecht des Käufers 43
    1. Überblick über die Rücktrittsgründe im Kaufrecht 44
    2. Rücktritt wegen Verzögerung der Nacherfüllung,
       § 323 I Alt. 2 45
      a) Grundsatz: Erfolgloser Fristablauf 45
      b) Ausnahme: Entbehrlichkeit der Fristsetzung 47
        aa) Rücktrittsspezifische Ausnahmen vom
            Fristsetzungserfordernis 47
        bb) Kaufrechtsspezifische Ausnahmen vom
            Fristsetzungserfordernis 48
        cc) Entbehrlichkeit der Fristsetzung beim
            Verbrauchsgüterkauf 50
    3. Rücktritt wegen Unmöglichkeit der Nacher-
       füllung, § 326 V 51
    4. Ausschluss des Rücktrittsrechts 52
      a) Ausschluss wegen Unerheblichkeit, § 323 V 2 52
      b) Ausschluss wegen Käuferverantwortlichkeit,
         § 323 VI Alt. 1 53
    5. Rechtsfolgen des Rücktritts 53
  V. Das Minderungsrecht des Käufers 54
    1. Voraussetzungen des Minderungsrechts 54
    2. Berechnung des Minderungsbetrags 55
    3. Rechtsfolgen der Minderung 56

VI. Der Anspruch des Käufers auf Schadensersatz 56
   1. Überblick über die Schadensersatzregelung im
      Schuldrecht AT 56
   2. Systematik der Schadensersatztatbestände im
      Kaufrecht.. 57
      a) Verletzung von Nebenpflichten i.S.v. § 241 II 58
      b) Verletzung von Leistungspflichten i.S.v. § 241 I 58
         aa) Schadensersatz statt der Leistung 58
         bb) Schadensersatz neben der Leistung................... 59
      c) Keine Vorgaben für Schadensersatz in der
         Warenkaufrichtlinie... 60
   3. Abgrenzung der verschiedenen Schadensarten.............. 60
      a) Abgrenzung Schadensersatz neben und statt
         der Leistung 61
      b) Abgrenzung zwischen § 280 I und §§ 280 I,
         II, 286 I 64
   4. Schadensersatz statt der Leistung (SESL) 65
      a) SESL bei behebbaren Mängeln 65
         aa) Fristsetzungserfordernis 66
         bb) Relevante Pflichtverletzung; Bezugspunkt
            des Vertretenmüssens... 67
      b) SESL bei unbehebbaren Mängeln 68
         aa) SESL wegen anfänglicher Unmöglichkeit.......... 69
         bb) SESL wegen nachträglicher Unmöglichkeit....... 70
         cc) Zeitliche Abgrenzung i.R.d. SESL auf-
            grund Unmöglichkeit 71
      c) Großer oder kleiner Schadensersatz statt der
         Leistung?.. 72
   5. Schadensersatz neben der Leistung (SENL)................. 73
      a) Einfacher Schadensersatz (§ 280 I iVm § 437 Nr. 3) 73
      b) Schadensersatz wegen Verzögerung der Nach-
         erfüllung (§ 286) 75
   6. Die Verantwortlichkeit des Verkäufers 77
      a) Verschuldenshaftung und Haftung für
         Erfüllungsgehilfen, § 278 78
      b) Übernahme einer Garantie oder eines
         Beschaffungsrisikos 79
VII. Der Anspruch des Käufers auf Aufwendungsersatz,
     § 284... 80
VIII. Der Anspruch des *Verkäufers* auf Aufwendungsersatz........ 81
IX. Anspruch auf Herausgabe des Surrogats (§ 285) 83
X. „Allgemeine Mängeleinrede" und § 320 I 84

Inhaltsverzeichnis

XI. Konkurrenzen 85
    1. Innerhalb des Kaufgewährleistungsrechts 85
    2. Zu anderen Rechten außerhalb des Kaufgewähr-
       leistungsrechts 85
G. Ausschluss, Grenzen und Erweiterung der Mängelrechte 86
   I. Ausschluss der Gewährleistung 86
     1. Gesetzlicher Haftungssausschluss gem. § 442 I 1, 2
        und § 445 87
     2. Gesetzlicher Haftungssausschluss gem. § 377 II, III
        HGB 88
     3. Vertraglicher Haftungsausschluss 89
  II. Zeitliche Grenzen der Mängelrechte 90
     1. Verjährungsfristen für Ansprüche, § 438 I und III 90
     2. Beginn der Verjährungsfristen, § 438 II 91
     3. Zeitliche Grenze der Gestaltungsrechte,
        § 438 IV 1 und V 91
     4. „Besondere" Mängeleinrede und Rücktrittsrecht
        des Verkäufers 92
  III. Erweiterung der Käuferrechte durch Garantie 92
     1. Vereinbarung einer kaufrechtlichen Garantie 93
     2. Arten der kaufrechtlichen Garantie 93
       a) Inhaltliche Erweiterung der Käuferrechte 93
       b) Personelle Erweiterung der Käuferrechte 94
     3. Voraussetzungen und Rechtsfolgen 94
H. Besondere Arten des Kaufs 95
   I. Der Kauf von Rechten bzw. sonstigen Gegenständen 95
     1. Rechtskauf, § 453 I 1 Alt. 1 96
     2. Der Kauf von sonstigen Gegenständen, § 453 I 1 Alt. 2 ... 97
       a) Verbraucherverträge über den Kauf digitaler
          Inhalte, § 453 I 2 97
       b) Der Unternehmenskauf 98
          aa) Asset deal, § 453 I Alt. 2 98
          bb) Share deal, § 453 I Alt. 1 99
  II. Der Verbrauchsgüterkauf 100
     1. Anwendungsbereich, § 474 100
       a) Persönlicher Anwendungsbereich 100
       b) Sachlicher Anwendungsbereich 101
       c) Zeitlicher Anwendungsbereich 102
     2. Rechtsfolgen des Vorliegens eines Verbrauchs-
        güterkaufs 102
       a) Nicht oder nur modifiziert anwendbare Vor-
          schriften, § 475 102
       b) Kauf digitaler Produkte, §§ 475a–c und § 475e I, II.. 103

  c) Sonderregelungen zur Verjährung, § 475e III und IV 104
  d) Sonderregelung der Entbehrlichkeit der Fristsetzung, § 475d 104
  e) Zwingend anwendbare Vorschriften, § 476 104
  f) Beweislastumkehr, § 477 106
   aa) Voraussetzungen der Beweislastumkehr 107
   bb) Reichweite der Beweislastumkehr 107
   cc) Widerlegung der Vermutung 108
   dd) Ausschluss der Beweislastumkehr 108
  g) Verkäuferregress beim Lieferanten, § 478 108
  h) Sonderbestimmungen für Garantien, § 479 109
 III. Kauf unter Eigentumsvorbehalt 110
 IV. Kauf auf Probe 111
 V. Wiederkauf 112
 VI. Das (schuldrechtliche) Vorkaufsrecht............................... 112

Kapitel 3. Weitere Verträge zu dauernder Überlassung 113

A. Tauschvertrag 113
B. Schenkungsvertrag 114
 I. Arten der Schenkung 114
 II. Wirksamkeit 115
 III. Privilegierung des Schenkers 115

Kapitel 4. Mietrecht 117

A. Einführung 117
 I. Charakteristik 118
 II. Untermiete 118
 III. Formbedürftigkeit? 119
 IV. Systematik des Mietrechts 119
B. Die Pflichten von Mieter und Vermieter 120
 I. Die Pflichten des Vermieters 120
  1. Gebrauchsüberlassungspflicht (§ 535 I 1) 120
  2. Gebrauchserhaltungspflicht (§ 535 I 2); Schönheitsreparaturen 120
  3. Neben(leistungs)pflichten 122
 II. Die Pflichten des Mieters 122
C. Leistungsstörungen im Mietrecht 123
 I. Rechte des Vermieters bei Leistungsstörungen 124
  1. Schadensersatz 124
  2. Kündigung 125
  3. Nutzungsentschädigung 125

Inhaltsverzeichnis

II. Rechte des Mieters bei Leistungsstörungen 125
 1. Gewährleistung 126
  a) Allgemeine Voraussetzungen 127
   aa) Sachmangel, § 536 I 127
   bb) Rechtsmangel, § 536 III 128
   cc) Zugesicherte Eigenschaft, § 536 II 128
  b) Mietminderung, § 536 128
  c) Schadensersatz, § 536a I 129
   aa) § 536a I Alt. 1 130
   bb) § 536a I Alt. 2 131
   cc) § 536a I Alt. 3 131
  d) Aufwendungsersatz nach Selbstvornahme, § 536a II 132
  e) Zurückbehaltungsrecht 133
  f) Ausschluss der Mängelrechte 133
  g) Verjährung 134
  h) Konkurrenzen 134
 2. Sonstige Haftung des Vermieters 134
D. Die Beendigung des Mietvertrags 135
 I. Zeitablauf 135
 II. Kündigung 135
  1. Außerordentliche Kündigung 136
  2. Ordentliche Kündigung 138
E. Die Fortsetzung des Mietverhältnisses 140
F. Die Wohnraummiete, §§ 549–577a 141
 I. Vermieterpfandrecht, §§ 562–562d 142
 II. „Kauf bricht nicht Miete", § 566 143
G. Mietverhältnisse über andere Sachen, §§ 578–580a 144

Kapitel 5. Weitere Verträge zur Überlassung auf Zeit 147

A. Pachtvertrag 147
B. Leihvertrag 147
C. Darlehensvertrag 148
 I. Gelddarlehen etc. 148
  1. Überblick über die §§ 488–515 149
  2. Charakteristik 149
  3. Form 150
  4. Sittenwidrigkeit, § 138 150
  5. Beendigung 151
  6. Verbraucherdarlehensvertrag, §§ 491 ff. 152
 II. Sachdarlehen 152

Kapitel 6. Werkvertragsrecht 153
  A. Einführung 153
    I. Charakteristik 153
    II. Werklieferungsvertrag, § 650 I 154
    III. Verbraucherverträge über digitale Produkte, § 650 II–IV .. 154
    IV. Veräußerung neu errichteter Gebäude oder Wohnungen .. 155
    V. Abgrenzung zum Dienstvertrag 155
  B. Die Pflichten von Besteller und Unternehmer 156
    I. Die Pflichten des Unternehmers 156
      1. Hauptleistungspflichten 156
      2. Neben(leistungs)pflichten 157
    II. Die Pflichten des Bestellers 157
      1. Vergütungspflicht 157
      2. Abnahmepflicht 158
      3. Neben(leistungs)pflichten und Obliegenheiten 159
    III. Die Sicherung des Vergütungsanspruchs 160
      1. § 647 und § 647a 160
      2. § 650e und § 650f 161
  C. Pflichtverletzungen im Werkvertragsrecht 161
  D. Mangel des Werks, § 633 162
    I. Sachmangel, § 633 II 162
    II. Rechtsmangel, § 633 III 164
  E. Gefahrtragung beim Werkvertrag 164
    I. Leistungsgefahr 164
    II. Gegenleistungsgefahr 165
    III. Sachgefahr 166
  F. Die Rechte des Bestellers gem. § 634 166
    I. Überblick 166
    II. Die Brückennorm des § 634 167
    III. Der Anspruch des Bestellers auf Nacherfüllung 169
    IV. Aufwendungsersatz nach Selbstvornahme 171
    V. Das Rücktrittsrecht des Bestellers 172
    VI. Das Minderungsrecht des Bestellers 174
    VII. Der Anspruch des Bestellers auf Schadensersatz 175
      1. Schadensersatz neben der Leistung (SENL) 175
      2. Schadensersatz statt der Leistung (SESL) 176
    VIII. Der Anspruch auf Ersatz vergeblicher Aufwendungen 178
    IX. § 320 bzw. § 641 III 178
  G. Ausschluss, Grenzen und Erweiterung der Mängelrechte 179
    I. Ausschluss der Gewährleistung 179
    II. Zeitliche Grenzen der Mängelrechte 180
    III. Erweiterung der Bestellerrechte durch Garantie 180

H. Die Beendigung des Werkvertrags 181
    I. Kündigung durch den Unternehmer, § 643 181
    II. Kündigung durch den Besteller, § 648 und § 649 I 181
    III. Kündigung aus wichtigem Grund, § 648a 182
I. Sonstige Werk- bzw. werkvertragsähnliche Verträge 182
    I. Bauvertrag, §§ 650a ff. 183
    II. Architektenvertrag, §§ 650p ff. 183
    III. Bauträgervertrag, §§ 650u f. 184

Kapitel 7. Weitere Verträge zur Tätigkeit im fremden Dienst oder Interesse 185

A. Dienstvertrag 185
    I. Charakteristik 185
    II. Die Haftung des Dienstverpflichteten 186
    III. Die Vergütungspflicht des Dienstberechtigten 187
    IV. Beendigung des Dienstvertrags 187
B. Arbeitsvertrag 188
C. Pauschalreisevertrag 188
    I. Charakteristik und Anwendungsbereich 188
        1. Pauschalreise 189
        2. Die Vertragsparteien und sonstigen Beteiligten 192
            a) Reiseveranstalter 192
            b) Reisender 192
            c) Reisevermittler 193
            d) Leistungserbringer 193
    II. Änderung und vorzeitige Auflösung des Vertrags 194
    III. Gewährleistungsrecht 195
        1. Überblick 195
        2. Reisemangel 196
        3. Die Brückennorm des § 651i III 197
        4. Recht auf Abhilfe, § 651k 198
            a) Anspruch auf Mangelbeseitigung 198
            b) Aufwendungsersatzanspruch nach Selbstabhilfe 199
            c) Anspruch auf angemessene Ersatzleistungen 199
            d) Anspruch auf Kostentragung für Ersatzunterkunft 200
        5. Kündigung, § 651l 200
        6. Minderung des Reisepreises, § 651m 201
        7. Schadensersatz, § 651n I 201
        8. Entschädigung wg. nutzlos aufgewendeter Urlaubszeit, § 651n II 203
        9. Ausschluss und Grenzen der Mängelrechte 203

Inhaltsverzeichnis

D. Auftrag 204
   I. Charakteristik 204
   II. Die Pflichten der Parteien 205
      1. Pflichten des Beauftragten 205
      2. Pflichten des Auftraggebers 205
   III. Beendigung des Auftrags 206
E. Geschäftsbesorgungsvertrag 206
F. Maklervertrag und Partnervermittlung 207
G. Sonstige Schuldverhältnisse 208

Kapitel 8. Schuldverhältnisse ohne Interessengegensatz 211

A. Gesellschaftsvertrag 211
B. Gemeinschaft 213

Kapitel 9. Verträge über ein Risiko 215

A. Spiel und Wette; Lotterievertrag 215
B. Bürgschaftsvertrag 216
   I. Charakteristik 217
      1. Zu sichernde Hauptforderung und Verbürgungswille .. 217
      2. Akzessorietät 217
      3. Subsidiarität 219
      4. Rechtsnatur und Rechtsgrund 220
   II. Wirksamkeit des Bürgschaftsvertrags 220
      1. Form, § 766 220
      2. Sittenwidrigkeit, § 138 I 221
      3. Verbraucherschutzrecht 222
   III. Die Inanspruchnahme des Bürgen 223
   IV. Der Regress des Bürgen 224

Kapitel 10. Verträge zur Feststellung von Forderungen 225

A. Vergleichsvertrag 225
B. Schuldversprechen und Schuldanerkenntnis 226

Kapitel 11. Typengemischte und atypische Verträge 227

A. Einführung: Typenfremde Verträge 227
B. Leasing 228
   I. Charakteristik und Arten 228
   II. Dreipersonenverhältnis 229
   III. Rechtsnatur des Finanzierungsleasings 229
   IV. Rechtliche Behandlung des Finanzierungsleasings 230
      1. Leistungsstörungen 230
      2. Verbraucherschutz 231
      3. AGB 231

C. Factoring.. 232
   I. Charakteristik und Arten.. 232
   II. Verhältnis zum verlängerten Eigentumsvorbehalt 233

Stichwortverzeichnis 235

Abkürzungsverzeichnis

A.	Ausnahme
a.A.	andere/r Ansicht
Abs.	Absatz
a.E.	am Ende
a.F./n.F.	alte/neue Fassung
AGB	Allgemeine Geschäftsbedingungen
allg.	allgemeine/r
Alt.	Alternative
AT/BT	Allgemeiner/Besonderer Teil
BAG	Bundesarbeitsgericht
Bd.	Band
BGB	Bürgerliches Gesetzbuch
BGBl.	Bundesgesetzblatt
BGH	Bundesgerichtshof
BT-Drs.	Bundestags-Drucksache
BVerfG	Bundesverfassungsgericht
bzw.	beziehungsweise
cic	culpa in contrahendo
CISG	UN-Kaufrecht
d.h.	das heißt
EG	Erwägungsgrund
engl.	englisch
etc.	et cetera
EuGH	Europäischer Gerichtshof
Fn.	Fußnote
FS	Festschrift
gem.	gemäß
GesR	Gesellschaftsrecht
GG	Grundgesetz
ggf.	gegebenenfalls
GoA	Geschäftsführung ohne Auftrag
GrS	Großer Senat
HGB	Handelsgesetzbuch
HS	Halbsatz
h.L./Lit./M.	herrschende Lehre/Literatur/Meinung
hochumstr.	hoch umstritten
i.B.a.	in Bezug auf
i.d.R.	in der Regel
i.e./w.S.	im engeren/weiteren Sinn
i.Ersch.	im Erscheinen
i.G.z.	im Gegensatz zu

Abkürzungsverzeichnis

inkl.	inklusive
insb.	insbesondere
IPR	Internationales Privatrecht
i.R.v./d./e.	im Rahmen von/der(s)/eine(s/r)
i.S.d./v.	im Sinne des/der/von
iVm	in Verbindung mit
IZVR	Internationales Zivilverfahrensrecht
jdf.	jedenfalls
Kap.	Kapitel
KG	Kommanditgesellschaft
Lit.	Literatur
m.a.W.	mit anderen Worten
m.E.	meines Erachtens
M.M.	Mindermeinung
m.w.N.	mit weiteren Nachweisen
o.	oder
o.Ä./ä.	oder Ähnliches/ähnliche(s/r)
oHG	offene Handelsgesellschaft
ProdHaftG	Produkthaftungsgesetz
PRRL	(neue) Pauschalreise-Richtlinie vom 25.11.2015
PV	Pflichtverletzung
RefE	Referentenentwurf
resp.	respektive
Rn.	Randnummer
Rspr.	Rechtsprechung
s.	siehe
SchRMod	Schuldrechtsmodernisierung
SE	Schadensersatz
SENL	Schadensersatz neben der Leistung
SESL	Schadensersatz statt der Leistung
u.a.	unter anderem
UAbs.	Unterabsatz
umstr.	umstritten
usw.	und so weiter
v.a.	vor allem
vs.	versus
VerbrGKRL	Verbrauchsgüterkaufrichtlinie vom 25.5.1999
VerbrKrRL	Verbraucherkreditrichtlinie vom 23.4.2008
VRRL	Verbraucherrechterichtlinie vom 25.10.2011
Warenkauf-RL	Warenkaufrichtlinie vom 20.5.2019
WoImmoKRL	Wohnimmobilienkreditrichtlinie vom 4.2.2014
WoVermG	Wohnungsvermittlungsgesetz
z.B.	zum Beispiel
ZDRL	Zahlungsdiensterichtlinie vom 25.11.2015
ZPO	Zivilprozessordnung
z.T.	zum Teil

Literaturverzeichnis

Bamberger/Roth	Beck'scher Onlinekommentar BGB, 67. Edition 2023
BeckOGK	beck-online.GROSSKOMMENTAR
Beurskens	Schuldrecht Besonderer Teil, 2023 [i. Ersch.]
Brömmelmeyer	Schuldrecht Besonderer Teil, 6. Aufl. 2023
Brox/Walker	Besonderes Schuldrecht, 47. Aufl. 2023
Dauner-Lieb/Langen	Nomos-Kommentar BGB Schuldrecht, 4. Aufl. 2021
Emmerich	Schuldrecht Besonderer Teil, 16. Aufl. 2022
Erman	Bürgerliches Gesetzbuch, 17. Aufl. 2023
Fezer/Obergfell	Klausurenkurs zum Schuldrecht BT, 11. Aufl. 2023
Flume	Allgemeiner Teil des Bürgerlichen Rechts, Zweiter Band: Das Rechtsgeschäft, 4. Aufl. 1992
Fikentscher/Heinemann	Schuldrecht, 12. Aufl. 2022
Fritzsche	Fälle zum Schuldrecht I: Vertragliche Schuldverhältnisse, 9. Aufl. 2023
Grüneberg	Bürgerliches Gesetzbuch, 82. Aufl. 2023
Hirsch	Schuldrecht Besonderer Teil, 6. Aufl. 2020
HKK-BGB	Rückert/Schmoeckel/Zimmermann (Hrsg.), Historisch-kritischer Kommentar zum BGB, Band III: Schuldrecht: Besonderer Teil, Teilbände 1 und 2, 2013
Huber/Bach	Examens-Repetitorium Besonderes Schuldrecht 1, 8. Aufl. 2022
Jauernig	Bürgerliches Gesetzbuch, 18. Aufl. 2021
Köhler/Lorenz	Prüfe Dein Wissen: Schuldrecht II, 20. Aufl. [i. Ersch.]
Larenz	Schuldrecht I, 14. Aufl. 1987
Larenz	Schuldrecht II/1, 13. Aufl. 1985
Larenz/Canaris	Schuldrecht II/2, 13. Aufl. 1994
Leenen/Häublein	BGB Allg. Teil, Rechtsgeschäftslehre, 3. Aufl. 2021
Looschelders	Schuldrecht Besonderer Teil, 18. Aufl. 2023
Medicus/Lorenz	Schuldrecht I, Allgemeiner Teil, 22. Aufl. 2021
Medicus/Lorenz	Schuldrecht II, Besonderer Teil, 18. Aufl. 2018
Medicus/Petersen	Allgemeiner Teil des BGB, 11. Aufl. 2016
Medicus/Petersen	Bürgerliches Recht (BR), 29. Aufl. 2023
MüKoBGB	Münchener Kommentar zum Bürgerlichen Gesetzbuch, 9. Aufl. 2021 ff.
Oechsler	Vertragliche Schuldverhältnisse, 2. Aufl. 2017
Oetker/Maultzsch	Vertragliche Schuldverhältnisse, 5. Aufl. 2018
Schäfer	Schuldrecht – Besonderer Teil, 2021
Staudinger	Kommentar zum BGB, Neubearbeitung 2003/2012 ff.

Kapitel 1. Einführung

A. Begriff der vertraglichen Schuldverhältnisse

Das in den §§ 241–853 geregelte Schuldrecht ist nicht nur dasjenige Buch des BGB mit den faktisch meisten Paragraphen, sondern auch das – mit Abstand – examensrelevanteste. Sein Gegenstand sind (privatrechtliche) **Schuldverhältnisse**, also Rechtsverhältnisse, die die Verpflichtung einer Person gegenüber einer anderen, meist jedoch beider Personen gegeneinander zum Inhalt haben.

Ein Schuldverhältnis im Sinne des Titels des 2. Buches erschöpft sich indes nicht zwangsläufig in einzelnen Leistungsbeziehungen (d.h. Ansprüchen) im Verhältnis Schuldner – Gläubiger, sondern stellt ein größeres, potentiell mehrere Leistungs- und Verhaltenspflichten sowie ggf. sonstige subjektive Rechte umfassendes Gesamtgefüge dar (z.B.: ein Miet- oder Arbeitsverhältnis im Ganzen). Der Genauigkeit halber wird daher in der Lit. (*nicht*: im Gesetz) gemeinhin vom **Schuldverhältnis im weiteren Sinn (i.w.S.)** gesprochen; in diesem Sinn ist auch der Begriff des Schuldverhältnisses in der Abschnittsüberschrift zum Schuldrecht BT (8. Abschnitt) sowie z.B. in § 273 I gemeint. Demgegenüber versteht das Gesetz vereinzelt, etwa in § 241 I und § 362 I, das **Schuldverhältnis im engeren Sinn (i.e.S.)**, nämlich als einzelne Leistungsbeziehung, d.h. Forderung (= ein schuldrechtlicher Anspruch).

Schuldverhältnisse sowohl i.w.S. als auch i.e.S. sind **relativ**, d.h. sie gelten grds. nur zwischen den jeweiligen Parteien (*inter partes*) und nicht gegenüber jedermann (*erga omnes*). Sie können aus verschiedenartigsten Lebenssachverhalten, rechtlich gesprochen jedoch entweder aufgrund **Rechtsgeschäfts** oder **Gesetzes** – genauer: unabhängig von einem darauf gerichteten Willen aus gesetzlich normierten Tatbeständen wie z.B. der Körperverletzung bei § 823 I – entstehen.

Ein **Rechtsgeschäft** ist ein Tatbestand aus mindestens einer Willenserklärung und oftmals weiteren Elementen (wie z.B. (mindestens) einer weiteren Willenserklärung bei einem Vertrag und/oder bestimmten Vollzugsakten wie der Übergabe im Falle einer Übereignung gem. § 929 S. 1), dessen Rechtsfolgen deshalb eintreten, weil sie gewollt sind. Fast alle rechtsgeschäftlich begründeten, d.h. „gewollten" Schuldverhältnisse entstehen aus einem (Schuld-)**Vertrag**, § 311 I. Diese – in Abgrenzung zu den gesetzlichen – als vertraglich bezeichneten Schuldverhältnisse sind Gegenstand des vorliegenden Buches.

B. Regelungsstandort im System des BGB

5 Entsprechend dem am klarsten im BGB AT zum Ausdruck kommenden Bemühen des deutschen Gesetzgebers, allgemeine Regeln vor die Klammer zu ziehen (sog. „Klammerprinzip"), ist auch das Schuldrecht *de facto* in einen **Allgemeinen** (§§ 241–432, Abschnitte 1–7) und einen **Besonderen Teil** (§§ 433–853, 8. Abschnitt) geschieden. Die Regeln des Schuldrecht AT gelten dabei mit Ausnahme des 2. (AGB-Recht) und 3. Abschnitts („Schuldverhältnisse aus Verträgen") sowohl für gesetzliche als auch vertragliche bzw. rechtsgeschäftliche Schuldverhältnisse.

6 Im Schuldrecht BT sind exemplarisch bestimmte **typische**, besonders wichtige **Schuldverhältnisse** (i.w.S.) normiert. Den größten Teil nehmen dabei die vertraglichen Schuldverhältnisse ein; insofern empfiehlt sich eine negative Abgrenzung zu den gesetzlichen Schuldverhältnissen v.a. aufgrund Delikts (§§ 823–853), ungerechtfertigter Bereicherung (§§ 812–822) oder GoA (§§ 677–687). Eine Sonderstellung genießen die Bruchteilsgemeinschaft (§§ 741–758), die sowohl aufgrund Gesetzes als auch Rechtsgeschäfts entstehen kann, und die Auslobung (§§ 657–661a) als einseitiges Rechtsgeschäft.

7 Die Aufzählung von Schuldverhältnissen im Schuldrecht BT ist nicht abschließend: So finden sich vielfach auch **außerhalb des BGB** (etwa im HGB oder im StVG) weitere besondere Schuldverhältnisse. Zudem steht es Personen kraft der im Schuldrecht wegen der Relativität der Schuldverhältnisse in besonders großem Maße geltenden **Vertragsfreiheit** (§ 311 I) grds. – in den Grenzen v.a. der §§ 134, 138 und § 242 – frei, von den normierten (Grund-)Vertragstypen partiell oder ganz abzuweichen und neue, aus Sicht der gesetzlichen Regelung atypische bzw. „typengemischte" Verträge zu vereinbaren.

7a Darüber hinaus ist zu beachten, dass mit den **§§ 327–327u** seit dem 1.1.2022 nunmehr auch das Schuldrecht AT besondere Regelungen für „Verträge über **digitale Produkte**" enthält. Die §§ 327 ff. regeln und betreffen zwar nach Ansicht des Gesetzgebers keinen eigenständigen Vertragstyp, sondern finden vielmehr unabhängig von der Rechtsnatur und dem konkreten Leistungsinhalt des zugrunde liegenden Vertrages Anwendung, solange nur **Vertragsgegenstand jeweils ein digitales Produkt** ist (vgl. insb. §§ 453 I 2, 516a oder § 578b). Rein faktisch jedoch konstituieren die §§ 327 ff., da sie die entsprechenden Vorschriften des Schuldrecht BT (etwa die §§ 433 ff. im Falle des *Kaufs* eines digitalen Produktes wie z.B. einer Smartphone-App) nahezu vollständig verdrängen, ein eigenständiges besonderes Schuldverhältnis; so enthalten etwa die §§ 327d–327o ein abschließendes **besonderes Leistungsstörungsrecht**, das in seinem Anwendungsbereich fast vollständig an die Stelle der §§ 434 ff. tritt (vgl. § 453 I 2 sowie §§ 475a–475c).

C. Besonderes Leistungsstörungsrecht

Das prüfungsrelevanteste Teilgebiet des Schuldrechts ist das Leistungsstörungsrecht. Von einer **Leistungsstörung** (genauer: Störung im Schuldverhältnis) spricht man, wenn die (ordnungsgemäße) Abwicklung eines Schuldverhältnisses unterbleibt oder verhindert wird. Ursache ist meist eine Pflichtverletzung (daher „Zentralbegriff des Leistungsstörungsrechts"), d.h. entweder die Nicht- oder Schlechterfüllung von (Haupt- und Neben-)Leistungspflichten i.S.v. § 241 I bzw. die Verletzung von Nebenpflichten gem. § 241 II. Nicht alle Leistungsstörungen knüpfen jedoch an eine Pflichtverletzung an (vgl. §§ 293 ff., 313 f. [M.M.: § 311a II]). 8

Das **allgemeine Leistungsstörungsrecht** ist im BGB im Schuldrecht AT – in §§ 275–304, 311a, 313 f. und §§ 320–326 – geregelt. Es findet grds. auf *alle* vertraglichen Schuldverhältnisse Anwendung. Allerdings beinhaltet das Schuldrecht BT für viele (nicht: alle) Vertragsarten ein **besonderes Leistungsstörungsrecht**, insb. in §§ 437 ff., 536 ff., 633 ff. und 651i ff. Das Gleiche gilt (seit dem 1.1.2022) für die §§ 327d ff. (s. oben Rn. 7a). Die entsprechenden Normen verdrängen das allgemeine Leistungsstörungsrecht jedoch nicht vollständig, sondern verweisen vielfach zurück und ergänzen bzw. modifizieren dieses. 9

D. Typisierung vertraglicher Schuldverhältnisse im BGB

Die im Schuldrecht BT geregelten vertraglichen Schuldverhältnisse lassen sich anhand der **Art** der geschuldeten Leistung (grob) in **sieben Kategorien** einteilen, nämlich: (1) Verträge zu dauernder Überlassung; (2) Verträge zur Überlassung auf Zeit; (3) Verträge zur Tätigkeit im fremden Dienst oder Interesse; (4) Schuldverhältnisse ohne Interessengegensatz; (5) Verträge über ein Risiko; (6) Verträge zur Feststellung von Forderungen [sowie (7) typengemischte und atypische Verträge]. Dieser Differenzierung folgt der Aufbau des vorliegenden Buchs; allerdings werden die drei in der Ausbildung wichtigsten Vertragsarten (nämlich Kauf-, Werk- und Mietvertrag) jeweils gesondert behandelt. 10

E. Anspruchsaufbau

Literatur: *Leenen/Häublein*, BGB AT, 3. Aufl. 2021, § 22; *Medicus*, AcP 174 (1974), 313; *Medicus/Petersen*, Bürgerliches Recht, 29. Aufl. 2023, Einleitung.

11 Sowohl aus denklogischen als auch klausurtaktischen Gründen (nämlich um Inzidentprüfungen so weit als möglich zu vermeiden) sind vertragliche Schuldverhältnisse bzw. – abhängig von der jeweiligen Fallfrage – daraus erwachsende Ansprüche systematisch am **Anfang der Falllösung** zu prüfen. Denn vertragliche sind im Vergleich zu gesetzlichen Ansprüchen die spezielleren Rechte. Gleichzeitig können sich vertragliche Regelungen (z.B. Haftungsausschlüsse) im Einzelfall auch auf etwaig konkurrierende gesetzliche Ansprüche auswirken.

12 Wenn daher in einer Klausur – abhängig von der jeweiligen Prüfungsfrage, i.d.R. **nicht** bei Ansprüchen auf Vertragserfüllung – neben vertraglichen auch in Anspruchskonkurrenz stehende gesetzliche Ansprüche denkbar sind, sollte innerhalb der Prüfung jeden Anspruchsziels die folgende **Prüfungsreihenfolge** beachtet werden. Welche Anspruchsnormen i.R.d. abstrakten Prüfungsreihenfolge im Einzelnen in Betracht kommen, hängt dabei von dem jeweiligen Anspruchsziel (z.B. Schadensersatz, Herausgabe einer Sache etc.) ab.

Prüfungsschema 1: Reihenfolge zu prüfender Anspruchsnormen

1. Vertragliche Ansprüche (z.B. § 433 II; § 280 I iVm § 437 Nr. 3)
2. Vertragsähnliche Ansprüche (z.B. aus cic oder berechtigter GoA)
3. Gesetzliche Ansprüche, insb.:
   a) Dingliche Ansprüche (z.B. §§ 861; 985; 1007 I/II; 987 ff.)
   b) Deliktische Ansprüche (z.B. § 823 I oder § 7 I StVG)
   c) Bereicherungsrechtliche Ansprüche (§§ 812–822)

---

13 Zumindest gedanklich sollte bei Prüfung aller – auch gesetzlicher – Anspruchsnormen zusätzlich stets der folgende **einwendungsorientierte Anspruchsaufbau** mitbedacht werden:

Prüfungsschema 2: Einwendungsorientierter Anspruchsaufbau

1. Anspruch entstanden?
   a) Anspruchsvoraussetzungen erfüllt? (z.B. §§ 433 I, 280 I etc.)
   b) Bei Rechtsgeschäften: rechtshindernde Einwendungen?
2. Anspruch erloschen? – rechtsvernichtende Einwendungen/-reden
3. Anspruch durchsetzbar? – dilatorische/peremptorische Einreden

Tatsächlich in der Falllösung **verschriftlicht** werden muss dieser einwendungsorientierte Anspruchsaufbau – mit Ausnahme vielleicht von Anfängerübungen – nur, wenn tatsächlich Anlass zu einer Prüfung bzw. Erwähnung von Einwendungen und/oder Einreden besteht. Dies ist erfahrungsgemäß am ehesten bei der Prüfung von vertraglichen **Primäransprüchen** – d.h. solchen auf Vertragserfüllung – der Fall. 14

Überdies sollten Aufbauschemata **niemals als ehernes Dogma**, sondern eher als Merkposten bzw. geistige Checkliste behandelt werden. So passen die vorgenannten Schemata naturgemäß nicht, wenn in einer Klausur gar nicht nach dem Bestehen von Ansprüchen, sondern z.B. nach der dinglichen Rechtslage gefragt ist, oder bei bestimmten Aufgabenstellungen aus Anwalts- („Was ist X zu raten?") bzw. Gerichtssicht („Wie wird das Gericht entscheiden?"). Oberstes Ziel ist stets eine logisch stringente, vollständige und **in sich widerspruchsfreie** Falllösung. Insofern sei zusätzlich für *alle* juristischen Klausuren mit Nachdruck die Verwendung und räumliche Trennung von Gliederungsebenen unter Niederschrift auch von Überschriften empfohlen. 15

Kapitel 2. Kaufrecht

Literatur: *Coester-Waltjen*, JURA 2002, 534; *Fervers*, JURA 2015, 11; *Jäckel/Tonikidis*, JuS 2013, 302; *Lorenz*, JuS 2014, 7; *Reinicke/Tiedtke*, Kaufrecht, 8. Aufl. 2009.

A. Grundlagen

Das Kaufrecht ist im BGB in den **§§ 433–479** geregelt. Diese Vorschriften wurden i.R.d. Schuldrechtsmodernisierung zum 1.1.2002 komplett neu gefasst und eng mit dem allgemeinen Leistungsstörungsrecht im Schuldrecht AT (insb. §§ 280 ff. und §§ 323 ff.) verzahnt. Weitere bedeutende Änderungen haben die §§ 433 ff. jüngst mit Wirkung vom 1.1.2022 im Zuge der Umsetzung der EU-Warenkaufrichtlinie sowie – mittelbar – auch der (primär in den §§ 327 ff. umgesetzten) Digitale-Inhalte-Richtlinie erfahren.

Den gesetzlichen „Grundtypus" des Kaufvertrags bildet der in §§ 433–452 normierte Kauf einer Sache, d.h. eines körperlichen Gegenstands (§ 90). § 433 definiert den Kaufvertrag als **synallagmatischen, d.h. gegenseitig verpflichtenden Austauschvertrag** i.S.d. §§ 320 ff., durch den sich eine Partei – der Verkäufer, § 433 I – zur Verschaffung des Besitzes (Übergabe) sowie des Eigentums (Übereignung) an einer (mangelfreien) Sache und die andere – der Käufer, § 433 II – zur Zahlung des vereinbarten Kaufpreises sowie (i.d.R. als Nebenleistungspflicht) zur Abnahme der Ware verpflichtet. M.a.W. geht es um den Austausch von Ware bzw. eines Kaufgegenstands gegen Geld.

Das deutsche Recht trennt klar zwischen Verpflichtungs- und Verfügungsgeschäften sowie deren jeweiliger Wirksamkeit (sog. **Trennungs- und Abstraktionsprinzip**). Anders als in den meisten Rechtsordnungen geht das Eigentum an einer Kaufsache daher nicht bereits *per se* durch den Abschluss eines Kaufvertrags auf den jeweiligen Käufer über; hierzu bedarf es vielmehr eines weiteren, „dinglichen" Vertrags (bei Verkauf beweglicher Sachen etwa einer Übereignung gem. **§§ 929 ff.**).

Die Vorschriften zum **Sachkauf** gelten grds. gleichermaßen für bewegliche und unbewegliche Sachen. Ist eine Sache hingegen zum Zeitpunkt des Vertragsschlusses erst noch herzustellen oder zu erzeugen, unterfällt ein solcher Vertrag gem. **§ 650** nur dann – trotz seines werkvertraglichen Elements – dem Kaufrecht, wenn sein Gegenstand eine *bewegliche* Sache ist (sog. **Werklieferungsvertrag**). Für die Herstellung bzw. Bebauung unbeweglicher Sachen gilt insofern Werkvertragsrecht, d.h. die §§ 631–650 (vgl. aber insofern **Kap. 6 Rn. 6**).

5   Zusätzlich spielt die Unterscheidung von beweglichen und unbeweglichen Sachen auf der Ebene des (im BGB AT und Schuldrecht AT geregelten) Vertragsschlusses eine Rolle: (Nur) Grundstücks(anteils)kaufverträge müssen nach § 311b I 1 notariell beurkundet werden; der Kauf *beweglicher* Sachen hingegen ist grds. **formfrei** möglich.

6   Gem. § 453 I 1 finden die Regeln zum Sachkauf auch auf den „Kauf von **Rechten** und sonstigen [unkörperlichen] Gegenständen", z.B. Software oder Unternehmen, entsprechende Anwendung. Der Kauf eines **Miteigentumsanteils** an einem Grundstück gilt dabei (wegen der Vergleichbarkeit mit dem Kauf einer Wohnung [zu Sondereigentum, vgl. § 1 II WEG]) nicht etwa als Rechtskauf, sondern unterfällt den Regelungen über den Sachkauf; Bezugspunkt etwaiger Nacherfüllungsansprüche ist in einem derartigen Fall daher nicht der Miteigentumsanteil, sondern die Sache, deren Miteigentümer der jeweilige Erwerber werden will (so BGH NJW 2020, 2104).

6a Der Kauf von **digitalen Inhalten** unterfällt (als „sonstiger Gegenstand") ausweislich § 453 I 2 ebenfalls grds. den §§ 433 ff.; insofern finden jedoch bei Vorliegen (nur) eines **Verbraucher**vertrages (i.S.v. § 310 III) vorrangig die **§§ 327 ff.** Anwendung. § 453 I 2 Nr. 1 und 2 (lesen!) schließen daher in einem solchen Fall die Anwendung der meisten kaufrechtlichen Bestimmungen aus (s. dazu Rn. 291a ff.). Digitale Inhalte sind in § 327 II 1 legaldefiniert als „**Daten**, die in digitaler Form erstellt und bereitgestellt werden"; darunter fallen z.B. Software, Apps, eBooks sowie herunterzuladende bzw. zu streamende Musik oder Videos. Der (Verbraucher-)Kauf von sog. „**Waren mit digitalen Elementen**" hingegen, d.h. von Waren, die ohne digitale Produkte (wohl: gar) nicht funktionieren (wie z.B. ein Handy oder ein Notebook), unterfällt gem. § 327a III alleine den §§ 433 ff. (vgl. dazu Rn. 46b); ergänzend sind dann jedoch **§§ 475b** und **475c** sowie **§ 475e I und II** zu beachten.

7   In §§ 454–473 wiederum sind bestimmte „**besondere Arten** des Kaufs" geregelt, deren ausbildungsrelevanteste das schuldrechtliche Vorkaufsrecht ist (s. dazu unten Rn. 327 ff.). §§ 474–479 schließlich ergänzen – in Umsetzung der (**vollharmonisierenden**) europäischen **Warenkaufrichtlinie** vom 20.5.2019 – bei Vorliegen eines **Verbrauchsgüterkaufs** – d.h. eines Kaufvertrags über eine Ware i.S.v. § 241a I zwischen einem Verbraucher (§ 13) als Käufer und einem Unternehmer (§ 14) – zum Schutz des Verbrauchers die allgemeinen Vorschriften. Liegt ein Verbrauchsgüterkauf vor, müssen daher potenziell *alle* involvierten Vorschriften (und nicht nur die §§ 474 ff.) **richtlinienkonform** – unter Berücksichtigung auch der Rspr. des **EuGH** – ausgelegt werden.

Für den umgekehrten Fall eines sog. **Handelskaufs**, d.h. bei Vorlie- 8
gen eines *Kaufvertrags über Waren oder Wertpapiere, den ein Kaufmann i.R.d. Betriebs seines Handelsgewerbes abschließt,* werden die
§§ 433 ff. hingegen durch die §§ 373–381 HGB ergänzt. Und für **internationale**, d.h. grenzüberschreitende, Handelskaufverträge werden die
§§ 433 ff. vielfach durch die in zwischenzeitlich 96 Staaten geltenden,
vorrangigen Vorschriften des UN-Kaufrechts (**CISG**) verdrängt.

Kaufgegenstand Besonderheit?	Sache		Recht oder sonstiger Gegenstand	digitale Inhalte (i.S.v. § 327 II 1)
	beweglich	unbewegl.		
keine	§§ 433–452		§ 453 iVm §§ 433–452	§§ 433 ff.
Werklieferungsvertrag	+ § 650	--		ggf. § 650 II
Verbrauchsgüterkauf/ Verbrauchervertrag	+ §§ 474 ff.	keine Besonderheiten		§§ 453 I 3, 327 ff. (aber: § 327a III)
Handelskauf (HandelsK)	+ §§ 373 ff. HGB	keine Besonderheiten	für Wertpapiere: + §§ 373 ff. HGB	keine Besonderheiten
Internat. Handelskauf	grds. CISG		[IPR: Art. 3 ff. Rom I-VO]	IPR/ggf. CISG

Übersicht 1: anwendbare Kaufrechtsvorschriften

B. Die Pflichten von Käufer und Verkäufer

I. Überblick über die verschiedenen Pflichten

Literatur: *Madaus*, JURA 2004, 289.

Wie bei fast allen anderen gesetzlich typisierten Vertragsarten des 9
Schuldrecht BT werden beim Kaufvertrag die „vertragstypischen Pflichten" am Anfang des Kaufrechts in einer eigenen Norm bestimmt. § 433 regelt indes nur die **Haupt(leistungs)pflichten** des Verkäufers (§ 433 I) und
des Käufers (§ 433 II Alt. 1) beim **Sachkauf**; im Falle des Kaufs von Rechten bzw. sonstigen Gegenständen findet die Vorschrift hingegen gem.
§ 453 I nur *entsprechende* Anwendung (hierzu Rn. 278 ff.). Die Hauptleistungspflichten stehen **zueinander im Gegenseitigkeitsverhältnis**
(Synallagma), so dass gem. § 320 I grds. jede Partei ihre Leistung bis
zur Bewirkung der Gegenleistung verweigern kann.

Neben den in § 433 aufgezählten Hauptleistungspflichten ergeben 10
sich regelmäßig aus dem Gesetz (z.B. § 433 II Alt. 2, § 448 I oder § 242)
bzw. Vertrag (etwa: Vereinbarung einer Verpackungs- oder Montagebzw. Versendungspflicht des Verkäufers) weitere **Nebenleistungspflichten** der Kaufvertragsparteien. Diese sind zwar grds. – ebenso wie

die Hauptleistungspflichten – gem. **§ 241 I** einklagbar. Sie charakterisieren jedoch nicht den Typus „Kaufvertrag" als solchen, sondern dienen lediglich der ordnungsgemäßen Erfüllung der Hauptleistungspflichten. Entsprechend stehen sie im Regelfall nicht im Synallagma, können jedoch kraft Vertragsfreiheit ins Gegenseitigkeitsverhältnis aufgenommen werden.

11 Zu den Leistungspflichten treten schließlich gem. § 241 II stets noch bestimmte weitere, als solche **nicht** einklagbare sog. **Nebenpflichten** hinzu. Deren wichtigste sind die – nicht leistungsbezogenen, sondern vielmehr deliktsähnlichen – **Rücksichtnahme-** bzw. **Schutzpflichten**; sie dienen dem Schutz des Integritätsinteresses des jeweils anderen Teils. Im Einzelfall können sich aus § 241 II sogar bestimmte leistungsbezogene (z.T. auch als *leistungssichernd* bezeichnete) Nebenpflichten ergeben, etwa Auskunfts- oder **Aufklärungspflichten** sowie die sog. Leistungstreuepflicht (deren Regelungsstandort allerdings sehr umstr. ist).

Leistungspflichten, § 241 I – grds. einklagbar –		(Neben-)Pflichten, § 241 II – i.d.R. nicht einklagbar –	
Hauptpflichten – im Synallagma –	Nebenleistungs- pflichten	nicht leistungs- bezogen	[leistungs- sichernd]

Übersicht 2: *Pflichten bei vertraglichen Schuldverhältnissen*

II. Die Hauptleistungspflichten des Verkäufers gem. § 433 I

12 Die Hauptleistungspflichten eines Verkäufers sind in § 433 I geregelt. Nach **§ 433 I 1** muss der Verkäufer dem Käufer (**1.**) entweder *die* verkaufte Sache (beim Stückkauf) oder aber *eine* Sache mittlerer Art und Güte (beim Gattungskauf, § 243 I) **übergeben** und ihm zugleich (**2.**) das **Eigentum** daran verschaffen. Die Eigentumsverschaffung erfordert wegen des Trennungsprinzips ein weiteres, dingliches Rechtsgeschäft, nämlich eine Übereignung gem. §§ 929 ff. oder §§ 873, 925.

13 Nach § 433 I 2 ist der Verkäufer zusätzlich verpflichtet, die Kaufsache **frei von Sach-** (§ 434) und **Rechtsmängeln** (§ 435) zu verschaffen. Diese weitere Hauptleistungspflicht besteht *immer*, d.h. sowohl beim Gattungs- als auch Stückkauf. Im Falle mangelhafter Leistung erlischt sie nicht etwa, sondern wird gem. § 437 Nr. 1 durch § 439 **modifiziert** und besteht als – ebenfalls synallagmatische – Nacherfüllungspflicht fort.

Erfolgt die **Übergabe** zeitlich *vor* Vollendung der Eigentumsver- 14
schaffung, knüpft das Gesetz bereits an jene gewichtige Rechtsfolgen:
So geht nach § 446 S. 1 mit der Übergabe bereits – grds. – die **Gegenleistungsgefahr** über. Der Zeitpunkt des (hypothetischen) Gefahrübergangs wiederum ist gem. § 434 I 1 maßgeblich für die Beurteilung des Vorhandenseins etwaiger Mängel und damit mittelbar für die Anwendbarkeit der Mängelrechte in § 437. Zusätzlich gebühren dem Käufer ab Übergabe die Nutzungen und trägt er die Lasten der Sache, § 446 S. 2.

III. Die Hauptleistungspflicht des Käufers gem. § 433 II

Die i.d.R. einzige Hauptleistungspflicht des Käufers ist in **§ 433 II** 15
Alt. 1 geregelt. Danach schuldet der Käufer **Zahlung des vereinbarten**
Kaufpreises, und zwar entweder durch Übereignung von Bargeld oder
z.B. durch Überweisung oder per Lastschriftverfahren. Die Bezahlung
mit Kreditkarte bzw. ec-Karte im sog. POS-System stellt hingegen nach
h.M. keine Erfüllung i.S.v. § 362 I, sondern eine Leistung erfüllungshalber (§ 364 II) dar. Dies gilt m.E. auch bei Bezahlung via **PayPal** (a.A.:
§ 362 I; offengelassen von BGH NJW 2018, 537); die Vereinbarung der
Verwendung von PayPal beinhaltet zudem i.d.R. die stillschweigende
Abrede, dass die getilgte Kaufpreisforderung gem. § 311 I wiederbegründet wird, falls der Kaufpreis i.R.d. PayPal-Käuferschutzes zurückgebucht wird. Schuldet eine Partei hingegen statt Geld als Gegenleistung
eine Sache, liegt – außer im Falle einer bloßen Leistung an Erfüllungs
statt, § 364 I – ein Tausch (§ 480) und kein Kauf vor.

Die **Abnahme** der Kaufsache ist demgegenüber, obwohl ebenfalls in 16
§ 433 II (Alt. 2) ausnahmsweise als tatsächliche Leistungspflicht (und
nicht als bloße Obliegenheit) des Käufers ausgestaltet, i.d.R. nur eine
Nebenleistungspflicht und steht damit **nicht im Synallagma**. Freilich
kann die Abnahmepflicht ausnahmsweise aufgrund (u.U. konkludenter)
Vereinbarung in den Rang einer Hauptleistungspflicht erhoben werden,
etwa wenn ein Verkäufer ein erkennbar gesteigertes Interesse an der Abnahme der – z.B. schnell verderblichen – Kaufsache hat.

C. Pflichtverletzungen im Kaufrecht

Literatur: *Lorenz*, JuS 2007, 213; *ders.*, JuS 2008, 203.

Die Pflichtverletzung ist der **Zentralbegriff des Leistungsstörungs-** 17
rechts. Denn zumindest mittelbar liegt jeder Leistungsstörung eine
Pflichtverletzung zugrunde. Dies gilt selbst beim Annahmeverzug des
Gläubigers, der zwar i.d.R. eine bloße Obliegenheitsverletzung darstellt,

jedoch die – im Kaufrecht erfolgsbezogen geschuldete – Pflichterfüllung verhindert und damit ebenfalls eine – freilich i.d.R. nicht zu vertretende – Pflichtverletzung des Schuldners bedingt (h.M.). Entsprechend lassen sich seit der SchRMod grds. alle Leistungsstörungen unter den einheitlichen Begriff der Pflichtverletzung fassen (umstr.).

18 Eine **Pflichtverletzung** liegt vor, wenn ein Schuldner ihm i.R.e. Schuldverhältnisses (i.w.S.) obliegende Pflichten nicht, nicht vollständig, nicht ordnungsgemäß oder nicht rechtzeitig erfüllt, und zwar unabhängig davon, ob es sich im Einzelfall um eine Leistungspflicht i.S.v. § 241 I oder um eine (Neben-)Pflicht gem. § 241 II handelt.

19 Die Verletzung von Pflichten aus dem „**Kaufvertrag**" kann (grob) in **2 Phasen** unterteilt werden (zur zeitlichen Abgrenzung s. Rn. 74):

> (**1.**) Verletzt der **Verkäufer** seine Hauptleistungspflicht(en) aus § 433 I 1 zur (rechtzeitigen) Übergabe und/oder Übereignung der Kaufsache (d.h. leistet er [zunächst] gar nicht) bzw. sonstige Nebenleistungspflichten i.S.v. § 241 I oder Nebenpflichten gem. § 241 II, findet das **allgemeine Leistungsstörungsrecht**, d.h. Schuldrecht AT, Anwendung (vgl. Kap. 1 Rn. 8 f.). Das Gleiche gilt für sämtliche Pflichtverletzungen des **Käufers**, etwa wenn er den Kaufpreis nicht zahlt (§ 433 II Alt. 1) oder die Kaufsache nicht abnimmt (§ 433 II Alt. 2).
>
> (**2.**) Verletzt hingegen der **Verkäufer** seine (Haupt-)Pflicht zur mangelfreien Lieferung aus **§ 433 I 2**, beurteilen sich die Voraussetzungen (§§ 434 ff.) und Rechtsfolgen einer Haftung nach dem kaufrechtspezifischen **besonderen Leistungsstörungsrecht** der §§ 437 ff. (sog. Gewährleistung). Insb. § 437 Nr. 2 und 3 verweisen dabei wegen der engen Verzahnung von Schuldrecht AT und BT vielfach auf das allgemeine Leistungsstörungsrecht zurück.

D. Mangel der Kaufsache

Literatur: *Kirchhefer-Lauber*, JuS 2021, 918 und 1125; *Lorenz*, NJW 2021, 2065.

20 Das Vorliegen eines Mangels der Kaufsache ist gem. § 437 *die* zentrale, wenn auch nicht einzige (zu den restlichen s. unten Rn. 66 ff.) Voraussetzung für das Eingreifen des besonderen kaufrechtlichen Leistungsstörungsrechts – des **(Kauf-)Gewährleistungsrechts**.

21 Eine Kaufsache ist mangelhaft, wenn der Verkäufer gegen seine synallagmatische Hauptleistungspflicht aus § 433 I 2, „dem Käufer die Sache frei von Sach- und Rechtsmängeln zu verschaffen", verstößt. Wann dies der Fall ist, wird für **Sachmängel** in § 434 und für **Rechtsmängel** in § 435 näher konkretisiert. Liegt hingegen ein Verbrauchsgüterkauf über eine **Ware mit digitalen Elementen** (vgl. § 327a III 1) vor, sind für das Vorliegen eines Sachmangels ergänzend zu § 434 noch die Vorgaben von § 475b und § 475c zu beachten (s. dazu Rn. 46a ff.). Und beim bloßen Kauf digitaler Inhalte (vgl. § 327 II 1 sowie Rn. 6a) wiederum beurteilt sich deren Mangelhaftigkeit alleine nach §§ 327e bis 327g (s. dazu SchR AT, Kap. 11).

I. Sachmangel, § 434

Der Begriff des Sachmangels wird im Kaufrecht in **§ 434** definiert. Diese Vorschrift wurde im Zuge der Ablösung der früheren (mindestharmonisierenden) Verbrauchsgüterkaufrichtlinie durch die nunmehr vollharmonisierende **Warenkaufrichtlinie** mit Wirkung vom 1.1.2022 deutlich **umgestaltet**: Während § 434 a.F. ein primär subjektiver und nur hilfsweise objektiver Mangelbegriff zugrundelag, setzt die Mangelfreiheit nach § 434 I n.F. nunmehr **kumulativ** voraus, dass eine Kaufsache (bei Gefahrübergang) sowohl den subjektiven (§ 434 **II**) als auch den objektiven (§ 434 **III**) als auch etwaigen Montageanforderungen (§ 434 **IV**) entspricht. Da allerdings subjektive Beschaffenheitsvereinbarungen zu einer Modifizierung an sich geltender objektiver Verkehrserwartungen führen können, ist auch i.R.v. § 434 n.F. weiterhin – faktisch – vielfach der subjektive Mangelbegriff vorrangig. 22

1. Allgemeine Definition des Sachmangels

Ganz allgemein kann ein Sachmangel als negative **Abweichung** der tatsächlichen **Ist-** von der geschuldeten **Sollbeschaffenheit** (vgl. § 434 II 1 Nr. 1 sowie III 1 Nr. 2) bzw. -**Verwendbarkeit** (vgl. § 434 II 1 Nr. 2 und III 1 Nr. 1) definiert werden. Eine Erheblichkeitsschwelle gibt es dabei, anders als noch vor der SchRMod, nicht. Welche Beschaffenheit bzw. Verwendbarkeit im Einzelfall geschuldet ist, folgt gem. § 434 **II** primär aus der Vereinbarung der Parteien sowie – vorbehaltlich einer negativen Beschaffenheitsvereinbarung – zusätzlich der objektiven Verkehrserwartung (§ 434 **III**; objektiver Mangelbegriff). Nach § 434 **IV** können zudem bestimmte Fälle unsachgemäßer Montage sowie mangelhafter Montageanleitungen einen Sachmangel begründen, und § 434 **V** stellt, um Abgrenzungsschwierigkeiten zu vermeiden, Falschlieferungen einem Sachmangel im Wege der Fiktion gleich. 23

Abhängig von den Umständen des Einzelfalls ist das Vorliegen eines Sachmangels somit in bis zu **4 Schritten** zu prüfen: 24

Prüfungsschema 3: Vorliegen eines Sachmangels gem. § 434 I
1. § 434 II: Erfüllung der subjektiven Anforderungen
2. § 434 III: Erfüllung der objektiven Anforderungen
3. § 434 IV: ggf. Erfüllung der Montageanforderungen
4. § 434 V: (ggf.) keine Falschlieferung

2. Begriff der Beschaffenheit

25 Der Begriff der **Beschaffenheit** einer Sache wird in § 434 II 2 (für die Zwecke einer Beschaffenheitsvereinbarung) sowie – leicht abweichend – in § 434 III 2 (für die Beurteilung der üblichen Beschaffenheit einer Ware) näher umschrieben. Ähnlich den „Eigenschaften" i.S.v. § 119 II zählen dazu zunächst die „natürlichen", d.h. **physischen Merkmale** einer Sache (z.B.: Größe einer verkauften Wohnung, das Alter einer Sache oder deren Eigenschaft als neu bzw. Echtheit); ausweislich der Erwähnung der „Menge" sowohl in §§ 434 II 2 als auch III 2 begründet zudem auch eine (wenn auch nur verdeckte, s. Rn. 46) **Zuwenig**- sowie – anders als nach früherem Recht – sogar **Zuviellieferung** einen Sachmangel. Weiterhin können zur Beschaffenheit bestimmte **Beziehungen** einer Sache **zur Umwelt** zählen, sofern diese nach der Verkehrsanschauung Einfluss auf deren Wertschätzung haben. Nach der Rechtsprechung des BGH (NJW 2016, 2874) **nicht** erforderlich ist hingegen, dass eine derartige Umweltbeziehung auch konkret mit den **physischen Eigenschaften** der Kaufsache zusammenhängt. Daher kann z.B. das Bestehen einer Herstellergarantie für ein Kfz oder die Dauer bzw. Ertragshöhe eines bestehenden Mietverhältnisses über die Kaufsache zu deren Beschaffenheit zählen.

26 Ausdrücklich **offengelassen** hat der BGH bislang, ob die Beziehungen der Sache zur Umwelt wenigstens ihren Ursprung im Kaufgegenstand selbst haben, d.h. von diesem physisch ausgehen müssen, um als Beschaffenheit gelten zu können (etwa wenn ein verkauftes Grundstück wegen eines *dort* betriebenen Bordells einen schlechten Ruf genießt), oder ob noch weitergehend sogar ***jeder* tatsächliche Bezug zum Kaufgegenstand ausreicht** (z.B.: schlechter Ruf eines Gewerbegrundstücks wegen eines angeblich *irgendwo* benachbart betriebenen Bordells, oder die Zahlungsunfähigkeit der Mieter einer verkauften Wohnung). Dafür spricht der weite Wortlaut jedenfalls von § 434 II 2 und III 2 n.F. Im Übrigen kann nach h.M. sogar ein auf konkreten Tatsachen beruhender, vom Käufer nicht (in zumutbarer Weise) auszuräumender **Verdacht** einer nachteiligen Beschaffenheitsabweichung zur Begründung eines Mangels genügen, wenn eine Sache aufgrund dessen **nicht mehr weiter**

verkauft werden kann. Bei Lebensmitteln z.B. hat der BGH den praktisch nicht ausräumbaren Verdacht eines Salmonellenbefalls oder einer erheblichen Dioxinbelastung als Mangel klassifiziert. Das Gleiche gilt für den Verdacht einer erheblichen Schadstoffbelastung eines früher gefahrträchtig genutzten Grundstücks.

Nicht zur Beschaffenheit einer Kaufsache gehört demgegenüber i.d.R. – anders als die vorgenannten wert*bildenden* (Beschaffenheits-)-Faktoren – ihr tatsächlicher **(Markt-)Wert** selbst. 27

3. Maßgeblicher Zeitpunkt

Die Beschaffenheitsmerkmale einer Kaufsache müssen dieser nach h.M. gerade **gegenwärtig** anhängen, wenn auch wohl (umstr.) – anders als noch vor der Schuldrechtsmodernisierung – nicht notwendig für eine gewisse Dauer. Maßgeblicher Zeitpunkt für die Beurteilung des Vorhandenseins eines Sachmangels ist dabei gem. § 434 I im Regelfall der **(fiktive) Übergang der Gegenleistungsgefahr** (s. dazu Rn. 58 ff.). Etwas anderes gilt lediglich (**1.**) im Falle der Vereinbarung einer Haltbarkeitsgarantie i.S.v. § 443 II sowie (**2.**) für die Aktualisierungspflicht bei „Waren mit digitalen Elementen" (§ 475b II) und schließlich (**3.**) gem. § 475c II – noch weitergehend – im Falle einer dauerhaften Bereitstellung der digitalen Elemente einer Ware (s. dazu näher Rn. 46a ff.). 27a

4. Subjektive Anforderungen, § 434 II

Nach § 434 II 1 entspricht eine Kaufsache den subjektiven Anforderungen an eine Mangelfreiheit, wenn sie – kumulativ – die vereinbarte Beschaffenheit hat (**Nr. 1**), sich für die nach dem Vertrag vorausgesetzte Verwendung eignet (**Nr. 2**) und mit dem vereinbarten Zubehör sowie den etwaig vereinbarten Anleitungen, einschließlich Montage- und Installationsanleitungen, übergeben wird (**Nr. 3**). Näherer Erläuterung bedürfen dabei (nur) die ersten beiden Voraussetzungen. 28

a) Beschaffenheitsvereinbarung (§ 434 II 1 Nr. 1)

Nach § 434 II 1 Nr. 1 liegt ein Sachmangel vor, wenn die tatsächliche von der vertraglich vereinbarten Beschaffenheit (negativ) abweicht. Zur **Beschaffenheit** zählen dabei gem. § 434 II 2 insb. die „Art, Menge, Qualität, Funktionalität, Kompatibilität, Interoperabilität und sonstige Merkmale der Sache, für die die Parteien Anforderungen vereinbart haben"; s. dazu allgemein oben Rn. 25 ff. Die jeweils in § 327e II legaldefinierten Begriffe der **Funktionalität** [vgl. § 327e II 2], **Kompatibilität** [vgl. § 327e II 3] sowie **Interoperabilität** [vgl. § 327e II 4] betreffen v.a. digitale Produkte und deren etwaige Kombinierbarkeit mit anderer 29

Soft- oder Hardware bzw. Vernetzbarkeit im sog. „Internet of Things". Sie spielen daher i.R.d. Kaufrechts v.a. beim Kauf von **Waren mit digitalen Elementen** eine Rolle (s. dazu Rn. 46b; zur Abgrenzung der §§ 327 ff. von den §§ 433 ff. s. hingegen Rn. 284a ff.).

29a Die für das Eingreifen von § 434 II 1 Nr. 1 erforderliche **Beschaffenheitsvereinbarung** kann gem. §§ 133, 157 entweder ausdrücklich oder konkludent erfolgen. Bei etwaiger **Formbedürftigkeit** des Kaufvertrages bedarf jedoch **auch** die Beschaffenheitsvereinbarung zu ihrer Wirksamkeit dieser Form (s. BGH NJW 2016, 1815). Zudem sind an das Vorliegen einer Beschaffenheitsvereinbarung nach dem BGH **insgesamt strenge Voraussetzungen** zu stellen; eine solche ist, um den Anwendungsbereich von § 434 III nicht über Gebühr zu beschneiden, daher nur in (mehr oder weniger) eindeutigen Fällen zu bejahen.

30 Eine **konkludente** Vereinbarung kann z.B. durch Bezugnahme auf Warenbeschreibungen des Herstellers (etwa: Abgaswerte wie im jüngsten Dieselskandal), aus § 434 III 1 Nr. 3 ersichtlich nicht jedoch alleine durch die bloße Vorlage einer Probe bzw. eines Musters erfolgen. Beim **Gebrauchtwagenkauf** beinhaltet die akzeptierte Aussage „HU neu" oder „TÜV neu" nach dem BGH (NJW 2015, 1669) nicht nur die Aussage, die Hauptuntersuchung sei durchgeführt, sondern auch die stillschweigende Vereinbarung, das verkaufte Fahrzeug befinde sich im Zeitpunkt der Übergabe in einem verkehrssicheren Zustand. Und bei Angabe eines bestimmten „Kilometerstands" wird i.d.R. nicht nur der tatsächliche (vlt. manipulierte) Tachometerstand, sondern konkludent eine entsprechende Laufleistung vereinbart. Fehlt eine Kilometerstandangabe (oder liegt insofern eine bloße Wissensmitteilung vor, s. Rn. 31 a.E.), begründen (ins Gewicht fallende) Laufleistungsabweichungen jedenfalls einen Sachmangeli.S.v. § 434 III 1 Nr. 2.

31 Eine Beschaffenheitsvereinbarung kann sich neben dem Vorliegen **positiver** Umstände auch auf deren Fehlen beziehen (und damit einen Mangel ausschließen, sog. **negative Beschaffenheitsvereinbarung**); dies ist etwa der Fall, wenn ein Kraftfahrzeug als „Unfallwagen" oder „Bastlerfahrzeug" verkauft wird. (Nur) bei Vorliegen eines **Verbrauchsgüterkaufs** sind insofern die Vorgaben von **§ 476 I 2** zu beachten; danach wirkt sich eine Beschaffenheitsvereinbarung nur dann auf die objektiven Anforderungen der Mangelfreiheit i.S.v. § 434 III aus, wenn der Verbraucher davon vor „Abgabe seiner Vertragserklärung [...] in Kenntnis gesetzt wurde" und dies zusätzlich „im Vertrag ausdrücklich und gesondert vereinbart" wird. Vereinbaren die Kaufvertragsparteien hingegen, dass eine bestimmte Eigenschaft der Kaufsache *nicht* zur vereinbarten Beschaffenheit gehört, liegt darin keine Beschaffenheitsvereinbarung. Abzugrenzen ist die Beschaffenheitsvereinbarung zudem von bloßen **Wissensmitteilungen**, bei denen sich ein Verkäufer ausdrücklich auf eine bestimmte Quelle (z.B. „laut Vorbesitzer") bezieht, ohne sich diese (konkludent) zu eigen zu machen.

Nach dem unmissverständlichen Wortlaut des Gesetzes („vereinbart") bedarf es für eine Beschaffenheitsvereinbarung einer **Einigung** der Parteien, d.h. zweier übereinstimmender Willenserklärungen. **Einseitige** Erklärungen von Käufer oder Verkäufer genügen daher nicht, es sei denn, die andere Partei erklärt sich konkludent einverstanden (etwa wenn der Verkäufer Aussagen zur Beschaffenheit der Kaufsache macht und der Käufer danach seine Kaufentscheidung trifft, oder der Käufer explizit nach einer Kaufsache mit spezifischen Eigenschaften fragt). **32**

b) Eignung für die vertraglich vorausgesetzte Verwendung (Nr. 2)

Zusätzlich zur Wahrung der vereinbarten Beschaffenheit ist gem. § 434 II 1 Nr. 2 erforderlich, dass sich die Kaufsache für eine etwaig „nach dem Vertrag vorausgesetzte Verwendung eignet". Daran fehlt es z.B. bei einem Kfz, das mehrfach grundlos eine zur Fahrtpause auffordernde Warnmeldung wegen drohender Überhitzung der Kupplung einblendet, und zwar auch dann, wenn der Verkäufer dem Käufer mitteilt, er möge die irreführende Warnmeldung ignorieren. Ausweislich Art. 6 lit. b der Warenkaufrichtlinie setzt auch § 434 II 1 Nr. 2 – ebenso wie § 434 II 1 Nr. 1 – eine **vertragliche Vereinbarung** voraus (umstr.; **a.A.** der BGH zu § 434 I 2 Nr. 1 a.F.: „nicht vereinbarte, aber von beiden Parteien übereinstimmend *unterstellte* Verwendung der Kaufsache"). Demnach unterliegt auch die Einigung über eine bestimmte Verwendbarkeit einem etwaig für den jeweiligen Vertrag geltenden **Formzwang**. Von einer Beschaffenheitsvereinbarung i.S.v. § 434 II 1 Nr. 1 unterscheiden sich die § 434 II 1 Nr. 2 unterfallenden Fälle dadurch, dass sie nicht eine *konkrete* Eigenschaft (z.B.: wasserdicht), sondern die Eignung für eine bestimmte *Nutzungsart* (und damit nur *mittelbar* die für diesen Einsatzzweck erforderliche Beschaffenheit, etwa: Aufstellbarkeit eines Grills im Freien) betreffen. M.a.W. beschränkt sich der Anwendungsbereich von § 434 II 1 Nr. 2 grds. auf den von den Parteien dem Vertrag zugrunde gelegten Einsatzzweck und erfasst nicht etwa bestimmte Eigenschaften wie z.B. die Produktionsgeschwindigkeit einer Maschine. Insofern stellt sich die Frage des **Verhältnisses** beider Vorschriften, wenn sowohl eine bestimmte Beschaffenheit als auch Verwendbarkeit vereinbart wurde und sich beide gegenseitig ausschließen. In einem solchen Fall geht m.E. jedenfalls dann die vereinbarte Verwendbarkeit vor, wenn nur diese dem Verkäufer vom Käufer mitgeteilt worden war. **33**

Ebenso wie § 434 II 1 Nr. 1 normiert auch § 434 II 1 Nr. 2 einen **subjektiven Mangelbegriff**. Dessen ungeachtet ist eine genaue Unterschei- **34**

18 *Kapitel 2. Kaufrecht*

dung zwischen beiden Vorschriften von nicht zu unterschätzender Bedeutung. Denn jedenfalls nach der früheren Rechtsprechung des BGH zu § 434 a.f. sollte ein pauschal vereinbarter **Ausschluss der Sachmängelhaftung** grds. nur Mängel i.S.v. § 434 I 2 und 3 a.f. (d.h. § 434 II 1 Nr. 2 und § 434 III) erfassen, nicht jedoch Mängel (i.S.v. § 434 I 1 a.f. = § 434 II 1 Nr. 1), die sich aus einem Verstoß gegen eine (selbst konkludente) Beschaffenheitsvereinbarung ergeben. Ob diese Ungleichbehandlung allerdings angesichts der weitgehenden Gleichstellung beider subjektiven Anforderungen in der Warenkaufrichtlinie fortbestehen kann, ist indes m.E. zweifelhaft; die meisten Stimmen gehen davon indes ohne nähere Diskussion aus.

5. Objektive Anforderungen, § 434 III

35 Zusätzlich zu den subjektiven Anforderungen in § 434 II stellt das Gesetz in § 434 III grds. **kumulativ zu beachtende objektive Anforderungen** an die Mangelfreiheit einer Kaufsache auf. Da allerdings eine etwaige Beschaffenheits- bzw. Verwendbarkeitsvereinbarung ausweislich § 434 III 1 HS 1 zu einer Modifizierung oder gar Abbedingung der an sich (andernfalls) geltenden objektiven Verkehrserwartungen führen kann („soweit nicht wirksam etwas anderes vereinbart wurde"), ist letztlich weiterhin – faktisch – wie früher der subjektive Mangelbegriff vorrangig; bei Vorliegen eines Verbrauchsgüterkaufs sind jedoch die zusätzlichen Anforderungen an eine Abbedingung der objektiven Anforderungen in **§ 476 I 2** zu beachten (s. dazu Rn. 31).

35a Gem. § 434 III 1 ist eine Kaufsache mangelfrei, wenn sie sich sowohl für die **gewöhnliche Verwendung** eignet (**Nr. 1**) als auch diejenige **(Normal-)Beschaffenheit** aufweist, die bei Sachen der gleichen Art üblich ist und die der Käufer nach der Art der Sache erwarten kann (**Nr. 2 lit. a**); zur Beschaffenheit i.S.v. § 434 III zählen dabei (leicht abweichend von § 434 II 2) gem. § 434 III 2 insb. die Menge, Qualität und sonstigen Merkmale der Sache einschließlich ihrer Haltbarkeit, Funktionalität (vgl. § 327e II 2), Kompatibilität (vgl. § 327e II 3) und Sicherheit; zum Beschaffenheitsbegriff allgemein s. oben Rn. 25 ff. Hat der Verkäufer dem Käufer vor Vertragsschluss eine Probe oder ein Muster zur Verfügung gestellt, muss die Kaufsache darüber hinaus der Beschaffenheit der **Probe** oder des **Musters** entsprechen (**Nr. 3**; nach altem Recht lag insofern i.d.R. eine konkludente Beschaffenheitsvereinbarung vor). Zudem muss die Kaufsache mit demjenigen **Zubehör** (einschließlich Verpackung sowie Montage- oder Installationsanleitung sowie anderen Anleitungen) übergeben werden, deren Erhalt der Käufer im Einzelfall erwarten kann (**Nr. 4**).

D. Mangel der Kaufsache

Ein Verstoß gegen § 434 III 1 Nr. 1 liegt nach dem BGH (JuS 2021, 1076) z.B. vor, wenn ein Kfz mit einer unionsrechtlich **unzulässigen Abschalteinrichtung** ausgestattet ist, die den Schadstoffausstoß bei einer Abgasuntersuchung gegenüber dem Fahrbetrieb reduziert, oder wenn eine verkaufte Immobilie wider Erwarten unter Denkmalschutz steht. Sowohl für die gewöhnliche Verwendbarkeit als auch die typische Normalbeschaffenheit kommt es dabei gem. §§ 133, 157 nicht auf den konkreten Erwartungshorizont des jeweiligen Käufers an, sondern den **objektiven** (a.A.: hypothetischen) **Erwartungshorizont** eines vernünftigen Durchschnittskunden des betreffenden Verkehrskreises, dem der Käufer angehört. M.a.W. sind die Verkehrsauffassung und der normale Stand der Technik maßgeblich. Vergleichsmaßstab können neben anderen Stücken der gleichen Gattung (vgl. § 243 I) z.T. auch direkte – gleichwertige – Konkurrenzprodukte sein (etwa wenn alle Handys einer Produktgeneration eines Herstellers nicht funktionieren). **36**

Wird nichts anderes vereinbart, entspricht es der üblichen Beschaffenheit einer Kaufsache, dass sie **fabrikneu** ist. Kraftfahrzeuge etwa gelten dabei i.d.R. *solange* als fabrikneu, als zwischen Herstellung und Abschluss des Kaufvertrags nicht mehr als zwölf Monate verstrichen sind, das Modell zum Zeitpunkt des Verkaufs noch unverändert hergestellt wird und durch das Stehen keinerlei Mängel entstanden sind. Beim Kauf **gebrauchter** Sachen hingegen begründen altersübliche Abnutzungserscheinungen keine unübliche Beschaffenheit, wohl aber – beim (examensrelevanten) Gebrauchtwagenkauf – selbst fachmännisch reparierte, ins Gewicht fallende Unfallschäden. Zum – großzügigeren – Maßstab beim **Tierkauf** (§ 90a) vgl. instruktiv BGH NJW 2007, 1351. **37**

Die (lediglich in § 434 III 2 (nicht jedoch in § 434 II 2) als Teil der Beschaffenheit erwähnte) **Haltbarkeit** ist ausweislich Art. 2 Nr. 13 der Warenkauf-RL als „Fähigkeit der Waren, ihre erforderlichen Funktionen und Leistung bei normaler Verwendung zu behalten", zu verstehen. Darunter kann auch die Möglichkeit der Reparatur (z.B. durch Austausch eines Handyakkus) fallen: Welche Haltbarkeitsdauer im Einzelfall geschuldet wird, hängt jeweils von einer **Gesamtabwägung** unter Berücksichtigung u.a. der Art des Kaufsache, ihres Kaufpreises sowie der Intensität ihrer Nutzung ab. **37a**

Im Übrigen wird die **übliche Normalbeschaffenheit** i.S.v. § 434 III 1 Nr. 2 unter bestimmten Voraussetzungen gem. **§ 434 III 1 Nr. 2 lit. b** durch eigenschaftsbezogene, **öffentliche Äußerungen** des Verkäufers oder eines anderen „Glieds der Vertragskette" (d.h. insb. des Herstellers) oder „in deren Auftrag, insbesondere in der Werbung oder auf dem Etikett", präzisiert. Darauf kommt es freilich nur an, wenn derartige Äußerungen nicht bereits, etwa durch Inbezugnahme, ausnahms- **38** weise zu einer konkludenten Beschaffenheitsvereinbarung geführt haben. Anders als auf Beschaffenheitsvereinbarungen gem. § 434 II 1 Nr. 1 soll sich jedoch die **Form**vorschrift des § 311b I nach (vielfach kritisierter) Ansicht des BGH (NJW 2017, 150 sowie 2018, 1954) zu § 434 I 3 a.F. nicht auch auf derartige öffentliche Äußerungen beziehen. Überdies erfasst ein etwaig vereinbarter Haftungsausschluss nach der bisherigen Rspr. des BGH zwar keine Mängel i.S.v. § 434 II 1 Nr. 1 (vgl. Rn. 34), sehr wohl aber (grds.) Mängel i.S.v. § 434 III 1 Nr. 2 lit. b (s. BGH NJW 2018, 146 und NJW 2019, 2380).

39   „**Äußerungen**" i.S.v. § 434 III 1 Nr. 2 lit. b setzten keine bestimmte Form voraus und können z.B. durch (z.B. Rundfunk-, Prospekt- oder Internet-)Werbung oder durch die Produktkennzeichnung (etwa Qualitäts- und Gütesiegel oder Beschreibungen in einem Exposé), aber auch Presseinterviews etc. erfolgen. Sie sind **„öffentlich"**, wenn sie sich an unbestimmt viele und nicht individuell ausgewählte Personen richten. Bloß reißerische Anpreisungen ohne Bezug zu bestimmten Eigenschaften („verleiht Flügel") fallen nicht darunter.

40   § 434 III 1 Nr. 2 lit. b gilt nicht unbegrenzt; vielmehr sieht § 434 III 3 **drei Ausschlusstatbestände** vor, durch die sich der – insofern beweisbelastete – Verkäufer von einer entsprechenden Haftung **entlasten** kann: wenn (**1.**) der Verkäufer die öffentlichen Äußerungen *weder kannte noch kennen musste (vgl. § 122 II [umstr.], wobei an einen Privatverkäufer weniger strenge* Sorgfaltsanforderungen *als z.B. an einen Vertragshändler zu stellen sind)*, (**2.**) eine Äußerung im Zeitpunkt des Vertragsschlusses in gleichwertiger Weise berichtigt war, oder sie (**3.**) die Kaufentscheidung (konkret) nicht beeinflussen konnte.

6. Montageanforderungen, § 434 IV

41   Gem. § 434 IV können auch Mängel im Zusammenhang mit der (weit zu verstehenden) Montage einer ansonsten mangelfreien Kaufsache einen Sachmangel begründen. **Montage** ist sowohl das Zusammensetzen der Kaufsache aus Einzelteilen als auch deren Verbindung mit anderen Sachen, z.B. deren Einbau in einen Computer oder eine Küche. Dabei ist zu beachten, dass auf einen Vertrag über die Lieferung und Montage einer Sache statt Kaufrecht insgesamt auch Werkvertragsrecht anwendbar sein kann, je nachdem, auf welcher der beiden Leistungen bei einer **Gesamtbetrachtung der Schwerpunkt** liegt. Nach umstrittener Meinung soll § 434 IV zudem **analog** auf bloße Transportleistungen anzuwenden sein. Noch zweifelhafter ist, ob z.B. das Einfüllen von Benzin als „Montage" qualifiziert werden kann (m.E. nicht).

D. Mangel der Kaufsache

§ 434 IV **Nr. 1** betrifft **Montagefehler**, d.h. Fälle, in denen eine (als 42 untergeordnete Nebenleistungspflicht; sonst: § 631) geschuldete Montage (sog. Kaufvertrag mit Montageverpflichtung) durch den Verkäufer oder dessen Erfüllungsgehilfen (i.S.v. § 278) unsachgemäß durchgeführt wird. Dies begründet einen Sachmangel, wenn (**1.**) entweder die Kaufsache durch die fehlerhafte Montage mangelhaft wird oder (**2.**) ohne Beeinträchtigung der Kaufsache allein die Montage fehlerhaft ist (z.B. ein Kühlschrank verkehrtherum eingebaut wurde).

Gem. § 434 IV **Nr. 2 Alt. 2** kann zudem bereits eine **fehlerhafte** 43 **Montageanleitung** einen Sachmangel begründen (sog. „IKEA-Klausel"), falls eine Sache nach dem Inhalt des Kaufvertrags zur Montage bestimmt ist und der Käufer die Sache wegen eines Mangels der Montageanleitung auch tatsächlich unsachgemäß montiert. Meist liegt in einem solchen Fall freilich bereits ein Mangel i.S.v. § 434 III 1 Nr. 4 vor. Ob eine Montageanleitung fehlerhaft ist, richtet sich nach den Kriterien des Abs. 1 (z.B.: Fremdsprache, unvollständig); dabei ist nach teilweise als zu eng kritisierter h.Lit. auf den Erwartungshorizont eines durchschnittlichen Kunden abzustellen. Auf das gänzliche **Fehlen** einer Montageanleitung findet die Vorschrift nach h.Lit. **analoge** Anwendung, nicht jedoch auf fehlerhafte *Bedienungs*anleitungen.

7. Falschlieferung (§ 434 V) und Mengenabweichung

Nach § 434 V schließlich statuieren auch **Falschlieferungen** einen 44 Sachmangel. Obwohl in derartigen Fällen regelmäßig bereits ein Sachmangel i.S.v. § 434 II 1 Nr. 1 vorliegt (vgl. § 434 II 2: „Art"), ist Normzweck von § 434 V, Abgrenzungsschwierigkeiten zwischen allgemeinem und besonderem Leistungsstörungsrecht zu vermeiden, die nach früherem (Schuld-)Recht v.a. beim **Gattungskauf** bestanden. Gleichwohl erfasst diese Vorschrift nach h.Lit. wortlautgetreu auch die Lieferung einer falschen Sache beim **Stückkauf** (sog. „Identitätsaliud"), solange die Falschlieferung tatsächlich dem entsprechenden Kaufvertrag zuzuordnen ist (Frage der Tilgungsbestimmung des Verkäufers). Das Gleiche gilt bei extremen Falschlieferungen im Rahmen eines Gattungskaufs (sog. „Totalaliud", z.B.: Kinderbuch statt Notebook).

Theoretisch fällt sogar die Lieferung einer **besseren** als der geschul- 45 deten Sache unter § 434 V. Keinesfalls schuldet der Käufer daher durch bloße Annahme der besseren Sache *per se*, d.h. ohne Vertragsänderung, einen höheren Kaufpreis. Freilich muss es dem Verkäufer in einem solchen Fall – jedenfalls bei irrtümlicher (sonst: § 814) „Besserlieferung" – unbenommen sein, die Sache nach § 812 I 1 Alt. 1 zurückzufordern (sehr umstr.). Denn § 241a findet richtigerweise auf *irrtümliche* aliud-Lieferungen keine Anwendung.

46 Während die Vorgängervorschrift von § 434 V, d.h. § 434 III Alt. 2 a.F., neben Falsch- ausdrücklich auch **Zuweniglieferungen** erwähnt hatte, werden quantitative Mengenabweichungen nunmehr bereits von **§ 434 II 1 Nr. 1** erfasst (vgl. § 434 II 2: „Menge"). Ebenso wie nach bisherigem Recht gilt jedoch weiterhin, dass § 434 II 1 Nr. 1 nur **verdeckte Mankolieferungen** erfasst, bei denen der Verkäufer mit einer Teillieferung aus Sicht des Empfängers den *ganzen* Vertrag erfüllen will. Legt er hingegen die bloße Teilleistung offen oder erkennt der Empfänger diese, tritt vorbehaltlich der Möglichkeit der Zurückweisung gem. § 266 nur Teilerfüllung ein und bleibt bezüglich des noch ausstehenden Rests der ursprüngliche Erfüllungsanspruch aus § 433 I 1 bestehen (mit Folge § 281 I 2 und § 323 V 1 statt – u.U. – § 437 iVm § 281 I 3 und § 323 V 2; vgl. Rn. 131). Leistete der Verkäufer hingegen **zuviel** (z.B. 12 statt neun Flaschen), fand § 434 III Alt. 2 a.F. nach früherem Recht keine Anwendung; nach neuem Kaufrecht liegt hingegen auch insofern ein Sachmangel vor, sodass der Käufer bei einer **Zuviellieferung** gem. § 439 I Alt. 1 i.V.m. § 437 Nr. 1 Anspruch auf Abholung der zu viel gelieferten Menge hat. Ein Anspruch des *Verkäufers* auf (zusätzliche) Bezahlung besteht hingegen grds. (mit Ausnahme allenfalls beim Handelskauf wegen § 377 II HGB (sehr umstr.), s. Rn. 248 ff.) nicht.

8. Sachmangel bei Waren mit digitalen Elementen, §§ 475b, 475c

46a Seit dem 1.1.2022 beinhalten **§§ 475b** und **475c** erstmals **zusätzliche Regelungen zum Sachmangelbegriff** (nur) für den Fall des Vorliegens eines Verbrauchsgüterkaufs über „Waren mit digitalen Elementen". Diese Vorschriften wurden im Zuge der Implementierung der (in §§ 327 ff. umgesetzten) Digitale-Inhalte-Richtline völlig neu geschaffen und ergänzen § 434 v.a. mit Blick auf die bei Waren mit digitalen Elementen zusätzlich bestehende **Aktualisierungspflicht**; entsprechend sind zur Beurteilung der Mangelhaftigkeit einer Ware mit digitalen Elementen neben §§ 434 f. stets zusätzlich §§ 475b f. zu prüfen.

46b „**Waren mit digitalen Elementen**" sind in **§ 327a III 1** legaldefiniert als Waren [i.S.v. § 241a I], „die in einer Weise digitale Produkte [i.S.v. § 327 I 1] enthalten oder mit ihnen verbunden sind, dass die Waren ihre Funktionen ohne diese digitalen Produkte nicht erfüllen können". Nach vorzugswürdiger h.M. ist darauf abzustellen, ob die entsprechende Ware ohne ihre digitalen Elemente **gar keine Funktionen mehr** erfüllen kann (sog. **funktionales Kriterium**); dies ist etwa bei Smartphones der Fall, die ohne Betriebssystem gar nicht in Betrieb genommen werden können. Nicht unter § 327a III 1 fällt da-

D. Mangel der Kaufsache

her etwa ein „smarter" Kühlschrank, der ohne seine digitalen Elemente zwar z.B. keine Milch nachbestellen, jedoch weiterhin Lebensmittel kühlen kann. Nach a.A. soll für das Vorliegen einer Ware mit digitalen Elementen ausreichend sein, dass jene ohne diese wesentliche Grundfunktionen nicht mehr erfüllen kann. Weitere Voraussetzung von § 327a III ist (anders als bei § 327a I und II), dass der Unternehmer, der die jeweilige Ware leistet, zusätzlich verpflichtet ist, die digitalen Elemente selbst oder mittels Dritter **bereitzustellen** (sog. **vertragliches Kriterium**); dies wird gem. §§ 475b I 2, 327a III 2 gesetzlich vermutet; zum Begriff der „Bereitstellung" s. § 327b.

Systematisch unterfällt der Kauf von Waren mit digitalen Elementen durch einen Verbraucher gem. § 327a III 1 – entgegen der Grundregel in § 453 I 2 sowie § 327a II – grds. **alleine den §§ 433 ff., 474 ff.** (und nicht den §§ 327 ff.). Insofern ist im Einzelfall daher stets eine genaue (und diffizile) **Abgrenzung (1.)** zum bloßen **Kauf digitaler Inhalte** i.S.v. § 327 II 1 (auf den gem. § 453 I 3 vorrangig die §§ 327 ff. Anwendung finden; dazu SchR AT, Kap. 11) und **(2.)** zum **Kauf von Waren, die lediglich digitale Produkte enthalten** oder mit solchen verbunden sind (vgl. § 327a II), sowie **(3.)** zu „**Paketverträgen**" i.S.v. § 327a I erforderlich. Das Gleiche gilt **(4.)** für den Kauf von körperlichen Datenträgern, die **ausschließlich als Träger digitaler Inhalte dienen**; denn ein solcher unterfällt gem. § 475a I vorrangig den §§ 327 ff. Zum Ganzen näher Rn. 284a ff.

Während § 475b I lediglich den Anwendungsbereich dieser Vorschrift umschreibt, enthalten (erst) die folgenden Absätze ergänzende Sonderregelungen zum Sachmangelbegriff bei Waren mit digitalen Elementen; daneben **bleibt stets § 434 anwendbar**. § 475b II stellt – in Anlehnung an § 327f – zunächst klar, dass die „normalen" Anforderungen an die Mangelfreiheit i.S.v. § 434 auch bei Waren mit digitalen Elementen grds. nur bei Gefahrübergang erfüllt sein müssen (und dann zugleich die jeweiligen digitalen Elemente mitumfassen). Daneben besteht während des jeweiligen Aktualisierungszeitraums allerdings zusätzlich eine **Aktualisierungspflicht des Verkäufers**, deren Verletzung ebenfalls einen Sachmangel begründet. Die Dauer und der Umfang der Aktualisierungspflicht hängen dabei v.a. von den üblichen Lebenszyklus und dem Wert der entsprechenden Ware(ngattung) ab.

46c

Der Begriff der „**Aktualisierung**" ist grds. im Sinne von **§ 327f I 1 und 2** zu verstehen und erfasst nicht etwa jegliches Update, sondern (vorbehaltlich einer weitergehenden Vereinbarung i.R.v. § 475b III) lediglich solche, die zum Erhalt der Vertragsmäßigkeit der Ware erforderlich sind (einschließlich sog. „Sicherheitsupdates"). Die entsprechende

46d

Aktualisierungspflicht ergibt sich, wie § 475b III Nr. 2 klarstellt, entweder aus einer Parteivereinbarung oder dem Gesetz; denn gem. § 475b IV Nr. 2 muss der Unternehmer dem Verbraucher während des Zeitraums, den er im Einzelfall aufgrund der Art und des Zwecks der Ware und ihrer digitalen Elemente sowie unter Berücksichtigung der Umstände und der Art des Vertrags erwarten kann, Aktualisierungen bereitstellen.

46e § 475b V wiederum **schließt** eine Haftung des Unternehmers für (rein) aus dem Fehlen einer entsprechenden Aktualisierung resultierende Sachmängel für den Fall **aus**, dass der Verbraucher eine verfügbare Aktualisierung innerhalb einer angemessenen Frist nicht installiert. Dieser Haftungsausschluss greift allerdings nur ein, wenn der Unternehmer den Verbraucher über die Verfügbarkeit der Aktualisierung sowie die Folgen einer unterlassenen Installation informiert hat (§ 475b V **Nr. 1**) und die Tatsache, dass der Verbraucher die Aktualisierung nicht oder unsachgemäß installiert hat, nicht auf eine dem Verbraucher bereitgestellte, mangelhafte Installationsanleitung zurückzuführen ist (**Nr. 2**). § 475d VI schließlich enthält – in Ergänzung von § 434 IV – zusätzliche (etwaige) **Installationsanforderungen**.

46f Ist ein Verkäufer nicht nur zur einmaligen, sondern zur **„dauerhaften Bereitstellung"** der digitalen Elemente verpflichtet, sind wiederum zusätzlich zu § 475b die Vorgaben von **§ 475c** zu beachten. Nach dessen **Abs. 2** hat ein Verkäufer über §§ 434 und 475b hinaus dafür Gewähr zu tragen, dass (**nur!**) die digitalen Elemente jedenfalls während des Bereitstellungszeitraums, mindestens aber für einen Zeitraum von zwei Jahren ab Ablieferung der Ware, den Anforderungen von § 475b II entsprechen; insofern besteht nicht nur (wie bei § 475b) eine bloße Aktualisierungspflicht, sondern müssen auch die „normalen" Anforderungen i.S.v. § 434 **über den Gefahrübergang hinaus** gewahrt bleiben. Der Begriff der dauerhaften Bereitstellung ist in **§ 327e I 3** legaldefiniert als fortlaufende Bereitstellung eines digitalen Produkts über einen bestimmten oder sogar unbegrenzten Zeitraum. Zum bloßen Kauf der Ware muss also die Verpflichtung hinzutreten, digitale Elemente nicht nur zeitgleich mit der Ware, sondern fortlaufend bereitzustellen.

II. Rechtsmangel, § 435

47 *Rechts*mängel betreffen in direkter Anwendung des § 435 nur Kauf*sachen*; allerdings findet § 435 – ebenso wie § 434 (vgl. unten Rn. 282 f.) – gem. § 453 I 1 (u.a.) auf den Rechtskauf entsprechende Anwendung. Ein Rechtsmangel besteht gem. § 435 S. 1 immer dann, wenn eine verkaufte **Sache** mit (mindestens) einem **Recht** eines **Dritten** belastet ist, ohne dass dies vertraglich vereinbart wurde.

D. Mangel der Kaufsache

Der Begriff des **Dritten** ist untechnisch zu verstehen; auch der Verkäufer, u.U. sogar der Käufer selbst, kann „Dritter" sein (umstr.). Zudem genügt bereits das **bloße Bestehen** eines Drittrechts. Eine tatsächliche fühlbare Beeinträchtigung ist für § 435 nicht nötig. Andernfalls würde der Käufer nämlich trotz ihm geschuldeter Eigentumsverschaffung (§ 433 I 1 Alt. 2) nicht die in § 903 S. 1 normierten Eigentümerbefugnisse erwerben. **Maßgeblicher Zeitpunkt** für das Bestehen eines Rechtsmangels ist folglich nicht der Gefahrübergang, sondern nach ganz h.Lit. der **Eigentumsübergang** (der BGH jedoch stellt in NJW 2017, 1666 und NJW 2004, 1802 auf den Gefahrübergang ab). **48**

Das Drittrecht muss grds. **tatsächlich bestehen**, um einen Rechtsmangel zu begründen. Das bloße Sichberühmen eines Drittrechts genügt i.d.R. – anders als beim CISG – nicht. Gem. § 435 S. 2 können ausnahmsweise nicht bestehende Rechte einen Rechtsmangel darstellen, wenn sie im Grundbuch eingetragen sind. Hintergrund ist die Gefahr ihrer Entstehung aufgrund gutgläubigen Erwerbs gem. § 892 I. **49**

„**Rechte**" i.S.v. § 435 können sowohl privat- als auch öffentlich-rechtlicher Natur sein. Relevante **privatrechtliche** Rechte sind sowohl (beschränkt) **dingliche** Rechte wie z.B. Pfandrechte, Reallasten, Dienstbarkeiten oder Immaterialgüterrechte (z.B. Patent- oder Urheberrechte; umstr., a.A.: § 434) als auch **Persönlichkeitsrechte** sowie z.T. sogar **obligatorische** Rechte, soweit sie gegenüber dem Käufer wirken (z.B. ein Mietvertrag wg. § 566 I). Steht hingegen das **Eigentum** an der Kaufsache einem Dritten zu und kann es vom Käufer nicht einmal gutgläubig erworben werden, liegt nach h.M. kein Rechtsmangel (Schlechtleistung), sondern eine **Nichterfüllung** vor (umstr.). Denn das Gesetz differenziert in § 433 I 1 und 2 klar zwischen der Pflicht zur Eigentumsverschaffung und der Pflicht zur rechtsmängelfreien Lieferung. **50**

Auch **öffentlich-rechtliche** Eingriffsbefugnisse sowie (individuelle, vgl. § 436 II) Belastungen bzw. **Beschränkungen** können einen Rechtsmangel darstellen. So hat der BGH entschieden, dass nicht nur eine nach § 111b StPO tatsächlich (rechtmäßig) durchgeführte Beschlagnahme eines als gestohlen gemeldeten Kraftfahrzeugs, sondern sogar dessen **bloße Eintragung** im Schengener Informationssystem (SIS) als gestohlen und zur Fahndung ausgeschrieben (bei Gefahrübergang) einen Rechtsmangel begründen kann (NJW 2017, 1666). Auch die Sozialbindung einer mit öffentlichen Mitteln geförderten Eigentumswohnung (die einen Wohnberechtigungsschein zur Anmietung erforderlich macht) kann i.R.v. deren Verkauf einen Rechtsmangel begründen. **51**

Vereinbaren die Parteien eines Kaufvertrags im Einzelfall sowohl einen **Gewährleistungsausschluss** als auch zusätzlich „ausdrücklich die Rechtsmängelfreiheit der Kaufsache", gilt der Haftungsausschluss nach dem BGH nicht auch für Rechtsmängel (BGH NJW 2017, 3292). **52**

E. Gefahrtragung beim Kaufvertrag

Literatur: *Canaris*, JuS 2007, 793; *Coester-Waltjen*, JURA 2006, 829; *dies.*, JURA 2007, 110; *Lorenz*, JuS 2004, 105.

53 Eng mit der Frage der Mangelhaftigkeit der Kaufsache hängt die verstreut über das ganze Schuldrecht (in §§ 243 II, 300 II und § 446 f. sowie mittelbar in § 275 und § 326 I, II) geregelte **Gefahrtragung** zusammen. Denn gem. § 434 I 1 ist maßgeblicher Zeitpunkt für das Vorliegen eines *Sach*mangels (nach h.Lit. nicht jedoch eines *Rechts*mangels, s. Rn. 48) der „Gefahrübergang". Gemeint kann damit nur der **hypothetische** bzw. jedenfalls vorläufige – und nicht der *tatsächliche* – Übergang der (Gegenleistungs)Gefahr sein. Bei Lieferung einer mangelhaften Sache findet nämlich bei Gattungsschulden gar keine Konkretisierung statt (und kann somit die Gegenleistungsgefahr erst gar nicht übergehen) bzw. schuldet der Käufer bei mangelbedingter Rückabwicklung und zwischenzeitlichem Untergang (etc.) der Kaufsache gem. § 346 III Nr. 3 keinen Wertersatz.

I. Definition und Arten der Gefahr

54 Gegenstand der Gefahrtragungsregeln ist die Risikoverteilung i.R.v. Schuldverhältnissen (meist: gegenseitigen Verträgen). Der Begriff der **„Gefahr"** beschreibt, wie sich aus § 446 S. 1 ergibt, die Zuordnung bestimmter wirtschaftlicher Rechtsfolgen des zufälligen Untergangs bzw. der zufälligen Verschlechterung (usw.) einer verkauften Sache. **Zufall** i.S.d. Gefahrtragung liegt vor, wenn keine der Parteien den Untergang bzw. die Verschlechterung zu vertreten hat; dabei sind naturgemäß auch etwaige Haftungserleichterungen (z.B. gem. § 300 I) zu beachten. Liegt hingegen ein Vertretenmüssen einer der Parteien vor, hat sich die „Gefahr" nicht realisiert und ist daher an sich gleichgültig, wer sie trägt. Allerdings bleibt der Gefahrübergang auch in einem derartigen Fall noch für die Prüfung eines Sachmangels (§ 434) sowie (seit der SchRMod) für die Konkretisierung gem. § 243 II von Bedeutung.

55 Je nach Blickwinkel werden gemeinhin – allerdings ohne entsprechende terminologische Differenzierung im Gesetz – **drei Erscheinungsformen** der Gefahr im schuldrechtlichen Sinn unterschieden: Die **Leistungsgefahr** (oftmals fälschlicherweise synonym als „Sachgefahr" bezeichnet) betrifft die Frage, ob der Verkäufer bei Untergang bzw. Verschlechterung der Kaufsache vor Erfüllung (§ 362 I) von seiner Leistungspflicht aus § 433 I frei wird (insb. gem. § 275) oder weiterhin – mit einer anderen Sache – erfüllen muss. Entsprechend spielt die Leistungs-

gefahr naturgemäß bei Stückschulden (grds.) keine Rolle; bei Gattungsschulden geht sie mit **Konkretisierung** (§ 243 II) bzw. – im Falle eines Annahmeverzugs – mit der sog. **Quasi-Konkretisierung** i.S.v. § 300 II von dem Verkäufer auf den Käufer über.

Die (v.a. im Werkvertragsrecht relevante, vgl. § 644 I 3) **Sachgefahr** 56 hat demgegenüber das Risiko des zufälligen Untergangs bzw. der zufälligen Verschlechterung einer Sache selbst zum Gegenstand; sie wird im Regelfall vom Eigentümer getragen (*casum sentit dominus*).

Die **Gegenleistungsgefahr** (bzw. synonym: Preisgefahr) schließlich 57 regelt, ob der Käufer trotz zufälligen Untergangs (etc.) der Kaufsache dennoch den Kaufpreis bezahlen muss. Grds. trägt gem. § 326 I 1 bis zur vollständigen Erfüllung der Verkäufer die Gegenleistungsgefahr („ohne Ware kein Geld"), es sei denn, bereits zuvor greift eine die Gegenleistungspflicht erhaltende Norm – im Kaufrecht neben § 326 I 1 Alt. 2 insb. § 446 und § 447 – ein. Die Frage der Zuordnung der Gegenleistungsgefahr stellt sich – anders als die Leistungsgefahr – nur bei **gegenseitigen Verträgen**; zudem folgt die Gegenleistungsgefahr logisch zwingend der Leistungsgefahr nach, d.h. sie kann erst dann vom Verkäufer auf den Käufer übergehen, wenn der Käufer auch die Leistungsgefahr trägt.

II. § 446: Übergabe und Annahmeverzug

§ 446 beinhaltet **zwei** verschiedene Regelungen zur Gegenleistungs- 58 gefahr. Gem. § 446 S. 1 geht diese grds. – und vorbehaltlich von § 447 – mit der **Übergabe** der verkauften Sache auf den Käufer über. Übergabe bedeutet grds. Übertragung des *unmittelbaren Besitzes; im Einzelfall kann jedoch auch – je nach Vereinbarung – die Übergabe an einen Dritten* oder die Verschaffung nur mittelbaren Besitzes genügen. Bedeutung hat § 446 S. 1 indes nur, wenn die gem. § 433 I 1 kumulativ geschuldete Übergabe *und* Übereignung – egal in welcher Reihenfolge! – auseinanderfallen (z.B. beim Kauf unter Eigentumsvorbehalt, § 449).

Gem. § 446 S. 3 geht die Gegenleistungsgefahr zudem auch ohne 59 Übergabe auf den Käufer über, sobald dieser in **Annahmeverzug** (§§ 293–304) gerät. Damit wiederholt § 446 S. 3 letztlich nur den Regelungsinhalt von § 326 II 1 Alt. 2 und stellt sich die (rein akademische) Frage des Verhältnisses beider Vorschriften. Richtigerweise dürfte § 446 S. 3 als speziellere Regelung vorgehen.

§ 446 S. 2 beinhaltet demgegenüber keine Gefahrtragungsregel, son- 60 dern regelt im (schuldrechtlichen) Verhältnis zwischen Verkäufer und Käufer, dass dem Käufer ab Übergabe (S. 1) bzw. hilfsweise Annahmeverzug (S. 3) auch die **Nutzungen** (vgl. § 100, d.h. die Früchte i.S.v. § 99 sowie die Gebrauchsvorteile) der Kaufsache gebühren und er die **Lasten** –

28   *Kapitel 2. Kaufrecht*

d.h. (privat- oder öffentlich-rechtliche) Leistungspflichten, die an sich den Eigentümer als solchen treffen – zu tragen hat.

III. § 447 I: Versendungskauf

61 § 447 I trifft eine eigene Gefahrtragungsregel für den **Versendungskauf**, d.h. bei (selbst nachträglicher) Vereinbarung einer Schickschuld („auf Verlangen des Käufers"). Allerdings ist der Anwendungsbereich dieser Norm beschränkt: Beim **Verbrauchsgüterkauf** findet § 447 I nämlich gem. § 475 II nur dann Anwendung, wenn ausnahmsweise der *Käufer* den Transporteur ausgewählt und beauftragt hat (vgl. Rn. 300).

62 Liegt kein Verbrauchsgüterkauf vor, geht die Gegenleistungsgefahr beim Versendungskauf gem. § 447 I mit **Auslieferung** der Kaufsache an die jeweilige **Transportperson** (z.B. die Post oder einen Spediteur) auf den Käufer über. Obwohl § 447 I von einer Versendung „nach einem anderen Ort als dem Erfüllungsort" spricht, erfasst die Norm auch sog. **„Platzgeschäfte"**, d.h. den Versand innerhalb derselben politischen Gemeinde. Auch bei Versendung *von* einem anderen Ort als dem Erfüllungsort *aus* greift § 447 I richtigerweise grds. ein, wenn dadurch keine zusätzlichen Transportrisiken entstehen (a.A. die h.M.).

63 Entgegen der h.M. geht nach § 447 I zudem jegliche Gefahr und nicht nur die Gefahr der Verwirklichung **typischer Transportrisiken** auf den Käufer über (umstr.). Entsprechend ist von § 447 I z.B. auch eine hoheitliche Beschlagnahme umfasst. Wird eine Kaufsache hingegen aufgrund unzureichender Verpackung beschädigt (etc.), hat der Verkäufer dies i.d.R. (gem. § 276 oder § 278) zu vertreten; dann aber realisiert sich gerade keine „Gefahr" (Zufall) und greift § 447 I nicht ein. Das Gleiche gilt gem. § 287 S. 2 bei Zufall i.R.v. Schuldnerverzug.

64 Auch der Transport durch **eigene (Transport-)Leute** (i.d.R. Arbeitnehmer) bzw. gar den Verkäufer selbst wird nach inzwischen h.M. von § 447 I erfasst (umstr.). Anders als beim Transport durch unabhängige Dritte, deren Verschulden sich der Verkäufer i.R. einer Schickschuld mangels Pflicht zum Transport nicht gem. **§ 278** zurechnen lassen muss, haftet der Verkäufer in einem derartigen Fall für deren (bzw. – beim Selbsttransport – eigenes) Verschulden. Denn unabhängig von der (fehlenden) Pflicht zum Transport treffen den Verkäufer in seiner Sphäre stets gem. § 241 II Schutzpflichten i.b.a. die Kaufsache und sind eigene Leute bei Erfüllung *dieser* Nebenpflicht auch *nach* „Auslieferung" als Erfüllungsgehilfen des Verkäufers anzusehen (umstr.).

65 Als Konsequenz der **obligatorischen Gefahrentlastung** nach § 447 I kann sich die Folgefrage stellen, wem Haftungsansprüche zustehen, wenn eine Sache i.R.e. Versendung *nach* Gefahrübergang beschädigt oder zerstört (etc.) wird und hierfür die Transportperson oder ein Dritter verantwortlich ist. An sich fallen Schaden und Anspruch auseinander: Während der Käufer die Sache bezahlen muss, ohne sie (unversehrt) zu erhalten, war zur Zeit der Beschädigung (etc.) i.d.R. nur der Verkäufer alleiniger Eigentümer bzw. Inhaber vertraglicher Ansprüche gegen den Transporteur (Ausnahme: § 421 I 2 HGB). Dies ist klassischer Anwendungsfall einer – allerdings in der Lehre zunehmend hinterfragten – **Drittschadensliquidation** (vgl. SchR AT, Kap. 9 Rn. 33).

Prüfungsschema 4: Voraussetzungen von § 447 I 65a
1. Anwendbarkeit: I.d.R. nicht beim Verbrauchsgüterkauf, § 475 II
2. Vereinbarung einer Schickschuld („auf Verlangen des Käufers")
3. Versendung „nach einem anderen Ort als dem Erfüllungsort"
   (**P1**) Platzgeschäft; (**P2**) Versendung nicht vom Erfüllungsort aus
4. Auslieferung der Sache an die Transportperson
   (**P**) Transport durch eigene Leute oder den Verkäufer selbst
5. Zufälliges Leistungshindernis während des Transports
   (**P**) nur typische Transportrisiken erfasst?

F. Die Mängelrechte des Käufers gem. § 437

Literatur: Bachmann, AcP 211 (2011), 395; *Canaris*, Karlsruher Forum 2002, 72; *Fervers*, JURA 2015, 11; *Maultzsch*, ZfPW 2018, 1; *Gansmeier/Kochendörfer*, JuS 2022, 704.

Das Kaufrecht kennt, wie oben unter C. dargestellt, in §§ 437 ff. ein **66** **besonderes Leistungsstörungsrecht**, das (Kauf-)**Gewährleistungsrecht** (mit eigener Verjährungsregelung in § 438). In Abgrenzung zum davor bzw. z.T. sogar daneben anwendbaren allgemeinen Leistungsstörungsrecht setzt jenes (grds.) voraus, dass der *Verkäufer* zwar geleistet, jedoch seine aus § 433 I 2 folgende (Haupt-)Pflicht zur mangelfreien Lieferung verletzt hat. Voraussetzung ist m.a.W. das Vorliegen eines Sach- oder Rechtsmangels im jeweils maßgeblichen Zeitpunkt. Folglich stehen Gewährleistungsrechte im Kaufrecht nur dem Käufer offen.

Nota bene: Sowohl §§ 434 f. als auch § 437 Nr. 1 und 2 (nicht: 3) **67** dienen bei Vorliegen eines Verbrauchsgüterkaufs i.S.v. §§ 474 ff. (Rn. 292 ff.) der Umsetzung der – vollharmonisierenden – europäischen **Warenkaufrichtlinie**.

Kapitel 2. Kaufrecht

I. Überblick

68 Die etwaigen Rechte eines Käufers im Falle einer mangelhaften Leistung werden übersichtlich und grds. (Ausnahmen: §§ 285, 320 I) abschließend in § 437 aufgezählt. Liegen die – vorweg zu prüfenden – Voraussetzungen dieser „Brückennorm" vor, kann ein Käufer als **Rechtsfolge** potentiell die in § 437 Nr. 1–3 genannten, großteils (Ausnahme: Nacherfüllung) von weiteren Voraussetzungen abhängigen und meist im Schuldrecht AT (Ausnahme: Nacherfüllung und Minderung) geregelten Rechte geltend machen. Welche Rechte im Einzelfall in Betracht kommen, hängt maßgeblich davon ab, ob der betreffende **Mangel behebbar** ist oder nicht (dann: Unmöglichkeit [§ 275] der Nacherfüllung, sog. „qualitative Unmöglichkeit", vgl. auch § 326 I 2).

1. Mängelrechte bei Behebbarkeit des Mangels

69 Im Falle der Behebbarkeit eines Mangels ist **primäres Mängelrecht** gem. § 439 iVm § 437 Nr. 1 die Nacherfüllung. Denn ausweislich des grundsätzlichen Erfordernisses einer Fristsetzung (zur Nacherfüllung) für die **sekundären Mängelrechte** des Rücktritts (§ 323) und der Minderung gem. § 441 (jeweils iVm § 437 Nr. 2) sowie des Schadensersatzes statt der Leistung gem. §§ 281, 280 bzw. des Anspruchs auf Aufwendungsersatz gem. § 284 (jeweils § 437 Nr. 3) gehen das deutsche Recht (und Art. 13 Warenkauf-RL) von einem **Vorrang der Nacherfüllung** vor den sonstigen Mängelrechten aus („Recht" zur zweiten Andienung). Ausnahmen bilden der Ersatz von Mangelfolgeschäden (§ 280 I iVm § 437 Nr. 3) sowie die Fälle der Entbehrlichkeit der Fristsetzung (gem. § 323 II bzw. § 281 II iVm § 440 oder – bei Vorliegen eines Verbrauchsgüterkaufs – § 475d).

2. Mängelrechte bei Unmöglichkeit der Nacherfüllung

70 Ist eine Nacherfüllung hingegen insgesamt gem. § 275 **unmöglich**, d.h. kann ein (Sach- oder Rechts-)Mangel nicht behoben werden, gibt die Setzung einer Nacherfüllungsfrist keinen Sinn. Daher trifft das BGB für diesen Fall eigenständige Regelungen: Bei Unmöglichkeit der Nacherfüllung kann ein Käufer gem. § 326 V bzw. § 441 jeweils iVm § 437 Nr. 2 **sofort** zurücktreten oder mindern bzw. gem. §§ 283 S. 1, 280 (bei nachträglicher Unmöglichkeit, bezogen auf den Zeitpunkt des Vertragsschlusses) oder § 311a II (bei anfänglicher Unmöglichkeit) jeweils iVm § 437 Nr. 3 **sofort** Schadensersatz statt der Leistung bzw. Aufwendungsersatz (§ 284 iVm § 437 Nr. 3) verlangen.

Gleichzeitig ordnet § 326 I 2 für einen derartigen Fall an, dass trotz 71
Unmöglichkeit einer synallagmatischen (Haupt-)Pflicht (§ 433 I 2) und
entgegen der Grundregel in § 326 I 1 *nicht* automatisch (anteilig) die
Gegenleistungspflicht des Käufers entfällt. Andernfalls träte nämlich bei
mangelhafter Leistung entgegen § 441 I 1 („*kann* […] *mindern*") immer
eine automatische Minderung kraft Gesetzes ein.

Übersicht 3: *Gewährleistungsrechte des Käufers gem. § 437 (ohne § 284)*

II. Die „Brückennorm" des § 437

„Einstiegstor" in jede kaufrechtliche Gewährleistungsprüfung ist 72
§ 437, der die (meisten, s.o. Rn. 68) potentiellen Mängelrechte eines
Käufers übersichtlich zusammenfasst. Diese Norm *alleine* gewährt noch
keine Rechte; § 437 ist *keine* eigenständige Anspruchsgrundlage, sondern spricht lediglich eine **Rechtsgrundverweisung** aus. M.a.W. greifen die in § 437 aufgezählten Rechtsbehelfe nicht schon mit Bejahung
der Voraussetzungen dieser Norm ein (Ausnahme ≈ § 439 I), sondern
erfordern ausdrücklich *zusätzlich* die in den verwiesenen Vorschriften
jeweils genannten **weiteren Voraussetzungen**. Allerdings decken sich
bestimmte Voraussetzungen von § 437 mit denjenigen der verwiesenen
Normen: Die Lieferung einer mangelhaften Sache etwa ist wegen § 433
I 2 zugleich eine Pflichtverletzung i.S.v. § 280 I 1.

§ 437 kennt **4 Voraussetzungen:** Aus der systematischen Stellung 73
dieser Norm folgt zunächst (**1.**) das Erfordernis eines wirksamen Kauf-
(§ 433, u.U. iVm § 453 I) oder Tausch- (§ 480) bzw. Werklieferungs-
vertrags (§ 650 S. 1). Darüber hinaus verlangt § 437 ausdrücklich das
Vorliegen (**2.**) eines Sach- (§ 434) oder Rechtsmangels (§ 435), und
zwar (**3.**) zum jeweils maßgeblichen Zeitpunkt (s. Rn. 25, 48).

74 Nicht ausdrücklich geregelt (und daher umstr.) ist hingegen, (**4.**) ab wann § 437 überhaupt **zeitlich anwendbar** ist. Die wohl h.Lit. will – in Parallelität zu § 434 I – auf den (wenn auch hypothetischen, s. Rn. 53) **Gefahrübergang** abstellen. Danach würde sich die Prüfung des zeitlichen Anwendungsbereichs des Gewährleistungsrechts mit derjenigen des maßgeblichen Zeitpunkts für das Vorliegen eines *Sach*mangels decken. Diese h.Lit. verkennt jedoch, dass es einem Käufer nicht nur bei Hol- und Bringschulden, sondern auch bei einer Schickschuld unbenommen bleiben sollte, eine mangelhafte Sache unter Erhalt des Erstlieferungsanspruchs zurückzuweisen (mit längerer Verjährung gem. §§ 195, 199 statt § 438). Richtigerweise ist daher darauf abzustellen, ob der Käufer die Kaufsache i.S.v. § 363 **als (teilweise) Erfüllung angenommen** hat oder nicht (vgl. Art. 10 I Warenkauf-RL: „zum Zeitpunkt der Lieferung"). Erst ab diesem Zeitpunkt greifen § 437 und damit das besondere Kaufgewährleistungsrecht ein. Denn die Frage, ab wann es gerechtfertigt ist, einen Käufer dem im Vergleich zum allgemeinen Leistungsstörungsrecht restriktiveren Gewährleistungsrecht (vgl. nur §§ 438, 440) zu unterwerfen, ist sachlich von der in § 434 I adressierten Frage des Vorliegens eines Sachmangels zu unterscheiden. Überdies wird so ein Gleichlauf mit § 438 II (Verjährungsbeginn mit „Ablieferung der Sache") erreicht.

75 Für die Prüfung kaufrechtlicher Gewährleistungsrechte kommen in der **Falllösung** zwei verschiedene, gleichermaßen zulässige **Aufbauarten** in Betracht: Entweder werden (**1.**) zweistufig zunächst die Voraussetzungen von § 437 (vgl. Prüfungsschema 5) und erst im Anschluss diejenigen der verwiesenen Rechtsbehelfe (soweit nicht bereits mitgeprüft, s. Rn. 72 a.E.) untersucht. Oder aber (**2.**) die Voraussetzungen des (stets mitzuzitierenden!) § 437 werden im Rahmen der Prüfung der jeweiligen Mängelrechte (etwa §§ 281, 280) gleich mitgeprüft.

76 **Prüfungsschema 5:** Voraussetzungen von § 437

1. Kauf- (§§ 433, 453 I, 480) oder Werklieferungsvertrag (§ 650)

2. Zeitliche Anwendbarkeit: Annahme als Erfüllung (i.S.v. § 363)

   (**P**) sehr umstr.; **a.A.:** (hypothetischer) Gefahrübergang (h.Lit.)

3. Mangel der Kaufsache: Sach- (§ 434) oder Rechtsmangel (§ 435)

4. Vorliegen des Mangels zum jeweils maßgeblichen Zeitpunkt

5. **Rechtsfolge:** Dem Käufer stehen unter den Voraussetzungen der verwiesenen Normen die in § 437 Nr. 1–3 aufgezählten Rechte zu

F. Die Mängelrechte des Käufers gem. § 437

III. Der Anspruch des Käufers auf Nacherfüllung

Literatur: *Canaris*, JZ 2003, 831; *ders.*, FS H.P. Westermann, 2008, 137.

Liegen die Voraussetzungen von § 437 vor, steht einem Käufer im (gesetzlichen) Regelfall zunächst und zuvörderst gem. § 439 I iVm § 437 Nr. 1 ein Anspruch auf Nacherfüllung zu. Diese ist das **primäre Mängelrecht** eines Käufers im Falle mangelhafter Leistung. Denn die meisten anderen Mängelrechte (Ausnahme: § 280 I) setzen grds. (Ausnahmen: §§ 323 II, 281 II, 440 + 445a II, 475d) den erfolglosen Ablauf einer Frist zur Nacherfüllung voraus. Dies dient neben dem Leistungsinteresse des Käufers zugleich dem Schutz des Verkäufers, dem eine **zweite Chance** gewährt wird, sich (1.) seine Gegenleistung zu verdienen sowie (2.) die mit den sekundären Mängelrechten verbundenen großen Haftungsrisiken zu vermeiden. Ist ein Mangel hingegen **unbehebbar**, gibt eine entsprechende Fristsetzung naturgemäß keinen Sinn. Entsprechend sieht das Gesetz für den Fall der Unmöglichkeit (§ 275) der Nacherfüllung eigenständige Regelungen ohne Fristsetzungserfordernis vor (§§ 326 V, 283 oder 311a II, jeweils iVm § 437 Nr. 2 bzw. 3). **77**

Rechtstechnisch ist der Anspruch auf Nacherfüllung eine **Modifizierung des ursprünglichen Erfüllungsanspruchs**, d.h. er tritt – ebenso wie ein etwaiger Anspruch auf (großen) Schadensersatz statt der Leistung – an die Stelle des ursprünglichen Anspruchs auf mangelfreie (Erst-)-Lieferung aus § 433 I (umstr.). Folglich steht auch der Nacherfüllungsanspruch im synallagmatischen **Gegenseitigkeitsverhältnis** mit dem Zahlungsanspruch des Verkäufers aus § 433 II. Wie zuvor (gestützt auf den Lieferungsanspruch aus § 433 I) kann ein Käufer daher ab Lieferung bis zur erfolgreichen Nacherfüllung unter den Voraussetzungen von **§ 320 I** die Zahlung des Kaufpreises einredeweise verweigern. **78**

Eine **mangelhafte Nacherfüllung** löst ihrerseits Gewährleistungsrechte – inkl. Nacherfüllungsanspruch – aus; beachte jedoch § 440 S. 2. **79**

1. Inhalt des Nacherfüllungsanspruchs, § 439 I

Eine Nacherfüllung kann nach der gesetzlichen Konzeption grds. auf **zwei verschiedene, alternative Weisen** erfolgen: Entweder durch Reparatur der Kaufsache (**Nachbesserung** bzw. Mängelbeseitigung, § 439 I Alt. 1) oder – jedenfalls bei Gattungsschulden – durch Austausch gegen eine neue Sache (**Nachlieferung** bzw. Neulieferung, § 439 I Alt. 2). Beide Varianten stehen nach Ansicht des BGH zueinander im Verhältnis **elektiver Konkurrenz** inkl. – in den Grenzen von § 242 – *ius variandi* (nach a.A. hingegen handelt es sich bei der Nacherfüllungspflicht um eine Wahlschuld mit Folge Verbindlichkeit der einmal ge- **80** troffenen Wahl, vgl. § 263 II). Einem Käufer ist es daher grds. unbenommen, von einer zunächst gewählten Art der Nacherfüllung wieder Abstand zu nehmen. (Nur) in Einzelfällen kann ein Käufer gem. **§ 242** daran gehindert sein, z.B. von einem Nachbesserungsverlangen wieder Abstand zu nehmen und stattdessen Nachlieferung zu verlangen; ein derartiger Fall liegt jedoch jedenfalls dann **nicht** *per se* vor, wenn der Verkäufer die vom Käufer zunächst gewählte Nachbesserung nicht fachgerecht durchgeführt hat.

80a Anders als im Werkvertragsrecht (vgl. § 635 I) steht das **Wahlrecht** hinsichtlich der geschuldeten Art der Nacherfüllung – vorbehaltlich einer Unmöglichkeit (§ 275) oder Verweigerung der gewählten Art der Nacherfüllung wegen Unverhältnismäßigkeit gem. § 439 IV – dem **Käufer** zu. Bessert ein Verkäufer **eigenmächtig** nach (§ 439 I Alt. 1), führt dies daher **nicht** etwa zwangsläufig zum Erlöschen eines zuvor wirksam begründeten Ersatzlieferungsanspruchs des Käufers aus § 439 I Alt. 2 wegen Zweckerreichung (vgl. BGH NJW 2019, 292).

81 Für die einem Verkäufer i.R.d. Nacherfüllung entstehenden **Kosten** kann dieser unter den Voraussetzungen von **§ 445a I** wiederum Ersatz von *seinem* Verkäufer (**Lieferanten**) verlangen (hierzu Rn. 226 ff.). Überdies steht einem Käufer seit dem 1.1.2018 ggf. unter den Voraussetzungen von § 439 III neben (und unabhängig von) dem Anspruch auf Nacherfüllung auch ein (**Nacherfüllungs*hilfs*-)Anspruch** auf Ersatz etwaiger **Ein- und Ausbaukosten** zu (vgl. dazu Rn. 92 ff.).

a) Nachbesserung

82 Verlangt ein Käufer **Nachbesserung**, muss der Verkäufer den Mangel der ursprünglichen Kaufsache vollständig (s. aber Rn. 83) beseitigen. Kommen hierfür mehrere Wege in Betracht, kann der Verkäufer den ihm genehmsten wählen; denn das Wahlrecht des Käufers aus § 439 I erstreckt sich nicht auch auf die *Art* der Nach*besserung*. Das Gleiche gilt hinsichtlich der Frage, ob der Verkäufer den Mangel selbst behebt oder durch Dritte beseitigen lässt. Hat sich der Mangel oder die Kaufsache aufgrund des Mangels nach (hypothetischem) Gefahrübergang negativ verändert, umfasst die Nachbesserungspflicht nach h.M. – unabhängig von einer etwaigen Stoffgleichheit wie im Deliktsrecht – auch diese **Weiterfresserschäden**. Schäden, die unabhängig von einem Mangel *nach* Gefahrübergang eintreten, müssen jedoch ebenso wenig (i.R.d. Nachbesserung) beseitigt werden wie Schäden an sonstigen Rechtsgütern des Käufers. Gem. § 440 S. 2 gilt die Nachbesserung im Regelfall „nach dem erfolglosen zweiten Versuch als fehlgeschlagen".

83 Umstr. ist, ob § 439 I Alt. 1 auch Fallgestaltungen erfasst, in denen ein Mangel **nur teilweise** oder nur unter Inkaufnahme eines *anderen* Mangels behoben werden kann. Da das Gesetz seinem Wortlaut nach

eine vollständige Mängelbeseitigung zu verlangen scheint, hält eine M.M. die Nachbesserung in einem derartigen Fall für insgesamt unmöglich (§ 275 I). Die vorzugswürdige h.M. gewährt dem Käufer, falls der Leistungsgegenstand teilbar ist, als Minus zur Nachbesserung einen sog. **"Ausbesserungsanspruch"** in Bezug auf die behebbaren Mängel(teile); i.Ü. liege Teilunmöglichkeit vor. Anders als beim (vollständig möglichen) Nachbesserungsanspruch folgt aus dem Ausbesserungsanspruch m.E. jedoch kein „Recht" des Verkäufers zur zweiten Andienung. Vielmehr kann der Käufer bei Teilunmöglichkeit der Nacherfüllung nicht nur in Bezug auf den unmöglichen Teil, sondern unter den Voraussetzungen von § 326 V bzw. § 283 oder § 311a II (jeweils iVm § 437 Nr. 2 bzw. 3) grds. sogar insgesamt zurücktreten oder SESL verlangen. Nur wenn der nach „Ausbesserung" verbleibende Mangel „unerheblich" i.S.v. § 323 V 2 bzw. § 281 I 3 ist, dürfte für die sekundären Mängelrechte eine **Fristsetzung** zur „Ausbesserung" zu fordern sein.

b) Nachlieferung

Wählt der Käufer **Nachlieferung**, so ist der Verkäufer zur Lieferung einer anderen, gleichwertigen mangelfreien Sache verpflichtet. 84

Beim **Stückkauf** (d.h wenn der Kaufgegenstand bereits bei Vertragsschluss individuell bestimmt wurde, etwa bei einem Gebrauchtwagenkauf) hält eine M.M. daher die Nachlieferung für von vornherein gem. § 275 I unmöglich. Dies steht jedoch in deutlichem Widerspruch zu den Gesetzesmaterialien (BT-Drs. 14/6040, 94: „unabhängig davon, ob ein Stück- oder Gattungskauf […] vorliegt") sowie Erwägungsgrund 16 zur VerbrGKRL. Richtigerweise ist daher mit der h.M. zu differenzieren: Entscheidend ist, ob eine Kaufsache nach der durch – u.U. vertragsergänzende – Auslegung (§§ 133, 157) zu ermittelnden Vorstellung der Parteien bei Vertragsschluss im Falle ihrer Mangelhaftigkeit durch eine „gleichartige und gleichwertige" (BGHZ 168, 64, 74) andere **ersetzt werden kann** oder nicht. (Nur) im erstgenannten Fall ist eine Nachlieferung auch beim Stückkauf möglich. *Für* eine **Ersetzbarkeit** kann dabei z.B. ein Kauf aufgrund nur allgemein gehaltener Inseratsangaben sprechen, *dagegen* etwa das Vorliegen eines Privat- oder Tierkaufs (§ 90a) bzw. persönlicher Besichtigungstermine. 84a

Bei Vorliegen eines **Gattungskaufs** (§ 243) schuldet der Verkäufer iRd Nachlieferung in erster Linie eine Sache von mittlerer Art und Güte aus *derselben* Gattung. Allerdings ist die Nachlieferung auch beim Gattungskauf nicht zwangsläufig auf eine identische Sache beschränkt; vielmehr kommt es nach dem BGH (NJW 2019, 1133) ebenso wie beim Stückkauf im Einzelfall darauf an, inwieweit die Vertragsparteien nach ihrem erkennbaren Willen und dem Vertragszweck (§§ 133, 84b

157) die konkret geschuldete Leistung als **austauschbar** angesehen haben (vgl. Rn. 84a). Dies hat zur Konsequenz, dass – in Abhängigkeit vom Inhalt und der Reichweite der vom Verkäufer ursprünglich übernommenen Beschaffungspflicht – ggf. auch eine **Nachlieferung mit einem Nachfolgemodell** möglich und sogar (in den Grenzen von § 439 IV) geschuldet sein kann (sehr umstr.), wenn die „ursprüngliche" Gattung zum Zeitpunkt des Nacherfüllungsverlangens nicht mehr hergestellt wird und eine Sache daraus auch nicht mehr beschafft werden kann. Nach einem Hinweisbeschluss des BGH vom 8.1.2019 (NJW 2019, 1133, i.B.a. ein von der „Dieselaffäre" betroffenes Kfz) soll dies sogar dann gelten, wenn ein Nachfolgemodell im Vergleich zum Vorgänger technisch deutlich verändert wurde. Jedoch soll dies nicht etwa zeitlich uneingeschränkt gelten, sondern grds. nur dann, wenn ein Nachlieferungsanspruch innerhalb von zwei Jahren nach Vertragsschluss geltend gemacht wird (so BGH JuS 2022, 1169).

84c Bei einer **Vorratsschuld** schließlich ist durch Auslegung zu ermitteln, welcher Vorrat (derjenige bei Vertragsschluss oder bei Fälligkeit des Erstlieferungs- bzw. des Nacherfüllungsanspruchs?) gemeint ist.

84d Nach der bis zum 1.1.2018 geltenden Rechtslage sollte die Nachlieferung bei Vorliegen eines Verbrauchsgüterkaufs nach h.M. in richtlinienkonformer Auslegung auch eine Pflicht zur **tatsächlichen Durchführung eines etwaig notwendigen Ausbaus** der mangelhaften Sache **sowie Einbaus** der nachgelieferten Sache umfassen. Im Umkehrschluss aus der Einführung eines eigenen Geldersatzanspruchs für Ein- und Ausbaukosten in § 439 III n.F. ersichtlich ist daran nach h.Lit. **nicht mehr** festzuhalten (umstr.; dazu näher Rn. 92 ff.)

85 Verlangt ein Käufer Nachlieferung, muss er zugleich die mangelhafte Kaufsache gem. **§§ 346–348** iVm § 439 VI **zurückgeben**. Die von dieser Verweisung an sich mitumfasste Pflicht zum Nutzungsersatz gem. § 346 I Alt. 2 verstößt jedoch gegen die Vorgaben der Warenkauf-RL und wird daher bei Vorliegen eines Verbrauchsgüterkaufs gem. § 475 III 1 ausgeschlossen. Zum „alten" Kaufrecht war umstritten, ob mit der Rück*gabe*pflicht des Käufers über den Gesetzeswortlaut hinaus eine **Rück*nahme*pflicht** des Verkäufers korreliert. Seit dem 1.1.2022 ist eine solche nunmehr gem. § 439 VI 2 ausdrücklich geregelt.

85a Wann eine Nachlieferung **fehlgeschlagen** ist i.S.v. § 440 S. 1 Alt. 2, hängt von den Umständen (z.B.: Wiederholungsgefahr?) ab. § 440 S. 2 ist weder analog noch im Umkehrschluss anwendbar (umstr.).

c) Modalitäten des Nacherfüllungsanspruchs; § 439 II

Die **Fälligkeit** des Nacherfüllungsanspruchs tritt nicht schon mit Lieferung einer mangelhaften Kaufsache, sondern erst mit dessen Geltendmachung [genauer: mit Zugang des Nacherfüllungsverlangens] ein, frühestens jedoch mit Fälligkeit des Erstlieferungsanspruchs (umstr.). *Vor diesem Zeitpunkt ist der Anspruch aus § 439 I iVm § 437 Nr. 1 auch nicht erfüllbar.* Der Nacherfüllungsanspruch ist demnach – wie auch der Anspruch auf SESL oder § 285 – ein **verhaltener Anspruch**. 86

In dem fälligkeitsbegründenden **Nacherfüllungsverlangen** muss der Käufer sowohl (**1.**) den etwaigen Mangel oder dessen Symptome beschreiben als auch (**2.**) dem Verkäufer seine Bereitschaft mitteilen, eine Untersuchung am Erfüllungsort des Nacherfüllungsanspruchs (§ 439 V) zu ermöglichen. Andernfalls wird der Anspruch nicht fällig; auch eine vom Käufer gesetzte Frist beginnt nicht zu laufen. Fordert der Käufer den Verkäufer **zu Unrecht** zur Nacherfüllung auf, liegt darin eine u.U. zum Schadensersatz verpflichtende Nebenpflichtverletzung (§ 241 II). Alleine aus der Tatsache, dass das Vorliegen eines Mangels ungewiss ist, folgt jedoch i.d.R. noch keine Fahrlässigkeit. Etwaig verauslagte Kosten können zudem gem. § 812 I 1 Alt. 1 bzw. u.U. nach den Regeln der GoA („auch fremdes" Geschäft; umstr.) zurückverlangt werden. 87

Der **Erfüllungsort eines Nacherfüllungsanspruchs** ist nach h.M. – selbständig, d.h. losgelöst vom Erstlieferungsanspruch – unter Anwendung von **§ 269 I** zu bestimmen (umstr.; a.A.: stets Ort der „vertragsgemäßen" Belegenheit der Kaufsache). Maßgebend sind daher primär – soweit vorhanden – die Vereinbarung der Parteien, hilfsweise die jeweiligen Umstände, insb. die Natur des Schuldverhältnisses und die **Verkehrsanschauung**. Danach ist Erfüllungsort bei typischerweise einzubauenden Kaufsachen (z.B.: Herd) meist deren Belegenheitsort, beim normalen Ladenkauf hingegen i.d.R. der Ort des Vertragsschlusses. Wiederum hilfsweise ist auf den Wohnsitz des Verkäufers bzw. den Ort seiner gewerblichen Niederlassung (vgl. § 269 II) abzustellen. 88

Fallen Belegenheitsort der Kaufsache und Erfüllungsort der Nacherfüllung auseinander, sind etwaige Transportkosten nach **§ 439 II** vom Verkäufer zu tragen. Diese Vorschrift ist nach h.M. nicht nur Kostenzuweisungsnorm, sondern auch eine **eigenständige Anspruchsgrundlage** auf Erstattung bestimmter „erforderlicher" Begleitkosten der Nacherfüllung (neben Transport- insb. Mangelauffindungskosten, z.B. Sachverständigenkosten; nach dem BGH (NJW 2019, 292) fallen darunter aber auch **vorgerichtliche Rechtsanwaltskosten**, die einem Käufer bei Durchsetzung der Nacherfüllung entstehen). Dieser Anspruch besteht selbst dann fort, wenn der **Käufer letztlich gar keine Nacherfüllung verlangt**. Jedenfalls bei Vorliegen eines Verbrauchsgüterkaufs kann der 89

Käufer gem. § 475 VI sogar einen **Vorschuss** für zukünftige Aufwendungen i.S.d. § 439 II verlangen. Nicht nach § 439 II – sondern allenfalls §§ 280 ff. iVm § 437 Nr. 3 – ersatzfähig sind hingegen gerichtliche Rechtsverfolgungskosten sowie die Kosten einer Selbstvornahme (vgl. Rn. 102 f.).

2. Voraussetzungen des Nacherfüllungsanspruchs

90 Der Anspruch auf Nacherfüllung kennt über die **Voraussetzungen von § 437** (Rn. 76) hinaus keine weiteren *positiven* (wohl aber *negative*) Tatbestandsvoraussetzungen. Insbesondere ist *nicht* erforderlich, dass der Verkäufer die Mangelhaftigkeit der Kaufsache zu vertreten hat (§§ 276 ff.). Ist jedoch umgekehrt der *Käufer* allein oder weit überwiegend für das Bestehen eines Mangels bei (hypothetischem) Gefahrübergang **verantwortlich, schließt** dies nach h.M. analog § 323 VI Alt. 1 den Nacherfüllungsanspruch **aus**. Bei Mitverantwortlichkeit unterhalb dieser Schwelle muss sich der Käufer analog § 254 an den Kosten der Nacherfüllung beteiligen. Darüber hinaus kennen sowohl (1.) das allgemeine Schuldrecht in § 275 als auch (2.) das Kaufgewährleistungsrecht insgesamt in §§ 442, 444 und 445 sowie (3.) speziell § 439 IV bestimmte **Ausschlussgründe** (hierzu unten 4.), die einem Nacherfüllungsanspruch im Einzelfall entgegenstehen können und daher bei dessen Prüfung stets mitzubedenken sind.

91 **Prüfungsschema 6:** Nacherfüllungsanspruch, §§ 439 I, 437 Nr. 1

1. Voraussetzungen von § 437 (s. oben Prüfungsschema 5)

2. Nacherfüllungsverlangen des Käufers: Ausübung Wahlrecht
   (P1) Nach*lieferung* beim Stückkauf? (h.M. [+] bei Ersetzbarkeit)
   (P2) Taugliches Nacherfüllungsverlangen?
   (P3) Umfang? (Weiterfresserschäden; Ein- und Ausbaukosten)

3. Kein Ausschluss des Nacherfüllungsanspruchs:
   a) Vertraglich (Grenze: §§ 444, 305 ff. und § 476 I)
   b) Ausschluss der Gewährleistung insgesamt: § 442; § 377 HGB
   c) Ausschluss der Nacherfüllung: § 275 und § 439 IV.

4. Verjährung des Nacherfüllungsanspruchs: § 214 I iVm § 438

3. Ein- und Ausbaukosten, § 439 III

92 Nicht selten werden Kaufsachen (etwa: Bodenfliesen oder Parkettstäbe, aber auch z.T. Elektrogeräte) bestimmungsgemäß in eine *andere*

Sache eingebaut. Ist der Einbau in einem derartigen Fall nicht etwa als Nebenleistungspflicht vom Verkäufer geschuldet (vgl. § 434 II 1) und zeigt sich ein Mangel erst *nach* dem Einbau, so war früher umstr., ob der Verkäufer im Rahmen der Nacherfüllung auch (1.) zum **Ausbau** der mangelhaften Kaufsache(n) sowie u.U. zusätzlich sogar (2.) zum **Einbau** der neu gelieferten oder reparierten Sache verpflichtet ist bzw. die Kosten hierfür zu tragen hat.

Hintergrund: Die bis 2011 h.M. hatte **ursprünglich** sowohl eine Aus- als auch Einbaupflicht des Verkäufers i.R.d. Nacherfüllung verneint: Der Nacherfüllungsanspruch könne als bloße Modifikation des ursprünglichen Erfüllungsanspruchs nämlich nur schwerlich über das anfänglich Geschuldete (nur Lieferung) hinausgehen. Zudem seien Schäden des Käufers außerhalb der mangelhaften Kaufsache allenfalls als (grds. *verschuldens*abhängiger) Schadens- bzw. Aufwendungsersatz zu ersetzen. Nach **a.A.** hingegen sollte der Verkäufer eine mangelhafte Sache zwar ausbauen, nicht aber die nachgelieferte Sache einbauen müssen, m.a.W. ein Käufer i.R.d. Nacherfüllung so zu stellen sein, wie er bei ordnungsgemäßer Erfüllung im Zeitpunkt des *Gefahrübergangs* stehen würde. Nur eine **M.M.** wollte den Käufer früher so stellen, wie er bei mangelfreier Lieferung im Zeitpunkt der *Nacherfüllung* stünde, und bejahte sowohl eine Aus- als auch Einbaupflicht. Diese M.M. wurde 2011 – allerdings zunächst nur für den Verbrauchsgüterkauf – zur h.M., als der **EuGH** in den verbundenen Rechtssachen *Weber* und *Putz* entschied, dass eine „Ersatzlieferung" i.S.v. damals Art. 3 VerbrGKRL bei nach Art und Zweck „gutgläubig" eingebauten Kaufsachen auch „entweder" eine Ein- + Ausbaupflicht des Verkäufers „oder" eine Kostentragungspflicht umfasse.

93

Seit dem **1.1.2018** ist die Pflicht eines Verkäufers, i.R. (beider Alternativen) der Nacherfüllung etwaige Ein- und Ausbaukosten zu tragen, nunmehr ausdrücklich in **§ 439 III** normiert. Die Kostenerstattungspflicht besteht dabei – in *rechtspolitisch* fragwürdiger überschießender Umsetzung der EuGH-Rspr. – i.R. **sämtlicher Kaufverträge**, d.h. auch zu Lasten von Verbrauchern oder bei „B2B"-Geschäften. Voraussetzung ist lediglich, dass der Einbau (bzw. das Anbringen) gemäß der „Art [der Kaufsache] und ihrem [vom Käufer, ggf. auch einseitig, verfolgten] Verwendungszweck" objektiv zu erwarten war (und im Einzelfall nichts Gegenteiliges vereinbart wurde, wobei dies wirksam nur durch Individualvereinbarung (*nicht* AGB) möglich sein dürfte).

94

Der Einbau muss nicht zwangsläufig beim jeweiligen Käufer selbst, sondern kann **auch bei Dritten** erfolgen; nach § 439 III sind mithin auch

95

Kosten ersatzfähig, die z.B. einem Werkunternehmer i.R.d. Gewährleistung gegenüber einem Besteller entstehen, weil er von ihm gekaufte mangelhafte Fließen (o.ä.) bei „seinem" Besteller aus- und mangelfreie Fließen einbauen musste. Zudem dürfte losgelöst von dem Rechtsgedanken von § 1877 III auch **eigene Arbeitsleistung** des Käufers i.R.e. Selbstaus- und -einbaus ersatzfähig sein. Überdies kann ein Verkäufer die gem. § 439 III von ihm zu tragenden Kosten gem. § 445a I von seinem Lieferanten ersetzt verlangen (s. hierzu Rn. 226).

95a Nach richtiger Ansicht statuiert § 439 III einen **eigenständigen** (schadensersatzähnlichen, jedoch verschuldensunabhängigen Nacherfüllungshilfs-)**Anspruch auf Kostenersatz**, der zwar das Bestehen (und im Regelfall auch die parallele Geltendmachung) eines Anspruchs aus § 439 I voraussetzt, in Ausnahmefällen jedoch sogar unabhängig von dessen Geltendmachung bestehen kann (umstr.). Obwohl § 439 III von „**Aufwendungen**" spricht, dürfte dieser Begriff daher i.R.v. § 439 III weiter als z.B. bei § 284 (dazu Rn. 221) zu verstehen sein, so dass derartige „Aufwendungen" neben § 439 III weiterhin alternativ auch als (Integritäts- [umstr.]) Schaden i.R.v. §§ 280 Abs. 1, 437 Nr. 3 (a.A.: §§ 281 ff., 437 Nr. 3) liquidationsfähig sind.

95b Gem. **§ 439 III** ist der Anspruch (nur) auf Ersatz etwaiger Ein- und Ausbaukosten allerdings **ausgeschlossen**, wenn der Einbau (usw.) erfolgt ist, nachdem der Mangel **offenbar** wurde. Der dem BGB in dieser Form bislang unbekannte Begriff des „Offenbarwerdens" stammt aus der Warenkauf-RL und ist grds. objektiviert zu verstehen; da insofern auf die Erkenntnismöglichkeit eines Durchschnittskäufers abzustellen ist, ist diese Voraussetzung nach h.M. nur erfüllt, wenn dem Käufer (mindestens) **grob fahrlässige Unkenntnis** zur Last fällt. Darüber hinaus kann der Anspruch aus § 439 III vom Verkäufer gem. § 439 IV wegen **Unverhältnismäßigkeit** im Wege der Einrede ausgeschlossen werden (dazu Rn. 98 ff.); für den Verbrauchsgüterkauf ist jedoch zusätzlich § 475 IV 2 zu beachten (dazu Rn. 303). M.E. sind für die Beurteilung einer Unverhältnismäßigkeit neben den Ein- und Ausbaukosten zugleich auch etwaige Kosten i.S.v. § 439 I und II zu berücksichtigen (vgl. § 475 IV 2 Alt. 2); hierfür spricht u.a., dass der Ausschluss gem. § 439 IV in einem derartigen Fall richtigerweise zugleich auch den Anspruch aus § 439 I mit erfasst (sehr umstr.).

95c Die **tatsächliche Durchführung** des Ein- und Ausbaus (wie früher gem. § 439 I Alt. 2) hingegen kann der Käufer nach wohl h.Lit. nunmehr – anders als ursprünglich im Gesetzgebungsverfahren geplant und entgegen der früheren Rechtslage – **nicht mehr** (alternativ) vom Verkäufer verlangen; (nur) eine **Mindermeinung** will dem Käufer insofern ein **Wahlrecht** (i.S. elektiver Konkurrenz) zwischen Nachlieferung inkl. Ein- und Ausbau (§ 439 I Alt. 2) und dem Aufwendungsersatz nach § 439 III zugestehen.

4. Ausschluss der Nacherfüllung

Zu den allgemeinen – für *alle* Käuferrechte aus § 437 geltenden – gewährleistungsrechtlichen Ausschlussgründen s. Rn. 241 ff.; zum Ausschluss des Nacherfüllungsanspruchs analog § 323 VI Alt. 1 wegen Verantwortlichkeit des Käufer für einen Mangel s. oben Rn. 90. **96**

a) Ausschluss wegen Unmöglichkeit, § 275 I–III

Nach § 275 I ist der Anspruch des Käufers auf Nacherfüllung kraft Gesetzes ausgeschlossen, **soweit** diese für den Verkäufer oder jedermann **unmöglich** ist. Das Gleiche gilt gem. § 275 II und III, wenn die Nacherfüllung unzumutbar ist und sich der Verkäufer darauf – im Wege der Einrede – beruft. Ist danach **nur eine Alternative** der Nacherfüllung unmöglich, bedarf es zur Geltendmachung etwaiger sekundärer Mängelrechte weiterhin grds. einer Fristsetzung zur alleine noch möglichen Art der Nacherfüllung (vgl. Rn. 69; zur (Un-)Möglichkeit der Nachlieferung bei Stückschulden s. Rn. 84). Sind hingegen **beide Arten** der Nacherfüllung ausgeschlossen, kann ein Käufer grds. sofort – d.h. ohne Fristsetzung – die in § 437 Nr. 2 und 3 verwiesenen sekundären Mängelrechte geltend machen. Das BGB kennt insofern **eigene Anspruchs- bzw. Rechtsgrundlagen** (§§ 283, 311a II und § 326 V, s. Rn. 70 f.). Dies gilt im Regelfall und unbeschadet der Möglichkeit, weiterhin partielle Nacherfüllung („Ausbesserung") zu verlangen, auch dann, wenn die Nacherfüllung nur teilweise unmöglich ist (s. Rn. 83). Weiterhin ist zu beachten, dass der vom Käufer geltend gemachte Anspruch auf Nachlieferung nicht dadurch ausgeschlossen wird, dass der Verkäufer einen Mangel nachträglich ohne Einverständnis des Käufers beseitigt. **97**

b) Einrede der Unverhältnismäßigkeit, § 439 IV

Gem. § 439 IV kann ein Verkäufer zudem die vom Käufer gewählte Art der Nacherfüllung verweigern, wenn sie mit **unverhältnismäßigen Kosten** verbunden ist. Wie § 275 II und III gewährt § 439 IV eine **Einrede**. Bezugspunkt einer etwaigen Unverhältnismäßigkeit i.S.d. Norm ist dabei aus der – nicht abschließenden – Aufzählung in § 439 IV 2 ersichtlich neben dem Wert der Kaufsache ohne den Mangel sowie dessen Umfang insb. die jeweils andere Art der Nacherfüllung (dann: **relative** Unverhältnismäßigkeit). Höhere Kosten der gewählten Nacherfüllungs- **98** art alleine führen jedoch nicht automatisch zu einer Unverhältnismäßigkeit; vielmehr muss stets eine umfassende **Abwägung** *aller* Interessen erfolgen. Dabei ist nach § 439 IV 2 Var. 3 auch darauf abzustellen, ob auf die andere Art der Nacherfüllung ohne erhebliche Nachteile für den Käufer zurückgegriffen werden kann; daran fehlt es insbesondere, wenn diese den Mangel nicht vollständig, nachhaltig und fachgerecht beseitigen kann. Maßgeblicher **Zeitpunkt** für die Beurteilung der relativen Unverhältnismäßigkeit ist grds. derjenige des Zugangs des Nacherfüllungsverlangens; hat jedoch der Käufer eine Frist zur Nacherfüllung gesetzt, kommt es für die Beurteilung der Unverhältnismäßigkeit i.d.R. auf den Zeitpunkt des Fristablaufs an.

99 Losgelöst von den Kosten und der Möglichkeit der anderen Nacherfüllungsart gewährt § 439 IV 1 dem Verkäufer jedoch auch dann ein Leistungsverweigerungsrecht, wenn die Kosten der gewählten Nacherfüllungsart außer Verhältnis alleine zum Leistungsinteresse des Käufers (d.h. i.d.R. dem objektiven Wert der Kaufsache) stehen (dann: **absolute Unverhältnismäßigkeit**). Ob eine absolute Unverhältnismäßigkeit vorliegt, ist nach h.M. durch **umfassende Interessenabwägung** der Gesamtumstände des Einzelfalls und (i.d.R.) nicht anhand starrer Grenzwerte zu ermitteln. Dabei ist die Grenze des dem Verkäufer Zumutbaren höher, wenn er den Mangel zu vertreten hat.

100 Verweigert der Verkäufer die gewählte Nacherfüllungsart zu Recht, beschränkt sich sein Nacherfüllungsanspruch auf die jeweils andere Art, § 439 IV 3 HS. 1. Allerdings kann der Verkäufer gem. § 439 IV 1 zusätzlich **auch die andere** Art der Nacherfüllung wegen (denknotwendig absoluter) Unverhältnismäßigkeit verweigern, vgl. § 439 IV 3 HS. 2. Das Gleiche gilt, wenn (nur) eine Art der Nacherfüllung unmöglich ist. Anders als noch nach **§ 475 IV 1 a.F.** gilt dies seit 1.1.2022 unterschiedslos **auch bei Vorliegen eines Verbrauchsgüterkaufs**.

101 Verweigert ein Verkäufer **beide Arten** der Nacherfüllung gem. § 439 IV, ergibt eine Fristsetzung zur Nacherfüllung vor Geltendmachung sekundärer Mängelrechte keinen Sinn (mehr) und ist daher nach **§ 440 S. 1 Alt. 1** (§ 475d I Nr. 4) entbehrlich. Verlangt der Käufer einen (kleinen) SESL, ist er jedoch grds. auf die Geltendmachung des mangelbedingten Minderwerts beschränkt; anders als im „Normalfall" kann er nicht (durch die Hintertür) alternativ die (unverhältnismäßigen, § 251 II 1) Mängelbeseitigungskosten verlangen. S. auch § 218 I 2.

5. Selbstvornahme der Nacherfüllung

102 Von einer (voreiligen) Selbstvornahme spricht man, wenn ein Käufer einen Mangel **selbst beseitigt**, ohne dem Verkäufer zuvor eine Möglich-

F. Die Mängelrechte des Käufers gem. § 437

keit zur Nacherfüllung gegeben zu haben (bzw. *vor Ablauf* der Nacherfüllungsfrist). Anders als das Werkvertragsrecht in § 637 sieht das Kaufrecht **keinen Anspruch** des Käufers auf Ersatz der i.R.e. (voreiligen) Selbstvornahme angefallenen Kosten vor. Insb. § 439 II gewährt allenfalls Anspruch auf Ersatz bestimmter Begleitkosten, nicht jedoch der Kosten der Nacherfüllung *insgesamt*. Ein etwaiger Anspruch aus §§ 281 I 1, 280 I iVm § 437 Nr. 3 scheitert i.d.R. an der fehlenden Fristsetzung, ebenso eine Minderung gem. § 441 I 1 (vgl. § 323 VI Alt. 1). Auch ein Ersatz der Selbstvornahmekosten als SESL wegen Unmöglichkeit der Nacherfüllung kommt nicht in Betracht, da der Verkäufer die zur Unmöglichkeit führende Selbstvornahme in aller Regel nicht zu vertreten hat. Eine analoge Anwendung von § 637 schließlich scheidet wegen Vorliegens einer **bewussten Regelungslücke** aus, ebenso ein Ersatzanspruch aus GoA oder Bereicherungsrecht.

Letztlich bleibt ein Käufer daher **auf den Kosten** einer (voreiligen) **103** Selbstvornahme **sitzen** (h.M.), obwohl die Nacherfüllung an sich vom Verkäufer geschuldet war. Dies entspricht der gesetzgeberischen Intention und ist m.E. auch nicht unbillig; denn eine (voreilige) Selbstvornahme verletzt das „Recht" des Verkäufers zur zweiten Andienung. Nach einer **M.M.** hingegen soll dem Käufer zwar kein Anspruch auf Ersatz der ihm *entstandenen*, jedoch zumindest der vom Verkäufer durch die Selbstvornahme *ersparten* Aufwendungen zustehen. Rechtstechnisch soll dieser Anspruch aus (§§ 346 I, 326 IV iVm) **§ 326 II 2** – entweder in direkter oder jedenfalls analoger Anwendung – folgen.

IV. Das Rücktrittsrecht des Käufers

Literatur: *Canaris*, FS Kropholler, 2008, 3.

Der Rücktritt gestattet es Vertragsparteien, sich **einseitig** (d.h. ohne **104** Abschluss eines Aufhebungs*vertrags*) für die Zukunft vom Kaufvertrag zu lösen. Ein Vertretenmüssen des anderen Teils ist hierfür nicht erforderlich. **Ziel** des Rücktritts ist, den vor Vertragsschluss bestehenden Zustand – schuldrechtlich – wiederherzustellen. Anders als die Anfechtung wirkt er nicht *ex tunc* auf den Vertrag als solchen bzw. dessen Wirksamkeit ein, sondern gestaltet die als Rechtsgrund fortbestehenden Vertragsbeziehungen *ex nunc* in ein **Rückgewährschuldverhältnis** gem. §§ 346 ff. um. Bei Teilbarkeit der geschuldeten Leistung (*und* der Gegenleistung!) ist u.U. auch ein **Teilrücktritt** möglich. Bei Dauerschuldverhältnissen tritt an die Stelle des Rücktritts oft die Kündigung.

Die **Ausübung** des Rücktritts als **Gestaltungsrecht** – und (anders als **105** z.T. vor der SchRMod) nicht als Anspruch – erfolgt gem. § 349 durch einseitige, empfangsbedürftige sowie bedingungsfeindliche (Willens-)-**Erklärung** (und ist damit ein eigenes Rechtsgeschäft). Da nach § 194 I nur Ansprüche, nicht aber Gestaltungsrechte der **Verjährung** unterliegen, ordnet § 218 I, auf den § 438 IV 1 verweist, eine Unwirksamkeit des Rücktritts an, falls der (u.U. hypothetische) Nacherfüllungsanspruch verjährt ist und der Verkäufer sich darauf beruft. Anders als vor der Schuldrechtsmodernisierung schließt ein Rücktritt gem. **§ 325** nicht das Recht aus, Schadensersatz zu verlangen.

1. Überblick über die Rücktrittsgründe im Kaufrecht

106 Im Kaufrecht gibt es – anders als für die Nacherfüllung – keine eigenständigen Regelungen des Rücktritts. Vielmehr verweist § 437 Nr. 2 (Alt. 1) – sieht man einmal von den zusätzlichen Fristsetzungsausnahmen in § 440 bzw. § 475d I ab – auf das *allgemeine* Leistungsstörungsrecht (namentlich § 323 und § 326 V) zurück. Dieses kennt, anders als beim Schadensersatz mit § 280 I, **keinen einheitlichen rücktrittsrechtlichen Grundtatbestand**. Lediglich die Rechtsfolgen aller Rücktrittsrechte sind einheitlich in §§ 346–354 geregelt.

107 Den von § 437 Nr. 2 in Verweisung genommenen Vorschriften ist gemeinsam, dass sie i.R.d. Kaufgewährleistungsrechts grds. das **Scheitern der Nacherfüllung** voraussetzen (daher: Rücktritt als *sekundäres* Mängelrecht). So kann ein Käufer gem. § 323 I (Alt. 2) iVm § 437 Nr. 2 im Falle der Nichterfüllung eines fälligen (und, über den Wortlaut hinaus, *durchsetzbaren*, d.h. einredefreien) Anspruchs auf Nacherfüllung erst nach **erfolglosem Ablauf** einer angemessenen **Frist** zur Nacherfüllung zurücktreten. Ein erfolgloser Fristablauf liegt grds. nur vor, wenn der Nacherfüllungsanspruch des Käufers auch *bei Fristablauf noch fällig und durchsetzbar* ist. Dabei ist zu beachten, dass nach jüngst vom BGH (NJW 2020, 2104) bestätigter **hM** (nur) im Falle von § 320 I bereits das **bloße Bestehen der Einrede des nicht erfüllten Vertrags** die Durchsetzbarkeit des Nacherfüllungsanspruchs hindert.

107a Zudem ist eine **Fristsetzung** iSv § 323 I gem. § 323 II oder § 440 bzw. § 445a II in bestimmten Fällen **entbehrlich**. Bei Vorliegen eines Verbrauchsgüterkaufs hingegen richtet sich die Entbehrlichkeit der Fristsetzung seit dem 1.1.2022 alleine nach § 475d I, der in seinem Anwendungsbereich § 323 II und § 440 vollständig verdrängt. Ist die Nacherfüllung hingegen **unmöglich**, beurteilt sich das Rücktrittsrecht des Käufers nach § 326 V iVm § 437 Nr. 2. Anders als beim SESL ist dabei gleichgültig, ob die Nacherfüllung bereits bei Vertragsschluss (anfänglich) unmöglich war oder erst nachträglich unmöglich wurde. Das Rücktrittsrecht wegen Unmöglichkeit der Nacherfüllung ist auch deshalb von besonderer Bedeutung, weil diese gem. **§ 326 I 2** – entgegen der Grundregel in § 326 I 1 – nicht zu einem automatischen Entfall der Gegenleistungspflicht führt.

Auf das neben § 323 und § 326 V *dritte* allgemeine gesetzliche Rücktrittsrecht – **§ 324** – verweist § 437 Nr. 2 hingegen nicht. Grund dafür ist, dass § 324 nicht an einen Mangel, sondern an die Verletzung (nicht leistungsbezogener) Nebenpflichten i.S.v. § 241 II anknüpft. Daher findet § 324 unabhängig von § 437 Nr. 2 Anwendung; das Gleiche gilt übrigens für einen etwaigen Rücktritt des *Verkäufers* gem. §§ 323 ff., etwa wegen Verzögerung der Kaufpreiszahlung durch den Käufer. **108**

2. Rücktritt wegen Verzögerung der Nacherfüllung, § 323 I Alt. 2

Liegt ein – und sei es nur durch *eine* Art der Nacherfüllung – behebbarer Mangel vor, kann der Käufer gem. § 323 I Alt. 2 iVm § 437 Nr. 2 grds. erst nach **erfolglosem Ablauf** einer angemessenen, an sich vom Käufer zu setzenden **Frist** zur Nacherfüllung zurücktreten. § 323 II und § 440 statuieren jedoch jeweils drei (insgesamt sechs) Gründe, aus denen eine Fristsetzung ausnahmsweise entbehrlich sein und der Käufer daher *sofort* – d.h. bereits *vor* Fristablauf – zurücktreten kann; bei Vorliegen eines Verbrauchsgüterkaufs richtet sich die Entbehrlichkeit einer Fristsetzung hingegen nach § 475d I. **109**

a) Grundsatz: Erfolgloser Fristablauf

§ 323 I Alt. 2 iVm § 437 Nr. 2 verlangt, dass der Käufer dem Verkäufer „erfolglos eine angemessene Frist […] zur Nacherfüllung bestimmt hat". Das Gesetz geht dabei augenscheinlich von dem Erfordernis einer **Frist*setzung*** (als geschäftsähnlicher Handlung) aus. Entgegen der Gesetzesbegründung sollte dies (nur!) bei Vorliegen eines Verbrauchsgüterkaufs nach früher h.Lit. gegen die Vorgaben der – inzwischen durch die Warenkauf-RL abgelösten – VerbrGKRL verstoßen; deshalb war § 323 nach früher h.Lit. **richtlinienkonform** dahingehend auszulegen, dass bei einem Verbrauchsgüterkauf unabhängig von einer Frist*setzung* bereits der bloße *Ablauf* einer angemessenen Frist nach dem Nacherfüllungsverlangen für einen Rücktritt (und damit mittelbar auch eine Minderung, nicht jedoch für § 281) genügte. Seit dem 1.1.2022 ist dies in Umsetzung der **Warenkauf-RL** nunmehr – (nur) für den Fall des Vorliegens einer Schlechtleistung i.R.e. Verbrauchsgüterkaufs – ausdrücklich in **§ 475d I Nr. 1** geregelt (s. dazu Rn. 123b). **110**

Ohnehin stellt der **BGH** nur sehr **geringe Anforderungen** an eine **Fristsetzung** i.S.v. § 323 I (*und* § 281 I): Neben einer eindeutigen und bestimmten Aufforderung zur Leistung soll nämlich die Verdeutlichung **111** genügen, dass nur ein begrenzter (bestimmbarer) Zeitraum zur Verfügung stehe (z.B.: „schnelle Behebung"; „unverzügliche Leistung"). Die Angabe eines bestimmten Zeitraums bzw. Endtermins ist daher nach der fragwürdigen Rechtsprechung des BGH gar nicht erforderlich. Eine zur **ursprünglichen** Leistung gesetzte Frist ersetzt jedoch nach h.M. *nicht* die Setzung einer Nacherfüllungsfrist (umstr.).

111a **Beachte:** Die für eine Fristsetzung erforderliche eindeutige und bestimmte **Aufforderung zur Leistung** (d.h. im Kaufrecht: zur Nacherfüllung) setzt (grds.) eine Mitteilung des Käufers voraus, welche Art der Nacherfüllung er begehrt (vgl. § 439 I); tut er dies nicht, ist ggf. davon auszugehen, dass er die Wahl dem Verkäufer überlassen möchte. Verlangt der Käufer dagegen eine ihm (z.B. gem. § 439 IV oder § 275 I) gar nicht zustehende Art der Nacherfüllung (oder gar *zu viel*), hängt die Wirksamkeit der Fristsetzung von den Umständen des Einzelfalls – insb. davon, ob sich der Verkäufer auch zu der anderen Art der Nacherfüllung aufgefordert fühlen muss – ab. Zu den weiteren Voraussetzungen eines **tauglichen Nacherfüllungsverlangens**, u.a. hinsichtlich der erforderlichen Mitteilung der Bereitschaft, dem Verkäufer eine Untersuchung am (richtigen!) Erfüllungsort des Nacherfüllungsanspruchs zu ermöglichen, s. Rn. 87 f.

112 Die **Angemessenheit** einer Frist beurteilt sich in erster Linie nach etwaigen Vereinbarungen der Parteien (selbst wenn eine *objektiv* zu kurze Frist vereinbart wurde), hilfsweise nach den Umständen des Einzelfalls. Hierzu zählen insb. die Art der Kaufsache und des Mangels sowie der im Einzelfall gewählten Nacherfüllung und ggf. auch der Verwendungszweck des Käufers. Allgemein gesprochen muss die Frist so lang sein, dass eine Nacherfüllung unter normalen Umständen erfolgen kann. Eine **unangemessen** kurze Frist ist allerdings nicht etwa bedeutungslos, sondern setzt eine angemessene Frist in Gang.

113 **Erfolglos** abgelaufen ist eine Frist zur Nacherfüllung nach herkömmlicher Ansicht nicht etwa bereits dann, wenn der Leistungs*erfolg* bis Fristende ausbleibt. Denn fristwahrendes Ereignis sollte nach bis vor kurzem ganz h.M. grds. die Vornahme der letzten geschuldeten **Leistungs*handlung*** sein. Zwar fallen Leistungserfolg und letzte Leistungshandlung oft (etwa bei einer Bringschuld) zusammen; bei Schickschulden hingegen war danach zur Fristwahrung die *Absendung* der Ware ausreichend. In einer Aufsehen erregenden Entscheidung aus dem Jahr 2020 hat der **BGH** (JuS 2021, 689) nunmehr (mit Blick auf die Vorgaben der früheren VerbrGKRL, jedoch wohl nicht auf den Verbrauchsgüterkauf beschränkt) entschieden, dass **im Kaufgewährleistungsrecht** (d.h. i.R.d. §§ 437 ff.) für die Wahrung einer zur Nacherfüllung gesetzten

Frist grds. **alleine der Eintritt des Leistungserfolges** von Bedeutung sei. Zudem muss der Anspruch bis Fristablauf fällig und **durchsetzbar** sein. Daran ist richtig, dass eine gleichsam in letzter Sekunde vorgenommene Leistungshandlung jedenfalls *dann* nicht fristwahrend sein kann, wenn der entsprechende Leistungserfolg bei normalem Lauf der Dinge erst nach Fristablauf eintreten wird. Wenig überzeugend ist die gewandelte Rspr. des BGH in ihrer Pauschalität jedoch in denjenigen Fällen, in denen der Eintritt des Leistungserfolges von einer **Mitwirkung des Gläubigers** (Käufers) abhängt; folgt man der nunmehr erfolgsbezogenen Sichtweise des BGH, muss ein Rücktritt in derartigen Fällen nämlich (erst) über den Umweg von § 323 VI ausgeschlossen werden.

b) Ausnahme: Entbehrlichkeit der Fristsetzung

Gem. § 323 II und § 440 sowie (i.R.e. sog. Lieferkette) § 445a II ist ein Rücktritt in bestimmten Fällen – trotz *Möglichkeit* der Leistung – auch **ohne Fristsetzung möglich**. § 323 II betrifft dabei nur den Rücktritt (für den SESL enger: § 281 II); § 440 und § 445a II hingegen gelten für *alle* sekundären Kaufgewährleistungsrechte. Bei Vorliegen eines Verbrauchsgüterkaufs richtet sich die Entbehrlichkeit der Fristsetzung wiederum – seit dem 1.1.2022 – alleine nach § 475d I. 114

aa) Rücktrittsspezifische Ausnahmen vom Fristsetzungserfordernis

Stellt ein Verkäufer unmissverständlich klar, er werde keine Nacherfüllung erbringen, wäre ein weiteres Zuwarten reine Förmelei. Entsprechend erklärt § 323 II **Nr. 1** (wie auch § 281 II Alt. 1) eine Fristsetzung für entbehrlich, wenn der Schuldner die Leistung ernsthaft und endgültig verweigert. An eine derartige (Nach-)**Erfüllungsverweigerung** sind strenge Anforderungen zu stellen. Das bloße Abstreiten eines Mangels bzw. einer Pflicht zur Gewährleistung genügt nicht, vielmehr muss eine entsprechende Erklärung als „letztes Wort" eines unter keinen Umständen mehr zur freiwilligen Erfüllung bereiten Verkäufers aufzufassen sein. Erfolgt eine derartige Erfüllungsverweigerung vor Fälligkeit des Nacherfüllungsanspruchs (antizipierte Erfüllungsverweigerung), kann ein Rücktritt gem. § 323 **IV** iVm § 437 Nr. 2 möglich sein. 115

Gem. § 323 II **Nr. 2** iVm § 437 Nr. 2 ist eine Fristsetzung zudem entbehrlich, wenn der Verkäufer bei einem relativen Fixgeschäft nicht zum vereinbarten Termin bzw. innerhalb einer im Vertrag bestimmten Frist mangelfrei liefert. Ein **relatives Fixgeschäft** liegt vor, wenn der Käufer dem Verkäufer vor Vertragsschluss „mitgeteilt" hat, dass eine termin- oder fristgerechte Leistung für ihn „wesentlich" sei, oder sich dies aufgrund der den Vertragsabschluss begleitenden „Umstände" ergibt. M.a.W. muss die „Wesentlichkeit" zumindest konkludent vereinbart 116 werden (umstr.; die früher geltende Fassung hatte noch eine – u.U. formbedürftige – Vereinbarung „im Vertrag" gefordert). Wesentlich ist eine rechtzeitige mangelfreie Leistung dann, wenn der Vertrag mit der Einhaltung des vereinbarten Termins „stehen und fallen" soll. Ob dies der Fall ist, muss durch Auslegung ermittelt werden; dafür sprechen z.B. Formulierungen wie „fix", „genau", „prompt" oder „spätestens".

117 Abzugrenzen ist das relative stets vom **absoluten Fixgeschäft**, bei dem eine verspätete Leistung gar nicht mehr als geschuldet angesehen werden kann (z.B. verspätete Lieferung einer Hochzeitstorte). Bei dieser führt eine Überschreitung des Liefertermins zur Unmöglichkeit der (mangelfreien) Leistung gem. § 275 I; der Rücktritt richtet sich dann nach § 326 V. Eine § 323 II Nr. 2 entsprechende Regelung enthält § 281 II für den SESL *nicht*. Zum Fixhandelskauf vgl. § 376 HGB.

118 § 323 II **Nr. 3** schließlich erklärt als **Auffangtatbestand** eine Fristsetzung für entbehrlich, wenn bei „nicht vertragsgemäß erbrachter", d.h. (nur bei) mangelhafter Leistung **besondere Umstände** vorliegen, die unter Abwägung der beiderseitigen Interessen einen sofortigen Rücktritt rechtfertigen. Dies kann z.B. der Fall sein, wenn der Käufer infolge der Schlechtleistung sein Interesse an der Leistung – objektiv und nicht etwa rein subjektiv (wie ggf. bei der relativen Fixschuld) – verloren hat, oder der Verkäufer einen Mangel bei Abschluss des Vertrages *arglistig* verschweigt (und damit die Vertrauensgrundlage dauerhaft zerstört ist). Eine nahezu gleichlautende Regelung enthält § 281 II Alt. 2, wobei dort die 2014 in Umsetzung der – vollharmonisierenden – **VRRL** eingeführte Beschränkung auf Schlechtleistungen fehlt (dies wird in der Lit. z.T. heftig kritisiert). Der Anwendungsbereich *beider* Vorschriften überschneidet sich mit dem aus Käufersicht „großzügigeren" § 440 S. 1 Alt. 3. Schließlich kann unter § 323 II Nr. 3 (und § 281 II Alt. 2) u.U. auch eine erfolglose „Selbstfristsetzung" durch den Verkäufer fallen.

bb) Kaufrechtsspezifische Ausnahmen vom Fristsetzungserfordernis

119 § 440 S. 1 enthält **drei weitere Ausnahmen** vom Erfordernis der Fristsetzung, die sich z.T. mit § 323 II überschneiden, jedoch nur im Kaufgewährleistungsrecht (für *alle* sekundären Mängelrechte) gelten. § 440 S. 2 stellt eine Vermutungsregel für § 440 S. 1 Alt. 2 auf.

120 Gem. § 440 S. 1 **Fall 1** ist eine Fristsetzung entbehrlich, wenn der Verkäufer *beide Arten* der Nacherfüllung nach **§ 439 IV** zu Recht verweigert (s. Rn. 101). Das Gleiche gilt, wenn (1.) *eine* Art der Nacherfüllung unmöglich ist und der Verkäufer die *andere* gem. § 439 IV verweigert, sowie (2.) gem. § 475 V auch dann, wenn der Verkäufer beim Verkaufsgüterkauf die Einrede aus § 475 IV 2 erhebt (s. Rn. 304).

121 Nach § 440 S. 1 **Fall 2** muss der Käufer keine Frist setzen, wenn die ihm *zustehende* – d.h. grds. die von ihm gewählte (und nicht auch die

F. Die Mängelrechte des Käufers gem. § 437

andere) – Art der Nacherfüllung **fehlgeschlagen** ist. (Nur) bezüglich der Nach*besserung* wird ein Fehlschlagen dabei gem. § 440 S. 2 nach dem erfolglosen zweiten Versuch (widerleglich) **vermutet** (s. Rn. 82; zur Nach*lieferung* Rn. 84 [z.B. Übergabe einer mit demselben Mangel behafteten Sache]). Allgemein liegt ein Fehlschlag vor, wenn mit ordnungsgemäßer Nacherfüllung innerhalb der angemessenen Frist nicht (mehr) zu rechnen ist – sei es mangels ausreichender Zeit, Bereitschaft oder günstiger Umstände – und weiteres Zuwarten sinnlos erscheint.

§ 440 S. 1 **Fall 3** schließlich erklärt eine Fristsetzung auch dann für entbehrlich, wenn dem Käufer die ihm *zustehende* Art der Nacherfüllung **unzumutbar** ist, d.h. nicht ohne erhebliche (über die bloße Nacherfüllung hinausgehende) Unannehmlichkeiten erfolgen kann. Im Gegensatz zu § 323 II Nr. 3 sind dabei alleine die Interessen des Käufers maßgeblich (a.A. [Voraussetzungen identisch] BGH JuS 2019, 810, allerdings zu § 636 Alt. 3). Zu berücksichtigen sind u.a. die Art der Kaufsache und des Mangels, der konkrete Verwendungszweck sowie (umstr.) die Person, das Vorverhalten und die Zuverlässigkeit des Verkäufer(betrieb)s. Unter § 440 S. 1 Alt. 3 fällt z.B. der Kauf eines sog. **„Montagsautos"**, d.h. ein Geschehensablauf, der wegen des gehäuften Auftretens vieler (ggf. auch kleinerer) herstellungsbedingter Mängel „aus Sicht eines verständigen Käufers bei wertender und prognostischer Betrachtung die Befürchtung rechtfertigt, es handele sich um ein Fahrzeug, das wegen seiner auf herstellungsbedingten Qualitätsmängeln – namentlich auf schlechter Verarbeitung – beruhenden Fehleranfälligkeit insgesamt mangelhaft ist und das auch zukünftig nicht über längere Zeit frei von herstellungsbedingten Mängeln sein wird" (BGH NJW 2013, 1523). **122**

Eine letzte Fristsetzungsausnahme statuiert – seit 1.1.2018 – **§ 445a II** (≈ § 478 I a.F.) für Gewährleistungsansprüche i.R.v. **Lieferketten**, d.h. für Ansprüche eines selbst gewährleistungspflichtigen Verkäufers aus § 437 (als Käufer) gegen seinen **Lieferanten** (sog. „**unselbstständiger** Verkäuferregress"). Dieser wird in § 445a I [m.E. lückenhaft, dazu sogleich] definiert als „Verkäufer, der ihm [dem Letztverkäufer] die Sache verkauft hatte". Nach § 445a II kann der Verkäufer ohne Fristsetzung von dem Kaufvertrag mit *seinem* Lieferanten zurücktreten (etc.), wenn er (**1.**) vom Lieferanten eine neu hergestellte (= ungebrauchte) Sache ge- und anschließend weiterverkauft hat und (**2.**) diese wegen ihrer Mangelhaftigkeit (nicht: Widerruf oder Garantie) entweder (**a**) „zurück*nehmen* musste" [untechnisch; entscheidend ist, ob der *Käufer* die Sache infolge eines Mängelrechts zurück*geben* musste], oder (**b**) ihm gegenüber der Kaufpreis gemindert wurde [bzw. der Käufer – so die h.Lit. (Analogie) – kleinen SESL verlangt]. Außerdem muss (**3.**) der Mangel bereits bei Gefahrübergang auf den Verkäufer existiert haben. **123**

Gem. § 445a III gilt dies auch für Ansprüche des Lieferanten gegen Vorlieferanten (usw.), sofern diese Unternehmer sind. Daraus folgt, dass **auch § 445a II** (wie § 478 I a.F.) über den Wortlaut hinaus (**4.**) **nur ggü. Unternehmern** anwendbar sein sollte (**sehr** umstr.).

cc) Entbehrlichkeit der Fristsetzung beim Verbrauchsgüterkauf

123a Bei Vorliegen eines Verbrauchsgüterkaufs i.S.d. §§ 474 ff. (dazu näher unten Rn. 292 ff.) richtet sich die Entbehrlichkeit der Fristsetzung beim Rücktritt (nur) wegen einer Schlechtleistung des Verkäufers seit dem 1.1.2022 **ausschließlich nach § 475d I**. Auch wenn dies im Wortlaut der Norm nur unzureichend zum Ausdruck kommt, verdrängt diese Vorschrift i.R. ihres Anwendungsbereichs die § 323 II und § 440 vollständig; wesentlich deutlicher bringt dies – für den Schadensersatz statt der Leistung – § 475d II 2 zum Ausdruck.

123b Nach § 475d I **Nr. 1** ist eine Fristsetzung entbehrlich, wenn der Verkäufer „die Nacherfüllung trotz Ablaufs einer angemessenen Frist ab dem Zeitpunkt, zu dem der Verbraucher ihn über den Mangel unterrichtet hat, nicht vorgenommen hat". M.a.W. ist bei Vorliegen eines Verbrauchsgüterkaufs eine tatsächliche **Frist*setzung*** gar nicht erforderlich, solange nur der Käufer den Verkäufer über das Vorliegen eines Mangels informiert (s. bereits Rn. 110); die Angemessenheit des dennoch erforderlichen **Frist*ablaufs*** ist jedoch wie bei § 323 I zu beurteilen (Rn. 112). Setzt der Käufer dennoch eine Frist, ist dies naturgemäß unschädlich; dann aber kommt es grds. auf die Länge der tatsächlich gesetzten Frist an. Und gem. § 475d I **Nr. 2** ist eine Fristsetzung entbehrlich, wenn sich trotz vom Verkäufer versuchter Nacherfüllung ein Mangel zeigt, d.h. die Nacherüllung **fehlgeschlagen** ist. Dies entspricht in etwa § 440 S. 1 Fall 2 (s. daher Rn. 121), wobei – anders als nach § 440 S. 2 – bereits ein einmaliges Scheitern genügt. Das Gleiche gilt nach § 475d I **Nr. 3** für den Fall eines **besonders schwerwiegenden Mangels**, der einen sofortigen Rücktritt rechtfertigt; ob dies der Fall ist, hängt von den Umständen des Einzelfalls ab (z.B. Arglist des Verkäufers). Vergleichbar § 323 II Nr. 1 erklärt § 475d I **Nr. 4** schließlich eine Fristsetzung auch dann für entbehrlich, wenn der Verkäufer die **ordnungsgemäße Nacherfüllung verweigert**; dies gilt selbst dann, wenn die Verweigerung nach § 439 IV berechtigterweise erfolgt (vgl. § 440 S. 1 Fall 1). Und gem. § 475d I **Nr. 5** ist ein Fristabwarten unnötig, wenn es nach den Umständen **offensichtlich** ist, dass der Verkäufer **nicht ordnungsgemäß nacherfüllen wird**. An die dabei anzustellende objektive *ex-ante*-Prognose sind dabei allerdings strenge Anforderungen zu stellen.

F. Die Mängelrechte des Käufers gem. § 437

Prüfungsschema 7: Rücktrittsrecht gem. **§ 323 I** iVm § 437 Nr. 2 124

I. Bestehen eines Rücktrittsrechts

  1. Voraussetzungen von § 437 (s. oben Prüfungsschema 5)

  2. Erfolglose Fristsetzung zur Nacherfüllung

    a) *Setzung* einer *angemessenen* Frist o. § 475d I Nr. 1: Ablauf

    b) BGH: Nichteintritt Leistungs*erfolg* (h.Lit.: Leist.*handlung*)

  3. Entbehrlichkeit Fristsetzung gem. §§ 323 II/440/445a II/475d I

  4. Kein Ausschluss des Rücktrittsrechts:

    a) Vertraglich (Grenze: §§ 444, 305 ff. und § 476 I 1)

    b) Ausschluss d. Gewährleistung insgesamt: § 442; § 377 HGB

    c) Ausschluss des Rücktrittsrechts: § 323 V 2 oder VI

II. Wirksame Rücktrittserklärung, § 349 (z.B.: §§ 218, 105 ff.)

III. **Rechtsfolge:** Rückgewährschuldverhältnis gem. §§ 346 ff.

3. Rücktritt wegen Unmöglichkeit der Nacherfüllung, § 326 V

Sind **beide** Arten der Nacherfüllung entweder kraft Gesetzes nach 125
§ 275 I oder durch Erhebung der (rechtsvernichtenden) Einrede des
§ 275 II oder III **unmöglich**, beurteilt sich das Rücktrittsrecht des Käufers nach **§ 326 V** iVm § 437 Nr. 2. Danach ist zum Rücktritt weder eine
Fristsetzung noch ein Vertretenmüssen des Verkäufers erforderlich. Beweispflichtig für die die Unmöglichkeit begründenden Umstände ist der
Käufer. Gelingt ihm der entsprechende Nachweis nicht (oder möchte er
ihn dahinstehen lassen), kann er wahlweise auch eine Frist setzen und
nach deren erfolglosem Ablauf gem. § 323 I zurücktreten.

Prüfungsschema 8: Rücktrittsrecht gem. **§ 326 V** iVm § 437 Nr. 2 126

I. **Bestehen** eines Rücktrittsrechts

  1. Voraussetzungen von § 437 (s. oben Prüfungsschema 5)

  2. Unmöglichkeit *beider* Arten der Nacherfüllung: § 275 I–III

  3. Kein Ausschluss des Rücktrittsrechts:

    a) Vertraglich (Grenze: §§ 444, 305 ff. und 476 I 1)

    b) Ausschluss d. Gewährleistung insgesamt: § 442; § 377 HGB

    c) Ausschluss Rücktritt: § 323 V 2/VI jeweils iVm § 326 V

II. Wirksame **Rücktrittserklärung**, § 349 (z.B. §§ 218, 105 ff.)

III. **Rechtsfolge:** Rückgewährschuldverhältnis gem. §§ 346 ff.

4. Ausschluss des Rücktrittsrechts

127 Das Gesetz stellt in § 323 V und VI verschiedene rücktrittsspezifische Ausschlussgründe auf, die einem Rücktritt sowohl nach § 323 als auch § 326 V (über dessen 2. HS) entgegenstehen können. I.R.d. Kaufgewährleistungsrechts sind insb. die Ausschlussgründe in **§ 323 V 2** und **VI Alt. 1** relevant. Zusätzlich müssen stets die für *alle* Gewährleistungsrechte geltenden Ausschlussgründe beachtet werden (hierzu G.).

a) Ausschluss wegen Unerheblichkeit, § 323 V 2

128 Ohne diesen Begriff näher zu erläutern, schließt § 323 V 2 einen Rücktritt aus, wenn die Pflichtverletzung bei einer *Schlecht*leistung **unerheblich** ist. Bezugspunkt dieser Regelung ist im Kaufrecht die Pflicht zur mangelfreien Leistung gem. § 433 I 2, d.h. (grds.) ein **Mangel**.

129 Dessen etwaige (Un-)Erheblichkeit ist im Wege einer ***umfassenden Interessenabwägung*** auf der Grundlage der Umstände des Einzelfalls *zu beurteilen. Maßgeblicher **Zeitpunkt*** ist derjenige der Rücktrittserklärung. Entsprechend sind zwar bisherige Nacherfüllungserfolge oder ein vorheriges Weiterfressen des Mangels zu berücksichtigen, nicht jedoch nachträgliche Prognosekorrekturen. Die **Beweislast** für eine Unerheblichkeit trägt der Verkäufer. Ist sie erwiesen, muss sich der Käufer entweder mit einer Nacherfüllung oder Minderung (vgl. § 441 I 2) bzw. u.U. dem „kleinen" SESL (vgl. § 281 I 3) begnügen.

130 Im Rahmen der *Interessenabwägung sind* nach dem BGH *bei* **behebbaren** *Mängeln primär die zur Beseitigung eines Mangels erforderlichen* **Kosten** *ins Verhältnis zum* **Kaufpreis** (nicht: Wert der Sache) *zu setzen.* Dabei erkennt die Rspr. zwar keine festen Grenzwerte an; als Faustregel soll jedoch ein Mangel dann nicht mehr unerheblich sein, wenn der Mangelbeseitigungsaufwand mehr als **5 % des Kaufpreises** beträgt. Nur, wenn die Ursache eines aufgetretenen Mangelsymptoms (und damit auch die Höhe etwaiger Beseitigungskosten) unklar sind, komme es auf die *mangelbedingte* **Funktionsbeeinträchtigung** an. Das Gleiche gelte bei **unbehebbaren** *Mängeln. Diesbezüglich hält der BGH z.B. einen* Kraftstoffmehrverbrauch von weniger als 10 % für grds. unerheblich. Einschränkungen der Verkehrssicherheit hingegen sind stets erheblich, selbst wenn deren Ursachen sporadisch auftreten.

131 Daneben hält die Rspr. stellenweise auch das **sonstige Verkäuferverhalten** für relevant. Entsprechend soll etwa im Falle einer arglistigen Täuschung oder der Übernahme einer Garantie stets eine erhebliche

Pflichtverletzung vorliegen (umstr.; a.A. die wohl h.Lit.). Umstritten ist zudem, ob § 323 V 2 (iVm § 437 Nr. 2) auch bei Lieferung einer zu geringen Menge gilt. Dafür könnte sprechen, dass nach § 434 II 1 Nr. 1 ohne Weiteres auch eine (**verdeckte**, vgl. Rn. 46) **Zuweniglieferung** einem Sachmangel begründet; entscheidend **dagegen** spricht jedoch, dass die Problematik einer Teillieferung bereits – m.E. teleologisch abschließend – in § 323 V 1 adressiert wird.

b) Ausschluss wegen Käuferverantwortlichkeit, § 323 VI Alt. 1

Gem. § 323 VI Alt. 1 ist ein Rücktritt zudem ausgeschlossen, wenn **132** der Käufer für den Rücktrittsgrund **allein oder weit überwiegend** (d.h. ≥ 90 %; umstr.) **verantwortlich** ist. Die Verantwortlichkeit des Käufers (in seiner Rolle als *Gläubiger*) ist gesetzlich nicht geregelt, beurteilt sich jedoch entsprechend der *Schuldner*verantwortlichkeit, d.h. analog §§ 276 ff. Zur gleichen Rechtsfolge führt beim SESL § 254.

Im Kaufgewährleistungsrecht greift § 323 VI Alt. 1 ein, wenn der **133** Käufer entweder das **Auftreten** eines Mangels vor Gefahrübergang – dann ist analog § 323 VI Alt. 1 sogar die Nacherfüllung ausgeschlossen (s. Rn. 90) – oder aber (h.Lit.; umstr.) die **Nichtvornahme** der Nacherfüllung bzw. deren Unmöglichkeit oder rechtmäßige Verweigerung (§ 439 IV), jeweils vor Fristablauf, zu verantworten hat (etwa aufgrund Zerstörung oder Nichtherausgabe der Sache bzw. Selbstvornahme).

§ 323 VI **Alt. 2** hingegen findet im Kaufrecht allenfalls in Bezug auf **134** **Rechtsmängel** Anwendung, da ein Annahmeverzug des Käfers gem. § 446 S. 3 zum – vorläufigen bzw. hypothetischen – Übergang der Gegenleistungsgefahr führt und damit in den durch § 323 VI Alt. 2 adressierten Fällen in zeitlicher Hinsicht – d.h. bei (hypothetischem) Gefahrübergang – grds. gar kein *Sach*mangel i.S.v. § 434 I vorliegt.

5. Rechtsfolgen des Rücktritts

Mit der wirksamen, auch konkludent möglichen (dann: §§ 133, 157) **135** Ausübung des Rücktrittsrechts (§ 349) verwandelt sich das ursprüngliche Austauschverhältnis in ein **Rückgewährschuldverhältnis** i.S.v. **§§ 346 ff.** Dies hat zur Folge, dass noch nicht erfüllte (Haupt)Leistungspflichten erlöschen und bereits erbrachte Leistungen gem. § 346 I Alt. 1 zurückzugewähren sind. Nach § 346 I Alt. 2 sind dabei auch Nutzungen (§ 100, d.h. „Früchte" i.S.v. § 99 [etwa: Zinsen] und Gebrauchsvorteile) herauszugeben, und zwar selbst bei Vorliegen eines Verbrauchsgüterkaufs. Anders als bei der Nachlieferung (s. Rn. 85) enthält die Warenkauf-RL insofern keine Vorgaben (s. aber § 475 VI). In bestimmten Fällen ordnet § 346 II statt der Herausgabepflicht eine Verpflichtung zu Wertersatz an, die ihrerseits wiederum gem. § 346 III ausgeschlossen sein kann. Dabei ist insb. zu beachten, dass § 346 III 1 Nr. 3 nach wohl h.Lit. ab Kenntnis vom Rücktrittsgrund (a.A.: Rücktrittserklärung) teleologisch durch Veränderung des Haftungsmaßstabs von § 277 zu §§ 276, 278 (a.A.: vollständig) zu reduzieren ist (umstr.). Zur ebenfalls umstrittenen Frage der Anwendbarkeit von § 285 auf das Rückgewährschuldverhältnis (dafür die h.Lit.) s. BGH NJW 2015, 1748 (offengelassen, jedoch tendenziell ablehnend).

V. Das Minderungsrecht des Käufers

136 Gem. § 441 I 1 iVm § 437 Nr. 2 (Alt. 2) kann der Käufer „statt zurückzutreten" wahlweise auch **mindern**. Die Minderung erfolgt, wie das Gesetz ausdrücklich feststellt, nicht etwa kraft Gesetzes (vgl. § 326 I 2), sondern durch „Erklärung gegenüber dem Verkäufer". Das Minderungsrecht ist folglich, ebenso wie das Rücktrittsrecht, ein **Gestaltungsrecht** und nicht etwa ein Anspruch (und die Minderungs**erklärung** damit ein eigenständiges Rechtsgeschäft). Eine wirksam ausgeübte Minderung wird mit Zugang der Minderungserklärung **bindend** (§ 130 I 1), so dass ein Käufer ab diesem Zeitpunkt grds. nicht mehr von der Minderung Abstand nehmen und stattdessen wegen desselben Mangels großen SESL oder Rückgängigmachung des Kaufvertrags verlangen kann (BGH NJW 2018, 2863).

136a Ebenso wie der Rücktritt schließt eine Minderung jedoch grds. nicht etwaige parallele Schadensersatzansprüche aus (vgl. § 325). Allerdings schließt eine wirksam ausgeübte Minderung nach dem soeben Gesagten das Recht aus, wegen **desselben** Mangels zusätzlich Schadensersatz statt der ganzen Leistung [d.h. **„großen" SESL**] zu verlangen; denn die dadurch bewirkte faktische Rückabwicklung des Kaufvertrags widerspricht den Rechtsfolgen der Minderung [u.a.: Festhalten am Vertrag]). Bei Vorliegen mehrerer Mängel sind mehrfache Minderungen möglich (zu sog. „Montagsautos" s. Rn. 122). Als Gestaltungsrecht unterliegt das Minderungsrecht nicht der Verjährung; § 438 V iVm **§ 218** trifft daher für die Minderung eine **besondere Unwirksamkeitsregelung** (untechnisch: sog. „Gestaltungsverjährung").

1. Voraussetzungen des Minderungsrechts

137 Aus der Bezugnahme auf den Rücktritt ersichtlich unterliegt das Minderungsrecht **denselben Voraussetzungen wie der** (gewährleistungsrechtliche; umstr.) **Rücktritt**. Steht einem Käufer ein Rücktrittsrecht zu und hat er dieses noch nicht ausgeübt, kann er daher stets (alternativ) auch mindern. Dabei ist gleichgültig, ob sich das (zugleich eine Minderung ermöglichende) Rücktrittsrecht aus § 323 oder § 326 V ergibt. Lediglich der Rücktrittsausschlussgrund in § 323 V 2 (bei unerheblicher Pflichtverletzung) gilt nach **§ 441 I 2** nicht für die Minderung. Die sonstigen (allgemeinen/rücktrittsspezifischen) Ausschlussgründe hingegen schließen auch die Minderung aus. Bei Beteiligung **mehrerer** auf Käufer- oder Verkäuferseite ist § 441 II zu beachten.

> **Prüfungsschema 9:** Minderungsrecht, § 441 I iVm § 437 Nr. 2   **138**
>
> I. Bestehen des Minderungsrechts
>
>   1. Voraussetzungen von § 437 (s. oben Prüfungsschema 5)
>
>   2. *Bestehen* eines Rücktrittsrechts gem. § 323 *oder* § 326 V
>
>   3. Kein Ausschluss des Rücktrittsrechts:
>
>   a) Vertraglich (Grenze: §§ 444, 305 ff. und § 476 I)
>
>   b) Ausschluss d. Gewährleistung insgesamt: § 442; § 377 HGB
>
>   c) Rücktrittsspezifischer Ausschlussgrund; beachte § 441 I 2 (!)
>
>   4. Keine Erklärung des Rücktritts
>
> II. Wirksame Minderungserklärung, § 441 I 1 (z.B. §§ 218, 105)
>
> III. **Rechtsfolge:** Teilerlöschen Kaufpreisanspruch/Teilrückgewähr

2. Berechnung des Minderungsbetrags

Für die Berechnung des Minderungsbetrags gilt § 441 III. Dessen **139** Grundgedanke ist die Wahrung des vertraglichen **Äquivalenzverhältnisses**. Daher erfolgt die Minderung des Kaufpreises **proportional** zu dem Wertverlust der Kaufsache infolge des zugrunde liegenden Mangels (s. *Übersicht 4*). Hilfsweise ist – ebenfalls unter Berücksichtigung dieser Proportionalität – gem. § 441 III 2 zu schätzen (vgl. § 287 ZPO). Hat der Käufer den Mangel oder die fehlende Nacherfüllung mitverursacht, ist der Minderungsbetrag **analog § 254** zu kürzen (oder die Minderung gem. **§ 323 VI Alt. 1** ganz ausgeschlossen, vgl. Rn. 132 f.).

> geminderter Kaufpreis = $\dfrac{\text{mangelbedingter Wert}}{\text{Wert ohne Mangel}}$ x vereinbarter Kaufpreis
>
> **Minderungsbetrag** = vereinbarter − geminderter Kaufpreis

Übersicht 4: *Berechnung des geminderten Kaufpreises bzw. Minderungsbetrags*

3. Rechtsfolgen der Minderung

140 Vergleichbar der Rechtslage beim Rücktritt führt die Erklärung der Minderung zu einer **Umgestaltung** des Kaufvertrags: Hat der Käufer den Kaufpreis noch nicht bezahlt, erlischt die Kaufpreisforderung anteilig; andernfalls steht dem Käufer mit § 441 IV 1 ein **eigenständiger Rückzahlungsanspruch** in Höhe des Minderungsbetrags zu. Die Verweisung in § 441 IV 2 auf § 346 I (sowie über den Wortlaut hinaus auch II–IV) und § 347 I betrifft lediglich Nutzungen. Der Anspruch aus § 441 IV unterliegt der Regelverjährung (§§ 195, 199 I) und nicht § 438. Außer in Bezug auf Kaufpreiszahlungen *nach* Erklärung der Minderung (umstr.) verdrängt er das Bereicherungsrecht (§§ 812 ff.).

VI. Der Anspruch des Käufers auf Schadensersatz

Literatur: *Grigoleit/Bender*, ZfPW 2019, 1; *Grigoleit/Riehm*, AcP 203 (2003), 727; *dies.*, JuS 2004, 745; *Gsell/Rübbeck*, ZJS 2021, 294; *Looschelders*, FS Canaris I, 2007, Bd. I, 737; *Lorenz*, FS Leenen, 2012, 147; *Paulus*, Kompensation und Interesse [i. Ersch.]; *Schirmer*, AcP 222, 572.

141 Gem. § 280 I kann i.R.e. Schuldverhältnisses potenziell *jede* – zu vertretende – Pflichtverletzung zu einer Schadensersatzpflicht des jeweiligen Schuldners führen. Anders als vor der Schuldrechtsreform gilt dies auch im Kaufrecht: Nach **§ 437 Nr. 3 (Alt. 1)** finden nämlich die Schadensersatzvorschriften des allgemeinen Schuldrechts – d.h. die §§ 280 ff. sowie § 311a II – ausdrücklich auch i.R.d. Gewährleistungsrechts Anwendung (mit **besonderer Verjährungsregelung** in § 438). Bei Anwendung über § 437 Nr. 3 setzen die §§ 280 ff. allerdings stets (zumindest auch) die Verletzung einer (Haupt-)Leistungspflicht durch den Verkäufer – nämlich der Pflicht zur mangelfreien Lieferung gem. § 433 I 2 – voraus. Für Pflichtverletzungen ohne Bezug zu einer mangelhaften Leistung, auch solche des Käufers, gelten die §§ 280 ff. hingegen **direkt**; die Verjährung beurteilt sich dann nach §§ 195, 199.

1. Überblick über die Schadensersatzregelung im Schuldrecht AT

142 Ausgangspunkt und **„Grundtatbestand"** (fast) aller Schadensersatzansprüche aus einem (nicht notwendigerweise vertraglichen, vgl. § 311 II und III) Schuldverhältnis ist **§ 280 I**. Nach der Gesetzesbegründung und Ansicht vieler soll diese Vorschrift – sieht man einmal von § 311a II ab – sogar die **einzige Anspruchsgrundlage** für Schadensersatzansprüche im Leistungsstörungsrecht sein (umstr.).

143 Daran ist **jedenfalls richtig**, dass § 280 I mit dem Erfordernis einer vom Schuldner (**1.**) zu vertretenden (**2.**) Pflichtverletzung aus (**3.**) einem

Schuldverhältnis **drei Grundvoraussetzungen** *aller* Schadensersatzansprüche im Leistungsstörungsrecht aufstellt; lediglich der Haftung gem. § 311a II soll nach Ansicht vieler keine Pflichtverletzung zugrunde liegen (auch dies ist umstr.). Das Vorliegen eines Schadens als vermeintlich (**4.**) Voraussetzung ist hingegen rechtstechnisch nicht der Haftungsbegründung, sondern dem Bereich der Haftungsausfüllung – d.h. dem *Schadens*recht (§§ 249 ff.) – zuzurechnen.

Zwei dieser Voraussetzungen von § 280 I – das Vorliegen eines Schuldverhältnisses (Kaufvertrag) sowie einer Pflichtverletzung (Mangel) – **decken sich** i.d.R. **mit denjenigen von § 437**. Sie müssen daher, wenn § 280 I über diese Brückennorm Anwendung findet und deren Voraussetzungen bereits bejaht wurden, nicht erneut geprüft werden; zur Ausnahme bei bestimmten Fällen der Unmöglichkeit s. Rn. 198 f.

Potenziell **missverständlich** ist der „Ritterschlag" von § 280 I zum (neben § 311a II) einzigen Haftungstatbestand des Leistungsstörungsrechts insofern, als das allgemeine Schuldrecht mit **§§ 281, 282, 283** und **§ 286** eine Vielzahl *weiterer* Schadensersatzvorschriften enthält, die eine Schadensersatzpflicht in bestimmten Fällen an **zusätzliche Voraussetzungen** knüpfen; **§ 280 II** und **III** stellen dies ausdrücklich klar. Die z.T. überraschend diffizile und umstrittene Abgrenzung der verschiedenen Anspruchsgrundlagen (oder: Wirknormen) erfolgt dabei zum einen nach der Art der verletzten *Pflicht*, v.a. aber anhand des jeweils zu ersetzenden **Schadens** und der Art der Pflicht*verletzung*.

Allgemein lässt sich die Schadensersatzhaftung entsprechend der Unterscheidung in § 280 I–III in **zwei** bzw. **drei Kategorien** einteilen:

Übersicht 5: Systematik des SE im allgemeinen Leistungsstörungsrechts

2. Systematik der Schadensersatztatbestände im Kaufrecht

Die Suche nach der richtigen Anspruchsgrundlage für Schadensersatz beginnt zweckmäßigerweise zunächst mit der Identifizierung der jeweils verletzten **Pflicht**. Zum Überblick über die i.R.e. Schuldverhältnisses bestehenden Pflichten i.S.v. **§ 241** vgl. Rn. 9 ff.

a) Verletzung von Nebenpflichten i.S.v. § 241 II

148 Verletzt der Verkäufer eine **Nebenpflicht** i.S.v. § 241 II, etwa wenn er zwar ordnungsgemäß (nach-)erfüllt, bei Anlieferung der Kaufsache jedoch z.b. dem Hund des Käufers auf den Schwanz tritt und diesen verletzt, kommt **grds.** nur ein („**einfacher**") Schadensersatz i.S.v. § 280 I – und zwar ohne § 437 – in Betracht. Das Gleiche gilt, wenn umgekehrt z.b. der *Käufer* das Ladenlokal des Verkäufers beschädigt. Schadensersatz wegen (*Leistungs-*)Verzögerung oder *statt der Leistung* hingegen kommt i.d.R. nur bei Verletzung von *Leistungs*pflichten in Betracht. Zur umstr. Konstruktion bei Mangelfolgeschäden s. Rn. 195.

149 In Ausnahmefällen führt allerdings selbst eine bloße Nebenpflichtverletzung des Verkäufers (oder auch Käufers) dazu, dass der jeweils andere Teil die Erfüllung ablehnen und stattdessen gem. **§§ 282**, 280 I, **III**, 241 II Schadensersatz **statt der Leistung** verlangen kann. Hierfür muss allerdings die betreffende Nebenpflichtverletzung so schwerwiegend sein, dass dem Gläubiger eine Vertragserfüllung **unzumutbar** ist (etwa: sexuelle Belästigung des Ehepartners oder übelste Beleidigung). Dies gilt unabhängig von einer etwaigen Verletzung von *Leistungs*pflichten; daher verweist § 437 Nr. 3 nicht – ebensowenig wie § 437 Nr. 2 auf § 324 – auf § 282; diese Norm findet vielmehr losgelöst von § 437 – nicht jedoch § 438 (umstr.) – Anwendung.

b) Verletzung von Leistungspflichten i.S.v. § 241 I

150 Bei Verletzung von (Haupt- oder Neben-)**Leistungspflichten** i.S.v. § 241 I kommt – je nach Art des zu liquidierenden Schadens und der Pflichtverletzung – die Gewährung sowohl von Schadensersatz **neben** als auch **statt der Leistung** in Betracht. Die Abgrenzung zwischen den verschiedenen Schadensarten ist dabei nicht immer einfach, wie insb. die Diskussion um die Einordnung verfrühter Deckungsgeschäfte (vgl. hierzu Rn. 161 f.) oder den sog. (mangelbedingten) Nutzungsausfallschadens (Rn. 160, 165) zeigt.

151 Handelt es sich bei der konkret verletzten Pflicht (zumindest auch) um diejenige zur *mangelfreien* Leistung gem. **§ 433 I 2**, finden die entsprechenden – insgesamt **fünf verschiedenen** – Anspruchsgrundlagen bzw. Tatbestände über die Verweisung in § 437 Nr. 3 Anwendung; andernfalls, etwa wenn der Verkäufer gar nicht leistet, gelten die §§ 280 ff. und § 311a II unmittelbar, d.h. ohne die Modifikationen des Kaufgewährleistungsrechts (insb. in §§ 438, 440, 475d II und § 442).

aa) Schadensersatz statt der Leistung

152 Ein etwaiger Anspruch auf Schadensersatz **statt der Leistung** (SESL) tritt – wie sein Name sagt – spätestens bei Geltendmachung als

Sekundäranspruch an die Stelle des ursprünglichen (bzw., bei § 311a II, hypothetischen) Primäranspruchs (vgl. § 281 IV). Im Kaufgewährleistungsrecht, d.h. bei Anwendung von §§ 281, 283 oder § 311a II jeweils iVm § 437 Nr. 3, ist substituierter Anspruch dabei entweder der Hauptleistungsanspruch *insgesamt* oder – beim „kleinen" SESL – *alleine der Nacherfüllungsanspruch*. Entsprechend kommt die Gewährung von SESL im Gewährleistungsrecht in Betracht, wenn die Nacherfüllung unmöglich (§ 275) oder sonst gescheitert ist (insb. der Verkäufer trotz Setzung einer angemessenen Nachfrist nicht fristgemäß nacherfüllt hat) und der Käufer **vermögensmäßig** so gestellt werden will, wie er bei ordnungsgemäßer Erfüllung stehen würde (**positives Interesse**).

Je nach **Art der Pflichtverletzung** folgt der Anspruch dabei entweder aus **§§ 281 I 1**, **280 I, III** (Verzögerung der möglichen Nacherfüllung), **§§ 283 S. 1**, **280 I, III** (nachträgliche Unmöglichkeit der Nacherfüllung) oder **§ 311a II** (anfängliche Unmöglichkeit i.B.a. § 433 I 2; Einstufung als Pflichtverletzung umstr.), jeweils iVm § 437 Nr. 3. 153

Übersicht 6: Anspruchsgrundlagen für SESL im Kaufgewährleistungsrecht

bb) Schadensersatz neben der Leistung

Schadensersatz **neben der Leistung** (SENL) tritt – anders als der SESL – nicht an die Stelle, sondern (zumindest potenziell) *neben* etwaige Leistungsansprüche. Der SENL kennt **zwei Erscheinungsformen**: 154

– Derjenige Schaden, der ausschließlich aufgrund **Verzögerung** einer fälligen und durchsetzbaren **Leistungspflicht** (bei Anwendung über § 437 Nr. 3: zur Nacherfüllung) entsteht, kann als Verzögerungsschaden unter den Voraussetzungen von **§§ 280 I, II, 286** I (iVm § 437 Nr. 3) und grds. erst nach Mahnung liquidiert werden. Zwar verweist § 437 Nr. 3 nicht ausdrücklich auf § 286; nach der Gesetzesbegründung umfasst jedoch die Verweisung auf § 280 über dessen 2. Absatz auch § 286 mit.

- Alle **sonstigen Schäden**, die nicht „Mangelschäden" i.S.d. SESL sind, können dagegen nach § 280 I im Wege des **„einfachen"** (d.h. nicht von zusätzlichen Voraussetzungen i.S.v. § 280 II oder III abhängigen) Schadensersatzes geltend gemacht werden. § 280 I fungiert insofern als **Auffangtatbestand**. Darunter fallen Schäden, die außerhalb des reinen Leistungsinteresses eines Gläubigers an dessen **sonstigen Rechtsgütern** und Interessen entstehen. Im Kaufgewährleistungsrecht fällt unter § 280 I **iVm § 437 Nr. 3** nach **h.M.** insb. der Ersatz von Schäden, die aufgrund eines Mangels an sonstigen Rechtsgütern (i.d.R. nicht: der Kaufsache selbst) entstehen (sog. **„Mangelfolgeschäden"**), etwa wenn durch die Explosion eines defekten Wasserkochers die Küche des Käufers zerstört wird oder der Käufer an verdorbener Milch erkrankt (umstr.); nach a.A. ist Haftungsgrund in diesen Fällen hingegen stets eine reine Nebenpflichtverletzung i.S.v. § 241 II (weshalb § 280 I ohne § 437 Nr. 3 anzuwenden sein soll). Zur vom BGH z.T. angenommen Einschränkung der Anwendung von § 280 I neben § 311a II vgl. Rn. 181.

c) Keine Vorgaben für Schadensersatz in der Warenkaufrichtlinie

155 Anders als bei den sonstigen Mängelrechten trifft die – vollharmonisierende – **Warenkaufrichtlinie** vom 20.5.2019 (ebenso wie die frühere **VerbrGKRL**) grds. keine Vorgaben für etwaige Schadensersatzansprüche. Daher sind z.B. (nur) Schadensersatzansprüche selbst i.R.e. Verbrauchsgüterkaufs grds. **abdingbar** (§ 476 III).

3. Abgrenzung der verschiedenen Schadensarten

156 Um die im Einzelfall richtige Anspruchsgrundlage zu ermitteln, ist nach h.M. primär (rechtsfolgenorientiert) auf den **betroffenen Schaden**, sekundär auf die zugrunde liegende **Pflichtverletzung** abzustellen. Aus demselben Sachverhalt können daher durchaus – nebeneinander – verschiedene Schadensersatzansprüche resultieren. Je nach Schadensart bzw. verletzter Pflicht variieren deren Voraussetzungen – z.B. eine Fristsetzung bei § 281 I 1 oder der Bezugspunkt des Vertretenmüssens – z.T. erheblich. Dabei ist u.a. zu bedenken, dass ein Verkäufer, der nicht zugleich Hersteller der Kaufsache ist, in vielen Fällen zwar das nicht (rechtzeitige) Erbringen der Nacherfüllung zu vertreten haben wird, mangels genereller Verantwortung für Fehler des Herstellers *nicht* aber das Vorliegen eines Mangels *per se*. Entsprechend ist stets eine **genaue Abgrenzung** zwischen den einzelnen Schadenspositionen und den für sie passenden Anspruchsgrundlagen erforderlich.

Eine **M.M.** möchte zwar bei Verletzung von Leistungspflichten stets 157
von einem einheitlichen Pflichtverletzungstatbestand ausgehen und alle
daraus resultierenden Schäden nur über eine *einzige* Anspruchsgrundlage (entweder § 280 I oder insgesamt als SESL) liquidieren („**Gesamtabrechnung**"); dies hat sich jedoch nicht durchsetzen können.

a) Abgrenzung Schadensersatz neben und statt der Leistung

Der Gesetzgeber der Schuldrechtsreform von 2001 war noch der Ansicht, im Leistungsstörungsrecht eine „klare und übersichtliche Schadensersatzregelung" getroffen zu haben (BT-Drs. 14/6040, 93). Entgegen diesem Programmsatz ist gerade die Abgrenzung zwischen Schadensersatz neben und statt der Leistung hochumstritten. Aus der Diskussion ragen **zwei Meinungen** als **maßgeblich** hervor: 158

— Die h.M. (**schadensphänomenologische Lehre**) knüpft an die Terminologie des Gesetzes und die Gesetzesbegründung an, wonach SESL derjenige Schadensersatz sein soll, der „an die Stelle des Anspruchs auf die [Primär-]Leistung tritt" (BT-Drs. 14/6040, 137). Entsprechend sollen dem SESL all diejenigen Schadenspositionen unterfallen, die aus Sicht des Käufers (und seiner Verwendungsabsicht) **wirtschaftlich an die Stelle** der endgültig ausgebliebenen (Nach-)Erfüllung treten – d.h. das **Äquivalenzinteresse** betreffen. Letztlich findet dabei somit eine wertende Abgrenzung anhand des Kriteriums der Leistungsäquivalenz statt.
— Die in der **Literatur** prominent vertretene **Mindermeinung** hingegen stellt zwar ebenfalls auf das Äquivalenzinteresse ab; denn auch sie bemisst die Reichweite des SESL – mittelbar – anhand der Reichweite des Nacherfüllungsanspruchs. Sie möchte jedoch zusätzlich die mit Wertungsfragen verbundene Unsicherheit durch eine passgenaue(re) Unterscheidung – die sog **„Zauberformel"** – vermeiden: Nach dieser **zeitabhängigen** Abgrenzungsformel umfasst der SESL nur denjenigen Schaden, der **hätte vermieden oder beseitigt werden können, wenn der Verkäufer im** *spätestmöglichen* **Zeitpunkt (nach-)erfüllt hätte.** Spätestmöglicher Zeitpunkt soll dabei i.R.v. § 281 entweder das Schadensersatzverlangen oder eine etwaige (frühere) Rücktrittserklärung sein (umstr.; u.a. *Looschelders* hingegen will nicht etwa auf den spätestmöglichen Zeitpunkt, sondern grds. bereits den jeweiligen Frist*ablauf* abstellen). Beruft sich der Verkäufer hingegen zu Recht auf § 439 IV, kommt es auf die Einrede*entstehung* an (ebenso im Falle von § 275 II oder III). I.R.v. § 283 ist der Zeitpunkt des Unmöglichkeitseintritts entscheidend, und bei § 311a II derjenige der Lieferung.

159 M.a.W. halten (nur) die Anhänger der „Zauberformel" das Begriffspaar SENL und SESL für eine „zeitlich wandelbare Kategorie": Der SESL umfasse – so die Argumentation – nämlich nur denjenigen Schaden, der alleine **durch das *endgültige* Ausbleiben** der (Nach-)Erfüllung verursacht werde; das endgültige Ausbleiben stehe aber – wenn die Nacherfüllung möglich ist – erst mit dem Schadensersatzverlangen i.S.v. § 281 IV (oder einem zuvor erklärten Rücktritt) fest. Erst dann tritt nämlich der Schadensersatzanspruch nicht nur als verhaltener Anspruch *neben*, sondern endgültig *an die Stelle* des Erfüllungsanspruchs.

160 Eine derartige zeitliche Angrenzung hat zur Konsequenz, dass neben (Mangel-)Schäden in Bezug auf die Kaufsache *selbst* im Einzelfall z.T. **auch** bestimmte aus der Mangelhaftigkeit resultierenden **Folgeschäden** unter den SESL fallen können. Folglich kann dieselbe Schadensposition in Abhängigkeit vom Zeitpunkt ihres Entstehens unterschiedlichen Anspruchsarten zuzurechnen sein. Dies gilt insbesondere für den (Betriebs- bzw.) **Nutzungsausfallschaden**, d.h. denjenigen Schaden, der eintritt, weil der Käufer die Kaufsache mangelbedingt nicht (grds. gewinnbringend) nutzen kann. Dieser unterfällt nur insoweit dem SESL, als er nach dem Schadensersatzverlangen (etc.) entstanden ist; davor eingetretener Nutzungsausfall wird hingegen nicht durch das endgültige Ausbleiben der (Nach-)Erfüllung verursacht und ist daher allenfalls als Verzögerungsschaden (d.h. SENL) ersatzfähig (h.M.; so auch BGH NJW 2009, 2674; s. dazu näher Rn. 165).

160a Im Falle eines **Nutzungsausfalls** können Schadensersatzgläubiger unabhängig vom Rechtsgrund der Ersatzpflicht (Vertrag oder Delikt) und sogar der Art der verletzten Verschaffungspflicht (Erstverschaffung oder Rückgabe) ggf. eine **abstrakte pauschalierte Nutzungsausfallentschädigung** verlangen. Möglich ist dies nach dem BGH (GrS, NJW 1987, 50) allerdings nur i.B.a. *privat* und *eigenwirtschaftlich* zu nutzende Gegenstände, deren ständige Verfügbarkeit von zentraler Bedeutung für die eigenwirtschaftliche Lebensführung ist (insb. Kfz und Wohnraum). Bei Gegenständen, die ausschließlich **gewerblich** genutzt werden (sollen), muss der Geschädigte dagegen über die bloße Gebrauchsentbehrung hinaus einen **konkreten** Vermögensschaden darlegen (BGH NJW 2019, 1064).

161 Das Gleiche – nämlich eine Zuordnung zu unterschiedlichen Anspruchsgrundlagen je nach Zeitpunkt des Schadenseintritts – gilt bei konsequenter Anwendung der „Zauberformel" für **Weiterveräußerungsschäden**, d.h. Schäden, die dadurch entstehen, dass der Käufer die Kaufsache wegen eines Mangels nicht gewinnbringend weiterveräußern kann: Scheitert die Weiterveräußerung nämlich ausnahmsweise bereits

F. Die Mängelrechte des Käufers gem. § 437

vor dem oben Rn. 158 definierten spätestmöglichen Zeitpunkt endgültig (z.B. bei Saisonware), ist der entgangene Gewinn nach der „Zauberformel" als bloßer Verzögerungsschaden anzusehen. Und abhängig vom Zeitpunkt seiner Vornahme sollen sogar die Kosten eines **Deckungskaufs** unter den SENL fallen können (**sehr** umstr.; vgl. *Gsell/Rübbeck,* ZJS 2021, 294).

Jedenfalls in den beiden letztgenannten Fällen – d.h. in Bezug auf 162 Weiterveräußerungsschäden sowie die Kosten eines Deckungskaufs – begegnet die rein zeitliche Abgrenzung nach der „Zauberformel" zu Recht **teleologischen Bedenken:** Denn die Einordnung dieser Schadenspositionen als SENL kann theoretisch – insb. wenn der Käufer die Leistung letztlich noch erhält – zu einer (schadensrechtlichen Grundprinzipien widersprechenden) **doppelten (Über-)Kompensation** führen. Entsprechend hat der **BGH** (NJW 2013, 2959) zu Recht entschieden, dass die Kosten eines Deckungskaufs **stets dem SESL** (und nicht § 286) unterfallen. Demnach sind derartige Kosten – außer bei Entbehrlichkeit der Fristsetzung – entgegen den Anhängern der „Zauberformel" nur dann ersatzfähig, wenn entweder der Deckungskauf *nach* Fristablauf vorgenommen wird (h.M.; andernfalls: **verfrühter Deckungskauf**) oder die Frist später erfolglos abläuft (sehr umstr.).

> Ein **Deckungskauf** liegt vor, wenn sich ein Käufer, anstelle auf die 162a
> (verspätete) (ggf. Nach-)Erfüllung durch den Verkäufer zu warten, ersatzweise anderweitig eine gleichwertige Kaufsache beschafft. Während der BGH und die h.M. die Kosten eines Deckungskaufs **immer als SESL** werten, können sie nach a.A. (etwa *Lorenz,* FS Leenen, 2012, S. 147 ff.; *Faust,* FS Huber, 2006, S. 239; *Gsell,* FS Canaris II, 2017, S. 451) in Abhängigkeit vom Zeitpunkt der Vornahme des Deckungskaufs und unter Anwendung eben der „Zauberformel" ggf. **auch als Verzögerungsschaden** – und damit SENL – einzustufen sein (falls der Deckungskauf *vor* Erklärung des Rücktritts (§ 349) oder einem Schadensersatzverlangen i.S.v. § 281 IV bzw. – allgemein gesprochen – dem oben Rn. 158 definierten *spätestmöglichen* Zeitpunkt vorgenommen wird). **Gegen** die(se) Anwendung der „Zauberformel" auf den Deckungskauf spricht indes, dass der Anspruch aus §§ 280 I, II, 286 I weniger strengen Voraussetzungen unterliegt als derjenige aus §§ 281 I, 280 I, III. Diese Unstimmigkeit wiederum will *Lorenz* (aaO, S. 160 f.) dadurch überwinden, dass er, wenn die Kosten eines Deckungsgeschäfts im Einzelfall nach der „Zauberformel" unter § 286 zu subsumieren sind, diese nur dann als ersatzfähigen Verzögerungsschaden ansieht, wenn sich der Käufer zu dem Deckungskauf **„herausgefordert"** fühlen durfte (i.S.e. psychisch vermittelten Kausalität). Hierfür sollen zusätzlich zu denjenigen von

§§ 280 I, II, 286 I die Voraussetzungen eines Rücktrittsrechts bzw. Anspruchs auf SESL (insb.: Fristablauf) vorliegen müssen (oder: § 254).

b) Abgrenzung zwischen § 280 I und §§ 280 I, II, 286 I

163 Steht nach Maßgabe der Rn. 158 ff. fest, dass eine Schadensposition unter den **SENL** fällt, ist in einem **zweiten Schritt** ggf. zu klären, ob §§ 280 I, II, 286 I oder § 280 I (im Gewährleistungsrecht jeweils iVm § 437 Nr. 3) die richtige Anspruchsgrundlage ist. Der einfache Schadensersatzanspruch (§ 280 I) fungiert dabei als **Auffangtatbestand**. Entsprechend ist vorrangig zu prüfen, ob eine Schadensposition im Einzelfall einen Verzögerungsschaden darstellt (dann: §§ 280 I, II, 286) oder nicht (dann: § 280 I). Im Vergleich zu § 280 I setzen §§ 280 I, II, 286 I zusätzlich einen Verzug (d.h. neben Vertretenmüssen grds. eine vorherige **Mahnung**) des Schuldners voraus.

164 **Verzögerungsschaden** ist derjenige Schaden, der ausschließlich aus der Verzögerung einer fälligen und durchsetzbaren **Leistungspflicht** resultiert. Im Kaufgewährleistungsrecht – d.h. über die Rechtsgrundverweisung in § 437 Nr. 3 – findet § 286 zudem nur bei Verzögerung gerade der Pflicht zur **Nacherfüllung** aus § 439 I (iVm § 437 Nr. 1) Anwendung (vgl. oben Rn. 154). Eine derartige Nichtleistung der Nacherfüllung stellt im Verhältnis zur ursprünglichen Schlechtleistung eine **eigenständige, weitere Pflichtverletzung** dar; (nur) diese ist i.R.v. §§ 280 I, II, 286 I iVm § 437 Nr. 3 sowohl Haftungsgrund als auch Bezugspunkt des Vertretenmüssens. Entsprechend sind als Verzögerungsschaden nur diejenigen Vorteile aus der Verwendung der Kaufsache ersatzfähig, die wegen deren Mangelhaftigkeit **vorübergehend** – d.h. ab Mahnung (oder dem dieser gleichgestellten Zeitpunkt) bis zur Nacherfüllung oder zum endgültigen Wegfall des Nacherfüllungsanspruches – nicht gezogen werden können. Schäden, die durch eine Nacherfüllung behoben werden können, fallen genauso wenig darunter wie Schäden, die aus dem endgültigen Ausbleiben der Nacherfüllung resultieren. M.a.W. deckt der Verzögerungsschaden nur das **zeitbezogene**, nicht jedoch das endgültige **Erfüllungsinteresse** ab (d.h. lediglich das sog. „Rechtzeitigkeitsinteresse").

165 Seit langem umstr. ist dabei insb. die Einordnung des gerade **mangelbedingten Nutzungsausfallschadens** (vgl. dazu bereits Rn. 160). Die nunmehr h.M. **differenziert** in Anschluss an BGH NJW 2009, 2674 anhand der im Einzelfall verletzten Pflicht: Danach stellt nur der durch eine (vollständige) Nichtleistung verursachte Nutzungsausfall einen Verzögerungsschaden i.S.v. §§ 280 I, II, 286 dar. Resultiert der Nutzungsausfall hingegen aus einer Schlechtleistung, sei er – ohne Mahnungserfordernis – nach § 280 I iVm § 437 Nr. 3 (bzw. im Werkvertragsrecht § 634 Nr. 4) zu ersetzen. **M.a.W.** statuiert ein Nutzungsausfall nach h.M. nur dann einen Verzögerungsschaden, wenn das allgemeine Leistungsstörungsrecht anwendbar ist (umstr.). Dafür spreche neben der Gesetzesbegründung (BT-Drs. 14/6040, 225) auch die im Falle einer Schlechtleistung höhere Schutzwürdigkeit des Käufers: Denn eine Mangelhaftigkeit werde meist, anders als die Nichtleistung, nicht unmittelbar offenbar. Zudem werde der Nacherfüllungsanspruch als verhaltener Anspruch erst mit dem Nacherfüllungsverlangen fällig (vgl. Rn. 86). Die (vorzugswürdige) M.M. hingegen wendet auch insofern §§ 280 I, II, 286 (§ 437 Nr. 3) – ggf. i.V.m. § 286 II – an.

4. Schadensersatz statt der Leistung (SESL)

Der SESL führt von allen Schadensersatzansprüchen im Leistungsstörungsrecht zur **potenziell weitreichendsten Haftung**: Zum einen zeitigt der SESL nämlich im Regelfall ähnliche Rechtsfolgen wie ein Rücktritt (vgl. nur § 281 IV und V [auf den § 283 S. 2 sowie § 311a II 3 verweisen]); zum anderen kann die Haftung auf das **positive Interesse** das ursprüngliche Primärleistungsvolumen ggf. weit übersteigen. Dieses umfasst nämlich neben dem pekuniären Gegenwert der jeweiligen Leistung auch einen infolge deren Nichterhalts etwaig entgangenen Gewinn (vgl. § 252) bzw. ggf. entstandenen Haftungsschaden. U.a. aus diesem Grund ist der Anspruch auf SESL im Vergleich zum einfachen Schadensersatz an **weitere Voraussetzungen** geknüpft. Diese variieren je nach Art der Pflichtverletzung (Übersicht 6, Rn. 153).

166

a) SESL bei behebbaren Mängeln

Ist ein **Mangel behebbar**, bilden §§ 281 I 1, 280 I, III iVm § 437 Nr. 3 die richtige Anspruchsgrundlage. Danach kann ein Käufer grds. erst nach erfolglosem Ablauf einer zur Nacherfüllung gesetzten **Frist** Schadensersatz statt der Leistung verlangen. Denn solange eine Nacherfüllung möglich ist, gebietet es deren grundsätzlicher Vorrang (vgl. Rn. 69), dem Verkäufer eine zweite Chance zu geben, sich die versprochene Gegenleistung zu verdienen. Nur in bestimmten Ausnahmefällen ist eine Fristsetzung gem. **§§ 281 II, 440** oder **§ 445a II entbehrlich** (zu den in diesen Vorschriften enthaltenen insgesamt 6 Ausnahmetatbeständen: Rn. 114 ff.). Bei Vorliegen eines **Verbrauchsgüterkaufs** hingegen richtet sich die Entbehrlichkeit der Fristsetzung ausschließlich nach **§ 475d II 1 i.V.m. I** (s. dazu oben Rn. 123b); die §§ 281 II, 440 wiederum finden dann gem. § 475d II 2 ausdrücklich keine Anwendung.

167

aa) Fristsetzungserfordernis

168 Die **Fristsetzung** i.S.v. § 281 I 1 ist eine geschäftsähnliche Handlung. Sie setzt eine eindeutige und bestimmte Aufforderung zur Leistung voraus; *i.R.d. Kaufgewährleistungsrechts muss zudem der zu behebende Mangel genau bezeichnet werden.* Grds. muss die Frist*setzung* i.r.v. § 281 I stets tatsächlich **erfolgen**. Eine zur *ursprünglichen* Leistung gesetzte Frist genügt dabei für §§ 281 I 1, 280 I, III iVm § 437 Nr. 3 nicht (umstr.); vielmehr muss eine *eigene*, u.U. erneute Frist (zur Nacherfüllung) gesetzt werden. Etwas anderes gilt gem. § 475d II 1 i.V.m. I Nr. 1 jedoch (nur) bei Vorliegen einer Schlechtleistung i.R.e. **Verbrauchsgüterkaufs**; dort genügt bereits der **bloße Frist***ablauf* auch ohne tatsächliche Setzung einer Frist, sofern nur der Käufer den Verkäufer über den Mangel unterrichtet hat (s. bereits Rn. 123b).

169 Die Androhung von *Rechtsfolgen* hingegen *ist* für § 281 I 1 *nicht erforderlich*. Auch die Angabe eines bestimmten Zeitraums oder Endtermins ist nach der großzügigen Rspr. des BGH entbehrlich (umstr.). Danach genügt die (u.U. konkludente) **Verdeutlichung**, dass nur ein begrenzter Zeitraum zur Verfügung steht (etwa: Aufforderung zu umgehender oder sofortiger Mangelbeseitigung). Die Beurteilung der tatsächlichen Länge der Frist obliegt dann (im Streitfall) den Gerichten.

170 Das Gleiche gilt, wenn der Käufer zwar eine Frist beziffert, diese jedoch – auf Grundlage der objektiven Umstände des Einzelfalls – **unangemessen** kurz ist. Dies macht die Fristsetzung – die Redlichkeit des Käufers unterstellt – nicht etwa bedeutungslos, sondern setzt eine angemessene Frist in Gang. Da die Anforderungen einer Fristsetzung strenger sind als die Voraussetzungen einer Mahnung i.s.v. § 286 I (Rn. 205), stellt die Fristsetzung i.d.R. **gleichzeitig eine Mahnung** dar.

170a Beachte: Die für eine Fristsetzung erforderliche eindeutige und bestimmte **Aufforderung zur Nacherfüllung** setzt an sich die gleichzeitige Mitteilung voraus, welche *Art* der Nacherfüllung der Käufer begehrt; andernfalls ist ggf. davon auszugehen, dass der Käufer die Wahl dem Verkäufer überlassen möchte. Verlangt er hingegen eine ihm gar nicht zustehende Art der Nacherfüllung (oder: *zu viel*), so hängt die Wirksamkeit der Fristsetzung von den Umständen des Einzelfalls ab; dazu Rn. 111a. Zu den weiteren Voraussetzungen eines **tauglichen Nacherfüllungsverlangens**, u.a. hinsichtlich der erforderlichen Mitteilung der Bereitschaft des Käufers, dem Verkäufer eine Untersuchung des Kaufgegenstands am (richtigen!) Erfüllungsort des Nacherfüllungsanspruchs zu ermöglichen, s. Rn. 87 f.

F. Die Mängelrechte des Käufers gem. § 437

Erfolglos abgelaufen sollte eine Frist zur Nacherfüllung nach bislang 171 ganz h.M. nicht bereits dann sein, wenn der Leistungs*erfolg* bis Fristende ausbleibt. Vielmehr ist fristwahrendes Ereignis nach herkömmlicher Ansicht die Vornahme der jeweils letzten geschuldeten **Leistungshandlung**. Nach jüngster Rspr. des **BGH** (JuS 2021, 689) hingegen kommt es jedenfalls im Kaufgewährleistungsrecht alleine auf den rechtzeitigen **Eintritt des Leistungs***erfolges* an (s. dazu näher Rn. 113).

bb) Relevante Pflichtverletzung; Bezugspunkt des Vertretenmüssens

Zweite besondere Voraussetzung des Anspruchs auf SESL gem. 172 §§ 281 I 1, 280 I, III ist, dass der Schuldner (bei Anwendung über § 437 Nr. 3: der Verkäufer) die haftungsbegründende Pflichtverletzung **zu vertreten** hat (zum Vertretenmüssen allgemein s. Rn. 208 ff.).

Diese vermeintlich eindeutige Haftungsvoraussetzung wird bei An- 173 wendung von § 281 im Kaufgewährleistungsrecht dadurch verkompliziert, dass die Nichtvornahme der (erfolgreichen) Nacherfüllung im Verhältnis zur ursprünglichen Schlechtleistung i.d.R. – außer in manchen Fällen der Entbehrlichkeit der Fristsetzung – eine eigenständige, weitere Pflichtverletzung darstellt (h.M.; eine M.M. (*Riehm*) geht von einer einheitlichen, gestreckten Pflichtverletzung aus). In den von §§ 281 I 1, 280 I, III iVm § 437 Nr. 3 erfassten Sachverhalten stehen daher **i.d.R.** mindestens **zwei verschiedene Pflichtverletzungen** im Raum, nämlich sowohl (**1.**) die ursprüngliche Schlechtleistung als auch (**2.**) die Nichtvornahme der Nacherfüllung bis Fristablauf. Beide kommen theoretisch als **Bezugspunkt des Vertretenmüssens** in Betracht.

Die **h.M.** geht insofern von einer **Alternativität** aus und bejaht einen 174 Anspruch auf SESL bereits dann, wenn der Verkäufer *entweder* die nicht mangelfreie Leistung (§ 281 I 1 Alt. 2) *oder* die Nichtvornahme der Nacherfüllung (§ 281 I 1 Alt. 1) zu vertreten hat. Auch der BGH (NJW 2015, 2244) folgt dieser Ansicht (wohl). Die beachtliche **Gegenmeinung** in der Lit. hingegen erblickt den Haftungsgrund und damit Bezugspunkt des Vertretenmüssens alleine in der Nichtvornahme der Nacherfüllung innerhalb der Nacherfüllungsfrist. Bei deren Entbehrlichkeit muss dann aber doch entweder auf die ursprüngliche Schlechtleistung oder die Verursachung der Umstände, derentwegen die Fristsetzung entbehrlich ist, abgestellt werden (im Einzelnen **sehr** umstr.).

Prüfungsschema 10: SESL, §§ 281, 280 I, III iVm § 437 Nr. 3 175

1. Voraussetzungen von § 437 (s. oben Prüfungsschema 5)
2. Erfolglose Fristsetzung zur Nacherfüllung, § 281 I 1
   a) *Setzung* einer *angemessenen* „Frist" (**A.:** § 475d I Nr. 1, II 1)

b) BGH: Nichteintritt Leistungs*erfolg* (h.Lit. Leistungs*handlung*)

3. Entbehrlichkeit Fristsetzung gem. §§ 281 II/440/445a II/475d II

4. Vertretenmüssen, §§ 280 I 2, 276–278
   (P) Bezugspunkt (nur Nichtvornahme § 439 I o. auch § 433 I 2?)

5. Kein Ausschluss des Schadensersatzanspruchs:
   a) Vertraglich (Grenze: § 444 und §§ 305 ff.)
   b) Ausschluss der Gewährleistung insgesamt: § 442; § 377 HGB

6. **Rechtsfolge:** Schadensersatz nach Maßgabe der §§ 249 ff.
   = Haftungsausfüllung, d.h. Schadensrecht
   (P1) Abgrenzung SESL und SENL
   (P2) „kleiner" oder „großer" SESL (§ 281 I 3)

7. Verjährung des Schadensersatzanspruchs: § 214 I iVm § 438

b) SESL bei unbehebbaren Mängeln

176 Ist ein Mangel hingegen (nachweislich) nicht behebbar, ist richtige Anspruchsgrundlage für SESL entweder § 311a II oder §§ 283, 280 I, III (jeweils iVm § 437 Nr. 3). Beide Normen setzen die **Unmöglichkeit** (§ 275) *beider* Arten der Nacherfüllung (§ 283) bzw., bei § 311a II, der Erfüllung der Pflicht aus § 433 I 2 voraus. Maßgebliches Unterscheidungskriterium ist dabei, ob die (Nach-)Erfüllung bereits bei Vertragsschluss – d.h. **anfänglich** – unmöglich war (dann: § 311a II) oder erst **nachträglich** unmöglich wurde (dann: §§ 283, 280 I, III); der Zeitpunkt der Entstehung des Mangels ist hingegen irrelevant.

177 **Hintergrund** für diese Differenzierung ist der Wunsch des Gesetzgebers, auch bei anfänglicher Unmöglichkeit eine verschuldensabhängige Haftung auf das **positive Interesse** zu ermöglichen (BT-Drs. 14/6040, 165). Da in den Fällen des § 311a I nach Ansicht des Gesetzgebers überhaupt keine Leistungspflicht entsteht, die verletzt werden könnte, sieht § 311a II als Bezugspunkt des Vertretenmüssens „lediglich" die Verletzung einer vorvertraglichen Informationspflicht. Derartiges würde nach allgemeinen Grundsätzen aber nur zu einer Haftung auf das negative und nicht das positive Interesse führen. Dass § 311a II dies dennoch ausdrücklich anders regelt, liegt daran, dass Haftungsgrund dieser Vorschrift nach h.M. die Nichterfüllung des Leistungsversprechens ist (BT-Drs. 14/6040, 165; umstr.). Damit aber fallen bei § 311a II – (nur) in dogmatischer Hinsicht fragwürdig – Haftungsgrund und Bezugspunkt des Vertretenmüssens auseinander.

F. Die Mängelrechte des Käufers gem. § 437

aa) SESL wegen anfänglicher Unmöglichkeit

Lag ein Mangel bereits bei Vertragsschluss vor und war er bereits zu diesem Zeitpunkt i.S.v. § 275 I vollständig unbehebbar, entsteht erst gar kein Nacherfüllungsanspruch. SESL kann ein Käufer in einem derartigen Fall nur gem. § 311a II iVm § 437 Nr. 3 verlangen. Dies gilt auch, wenn bereits bei Vertragsschluss Umstände vorliegen, aufgrund derer der Verkäufer später die Nacherfüllung gem. § 275 II oder III verweigert (nicht jedoch – auch nicht analog – in den Fällen berechtigter Leistungsverweigerung nach § 439 IV). 178

Der Anspruch aus § 311a II iVm § 437 Nr. 3 knüpft für das Vertretenmüssen an die – bei Vertragsschluss bestehende – positive **Kenntnis bzw. zu vertretende Unkenntnis** des Verkäufers (**1.**) von dem Mangel *und* (**2.**) dessen Unbehebbarkeit an. Das Vertretenmüssen wird dabei ebenso wie bei § 280 I 2 **vermutet**, vgl. § 311a II 2. Seine Unkenntnis zu vertreten hat ein Verkäufer wiederum entweder aufgrund (**1.**) von Fahrlässigkeit (d.h. wenn er die Unmöglichkeit bei gehöriger Aufmerksamkeit hätte erkennen müssen, etwa wegen Beste-hens von Verdachtsmomenten), § 122 II, oder (**2.**) der Übernahme ei-ner Garantie (Rn. 216). Die h.Lit. geht davon aus, dass ein Verkäufer, der einen Mangel bei Vertragsschluss kennt/kennen muss, i.d.R. auch dessen Unbehebbarkeit kennen musste; denn Erkundigungspflichten i.B.a. einen Mangel umfassen grds. auch dessen Behebbarkeit. 179

Im Übrigen kommt nach ganz h.M. bei anfänglicher Unmöglichkeit neben § 311a II **keine** verschuldensunabhängige Haftung auf das negative Interesse **analog § 122** in Betracht (a.A. *Canaris*, JZ 2001, 499; offengelassen in der Gesetzesbegründung, BT-Drs. 14/6040, 166). 180

Nach dem BGH soll zudem (nur) der Anspruch aus § 311a II ggf. auch sämtliche (ansonsten unter den SENL fallende) **Folgeschäden** umfassen; denn § 311a II verdränge § 280 vollständig (sehr umstr.; so – allerdings zu § 634 Nr. 4 – BGHZ 201, 148). Zum gleichen Ergebnis dürfte auch die Anwendung der „Zauberformel" führen. 181

Prüfungsschema 11: SESL gem. § 311a II iVm § 437 Nr. 3   182

1. Voraussetzungen von § 437 (s. oben Prüfungsschema 5)

2. Unmöglichkeit der mangelfreien Lieferung, § 433 I 2: § 275 I–III

3. Anfänglichkeit der Unmöglichkeit, d.h. *bei* Vertragsschluss

4. Vertretenmüssen, § 311a II 2: Kenntnis/Kennenmüssen v. § 275

5. Kein Ausschluss des Schadensersatzanspruchs:
   a) Vertraglich (Grenze: § 444 und §§ 305 ff.)
   b) Ausschluss der Gewährleistung insgesamt: § 442; § 377 HGB

70 *Kapitel 2. Kaufrecht*

6. **Rechtsfolge:** Schadensersatz nach Maßgabe der §§ 249 ff.
   = Haftungsausfüllung, d.h. Schadensrecht
   (P1) Abgrenzung SESL und SENL
   (P2) „kleiner" o. „großer" Schadensersatz (§§ 281 I 3, 311a II 3)

7. Verjährung des Schadensersatzanspruchs: § 214 I iVm § 438

bb) SESL wegen nachträglicher Unmöglichkeit

183 In Fällen, in denen entweder ein Mangel insgesamt erst **nach Vertragsschluss** entsteht oder ein bei Vertragsschluss behebbarer Mangel erst danach unbehebbar wird, sind §§ **283**, 280 I, III iVm § 437 Nr. 3 die richtige Anspruchsgrundlage für SESL. Dies gilt selbst dann, wenn ein noch bei Lieferung, d.h. Annahme der Kaufsache als Erfüllung, behebbarer Mangel erst danach – d.h. zu einem Zeitpunkt, zu dem sich die Kaufsache bereits beim Käufer befindet – unbehebbar wird. Nur in einem solchen Fall entsteht im Übrigen überhaupt ein Nacherfüllungsanspruch; eine davor eintretende Unmöglichkeit betrifft nämlich nicht den Anspruch aus § 439 I, sondern den – diesem vorgeschalteten – Anspruch auf mangelfreie Lieferung (§ 433 I 2). In keinem dieser Fälle setzt § 283 eine Fristsetzung voraus.

184 Finden §§ 283, 280 I, III direkt (d.h. *ohne* § 437 Nr. 3) Anwendung, ist einzig plausibler **Bezugspunkt des Vertretenmüssens** die entsprechende Nichtleistung; für die (subjektive) Zurechnung kommt es daher darauf an, ob der Schuldner die zur Unmöglichkeit (bzw.: Entstehung eines Leistungsverweigerungsrechts i.S.v. § 275 II, III) führenden Umstände zu vertreten hat. Dem folgend stellt die **h.M.** auch im Kaufgewährleistungsrecht, d.h. bei Anwendung von §§ 283, 280 I, III über die Brückennorm des § 437 Nr. 3, **alleine** darauf ab, ob der Verkäufer die **zur Unmöglichkeit der Nacherfüllung führenden Umstände** zu vertreten hat. Dafür spreche u.a., dass im Wortlaut von § 283 S. 1 – im Vergleich zu § 281 I 1 – der Passus „oder nicht wie geschuldet" fehlt.

185 Tritt die Unbehebbarkeit eines Mangels *vor* **Lieferung** der Kaufsache (a.A.: Gefahrübergang) ein, sind die zur Unmöglichkeit führenden Umstände ohnehin – auch im Kaufgewährleistungsrecht – der einzig dogmatisch korrekte Bezugspunkt des Vertretenmüssens: Wird nämlich die Erfüllung der Pflicht zu § 433 I 2 bereits vor Annahme der Kaufsache unmöglich, kann die Lieferung einer *mangelhaften* Kaufsache an sich gar keine (erneute) Verletzung der zu diesem Zeitpunkt bereits gem. § 275 **erloschenen Pflicht** aus § 433 I 2 darstellen (umstr.; die **a.A.** hingegen geht trotz § 275 von einer Pflichtverletzung aus).

186 Anders verhält es sich aber, wenn die (dann: Nach-)Erfüllung erst *nach* **Lieferung** (a.A.: Gefahrübergang) unmöglich wird. (Nur) dann stellt nämlich die Lieferung einer mangelhaften Sache im Verhältnis zur späteren (endgültigen) Nichterfüllung aufgrund Unmöglichwerdung der Nacherfüllung eine eigenständige Pflichtverletzung (i.S.v. § 433 I 2) dar; und nur dann stehen auch i.R.v. § 283 – wie bei § 281 I 1 (vgl. Rn. 173) – **zwei verschiedene Pflichtverletzungen** im Raum (umstr.), nämlich: (**1.**) die ursprüngliche Schlechtleistung sowie (**2.**) die Nichterfüllung der Pflicht zur Nacherfüllung aus § 439 I aufgrund Unmöglichwerdung. Beide Pflichtverletzungen kommen theoretisch als Bezugspunkt des Vertretenmüssens in Betracht. Anders als die oben Rn. 184 geschilderte h.M. *i.R.v. § 283* will eine beachtliche **Gegenmeinung** das Vertretenmüssen auch für den Anspruch aus §§ 283, 280 I, III iVm § 437 Nr. 3 – in Anlehnung an die h.M. *i.R.v. § 281* (Rn. 174) – alternativ das Vertretenmüssen *irgendeiner* dieser Pflichtverletzungen genügen lassen; vgl. hierzu näher sogleich **Rn. 188**.

Prüfungsschema 12: SESL, §§ 283, 280 I, III iVm § 437 Nr. 3 **187**

1. Voraussetzungen von § 437 (s. oben Prüfungsschema 5)

2. Unmöglichkeit (§ 275 I–III) i.B.a. § 433 I 2 *oder* Nacherfüllung

3. Nachträglichkeit: Unmöglichkeitseintritt *nach* Vertragsschluss

4. Vertretenmüssen (§§ 280 I 2, 276 ff.) des Unmöglichkeitseintritts
   (**P**) Bezugspunkt bei Unmöglichkeitseintritt *nach* Lieferung?

5. Kein Ausschluss des Schadensersatzanspruchs:
   a) Vertraglich (Grenze: § 444 und §§ 305 ff.)
   b) Ausschluss der Gewährleistung insgesamt: § 442; § 377 HGB

6. **Rechtsfolge**: Schadensersatz nach Maßgabe der §§ 249 ff.
   (**P1**) Abgrenzung SESL und SENL
   (**P2**) „kleiner" o. „großer" Schadensersatz (§§ 281 I 3, 283 S. 2)

7. Verjährung des Schadensersatzanspruchs: § 214 I iVm § 438

cc) Zeitliche Abgrenzung i.R.d. SESL aufgrund Unmöglichkeit

Je nachdem, wann die Pflicht entweder zur mangelfreien Lieferung **188** (§ 433 I 2) oder zur Nacherfüllung (§ 439 I) im Einzelfall unmöglich wird, können für den SESL i.R.d. Kaufgewährleistungsrechts – d.h. bei Geltendmachung des Anspruchs *nach* Lieferung – **drei verschiedene Phasen** unterschieden werden. Jedenfalls potentiell unterliegt der Anspruch auf SESL dabei jeweils anderen Voraussetzungen v.a. im Hinblick auf den jeweiligen Bezugspunkt des Vertretenmüssens (**BP**):

Übersicht 7: Zeitliche Systematik des SESL wg. Unmöglichkeit im Kaufrecht

c) Großer oder kleiner Schadensersatz statt der Leistung?

189 Für sämtliche „Anspruchsgrundlagen" des SESL gilt, dass ein Käufer Schadensersatz statt der **ganzen** Leistung („großer" SESL gegen Rückgabe der mangelhaften Sache, § 281 V) grds. nur verlangen kann, wenn die jeweilige „Pflichtverletzung" **nicht „unerheblich"** ist, § 281 I 3 (u.U. iVm § 283 S. 2 oder § 311a II 3). Relevante „Pflichtverletzung" ist insofern nicht etwa die Nichtvornahme der Nacherfüllung, sondern stets die ursprüngliche Schlechtleistung, d.h. der jeweilige Mangel; bei Anwendung über § 311a II 3 bzw. z.T. auch § 283 S. 2 ist der Begriff „Pflichtverletzung" daher untechnisch zu verstehen (vgl. Rn. 198 f.); zur „Erheblichkeit" vgl. – zu § 323 V 2 – Rn. 128 ff..

190 Andernfalls – d.h. bei Vorliegen eines unerheblichen bzw., nach Wahl des Käufers, auch eines erheblichen Mangels – kann ein Käufer nur den **„kleinen" SESL** verlangen. Dieser ersetzt nicht die *ganze* vom Verkäufer geschuldete Leistung, sondern lediglich die Nacherfüllung, d.h. der Käufer behält die mangelhafte Kaufsache und wird nur für die unterbliebene (erfolgreiche) Nacherfüllung entschädigt. Der kleine SESL kann dabei grds. entweder in Gestalt des (**1.**) mangelbedingten Minder*werts* (bzw. – im Falle einer Weiterveräußerung – des konkreten Minder*erlöses*) oder (**2.**) der (nach ständiger Rspr. des BGH [NJW 2021, 1532] ggf. sogar fiktiven) Nachbesserungskosten verlangt werden. Letzteres kommt nicht in Betracht, wenn die Nacherfüllung unmöglich ist oder der Verkäufer sie zu Recht gem. § 439 IV verweigert.

191 Zudem ist zu beachten, dass der u.a. für das Werkvertragsrecht zuständige **VII. Zivilsenat** des BGH in einer Aufsehen erregenden Rechtsprechungsänderung – wenn auch explizit nur für den **Werkvertrag** – den **Ersatz fiktiver Mängelbeseitigungskosten** abgelehnt hat (NJW 2018, 1463). Danach sind Nachbesserungskosten i.R.d. kleinen SESL nur dann ersatzfähig, wenn sie *tatsächlich angefallen* sind. Der u.a. für das Grundstücksrecht zuständige **V. Zivilsenat** hingegen hat eine Anwendung dieser (m.E. insgesamt vorzugswürdigen) Rechtsprechung **auch auf Kaufverträge** jüngst ausdrücklich abgelehnt (BGH NJW 2021, 1532); die demnach insofern bestehende Abweichung der Rspr. zwischen Kauf- und Werkvertragsrecht hat der V. Zivilsenat – m.E. wenig überzeugend – mit zwischen beiden Vertragstypen bestehenden Unterschieden (§ 637 III) begründet (und damit von einer vielerorts erwarteten Anfrage an den Großen Senat für Zivilsachen abgesehen).

Im Übrigen ist auf Rechtsfolgenseite zu beachten, dass im Falle des etwaigen **Wertzuwachses** eines Leistungsgegenstandes durch eine Nacherfüllung bei Gewährung eines (kleinen) Schadensersatzes „statt der Nacherfüllung" nach dem BGH (JuS 2022, 877) keine Kürzung des Schadensersatzes nach den Grundsätzen „neu für alt" möglich ist. **191a**

5. Schadensersatz neben der Leistung (SENL)

Im Kaufgewährleistungsrecht gibt es zwei verschiedene Anspruchsgrundlagen für SENL: Der (**1.**) „einfache" Schadensersatz (§ 280 I iVm § 437 Nr. 3) ist auf Ersatz von **Mangelfolgeschäden** gerichtet (wozu auch der mangelbedingte Nutzungsausfallschaden zählen kann [umstr.], s. Rn. 165), wohingegen (**2.**) §§ 280 I, II, 286 I iVm § 437 Nr. 3 bei Verzug des Verkäufers mit der Nacherfüllungspflicht den Verzögerungsschaden abdecken; zur **Abgrenzung** s. Rn. 163 ff. Nach z.T. geäußerter Ansicht des BGH verdrängt jedoch § 311a II den SENL nach § 280 I vollständig (umstr.; s. dazu Rn. 181). **192**

a) Einfacher Schadensersatz (§ 280 I iVm § 437 Nr. 3)

Der einfache Schadensersatz ist von allen Schadensersatzarten im Leistungsstörungsrecht diejenige mit den **geringsten Anforderungen**: § 280 I setzt (**1.**) ein Schuldverhältnis, (**2.**) eine Pflichtverletzung daraus sowie (**3.**) das Vertretenmüssen der Pflichtverletzung durch den Schuldner voraus. Das Vorliegen eines Schadens hingegen ist erst auf Rechtsfolgenseite zu prüfen (sog. Haftungsausfüllung). **193**

Findet § 280 I im Kaufgewährleistungsrecht, d.h. über die Brückennorm des **§ 437** (Nr. 3), Anwendung, ist in der Fallprüfung daher neben den Voraussetzungen von § 437 (Rn. 72 ff.) meist nur noch das **Vertretenmüssen** des Verkäufers zu untersuchen (sowie ggf. etwaige Ausschlussgründe). Denn das für eine Haftung nach § 280 I erforderliche Schuldverhältnis wird i.R.v. § 437 bereits in Gestalt eines Kaufvertrags geprüft. Auch die erforderliche Pflichtverletzung steht in vielen Fällen mit Bejahung eines Mangels fest; denn mit Lieferung einer mangelhaften Sache verstößt der Verkäufer i.d.R. – nicht jedoch immer (umstr.) – **194** gegen seine Pflicht zur mangelfreien Lieferung aus § 433 I 2. Problematisch sind lediglich diejenigen Fälle, in denen ein Mangel bereits vor Lieferung unbehebbar wird (hierzu Rn. 198 f.).

195 In dem **Normalfall**, dass ein Verkäufer durch die Lieferung einer mangelhaften Sache tatsächlich gegen seine Leistungspflicht aus § 433 I 2 verstößt (d.h. wenn die Mangelbehebung bei Lieferung noch möglich ist), bildet diese Pflichtverletzung i.R.v. § 280 I iVm § 437 Nr. 3 unstreitig den **Bezugspunkt des Vertretenmüssens**. Erleidet daher ein Käufer in einer derartigen Fallgestaltung Mangelfolgeschäden (zu Begriff und Umfang s. Rn. 154), schuldet der Verkäufer im Normalfall *dann* deren Ersatz, wenn er entweder (**1.**) die Herbeiführung des Mangels oder (**2.**) dessen Nichtbeseitigung gem. §§ 276 ff. zu vertreten hat.

196 Zusätzlich geht die h.Lit. davon aus, dass die Lieferung einer mangelhaften Sache meist (a.A.: stets) zugleich die Verletzung einer **Schutzpflicht i.S.v. 241 II** (hierzu oben Rn. 11) begründet: Ein Verkäufer dürfe nämlich auch aus Rücksicht auf die sonstigen Rechtsgüter oder Interessen des Käufers (i.S.v. § 241 II) nicht mangelhaft leisten bzw. müsse zumindest (insb. wenn eine mangelfreie Leistung unmöglich ist) den Käufer auf die Mangelhaftigkeit hinweisen (Aufklärungspflicht). Tue er dies doch bzw. kläre er den Käufer nicht über den Mangel auf, schulde er daher – bei Vertretenmüssen – auch unter dem Gesichtspunkt der Schutzpflichtverletzung Ersatz von **Mangelfolgeschäden**.

197 Folgt man dieser wohl h.Lit., kommen in den meisten Fällen auch i.R.v. § 280 I iVm § 437 Nr. 3 zwei verschiedene Pflichtverletzungen und damit **zwei unterschiedliche Bezugspunkte** des Vertretenmüssens in Betracht. Nach h.Lit. steht der Anspruch aus §§ 280 I, [433 I 2] iVm § 437 Nr. 3 dabei zu demjenigen aus §§ 280 I, 241 II iVm (M.M.: ohne) § 437 Nr. 3 in Anspruchskonkurrenz.

198 **Sonderfall (anfängliche Unmöglichkeit):** Etwas **anderes** gilt nach Ansicht mancher in denjenigen Fällen, in denen die Pflicht zur mangelfreien Lieferung aus § 433 I 2 **anfänglich unmöglich** i.S.v. §§ 311a, 275 ist. In derartigen Fallgestaltungen soll die Lieferung einer mangelhaften Kaufsache nämlich *rechtstechnisch* gar keine Pflichtverletzung darstellen (M.M.; richtigerweise schließt § 275 I wortlautgemäß – entgegen seiner insofern inkorrekten Überschrift – stets nur den jeweiligen *Anspruch* auf eine Leistung aus, nicht jedoch die entsprechende Leistungs*pflicht*, die als Grundlage etwaiger Sekundäransprüche auch bei Unmöglichkeit fortbesteht).

Der **BGH** hingegen will (nur) bei anfänglicher Unmöglichkeit z.T. **199**
auch Folgeschäden unter den SESL subsumieren, da (und sodass)
§ 311a II den § 280 vollständig verdränge (so jedenfalls – zu § 634
Nr. 4 – BGHZ 201, 148; s. dazu bereits – ablehnend – oben Rn. 181).

Prüfungsschema 13: Einfacher SE gem. § 280 I iVm § 437 Nr. 3 **200**

1. Voraussetzungen von § 437 (s. oben Prüfungsschema 5)

2. (**u.U.** weitere) Pflichtverletzung iSv § 241 II oder § 275? (umstr.)

3. Vertretenmüssen (§§ 280 I 2, 276–278)
   (**P**) Bezugspunkt des Vertretenmüssens (§ 433 I 2 o. § 241 II?)

4. Kein Ausschluss des Schadensersatzanspruchs:
   a) Vertraglich (Grenze: § 444 und §§ 305 ff.)
   b) Ausschluss der Gewährleistung insgesamt: § 442; § 377 HGB

5. **Rechtsfolge:** Schadensersatz nach Maßgabe der §§ 249 ff.
   = Haftungsausfüllung, d.h. Schadensrecht
   (**P1**) Abgrenzung SESL und SENL
   (**P2**) Abgrenzung zu § 286 (insb.: Nutzungsausfallschaden)

6. Verjährung des Schadensersatzanspruchs: § 214 I iVm § 438

b) Schadensersatz wegen Verzögerung der Nacherfüllung (§ 286)

Der Anspruch aus §§ 280 I, II, 286 I iVm § 437 Nr. 3 auf Ersatz des **201**
Verzögerungsschadens hat (im Gewährleistungsrecht) nur einen **engen
Anwendungsbereich**. Denn zum einen scheidet der Anspruch naturgemäß immer dann aus, wenn die Nacherfüllung unmöglich ist; zum anderen fällt der mangelbedingte Nutzungsausfallschaden nach h.M. (nur) im
Gewährleistungsrecht bereits unter den einfachen Schadensersatz (vgl.
Rn. 165). Schließlich sind nach §§ 286, 280 I, II bei Anwendung über
§ 437 Nr. 3 nur diejenigen Schäden ersatzfähig, die aus der Verzögerung
gerade der Nacherfüllung resultieren. Schäden, die aus der Verzögerung anderer kaufvertraglicher Pflichten folgen, sind hingegen allenfalls
nach §§ 280 I, II, 286 I (*direkt*) zu liquidieren.

Als eigenständiger Anwendungsbereich verbleibt §§ 280 I, II, 286 I **202**
iVm § 437 Nr. 3 daher (nur) insb. der Ersatz etwaiger temporärer Ersatzanmietungs- (etwa **Mietwagen-**) oder von **Rechtsverfolgungskosten**
des Käufers. Überdies soll ein mangelbedingter Nutzungsausfall neben
§ 280 I iVm § 437 Nr. 3 **zusätzlich** (hilfsweise) auch als Verzögerungsschaden liquidierbar sein. Von praktischer Bedeutung ist dies jedoch
nur, wenn der Verkäufer im Einzelfall zwar die Nichtvornahme der

Nacherfüllung (vgl. Rn. 204), nicht aber die Schlechtleistung zu vertreten hat (und daher kein Anspruch auf einfachen Schadensersatz besteht). Denn der Anspruch aus § 280 I greift im Regelfall früher ein als derjenige aus §§ 280 I, II, 286 I (jeweils iVm § 437 Nr. 3).

203 Entscheidender Unterschied zwischen beiden Arten des SENL ist, dass §§ 280 I, II, 286 I iVm § 437 Nr. 3 zusätzlich den **Verzug des Verkäufers** mit seiner fälligen und (über den Wortlaut von § 286 I hinaus auch) *durchsetzbaren* Pflicht zur **Nacherfüllung** voraussetzt. Die Voraussetzungen des **Verzugs** sind in § 286 geregelt. Danach ist neben der Verzugsbegründung durch (in Ausnahmefällen gem. § 286 II entbehrliche) Mahnung insb. erforderlich, dass der Schuldner die Nichtleistung, d.h. Nichtvornahme der letzten geschuldeten Leistungshandlung, zu vertreten hat, § 286 IV: **Ohne Vertretenmüssen kein Verzug!** Zudem ist zu beachten, dass i.R.v. § 286 (*und* § 323 I) bereits **alleine das Bestehen** (und nicht erst die *Erhebung*) der Einrede des nicht erfüllten Vertrags i.S.v. **§ 320 I** die Durchsetzbarkeit der nicht erfüllten Forderung (und damit den Verzugseintritt usw.) ausschließt.

204 **Bezugspunkt** des Vertretenmüssens ist i.R.v. § 286 IV (a.A.: § 280 I 2) die Nichtvornahme der Nacherfüllung trotz Vorliegens der objektiven Voraussetzungen des Verzugs (insb. einer Mahnung oder der Voraussetzungen von § 286 II). Tritt ein Entschuldigungsgrund allerdings erst *nach* Verzugseintritt auf, ist dies nach dem Rechtsgedanken von § 287 unbeachtlich. Der Verzug **endet** vielmehr (*ex nunc*) entweder mit (Nach-)Erfüllung, Annahmeverzug (§ 293) des Käufers, Eintritt der Unmöglichkeit (der Nacherfüllung) oder – unter bestimmten Voraussetzungen – dem nachträglichen Entstehen einer Einrede.

205 **Mahnung** i.S.v. § 286 I 1 ist eine (zumindest konkludente) bestimmte, dringende Leistungsaufforderung (und: geschäftsähnliche Handlung). Wegen nahezu identischer Anforderungen stellt eine Fristsetzung i.S.v. § 281 oder § 323 i.d.R. auch eine Mahnung dar (und umgekehrt). Eine i.B.a. die ursprüngliche Leistung erfolgte Mahnung genügt jedoch i.R.v. §§ 280 I, II, 286 I iVm § 437 Nr. 3 nicht.

206 Speziell für den Nacherfüllungsanspruch ist zu beachten, dass er als **verhaltener Anspruch** erst mit Verlangen der Nacherfüllung **fällig** wird (ganz h.M., vgl. Rn. 86; umstr.). Je nach Formulierung kann das fälligkeitsbegründende Nacherfüllungsverlangen (hierzu Rn. 87) dabei sogar zugleich als Mahnung fungieren (= Regelfall). Dann aber muss dem Schuldner grds. noch Gelegenheit gegeben werden, überhaupt auf die Mahnung zu reagieren: Daher tritt der Verzug in einem derartigen Fall ausnahmsweise nicht sofort, sondern erst nach Ablauf einer angemessenen Frist (i.d.R. kürzer als bei § 281 I 1) ein (umstr.).

F. Die Mängelrechte des Käufers gem. § 437

Prüfungsschema 14: SE gem. §§ 280 I, II, 286 I iVm § 437 Nr. 3   **207**

1. Voraussetzungen von § 437 (s. oben Prüfungsschema 5)

2. **Verzug** des Verkäufers mit der Nacherfüllungspflicht aus § 439 I

   a) Fälliger und durchsetzbarer Anspruch auf Nacherfüllung, § 439 I
   (P1) verhaltener Anspruch, d.h. Fälligkeit erst mit Verlangen
   (P2) Nacherfüllung oder Gewährleistung insges. ausgeschlossen?

   b) Mahnung, § 286 I: best. und dringende Leistungsaufforderung

   c) Entbehrlichkeit der Mahnung, § 286 II

   d) Nichtleistung = Nichtvornahme letzte gesch. Leistungshandl.

   e) Vertretenmüssen, §§ 286 IV (umstr.), 280 I 2, 276–278
   (Bezugspunkt = nur die „Nichtleistung" (d) der Nacherfüllung)

3. Kein vertraglicher Ausschluss des SE (Grenze: §§ 444, 305 ff.)

4. **Rechtsfolge:** Ersatz des Verzögerungsschadens gem. §§ 249 ff.
   = Haftungsausfüllung, d.h. Schadensrecht
   (P1) Abgrenzung SESL und SENL
   (P2) Abgrenzung zu § 280 I (insb.: Nutzungsausfallschaden)

5. Verjährung des Schadensersatzanspruchs: § 214 I iVm § 438

6. Die Verantwortlichkeit des Verkäufers

208 Sämtliche (fünf) unter Ziff. 4 und 5 dargestellten Schadensersatzansprüche setzen ein – i.R.e. Sonderverbindung gesetzlich vermutetes, § 280 I 2 bzw. § 311a II 2 – **Vertretenmüssen** des Schuldners voraus. Was ein Schuldner im Einzelnen zu vertreten hat, regeln **§§ 276 ff.** Danach hat ein Schuldner im Regelfall (nur) Vorsatz und (jegliche) Fahrlässigkeit (d.h. **Verschulden**) zu vertreten, es sei denn, das Gesetz ordnet eine mildere (z.B. erst ab grober Fahrlässigkeit) oder strengere Haftung (auch ohne – u.U.: eigenes – Verschulden) an bzw. dies wurde vereinbart. Eine Haftung ohne Verschulden kann im Kaufgewährleistungsrecht insbesondere aus der Übernahme einer Garantie oder eines Beschaffungsrisikos folgen. **Bezugspunkt** des Vertretenmüssens ist dabei – außer bei § 311a II (s. Rn. 177) – stets *die* bzw. jedenfalls *eine der* jeweils haftungsbegründenden Pflichtverletzungen.

209 **Hintergrund:** Nach der deutschen Rechtsordnung hat im Grundsatz jeder seinen eigenen Schaden selbst zu tragen. Damit – ausnahmsweise – ein anderer als der Betroffene einen Schaden ersetzen muss, bedarf es daher besonderer **Zurechnungsgründe** (hierzu immer noch instruktiv: *Larenz*, JuS 1965, 373). Wichtigster – aber nicht einziger – Zurechnungsgrund ist das sog. **Verschuldensprinzip**.

a) Verschuldenshaftung und Haftung für Erfüllungsgehilfen, § 278

210 Zum Verschulden allgemein s. § 276 und SchR AT, Kap. 8 Rn. 6 ff. Zusätzlich haftet ein Schuldner i.r.v. Sonderverbindungen nicht nur für eigenes Verschulden (z.B. wenn der Verkäufer die Kaufsache durch Unachtsamkeit beschädigt oder aus Trägheit die Nacherfüllung nicht erbringt), sondern gem. **§ 278** auch für dasjenige von Erfüllungshilfen.

211 **Erfüllungsgehilfe** ist, wer mit Wissen und Wollen des Geschäftsherrn bei der Erfüllung einer diesem i.R.e. Sonderverbindung obliegenden Verbindlichkeit tätig wird. Er muss weder weisungsgebunden sein noch Kenntnis von der Pflichterfüllung haben.

212 **Beachte:** Der Begriff des Erfüllungsgehilfen ist weiter als derjenige des Verrichtungsgehilfen iSv § 831 (keine Weisungsgebundenheit).

213 Speziell für das Kaufgewährleistungsrecht ist zu beachten, dass der Verkäufer, der nicht zugleich **Hersteller** der Kaufsache ist, nach ganz h.M. nicht ohne besondere Vereinbarung gem. § 278 für ein etwaiges Verschulden bei der Herstellung der Kaufsache einzustehen hat; das Gleiche gilt für Vorlieferanten (umstr.). Zwar können auch selbständige Unternehmer durchaus Erfüllungsgehilfen sein; der Verkäufer schuldet jedoch aus § 433 I nur Übergabe und Übereignung, nicht jedoch Herstellung der Kaufsache. Folglich ist der Hersteller im Regelfall **keine Erfüllungsgehilfe** des Verkäufers (so auch der BGH; umstr.). Etwas anderes gilt allenfalls i.R.v. § 650 S. 1 bzw. wenn der Verkäufer zugleich Hersteller ist. Eine **Mindermeinung** hingegen sieht Hersteller und Lieferanten i.B.a. die Erfüllung der Pflicht zur mangelfreien Lieferung aus § 433 I **2** stets als Erfüllungsgehilfen des Verkäufers an (so etwa *Schirmer*, AcP 222, 572).

214 Eine weitere Besonderheit i.R.d. Kaufrechts betrifft diejenigen Fälle, in denen sich das Vertretenmüssen auf die **Kenntnis** (bzw. das **Kennenmüssen**, § 122 II) eines Mangels bezieht. Darauf kommt es z.B. bei § 311a II 2 sowie ggf. i.R.v. § 280 I und § 281 (als Vorbedingung des Vertretenmüssens der Lieferung einer mangelhaften Sache aufgrund Nichtbeseitigung des Mangels vor Lieferung; vgl. Rn. 194) an. Diesbezüglich trifft einen bloßen Weiterverkäufer **i.d.R. keine Pflicht**, die Kaufsache auf Mängel zu untersuchen (h.M.). Etwas anderes kann im Einzelfall bei ausgesprochen großer Sachkunde des Verkäufers (nicht:

F. Die Mängelrechte des Käufers gem. § 437

bloßer Gebrauchtwagenhändler), bei offensichtlichen Mängeln („Sichtprüfung"), bei Luxusware und beim Kauf vom Hersteller gelten.

> **Beachte:** In der Falllösung sind die Begriffe Verschulden (Unterfall) und Vertretenmüssen (Oberbegriff) **streng** auseinander zu halten; **keinesfalls** dürfen beide Begriffe synonym verwandt werden. 215

b) Übernahme einer Garantie oder eines Beschaffungsrisikos

Eine Schadensersatzhaftung ohne Verschulden ist zwar international betrachtet die Regel (vgl. nur Art. 79 CISG), nach deutschem Recht jedoch die Ausnahme. Eine verschuldensunabhängige Einstandspflicht kann sich entweder aus dem **Gesetz** (etwa: Gefährdungshaftung) oder einer **Vereinbarung** ergeben. Paradebeispiel einer derartigen Abrede (umstr.; vgl. § 276 I 1: „aus dem sonstigen Inhalt des Schuldverhältnisses") ist die Übernahme einer Garantie oder eines Beschaffungsrisikos. 216

Eine **Garantie** i.S.v. § 276 I 1 setzt die Vereinbarung voraus, dass der Schuldner (hier: der Verkäufer) verschuldensunabhängig für den Bestand einer bestimmten – garantierten – Eigenschaft (d.h. die Folgen deren etwaigen Fehlens) einstehen soll. Ob und wofür eine derartige Garantie – ggf. **konkludent** – übernommen wurde, ist durch Auslegung (§§ 133, 157) zu ermitteln; abzugrenzen ist die Garantie dabei insb. von einer „bloßen" Beschaffenheitsvereinbarung i.S.v. § 434 I 1. 217

> **Beachte:** Der in § 276 I 1 sowie gleichbedeutend (umstr.) in §§ 442 I 2, 444 und 445 verwendete Garantiebegriff ist von dem Begriff der Garantie i.S.v. § 443 sowie der (außerhalb des Gewährleistungsrechts stehenden) selbständigen Garantie (§ 311 I) zu unterscheiden. 218

Je nach Art des Geschäfts stellt die Rspr. unterschiedlich strenge Anforderungen an die stillschweigende Vereinbarung einer Garantie. Insbesondere beim **Gebrauchtfahrzeugkauf** war der BGH früher – vor der Schuldrechtsmodernisierung – sehr garantiefreundlich. So soll(te?) z.B. die Erklärung eines Gebrauchtwagenhändlers, ein Fahrzeug befinde sich in technisch einwandfreiem Zustand, als Garantie der Betriebsbereitschaft und -sicherheit auszulegen sein, und die Angabe eines Tachostands i.d.R. eine Garantie der entsprechenden tatsächlichen Laufleistung beinhalten. Neuerdings mahnt der BGH insofern zunehmend Zurückhaltung an: *Jedenfalls* beim Privatverkauf begründe die Angabe der Laufleistung alleine noch keine Garantie, sondern stelle i.d.R. lediglich eine Beschaffenheitsvereinbarung i.S.v. § 434 I 1 dar. 219

Sowohl hinsichtlich Voraussetzungen als auch Reichweite hochumstritten ist das ebenfalls in § 276 I 1 angesprochene **Beschaffungsrisiko**. 220

Dieses betrifft i.d.R. **Gattungsschulden**, wobei alleine aus der Vereinbarung einer Gattungsschuld nach h.Lit. noch nicht *per se* (umstr.) die Übernahme eines Beschaffungsrisikos folgen soll (aber: Vermutung der Übernahme). Hat ein Verkäufer ein Beschaffungsrisiko übernommen, kann er sich nicht gem. § 280 I 2 entlasten, wenn ihm die Lieferung *einer* (bzw. im Kaufgewährleistungsrecht, und zwar dann (erst) i.R.d. Ersatzlieferung: einer *mangelfreien*) Gattungssache misslingt, es sei denn, die ganze Gattung ist untergegangen bzw. mangelhaft oder es liegen atypische Hinderungsgründe (etwa: Krieg) vor. Eine verschuldensunabhängige Einstandspflicht des Verkäufers für Mängel folgt aus der Beschaffungsrisikoübernahme hingegen nicht (umstr.).

VII. Der Anspruch des Käufers auf Aufwendungsersatz, § 284

Literatur: *Gsell*, NJW 2006, 125.

221 Gem. § 284 iVm § 437 Nr. 3 (Alt. 2) kann ein Käufer „anstelle des Schadensersatzes statt der Leistung" auch Ersatz vergeblicher Aufwendungen verlangen. **Aufwendungen** sind freiwillige Vermögensopfer. Darunter fällt ggf. auch eigene Arbeitsleistung (umstr.), nicht jedoch der bloße Verzicht auf günstige Alternativgeschäfte. Im Gegensatz dazu sind **Schäden** unfreiwillige Vermögenseinbußen. Schäden und Aufwendungen verhalten sich zueinander (grds.) komplementär. Daher sind Aufwendungen *an sich* nicht im Wege des Schadensersatzes ersatzfähig.

222 **Hintergrund:** Um dies – d.h. die oftmals fehlende Ersatzfähigkeit von Aufwendungen – innerhalb von Schuldverhältnissen auszugleichen, wurde i.R.d. Schuldrechtsreform § 284 neu geschaffen. Zuvor hatte sich die Rspr. (bereits seit 1878) mit der – nach ganz h.M. weiterhin anwendbaren – sog. **Rentabilitätsvermutung** beholfen (hierzu näher SchR AT, Kap. 9 Rn. 35). Allerdings greift diese (1.) nur bei erwerbswirtschaftlicher Zielsetzung ein, erfasst nach h.M. (2.) nur *un*mittelbare Vertragskosten, und ist zudem (3.) widerleglich. Die damit verbundenen Unsicherheiten soll § 284 vermeiden; zusätzlich bezweckt diese Norm, Schutzlücken bei Verträgen mit ideeller oder konsumtiver Zwecksetzung zu schließen.

223 Der Anspruch aus § 284 kennt **fünf Voraussetzungen**: Zunächst müssen (**1.**) die Voraussetzungen (irgend-)eines Anspruchs auf SESL erfüllt sein; zusätzlich muss der Käufer (**2.**) Aufwendungen im Vertrauen auf den Erhalt der Leistung getätigt haben, die er (**3.**) billigerweise machen durfte und die (**4.**) gerade aufgrund der zugrunde liegenden Pflichtverletzung des Verkäufers (vgl. § 284 HS 2) (**5.**) fehlgeschlagen sind. Zum Ganzen s. SchR AT, Kap. 9 Rn. 34 ff.

Zu den im Kaufrecht potenziell nach § 284 iVm § 437 Nr. 3 **ersatz-** 224
fähigen Aufwendungen zählen insb. die sog. Vertragskosten (etwa Notarkosten, *nicht* (!) jedoch der Kaufpreis) sowie Verwendungen auf die Kaufsache (z.B. Einbau eines Navigationssystems). Auch zum Erwerb selbst (etwa: Makler- oder Darlehensgebühren) sowie zum späteren Einsatz der Kaufsache (Kauf einer Hundeleine) aufgewendete Kosten fallen grds. darunter. Aus dem Wortlaut und Normzweck von § 284 folgt dabei eine **strikte Alternativität** von § 284 und SESL; andernfalls würde der Käufer – schadensrechtlich unzulässig – doppelt kompensiert. SENL hingegen kann der Käufer auch neben § 284 verlangen; das Gleiche gilt gem. § 325 für einen etwaigen Rücktritt.

Prüfungsschema 15: Aufwendungsersatz, § 284 I iVm § 437 Nr. 3   225

1. Voraussetzungen von § 437 (s. oben Prüfungsschema 5)
2. Voraussetzungen (irgend-)eines Anspruchs auf SESL
   Vorliegen eines *Schadens* (Haftungsausfüllung) nicht erforderlich
3. Billige Aufwendungen im Vertrauen auf den Erhalt der Leistung
4. Zweckverfehlung der Aufwendungen
5. Kausalität Pflichtverletzung – Zweckverfehlung, § 284 HS 2
6. Kein Ausschluss des Aufwendungsersatzanspruchs:
   a) Vertraglich (Grenze: § 444 und §§ 305 ff.)
   b) Ausschluss der Gewährleistung insgesamt: § 442; § 377 HGB
7. **Rechtsfolge:** Aufwendungsersatz
   grds. *gegen Herausgabe* des durch die Aufwendungen Erlangten
8. Verjährung des Aufwendungsersatzanspruchs: § 214 I iVm § 438

VIII. Der Anspruch des *Verkäufers* auf Aufwendungsersatz

Literatur: *Maultzsch*, ZfPW 2018, 1; *Paulus/Zwirlein*, NJW 2018, 1841.

Die Nacherfüllung setzt bekanntlich kein Vertretenmüssen voraus 226
(s. Rn. 90). Daher muss der Verkäufer einer mangelhaften Sache auch dann nacherfüllen, wenn er *selbst* die Kaufsache bereits in mangelhaftem Zustand von *seinem* Verkäufer (dem **Lieferanten**) erhalten hat. Dann allerdings gewährt ihm – seit 1.1.2018 – **§ 445a I** einen eigenen (**Regress-)Anspruch** gegen seinen Lieferanten auf Ersatz der ihm i.R.d. Nacherfüllung gegenüber dem Letztkäufer entstandenen Kosten (i.S.v. § 439 II, **III und VI 2 bzw. § 475 IV**; *nicht* jedoch bei Nacherfüllung aus Kulanz), und zwar auch, wenn diese erfolglos war (= „selbstständi-

ger Verkäuferregress"). Konstituiert der „letzte" Kaufvertrag einen Verbrauchsgüterkauf, sind zusätzlich die Vorgaben von **§ 478** zu beachten (Rn. 322 ff.). Eine analoge Anwendung von § 445a I (und II) zugunsten von Werkunternehmern scheidet demgegenüber nach den Gesetzesmaterialien (BT-Drs. 18/8486, 96) aus. Für den Fall, dass der letzte Vertrag in der Lieferkette ein Verbrauchervertrag über die Bereitstellung digitaler Produkte i.S.v. §§ 327 f. ist, verweist **§ 445c** hingegen auf **§§ 327t sowie 327u** (und sind §§ 445a, 445b und 478 daher nicht anzuwenden).

227 **Hintergrund** der Regelung in § 445a I ist, dass die Nacherfüllungskosten im Verhältnis zu Lieferanten als Aufwendungen und nicht als Schaden anzusehen sind (Rn. 221).

228 Ebenso wie § 439 I setzt auch § 445a I kein Vertretenmüssen voraus. Kaufgegenstand muss jedoch eine „neu hergestellte [= nicht gebrauchte] Sache" sein. M.E. sollte § 445a I zudem – entgegen seinem Wortlaut und ebenso wie seine Vorgängerregelung in § 478 II a.F. – **nur gegenüber Unternehmern** (§ 14) Anwendung finden (a.A. *Lorenz*, JuS 2018, 10, 12). Dafür sprechen historische, teleologische (BT-Drs. 18/8486, 33; § 478!) und systematische Erwägungen. Denn gem. § 445a III findet § 445a I zwar auch in hinteren Gliedern der **Lieferkette** Anwendung, jedoch nur, wenn der jeweilige Schuldner Unternehmer ist. § 445a IV schließlich stellt klar, dass ein etwaiger Haftungsausschluss gem. § 377 HGB (Rn. 248 ff.) auch § 445a I erfasst.

228a Seit dem 1.1.2022 greift § 445a I auch dann ein, wenn ein vom Verbraucher gegenüber seinem (Letzt-)Verkäufer geltend gemachter Mangel auf der **Verletzung der Aktualisierungspflicht** gemäß § 475b IV beruht. Dies ist allerdings (in dogmatischer Hinsicht) **fragwürdig**, da das Gesetz eine derartige Aktualisierungspflicht grds. nur gegenüber Verbrauchern kennt; ein Lieferant haftet demnach potenziell für die Verletzung einer Pflicht, die ihn selber im Regelfall gar nicht trifft.

229 Die **Verjährung** des Anspruchs aus § 445a I ist eigens in § 445b geregelt. Danach verjährt der Anspruch an sich – entsprechend § 438 I Nr. 3 – „in zwei Jahren ab Ablieferung [dazu Rn. 262] der Sache" an den Verkäufer, § 445b I. Nach § 445b II 1 ist der Ablauf jedoch bis frühestens „zwei Monate nach dem Zeitpunkt [**gehemmt**], in dem der Verkäufer die Ansprüche des Käufers erfüllt hat".

230 § 445b II gilt **auch für konkurrierende Ansprüche** des Verkäufers aus **§ 437**; die Erfüllung des Anspruchs aus § 445a I sperrt jedoch (falls die Nacherfüllung erfolgreich war!) die Mängelrechte aus § 437.

Prüfungsschema 16: Aufwendungsersatz des Verkäufers, § 445a I 231

1. Kaufvertrag Verkäufer – Lieferant über „neu hergestellte Sache"
   (P) Muss der Lieferant Unternehmer (§ 14) sein (+/- § 445a III)

2. Kaufvertrag Verkäufer – Letztkäufer über diese Sache
   (P) Verbrauchsgüterkauf? Dann gilt zusätzlich § 478

3. Verkäufer musste Aufwendungen i.S.v. § 439 II, III, VI 2 tätigen
   (P1) Anspruch d. Käufers a. Nacherfüllung? (Prüfungsschema 6)
   (P2) Welche Kosten? nicht Vergütung, Kulanz; Grenze § 439 IV

4. Mangel bereits bei Gefahrübergang auf Verkäufer *oder* auf Verletzung Aktualisierungspflicht i.S.v. § 475b IV beruhend

5. Kein Ausschluss des Aufwendungsersatzanspruchs:
   a) Vertraglich (Grenze: §§ 444, 305 ff. sowie u.U. § 478 II n.F.)
   b) Ausschluss der Gewährleistung insgesamt: § 442; § 377 HGB

6. **Rechtsfolge:** Aufwendungsersatzanspruch gegen den Lieferanten

7. Verjährung d. Aufwendungsersatzanspruchs: § 214 I iVm § 445b

IX. Anspruch auf Herausgabe des Surrogats (§ 285)

Wird ein Schuldner infolge **Unmöglichkeit** (§ 275) von einer Leistungspflicht befreit *und* erlangt er dadurch einen Ersatz(anspruch) für den geschuldeten Gegenstand, kann sein Gläubiger unter den Voraussetzungen von § 285 Herausgabe (oder: Abtretung) des als Ersatz Empfangenen (sog. **stellvertretendes commodum**) verlangen. Derartige Fallkonstellationen sind auch im Kaufrecht denkbar, etwa wenn ein Verkäufer aufgrund eines unbehebbaren Mangels Ansprüche gegen seinen Lieferanten innehat. Anders als dessen Nichterwähnung in § 437 vermuten lässt, kann § 285 in einem derartigen Fall auch *neben* (nicht: iVm) § 437 angewandt werden (h.M.). Die Verjährung beurteilt sich dann jedoch – der Einheitlichkeit halber – analog § 438 (umstr.). 232

Zusätzlich ist **§ 285** im Kaufrecht sogar **analog** anzuwenden, wenn eine Kaufsache nach Gefahrübergang beschädigt wird und der Verkäufer infolgedessen einen Ersatzanspruch erhält. Das Gleiche gilt, wenn der Verkäufer gem. § 439 IV aus Gründen, die ihm zugleich einen Ersatz(anspruch) verschafft haben, die Nacherfüllung verweigert. 233

X. „Allgemeine Mängeleinrede" und § 320 I

234 Im Falle der Lieferung einer mangelhaften Sache kann ein Käufer, wenn er den Kaufpreis noch nicht bezahlt hat *und* der Mangel **behebbar** ist, gem. § 320 I – gestützt auf den Nacherfüllungsanspruch aus § 439 I – die Zahlung (grds.) des gesamten Kaufpreises verweigern (sog. „Mängeleinrede"); zur Ausnahme bei unerheblichen Mängeln s. § 320 II. Denn auch der Nacherfüllungsanspruch steht mit dem Zahlungsanspruch des Verkäufers aus § 433 II im synallagmatischen Gegenseitigkeitsverhältnis. Insofern ist zu beachten, dass – anders als bei sonstigen Einreden – bereits das bloße Bestehen der Einrede des § 320 I die Durchsetzbarkeit von (Gegen-)Ansprüchen iRv §§ 286 und 323 I beseitigt (vgl. Rn. 107 und 203).

235 Ist oder wird ein Mangel hingegen **unbehebbar**, scheidet ein Zurückbehalten des Kaufpreises jedenfalls nach § 320 I oftmals aus; denn dann existiert wegen § 275 I gar kein Nacherfüllungsanspruch (mehr), auf den der Käufer ein Zurückbehaltungsrecht stützen könnte. In einem derartigen Fall kann der Käufer ein Zurückbehaltungsrecht bei reiner Gesetzesanwendung allenfalls noch auf einen etwaigen Anspruch aus § 285 bzw. auf SESL stützen, die beide ebenfalls (grds.) im Synallagma stehen. In allen anderen Fällen aber muss der Käufer eine unbehebbar mangelhafte Kaufsache zunächst – d.h. vorbehaltlich der Geltendmachung sekundärer Mängelrechte sowie von § 438 IV 2 und V – theoretisch vollständig bezahlen.

236 Um dies zu vermeiden, will die vormalige **M.M.** dem Käufer, anknüpfend an die Rechtslage vor der SchRMod, zusätzlich bei mangelhafter Lieferung gem. § 242 eine **„allgemeine" Mängeleinrede** gewähren. Danach soll der Käufer selbst bei Unmöglichkeit der Nacherfüllung – losgelöst von § 320 I – berechtigt sein, die Kaufpreiszahlung unter Berufung auf die Mangelhaftigkeit der Kaufsache bis zur endgültigen Entscheidung über die Geltendmachung etwaiger Mängelrechte zu verweigern. Während die **h.Lit. dies** – u.a. wegen der Gefahr einer Verschleppung der entsprechenden Entscheidung des Käufers – mit guten Gründen **ablehnt**, hat der **BGH** (NJW 2020, 2104 Rn. 79) das Bestehen auch einer derartigen Mängeleinrede jüngst **ausdrücklich anerkannt**; denn bei Ausschluss des Nacherfüllungsanspruchs gem. § 275 führe das Bestehen eines Rücktritts*rechts* gem. § 326 V zum „Fortbestand der Mängeleinrede". Da jedoch das Rücktritts*recht* selbst kein Anspruch ist, scheidet ein Rückgriff auf § 320 I aus und kommt allenfalls eine dogmatische Konstruktion über § 242 (gestützt auf einen *zukünftigen* Rückgewähranspruch aus § 346 I) oder den Rechtsgedanken von § 438 IV 2 in Betracht.

XI. Konkurrenzen

1. Innerhalb des Kaufgewährleistungsrechts

Innerhalb des Systems von § 437 geht ein etwaiger Nacherfüllungsanspruch bis zum erfolglosen Fristablauf (fast) allen anderen Mängelrechten vor. Nach Fristablauf bzw. bei Entbehrlichkeit der Nachfristsetzung kann ein Käufer grds. in **elektiver Konkurrenz** frei wählen, ob er weiter Nacherfüllung verlangt *oder* zurücktritt und/oder SESL verlangt. SENL hingegen kann der Käufer stets auch neben der Nacherfüllung verlangen; ebensowenig schließen sich – aus § 325 ersichtlich – Rücktritt und Schadensersatz gegenseitig aus. Das Gleiche gilt (grds.) für die an die Stelle des Rücktritts tretende Minderung (§ 441) bzw. den an die Stelle des SESL tretenden Aufwendungsersatz (§ 284); allerdings schließen sich (**1.**) Minderung und Rücktritt, (**2.**) Minderung und großer SESL (so nun auch BGH NJW 2018, 2863), (**3.**) SESL und Aufwendungsersatz sowie (**4.**) Rücktritt bzw. Minderung und § 285 jeweils gegenseitig aus. 237

2. Zu anderen Rechten außerhalb des Kaufgewährleistungsrechts

Außerhalb des Kaufgewährleistungsrechts stehen die §§ 437 ff. iVm § 242 jedenfalls insoweit einer **Anfechtung** des Verkäufers gem. § 119 II entgegen, als der Eigenschaftsirrtum eine mangelbegründende Eigenschaft betrifft; andernfalls könnte sich der Verkäufer durch bloße Anfechtung der Gewährleistung entziehen. Das Gleiche gilt (zum Schutz des „Rechts" des Verkäufers zur zweiten Andienung sowie von § 438 und § 442 I 2) für eine entsprechende Anfechtung durch den Käufer (h.M.; umstr.); allerdings greift die letztgenannte Anfechtungssperre nach h.M. erst ab Lieferung (d.h. zeitlicher Anwendbarkeit von § 437) ein (umstr.). Eine Anfechtung gem. § 119 I hingegen ist neben § 437 uneingeschränkt möglich, genauso wie eine Anfechtung wegen arglistiger Täuschung (oder Drohung) nach § 123. 238

Die Mangelfreiheit einer Kaufsache ist gem. § 433 I 2 Inhalt der (vertraglichen) Leistungspflicht des Verkäufers; daher können mangelbegründende Umstände bzw. deren Fehlen i.d.R. nicht **Geschäftsgrundlage** sein; jedenfalls wird § 313 insoweit von § 437 verdrängt. Auch Ansprüche aus **cic** (§§ 280 I, 311 II, 241 II) treten – außer im Falle von Arglist des Verkäufers (ganz h.M.; umstr.) – hinter dem Kaufgewährleistungsrecht zurück, soweit sich die jeweils haftungsbegründende vorvertragliche (meist: Informations-)Pflichtverletzung auf mängelbegründende Umstände bezieht (umstr.). 239

240 Konkurrierende **deliktische** Ansprüche sind insb. bei Auftreten von Mangelfolgeschäden denkbar. Sie werden weder durch das Kaufgewährleistungsrecht verdrängt noch von der Verjährungsregel in § 438 erfasst. Insofern besteht eine reine **Anspruchskonkurrenz**. Von besonderer Bedeutung ist dabei die Rspr. des BGH zu sog. **Weiterfresserschäden**. Danach begründet zwar die Lieferung einer mangelhaften Sache *per se* keine Eigentumsverletzung; ausnahmsweise kann jedoch eine Eigentumsverletzung i.S.v. § 823 I zu bejahen sein, wenn sich ein Mangel nach Gefahrübergang (z.B. durch Explosion des mangelhaften Motors) auf ursprünglich unversehrte Teile der Kaufsache ausweitet; hierzu und zur Frage der **Stoffgleichheit** s. SchR BT/II, Kap. 4 Rn. 22.

G. Ausschluss, Grenzen und Erweiterung der Mängelrechte

241 Das Kaufgewährleistungsrecht ist – sieht man von Besonderheiten beim Verbrauchsgüterkauf (vgl. § 476) sowie §§ 138, 242 und §§ 305 ff. ab – **kein zwingendes Recht**. Die oben unter F. dargestellten Mängelrechte des Käufers können daher (grds.) vertraglich sowohl erweitert (etwa durch Garantie i.S.v. § 443) als auch beschränkt bzw. ausgeschlossen werden; daneben gibt es bestimmte gesetzliche Ausschlusstatbestände für die Gewährleistung. Überdies unterliegen (nur) die Mängelrechte des § 437 gem. § 438 einer besonderen Verjährung.

I. Ausschluss der Gewährleistung

242 Das Gesetz sieht in §§ 442 I, 445 sowie – bei Vorliegen eines beiderseitigen Handelsgeschäfts (§ 343 I HGB) – § 377 HGB unter bestimmten Voraussetzungen einen Ausschluss der Gewährleistung vor. Werden die Mängelrechte des Käufers hingegen vertraglich ausgeschlossen, sind die von §§ 444, 305 ff. sowie – außer in Bezug auf Schadensersatz – § 476 I, II gesetzten Grenzen zu beachten.

gesetzlich			vertraglich			zeitliche Grenze:
nur **ausnahmsweise** gem.			grds. möglich mit **Grenze:**			Ansprüche: § 438 I–III
§ 442 I	§ 445	§ 377 HGB	§ 444	§ 476 I	§§ 305 ff.	**Gestaltungsrechte:** § 438 IV, V

Übersicht 8: Haftungsausschluss und zeitliche Grenze im Gewährleistungsrecht

G. Ausschluss, Grenzen und Erweiterung der Mängelrechte 87

1. Gesetzlicher Haftungsausschluss gem. § 442 I 1, 2 und § 445

Nach § 442 I 1 sind die Mängelrechte des Käufers aus § 437 ausgeschlossen, wenn dieser den haftungsbegründenden (Sach- oder Rechts-) Mangel bei „Vertragsschluss" **positiv kannte**. Hauptanwendungsfall dieser Norm dürfte die Vereinbarung einer Stückschuld sein; denn bei Gattungsschulden ist für § 442 I (grds.) erforderlich, dass die gesamte Gattung mangelhaft ist. „Vertragsschluss" i.S.v. § 442 I ist der **Zeitpunkt** der Abgabe bzw. etwaigen Beurkundung der vertragskonstituierenden Willenserklärung des Käufers (s. BGH NJW 2012, 2793). Wird er dabei vertreten, kommt es gem. § 166 I auf seinen Vertreter an. 243

Das Gleiche gilt gem. § 442 I 2, wenn ein Mangel dem Käufer – ebenfalls zum Zeitpunkt der Abgabe oder Beurkundung seiner Willenserklärung – „infolge **grober Fahrlässigkeit** unbekannt" bleibt, es sei denn, der Verkäufer hat „den Mangel arglistig verschwiegen oder eine Garantie für die Beschaffenheit der Sache übernommen". Grobe Fahrlässigkeit wird dem Käufer freilich nur selten zu attestieren sein; denn ihn trifft – außer bei verdächtigen Umständen (zu billig?) oder im Einzelfall besonders (insb. im Vergleich zum Verkäufer) großer Sachkunde – keine generelle Untersuchungs*obliegenheit* (h.M.; umstr. v.a. beim Kauf von Grundstücken und Gebrauchtfahrzeugen). 244

Arglist des Verkäufers i.S.v. § 442 I 2 setzt – genauso wie bei §§ 438 III 1, 444 f. und § 123 I Alt. 1 – *irgendeine* Form des Vorsatzes voraus, so dass selbst bedingter Vorsatz (z.B.: Angaben „ins Blaue hinein") genügt. Das **Verschweigen** eines Mangels ist jedoch nur dann relevant, wenn den Verkäufer eine Aufklärungspflicht trifft. Dies ist nur ausnahmsweise der Fall und kann u.a. aus (**1.**) expliziten **Nachfragen** des Käufers oder (**2.**) der für den Entschluss eines verständigen Käufers wesentlichen Bedeutung eines – z.B. den Vertragszweck gefährdenden – Mangels folgen. Hat der Verkäufer einen Mangel arglistig verschwiegen, kann der Käufer den Kaufvertrag zusätzlich gem. § 123 I Alt. 1 anfechten; damit schneidet er sich jedoch die i.d.R. günstigeren Mängelrechte ab. Mit „**Garantie**" ist die Übernahme einer verschuldensunabhängigen Haftung i.S.v. § 276 I 1 (Rn. 217) gemeint (umstr.). 245

§ 442 I findet gem. § 442 II keine Anwendung, wenn ein Mangel durch ein im Grundbuch eingetragenes „Recht" konstituiert wird (z.B. eine Grundschuld, aber auch eine – hinsichtlich ihrer Rechtsnatur umstrittene – Vormerkung i.S.v. § 883). 246

§ 445 dagegen schließt die Gewährleistung für [bewegliche] Sachen aus, die aufgrund eines Pfandrechts (§ 1235 I) in öffentlicher **Versteigerung** (§ 383 III 1) verkauft werden (§ 156), es sei denn, der Verkäufer hat – wie bei § 442 I 2 – „den Mangel arglistig verschwiegen oder eine Garantie" i.S.v. § 276 I 1 übernommen. 247

247a | Beachte: Sowohl § 442 als auch § 445 finden gem. § 475 III 2 keine Anwendung bei Vorliegen eines **Verbrauchsgüterkaufs**.

2. Gesetzlicher Haftungssausschluss gem. § 377 II, III HGB

248 Einen weiteren bedeutsamen Haftungsausschluss beinhaltet **§ 377 HGB**. Allerdings findet diese Norm nicht etwa immer Anwendung, sondern nur auf Kaufverträge (**1.**) über Waren (d.h. bewegliche Sachen i.S.v. § 90), die (**2.**) bei Vertragsschluss für *beide* Parteien ein Handelsgeschäft (§ 343 I HGB) darstellen. M.a.W. müssen sowohl Käufer als auch Verkäufer **Kaufleute** i.S.v. §§ 1 ff. HGB sein *und* den betreffenden Kaufvertrag jeweils i.R.d. Betriebs ihres Handelsgewerbes abgeschlossen haben. Nur dann trifft einen Käufer gem. § 377 I HGB die Obliegenheit, die „Ware" nach Ablieferung (**1.**) unverzüglich zu **untersuchen** und dem Verkäufer etwaige dabei erkannte bzw. erkennbare (**offene**) Mängel (**2.**) unverzüglich **anzuzeigen**. Tut er dies nicht, gilt die Ware gem. § 377 II HGB als genehmigt.

249 Die nach § 377 II HGB fingierte Genehmigung erstreckt sich dabei nicht auch auf Mängel, die bei ordnungsgemäßer Untersuchung gar nicht erkennbar sind. Derartige **verdeckte** Mängel gelten gem. § 377 III HGB erst dann als genehmigt, wenn der Käufer es unterlässt, sie unverzüglich nach ihrer jeweiligen Entdeckung zu rügen.

250 Gem. § 377 IV HGB genügt zur Verhinderung der Genehmigungsfiktion sowohl nach § 377 II als auch III HGB jeweils die **rechtzeitige Absendung** der Anzeige; folglich trägt der Verkäufer das *Verzögerungsrisiko*. Kommt die Rügeanzeige hingegen gar nicht an, so geht dies – d.h. das *Verlustrisiko* – zu Lasten des Käufers (h.M.; umstr.).

251 Welche Untersuchung im Einzelfall erforderlich ist und welcher Zeitraum noch als **unverzüglich** (§ 121 I 1) gilt, hängt jeweils von der Art des Mangels, der Branche sowie der betreffenden Ware ab (a.A: auch Betriebsgröße); bei schnell verderbender Ware etwa kann bereits eine Rüge nach zwei Tagen verspätet sein. Zusätzlich ist zu bedenken, dass das sog. *„Eilgebot"* grds. zweimal gilt, *d.h. sowohl* für die Untersuchung *als auch* die Rüge. Im Übrigen tritt die Genehmigungsfiktion nicht ein, wenn der Verkäufer den Mangel arglistig verschwiegen hat, § 377 V HGB (hierzu Rn. 245). Eine dem § 377 HGB vergleichbare Regelung enthält für internationale Warenkaufverträge Art. 39 CISG.

G. Ausschluss, Grenzen und Erweiterung der Mängelrechte 89

Prüfungsschema 17: Haftungsausschluss gem. § 377 II, III HGB 252

1. **Bestand** der Rügeobliegenheit
   a) Beiderseitiges Handelsgeschäft, §§ 377 I, 343 I HGB
   b) Ablieferung der „Ware" (= bewegliche Sache)
   c) Mangelhaftigkeit der Ware (i.S.v. §§ 434, 435)
   d) Kein Ausschluss (durch Vereinbarung oder § 377 V HGB)
2. **Verletzung** der Rügeobliegenheit
   a) offener (§ 377 II HGB) o. verdeckter (§ 377 III HGB) Mangel?
   b) keine rechtzeitig abgesendete Rüge; Zugang beim Verkäufer
3. **Rechtsfolge:** Fiktion der Genehmigung gem. § 377 II o. III HGB

3. Vertraglicher Haftungsausschluss

Vereinbaren die Parteien eines Kaufvertrags, dass der Verkäufer nicht 253 oder nur eingeschränkt bzw. kürzer als nach § 438 vorgesehen für etwaige Mängel haften soll, muss sich diese Vereinbarung (neben § 138 und § 242) an **§§ 444, 476** sowie – falls der (partielle) Haftungsausschluss eine AGB darstellt – **§§ 305 ff.** (v.a. § 309 Nr. 7 und 8; s. SchR AT, Kap. 2) messen lassen. Zusätzlich ist zu beachten, dass ein vertraglicher Ausschluss der *Sach*mängelhaftung jedenfalls nach früher h.M. (zu dem bis 31.12.2021 geltenden Kaufrecht) grds. nur Mängel i.S.v. § 434 II 1 Nr. 2 (und 3), nicht jedoch § 434 II 1 Nr. 1 erfassen sollte (vgl. zur Frage der Fortgeltung dieser Rspr. Rn. 34; s. auch Rn. 52).

Gem. **§ 444** kann sich ein Verkäufer **nicht** auf einen (u.U. partiellen) 254 Haftungsausschluss **berufen** (≠ Nichtigkeit – d.h. § 139 findet keine Anwendung), wenn er den haftungsbegründenden Mangel **arglistig verschwiegen** hat (hierzu Rn. 245) oder eine **Garantie** i.S.v. (umstr.) § 276 I 1 (Rn. 217) übernommen hat. Dies gilt selbst dann, wenn der Käufer den Vertrag in Kenntnis des Mangels ebenfalls geschlossen hätte, der arglistig verschwiegene Sachmangel also nicht für den Willensentschluss des Käufers ursächlich (kausal) war.

Eine weitere Einschränkung folgt – bei Vorliegen eines **Verbrauchs-** 255 **güterkaufs** – aus **§ 476 I.** Danach können die meisten Kaufrechtsvorschriften nicht zu Ungunsten des Käufers abbedungen werden. Dies gilt nach **§ 476 IV** auch, wenn die betreffenden Normen „durch anderweitige Gestaltungen [etwa i.R.v. sog. Agenturgeschäften, s. hierzu Rn. 309] umgangen werden". Gem. **§ 476 II** kann auch die (Gestaltungs-)Verjährung der Mängelrechte gem. § 438 nur sehr eingeschränkt verkürzt werden. § 476 I und II setzt dabei die Vorgaben der Warenkauf-RL um; da diese keine Vorgaben für etwaige Schadensersatzansprüche enthält, gilt das Gesagte gem. **§ 476 III nicht** für etwaige Schadensersatzansprüche (sowie den Aufwendungsersatzanspruch) des Käufers. Für den Verkäuferregress vgl. § 478 II 1.

II. Zeitliche Grenzen der Mängelrechte

256 Die Verjährung von Ansprüchen (nicht: Rechten) ist im BGB in allgemeiner Form in §§ 194 ff. geregelt; die dort – in § 195 – normierte **regelmäßige Verjährungsfrist** beträgt drei Jahre, und zwar gerechnet ab dem Schluss des Jahres der Anspruchsentstehung *und* (grds.) Kenntniserlangung des Gläubigers von den anspruchsbegründenden Umständen sowie der Person des Schuldners, § 199 I. Im Kaufrecht unterfallen z.B. die Ansprüche aus § 433 I 1 und II der regelmäßigen Verjährung.

257 Die Mängelrechte eines Käufers aus § 437 hingegen unterliegen gem. § 438 einer **besonderen Verjährung** bzw. – im Falle von Gestaltungsrechten – (untechnisch) sog. „Gestaltungsverjährung". Unter § 438 fallen auch Ansprüche auf Ersatz von Mangel*folge*schäden und aus § 285 (s. Rn. 232), nicht jedoch § 282 (jeweils umstr.). I.R.v. Lieferketten, d.h. beim Regress gegen Lieferanten (etc.), ist zusätzlich die Ablaufhemmung gem. § 445b II zu beachten, s. Rn. 229 f. Bei Vorliegen eines **Verbrauchsgüterkaufs** sind darüber hinaus die Sonderregelungen in **§ 475e III und IV** zu beachten; danach tritt in bestimmten Fällen ebenfalls eine Ablaufhemmung ein (s. dazu Rn. 305a). **Abweichende Vereinbarungen** sind aus § 202 ersichtlich möglich (mit Grenze dort sowie in § 476 II).

1. Verjährungsfristen für Ansprüche, § 438 I und III

258 Gem. § 438 I **Nr. 3** verjähren die Ansprüche aus § 437 – grds. – in **zwei Jahren**. Hauptanwendungsfall dieser **kaufrechtlichen Regelverjährung** ist der Kauf **beweglicher** Sachen sowie – iVm § 453 I – von Rechten bzw. sonstigen Gegenständen (z.B. Unternehmen); auch der Kauf unbebauter (etwa: kontaminierter) Grundstücke fällt darunter. Hat der Verkäufer allerdings einen Mangel arglistig verschwiegen (dazu Rn. 245), findet die regelmäßige Verjährung Anwendung, § 438 III 1.

259 Beim Kauf von **Bauwerken** beträgt die Verjährungsfrist hingegen gem. § 438 I **Nr. 2** lit. a **fünf Jahre**. „Bauwerke" sind nach der Rspr. „unbewegliche, durch Verwendung von Arbeit und Material in Verbindung mit dem Erdboden [dauerhaft] hergestellte Sachen", d.h. neben Gebäuden z.B. auch Tunnel oder Antennentürme, i.d.R. nicht jedoch Photovoltaikanlagen auf Häuserdächern. U.a. wegen des Gleichlaufs mit

§ 634a I Nr. 2 ist auch der Kauf **zuvor** neu errichteter (nicht: zu errichtender, vgl. § 650u) Häuser oder Eigentumswohnungen m.E. nicht mehr – anders als vor der SchuldRMod – als **Werkvertrag** (§§ 631 ff.) einzustufen (umstr.; dazu Kap. 6 Rn. 6). Beachte zudem § 438 III 2.

Ebenfalls einer fünfjährigen Verjährungsfrist unterliegt nach § 438 I Nr. 2 lit. b der Kauf von Sachen, die (**1.**) entweder (objektiv) **üblicherweise für ein Bauwerk verwendet** werden oder (umstr.) deren Verwendung für ein Bauwerk zumindest vertraglich vorausgesetzt ist und die jeweils (**2.**) auch tatsächlich für ein Bauwerk verwendet wurden sowie (**3.**) dessen Mangelhaftigkeit verursacht haben. Darunter fallen z.B. Baumaterialien (Zement etc.), Stahlträger oder Heizkörper. Auch dies dient dem Gleichlauf mit § 634a I Nr. 2, wonach derjenige, der ein Bauwerk für einen anderen erstellt, fünf Jahre lang haftet und daher fünf Jahre Rückgriff bei seinen Zulieferern soll nehmen können. **260**

Nach § 438 I **Nr. 1** schließlich verjähren Ansprüche aus § 437 ausnahmsweise sogar erst nach **30 Jahren**, wenn der haftungsbegründende (Rechts-)Mangel entweder durch ein Herausgabeansprüche „ermöglichendes" **dingliches Recht** eines Dritten (**lit. a**) oder ein im Grundbuch eingetragenes sonstiges Recht (**lit. b**) konstituiert wird. Dies dient dem Gleichlauf mit § 197 I Nr. 2 und § 902. Da bei einem Scheitern der Eigentumsverschaffung wegen § 433 I 1 nach h.M. richtigerweise keine Schlecht-, sondern eine Nichtleistung vorliegt (umstr., s. Rn. 50), fallen hierunter v.a. der Nießbrauch sowie Erbbau- und Pfandrechte. **261**

2. Beginn der Verjährungsfristen, § 438 II

Sämtliche Verjährungsfristen des § 438 I **beginnen** gem. **§ 438 II** – entgegen der Grundregel in § 199 I – bereits entweder mit der Ablieferung (Alt. 2) oder aber, bei Grundstücken, der Übergabe der Kaufsache (Alt. 1) zu laufen. **„Abgeliefert"** i.S.v. § 438 II Alt. 2 ist eine Sache dann, wenn sie der Verkäufer endgültig aus seiner Verfügungsgewalt entlassen *und* der Käufer erstmals volle Zugriffs*möglichkeit* (nicht unbedingt Besitz) hat, z.B. durch Übergabe, Hausbriefkasteneinwurf oder Bereithaltung zur Abholung in der Post. Ein etwaiger Annahmeverzug ist unbeachtlich. Abzustellen ist zudem grds. nur auf die **erstmalige** Ablieferung, so dass im Falle mangelhafter Nacherfüllung die Verjährung nicht (erneut) beginnt. Eine **Übergabe** i.S.v. § 438 II Alt. 1 setzt demgegenüber eine einverständliche Besitzübertragung voraus. **262**

3. Zeitliche Grenze der Gestaltungsrechte, § 438 IV 1 und V

Gem. § 194 I unterliegen nur Ansprüche der Verjährung, nicht jedoch sonstige (z.B. Gestaltungs-)Rechte. Würde man es dabei belassen, **263** könnte ein Käufer (nur) den Rücktritt bzw. die Minderung grds. zeitlich unbegrenzt erklären. Das wäre unbillig! Folglich verknüpft § 218 I 1 die **Wirksamkeit** einer Rücktrittserklärung mit dem zugrundeliegenden Haupt*anspruch*: Ist dieser verjährt *und* beruft sich der Schuldner darauf, wird ein zunächst wirksamer Rücktritt *ex tunc* (umstr.) unwirksam („Gestaltungsverjährung"). Ist die Erfüllung des Hauptanspruchs hingegen **unmöglich** oder beruft sich der Verkäufer auf § 439 IV, kommt es gem. § 218 I 2 darauf an, ob der Anspruch verjährt wäre, wenn man die Unmöglichkeit bzw. Einrede hinwegdenkt.

264 Im Kaufrecht verweisen **§ 438 IV 1** für den Rücktritt (nur gem. § 437 Nr. 2 Alt. 1) und **§ 438 V** für die Minderung (entsprechend) auf § 218. Hinsichtlich der Verjährungsfrist ist dabei jeweils auf § 438 I–III abzustellen; denn der als Bezugspunkt dienende Hauptanspruch ist für die Mängelrechte des Käufers aus § 437 stets der (im Falle der Unmöglichkeit bzw. Einredeerhebung: hypothetische) Nacherfüllungsanspruch aus § 439 I iVm § 437 Nr. 1.

4. „Besondere" Mängeleinrede und Rücktrittsrecht des Verkäufers

265 Hat der Käufer den Kaufpreis im Falle mangelhafter Lieferung noch nicht (vollständig) gezahlt und kann er wegen § 218 I nicht wirksam zurücktreten, so gibt ihm **§ 438 IV 2** das Recht, die Zahlung des (restlichen) Kaufpreises insofern endgültig zu verweigern, als er dazu auf Grund des Rücktritts berechtigt sein würde (sog. – **besondere**, vgl. Rn. 236 – **Mängeleinrede**). Dies kann erforderlich sein, da der Kaufpreisanspruch aus § 433 II – anders als die Mängelrechte aus § 437 – der (längeren) regelmäßigen Verjährungsfrist unterliegt (s. Rn. 256).

266 Beruft sich der Käufer auf dieses Leistungsverweigerungsrecht, kann wiederum der Verkäufer gem. **§ 438 IV 3** vom Vertrag **zurücktreten** (mit Folge §§ 346 ff., d.h. vollständige Rückabwicklung). Für die Minderung verweist § 438 V (nur) auf § 438 IV 2.

III. Erweiterung der Käuferrechte durch Garantie

267 Kraft Privatautonomie können die Rechte eines Käufers nicht nur beschränkt, sondern auch vertraglich **erweitert** werden. Dies geschieht i.d.R. durch die „Übernahme" – d.h. vertragliche Vereinbarung (u.U. gem. § 151 S. 1) – einer **Garantie**, und zwar entweder durch den Verkäufer selbst oder Dritte (z.B. den Hersteller). Sowohl Begriff als auch Umfang der kaufrechtlichen Garantie sind gesetzlich (nur) lückenhaft in **§ 443** geregelt. Zusätzlich wird die umstr. Rechtslage dadurch verkompliziert, dass § 443 verschiedene EU-Rechtsakte – sowohl die **Warenkauf-RL** als auch die **VRRL** – umsetzt. Für Garantien gegenüber Verbrauchern sind zudem die Vorgaben in § 479 zu beachten.

1. Vereinbarung einer kaufrechtlichen Garantie

Die Übernahme einer Garantie bedarf einer **vertraglichen Einigung** 268
der Parteien und erfolgt i.d.R. direkt bei bzw. zumindest i.R.d. Kaufvertragsschlusses in Gestalt einer Nebenabrede; stattdessen kann eine Garantie aber auch – insb. bei Drittgarantien – durch einen **eigenen Garantievertrag** i.S.v. § 311 I übernommen werden. Zusätzlich kann der Inhalt einer Garantie gem. §§ 133, 157 durch die „einschlägige" **Werbung** konkretisiert werden (vgl. Art. 17 Abs. 1 UAbs. 2 der Warenkauf-RL).

2. Arten der kaufrechtlichen Garantie

Durch eine kaufrechtliche Garantie können (**1.**) die Rechte des Käu- 269
fers wegen eines Mangels **inhaltlich** (oder: zeitlich) erweitert oder dem
Käufer (**2.**) Rechte auch **ohne** bzw. unabhängig von einem Mangel versprochen sowie (**3.**) zusätzlich auch Ansprüche **gegen Dritte** eingeräumt
werden. Die Aufzählung in § 443 I ist dabei nicht abschließend:

a) Inhaltliche Erweiterung der Käuferrechte

Übernimmt ein Verkäufer (oder ein Dritter, dazu lit. b) eine Haftung 270
auch für Mängel, die erst nach Gefahrübergang auftreten (und daher
nicht unter § 437 fallen), spricht das Gesetz von einer **Haltbarkeitsgarantie** (vgl. § 443 II). Nicht legaldefiniert ist demgegenüber die sog. **Beschaffenheitsgarantie**. M.E. fallen darunter die in § 443 I **Alt. 1** angesprochenen Garantien, d.h. diejenigen Fälle, in denen der Verkäufer
(oder ein Dritter) dem Käufer für den Fall der Mangelhaftigkeit der
Kaufsache (bei Gefahrübergang) Rechtsfolgen verspricht, die über diejenigen von § 437 hinausgehen, z.B. den Austausch der mangelhaften
gegen eine bessere Sache. Nach verbreiteter a.A. fällt unter den Begriff
der „Beschaffenheitsgarantie" zusätzlich die (oben Rn. 217 dargestellte)
Garantie i.S.v. § 276 I 1. Als **Anforderungsgarantie** schließlich
könnte man die in § 443 I **Alt. 2** genannten Fälle bezeichnen, in denen
dem Käufer die Einhaltung „andere[r] als die Mängelfreiheit betreffende
Anforderungen" an die Kaufsache (etwa: Erlass eines Bebauungsplans
für das verkaufte Grundstück) garantiert werden.

Die früher übliche Unterscheidung zwischen **selbständigen** und – 271
wenn lediglich die Voraussetzungen bzw. Rechtsfolgen der Gewährleistungsrechte aus § 437 erweitert werden – **unselbständigen Garantien**
wird demgegenüber zu Recht immer häufiger als überflüssig kritisiert.

b) Personelle Erweiterung der Käuferrechte

272 Auch **Dritte** (etwa der Hersteller oder Importeur einer Kaufsache) können (**1.**) – neben dem Verkäufer – eine § 437 entsprechende Haftung und/oder (**2.**) die oben Rn. 270 dargestellten Garantien „übernehmen". Rechtstechnisch erfolgt dies nicht durch eine Nebenabrede zum Kaufvertrag, vielmehr kommt mit dem Dritten (u.U. gem. § 151) ein eigener, kraft Vertragsfreiheit möglicher **Garantievertrag** zustande. Im Übrigen kann das Bestehen einer Herstellergarantie i.V.z. Verkäufer ein Beschaffenheitsmerkmal der Kaufsache i.S.v. § 434 I darstellen.

273

wo?	§ 443 I [≈Alt. 2]	§ 443 I [≈Alt. 1]	≈ § 443 II	§ 276 I 1 (aA: § 443 I)
was?	Anforderungsgarantie	Beschaffenheitsg.	Haltbarkeitsgar.	Garantie iSv § 276 I
wie?	andere *Anforderungen* als Mängelfreiheit	andere *Rechtsfolgen* als § 437	Mängel *nach* Gefahrübergang	lediglich *Verschuldenssurrogat*
wer?	Verkäufer+Dritte (alle)	alle	alle	idR nur Verkäufer
AGL?	ja	ja	ja	nein

Übersicht 9: Arten der Garantie im Kaufrecht [AGL = Anspruchsgrundlage]

3. Voraussetzungen und Rechtsfolgen

274 (In einer Klausur zu zitierende) **Anspruchsgrundlage** für die Geltendmachung von Rechten aus einer etwaigen Garantie ist die Garantievereinbarung selbst (iVm § 443 I Alt. 1 oder 2 bzw. II). Die Garantie i.S.v. § 276 I 1 (die nach a.A. ebenfalls eine „Beschaffenheitsgarantie" i.S.v. § 443 I darstellt) hingegen ist als Wirknorm und Verschuldenssurrogat erst beim etwaigen Vertretenmüssen zu prüfen.

275 **Welche Rechte** im Einzelfall aus einer Garantie erwachsen, ist durch Auslegung der jeweiligen Garantievereinbarung zu ermitteln; das gilt auch für die **Voraussetzungen** des Garantiefalls sowie die Bemessung der **Verjährungsfrist** (§ 195 [h.M.] oder § 438?; umstr.).

275a V.a. bei der Haltbarkeitsgarantie ist die Verjährungs- zudem von der **Garantiefrist** zu unterscheiden, innerhalb derer auftretende Mängel eine etwaige Haftung des Garantiegebers auslösen. Im Zweifel wird der Garantiegeber zudem bei Verursachung des Mangels durch den Käufer oder Dritte nicht haften wollen. Diesbezüglich ist die Beweislastregel in § 443 II zu beachten, wonach bei einer Haltbarkeitsgarantie vermutet wird, dass ein während der Geltungsdauer [=Garantiefrist] „auftretender Sachmangel die Rechte aus der Garantie begründet".

Wird eine Beschaffenheits- oder Haltbarkeitsgarantie vereinbart, ist **276** bei fehlender Präzisierung des Garantiefalls **im Zweifel** anzunehmen, dass für die Rechte aus der Garantie grds. – von den Besonderheiten der jeweiligen Garantie abgesehen – die Voraussetzungen der entsprechenden **gesetzlichen** Gewährleistungsrechte – z.B. das Vorliegen eines Mangels, u.U. auch eine Nachfristsetzung – erfüllt sein müssen.

> **Prüfungsschema 18:** Rechte aus einer Garantie i.S.v. § 443 I, II   **277**
>
> 1. „Übernahme" (=Vereinbarung) einer Garantie
>   a) Vorliegen eines wirksamen Kaufvertrags
>   b) Garantievereinbarung (als Nebenpunkt o. eig. Garantievertrag)
>   **(P1)** Welche Art von Garantie?
>   **(P2)** Vereinbarung, u.U. iVm § 151; „einschlägige" Werbung
>   **(P3)** Abgr. zu Beschaffenheitsvereinbarung iSv § 434 II 1 Nr. 1
>
> 2. Eintritt des Garantiefalls
>   **(P1)** Voraussetzungen? z.B. Nachfristsetzung? – §§ 133, 157
>   **(P2)** Garantiefrist? Verjährungsfrist?
>
> 3. **Rechtsfolge:** Dem Käufer stehen die Rechte aus der Garantie zu

H. Besondere Arten des Kaufs

Die vorstehend besprochenen, „allgemeinen" Vorschriften in **278** §§ 433–452 betreffen den kaufrechtlichen „Normalfall", d.h. den Erwerb (**1.**) einer Sache (**2.**) ohne besonders vereinbarte Folgeverpflichtungen. Diese Regeln werden in §§ 453–479 für bestimmte Vertragsgegenstände, -situationen oder -parteien **ergänzt** bzw. **modifiziert**.

I. Der Kauf von Rechten bzw. sonstigen Gegenständen

Literatur: *Eidenmüller*, ZGS 2002, 290; *Gomille*, JA 2012, 487.

Gem. § 453 I 1 finden die Vorschriften „über den Kauf von Sachen **279** [auch] auf den Kauf von Rechten [**Alt. 1**] und sonstigen Gegenständen [**Alt. 2**] *entsprechende* Anwendung". Da die Vorgaben der Warenkaufrichtlinie lediglich den Kauf (beweglicher) Sachen betreffen, besteht dabei grds. kein Gebot richtlinienkonformer Auslegung. § 453 I 2 und 3 hingegen enthalten besondere Vorgaben für **Verbraucherverträge** über den Kauf **digitaler Inhalte**; denn auf diesen finden vorrangig die §§ 327 ff. Anwendung (die wiederum der Umsetzung der **Digitale-Inhalte-Richtlinie** dienen; s. dazu SchR AT, Kap. 11).

1. Rechtskauf, § 453 I 1 Alt. 1

280 Gegenstand eines Rechtskaufs können insb. **Forderungen** sein. Zur Erfüllung des Anspruchs aus §§ 433 I 1, 453 I 1 Alt. 1 ist dann statt Übergabe und Übereignung eine Abtretung (§§ 398 ff.) erforderlich. Die **Kosten** der Rechtsübertragung (und u.U. -begründung) muss dabei gem. § 453 II (grds.) der Verkäufer tragen. Daneben unterfallen § 453 I 1 Alt. 1 auch u.a. – vgl. § 413 (etc.) – Anwartschaftsrechte, Gesellschaftsanteile und bestimmte beschränkte dingliche Rechte (etwa Grundschulden oder Erbbaurechte) sowie Immaterialgüterrechte (z.B. Patent- oder Markenrechte, wegen § 29 I UrhG nicht jedoch das Urheberrecht). **Kein** Recht ist demgegenüber der bloße Besitz (vgl. § 857).

281 Die Übertragung des **Eigentums(rechts)** unterfällt hingegen nicht § 453 I 1, sondern – als Sachkauf – § 433 I 1 direkt; denn Eigentum kann nur an Sachen bestehen. Das Gegenteil folgt auch nicht aus § 453 III, wonach der Verkäufer verpflichtet ist, dem Käufer eine Sache frei von Sach- und Rechtsmängeln zu **übergeben**, wenn er ein Recht verkauft, das zum Besitz einer Sache berechtigt. Darunter fallen in Abgrenzung zum Sachkauf nur z.B. Erbbau- oder Wohnungsrechte i.S.v. § 1093, nicht jedoch das Eigentum sowie (umstr.) der Kauf von Ansprüchen auf Verschaffung einer Sache (v.a.) aus § 433 I 1.

282 Die bloß **entsprechende** Anwendung der §§ 433 ff. auf den Rechtskauf hat u.a. zur Folge, dass ein verkauftes Recht neben Rechtsmängeln durchaus **auch „Sach"mängel** i.S.v. §§ 434 I, 453 I 1 Alt. 1 aufweisen kann (umstr.; a.A.: cic). Dies ist insb. dann der Fall, wenn das verkaufte Recht nicht die vereinbarte (etc.) Beschaffenheit hat, z.B. weil es nicht im vereinbarten Umfang besteht; zur Beschaffenheit zählen dabei alle strukturprägende Eigenschaften des jeweiligen Rechts. Ein **Rechtsmangel** liegt hingegen u.a. vor, wenn das verkaufte Recht seinerseits mit Rechten Dritter belastet oder bereits verjährt ist bzw. beim Rechtserwerb eine Aufrechnungslage bestand (vgl. § 406).

283 Existiert ein verkauftes Recht hingegen gar nicht bzw. steht es einem Dritten zu oder ist es nicht übertragbar (sog. **Verität**) und kann es auch nicht (gutgläubig) erworben werden, stellt dies eine nach allgemeinem Leistungsstörungsrecht zu behandelnde reine Nichtleistung dar (parallel zum Sachkauf, s. Rn. 50). Ebenfalls nicht zur Beschaffenheit zählt die Einbringlichkeit einer Forderung (umstr.), d.h. v.a. die **Bonität** des Drittschuldners. Diese kann daher allenfalls zum Gegenstand einer (Anforderungs-)Garantie i.S.v. § 443 I (Alt. 2) gemacht werden.

H. Besondere Arten des Kaufs

2. Der Kauf von sonstigen Gegenständen, § 453 I 1 Alt. 2

Unter § 453 I 1 Alt. 2 fallen insb. **Vermögensgesamtheiten** (z.B. **284** Unternehmen oder Arztpraxen) sowie übertragbare **unkörperliche Gegenstände** ohne „Rechtsqualität" wie Elektrizität oder Fernwärme. „Sonstige Gegenstände" sind jedoch grds. auch **digitale Inhalte** einschließlich **Software**, die nicht auf einem Datenträger verkörpert ist (umstr.; s. § 475a I), sowie E-Books und Audiodateien. Das Gleiche gilt für sonstige **übertragbare Vermögenswerte** wie z.B. Know-How, Kundenstamm, Domainname und [m.E.] Kryptowährungen oder Token. Werden allerdings **digitale Inhalte** i.R.e. Verbrauchervertrages verkauft, finden darauf gem. § 453 I 2 und 3 – entgegen der Grundregel § 453 I 1 Alt. 2 – vorrangig die §§ 327 ff. Anwendung.

a) Verbraucherverträge über den Kauf digitaler Inhalte, § 453 I 2

Gem. § 453 I 3 unterfallen **Verbraucherverträge** (i.S.v. § 310 III), **284a** die den **Kauf digitaler Inhalte** zum Gegenstand haben, vorrangig den §§ 327 ff. (dazu SchR AT, Kap. 11). Zu diesem Zweck schließt § 453 I 2 die Anwendbarkeit der meisten kaufrechtlichen Bestimmungen (einschließlich des Kaufgewährleistungsrechts) auf derartige Kaufverträge aus. Zu beachten ist dabei, dass die (mit Wirkung vom 1.1.2022 neu geschaffenen) §§ 327–327u der Umsetzung der verbraucherschützenden **Digitale-Inhalte-Richtlinie** dienen. Liegt hingegen kein Verbrauchervertrag vor (d.h. insb. im Verhältnis C2C oder B2B), unterfällt der Kauf digitaler Inhalte – als „sonstiger Gegenstand"– gem. § 453 I 1 Alt. 2 wiederum ganz „normal" den §§ 433 ff.

> „**Digitale Inhalte**" – als Unterform der „digitalen Produkte" i.S.v. **284b** § 327 I 1 – sind in § 327 II 1 legaldefiniert als „**Daten, die in digitaler Form erstellt und bereitgestellt werden**". Darunter fallen neben Software z.B. Musik- oder Videodateien, die heruntergeladen bzw. gestreamt werden, sowie Smartphone-Apps und E-Books usw.

Wie bereits oben Rn. 46b dargestellt, ist der „normale" Kauf digitaler **284c** Inhalte i.S.v. § 453 I 2 und 3 im Einzelfall **abzugrenzen** von (**1.**) sog. „Paketverträgen" i.S.v. § 327a I, (**2.**) dem Kauf von „Waren mit digitalen Elementen" i.S.v. § 327a III, (**3.**) dem Kauf von Waren, „die digitale Produkte enthalten oder mit ihnen verbunden sind" (s. § 327a II und § 475a II), sowie (**4.**) dem Erwerb von körperlichen Datenträgern, die „ausschließlich als Träger digitaler Inhalte" dienen (vgl. § 475a I).

Während der Kauf von **Waren mit digitalen Elementen** grds. alleine **284d** den §§ 433 ff. unterfällt (s. dazu oben Rn. 46a ff.), sind auf Verbrauchsgüterkaufverträge, die einen körperlichen **Datenträger** zum Gegenstand haben, der ausschließlich als Träger digitaler Inhalte dient, gem. § 475a I vorrangig die §§ 327 ff. anzuwenden. Bei „**Paketverträgen**" hingegen, d.h. Verbraucherverträgen, die in einem Vertrag zwischen denselben Vertragsparteien neben der Bereitstellung digitaler Produkte die Bereitstellung anderer Sachen (oder Dienstleistungen) zum Gegenstand haben (z.b. physisches *und* elektronisches Zeitungsabonnement), findet gem. § 327a I eine **Zweiteilung** statt: Während auf den „digitalen Teil" primär die §§ 327 ff. Anwendung finden, unterfällt der „physische Teil" wiederum ganz „normal" den §§ 433 ff. Das Gleiche gilt gem. § 327a II sowie § 475a II für Verbrauchsgüterkaufverträge über Waren, die in einer Weise **digitale Produkte enthalten oder mit solchen verbunden sind**, dass die jeweilige Ware ihre Funktionen auch ohne diese digitalen Produkte erfüllen kann. Dies ist nach hier vertretener Meinung z.B. beim vorerwähnten „smarten" Kühlschrank der Fall; zur umstrittenen **Abgrenzung** zu den „Waren mit digitalen Elementen" s. bereits oben Rn. 46b.

b) Der Unternehmenskauf

285   Von besonderer Bedeutung i.R.v. § 453 I ist der Unternehmenskauf. Der Begriff des **Unternehmens** ist im BGB nicht näher definiert; die Rspr. versteht darunter einen „Inbegriff von Rechts- und Sachgesamtheiten", die mit einer einheitlichen Zweckbestimmung zu einer organisatorischen Einheit verbunden sind. M.a.W. ist ein Unternehmen kein Rechts*subjekt*, sondern bloß Rechts*objekt*. Hinter jedem Unternehmen steht daher notwendigerweise eine (natürliche oder juristische) Person bzw. rechtsfähige Personengesellschaft als **Unternehmens*träger***.

aa) Asset deal, § 453 I Alt. 2

286   Ein Unternehmen ist als Vermögensgesamtheit ein „sonstiger Gegenstand" i.S.v. § 453 I Alt. 2. Entsprechend kann ein Träger sein Unternehmen ohne Weiteres durch einheitlichen Kaufvertrag verkaufen (sog. ***asset deal*** von engl. *asset* = Wirtschaftsgut). Auf dinglicher Ebene – i.R.d. Erfüllung – müssen die unternehmenskonstituierenden Vermögenswerte allerdings, wegen des sachenrechtlichen Spezialitätsgrundsatzes, einzeln übertragen werden.

287   Besonders komplex und **umstr.** ist beim Unternehmenskauf die Frage der **Haftung** des Verkäufers für etwaige Mängel des verkauften Unternehmens insgesamt und/oder der dazugehörigen Einzelgegenstände. **Drei Fragen** sind dabei von besonderer Relevanz (zur dritten Frage s. Rn. 291):

288   1. Haftet der Verkäufer neben den Mängeln des Gesamtunternehmens (etwa wenn der Unternehmensgegenstand eine behördliche Genehmigung voraussetzt, diese jedoch fehlt, oder wenn ein behördliches Verbot besteht) überhaupt gem. §§ 437, 453 I Alt. 2 **auch für**

Mängel der Einzelgegenstände, z.B. einen kaputten Lkw im Fuhrpark eines Postunternehmens? Die wohl h.M. **verneint** dies; allerdings können schwerwiegende „Einzelmängel" im Einzelfall auf das Gesamtunternehmen durchschlagen.

2. Zählen die (gegenwärtigen) **Ertrags- und Umsatzzahlen** zur Beschaffenheit eines Unternehmens, mit der Folge, dass der Verkäufer für deren Unrichtigkeit gem. §§ 437, 453 I Alt. 2 haftet? M.E. ist dies mit der wohl h.M. zu **bejahen**: Denn zur Beschaffenheit gehören auch gegenwärtige Umweltbeziehungen, die Einfluss auf die Wertschätzung des Kaufgegenstands haben können (s. Rn. 23); und nach BGH NJW 2016, 2874 ist kein konkreter Zusammenhang zu dessen physischen Eigenschaften erforderlich. Die **Gegenmeinung** rekurriert auf die BGH-Rspr. vor der SchRMod, wonach ein Verkäufer für falsche Unternehmenskennzahlen allenfalls aus *cic*, d.h. gem. §§ 280 I, 311 II, 241 II, haftet. Dafür spricht zwar die längere Verjährung (§§ 195, 199 I), dagegen jedoch, dass Beschaffenheitsmerkmale einem Kaufgegenstand (nur) nach neuem Schuldrecht nicht unbedingt für eine gewisse Dauer anhängen müssen (Rn. 25). Daneben, z.B. in Bezug auf **frühere** Kennzahlen (etwa im Jahresabschluss [§ 242 III HGB], insb. der Bilanz), ist aber weiterhin eine *cic*-Haftung des Verkäufers möglich (zur Konkurrenz s. Rn. 239). Daneben kommt insofern ggf. eine Anfechtung wegen **arglistiger Täuschung** nach § 123 I Alt. 1 in Betracht.

bb) Share deal, § 453 I Alt. 1

Ist Träger eines Unternehmens eine (v.a.: Kapital-)Gesellschaft (meist: GmbH), kann anstelle des Unternehmens selbst **auch der Unternehmensträger** (und damit *mittelbar* das Unternehmen) verkauft werden. Technisch geschieht dies durch Kauf der Gesellschaftsanteile (§ 15 I Alt. 1 GmbHG), d.h. einen Rechtskauf i.S.v. § 453 I Alt. 1.

Wählen die Parteien diesen Weg, **haftet** der Verkäufer gem. §§ 434 ff. grds. nur für die Beschaffenheit oder Belastung (s. Rn. 282) der jeweils gekauften Gesellschaftsanteile selbst, an sich *nicht* jedoch für Mängel des (mittelbar verkauften) Unternehmens. Denn die Beschaffenheit des Unternehmens prägt nicht die Struktur der Gesellschaftsanteile. Auch § 453 III ist beim Kauf von Gesellschaftsanteilen nicht (direkt) einschlägig. Dennoch besteht weitgehend Einigkeit, dass der Verkäufer eines Unternehmens*trägers* dann (analog?) §§ 437, 453 I Alt. 1 – m.E. zusätzlich iVm **§ 453 III analog** – auch für Mängel des *Unternehmens* zu haften hat, wenn der Anteilskauf wertungsmäßig als Unternehmenskauf anzusehen ist (sog. *share deal*; daneben kommt eine Haftung

289

290

nach § 313 wegen – ggü. §§ 434 ff. subsidiärer – Störung der **Geschäftsgrundlage** in Betracht. Diese Haftung wird nach BGH NJW 2019, 145 nicht von einem etwaigen vertraglichen Gewährleistungsausschluss miterfasst).

291 3. **Umstr.** ist nur, (ab) **wann** ein *share deal* und nicht „bloß" ein Anteilskaufvertrag vorliegt. Nach dem BGH ist hierfür ein Erwerb sämtlicher oder nahezu sämtlicher Anteile an dem Unternehmen erforderlich. Einigkeit besteht daher darüber, dass jedenfalls der Kauf sämtlicher Gesellschaftsanteile (d.h. 100 % bzw. 99,5 %) eine Gleichstellung auslöst. Auch der Erwerb von über **90 %** der Anteile soll nach überwiegender Auffassung ausreichen, da der Erwerber dann z.B. bei der GmbH keine Minderheitsrechte i.S.v. § 50 GmbHG gewärtigen muss. Der Kauf von „nur" 51 % genügt hingegen nicht, da der Erwerber dann trotz einfacher Mehrheit (§ 47 I GmbHG) nicht alle Unternehmensentscheidungen alleine treffen kann; zur Satzungsänderung etwa ist eine Mehrheit von ≥ 75 % erforderlich, § 53 II GmbHG. Dies gilt nach dem BGH (NJW 2019, 145) auch dann, wenn ein Käufer, der bereits 50 % der Mitgliedschaftsrechte an einer GmbH hält, die restlichen 50 % der Geschäftsanteile hinzuwirbt. M.E. liegt die Grenze bei > 90 %.

II. Der Verbrauchsgüterkauf

Literatur: *Looschelders*, JR 2008, 45; *Lorenz*, JuS 2016, 398 und 2018, 10.

292 Die zuletzt zum 1.1.2022 neu gefassten **§§ 474–479** modifizieren die §§ 433 ff. bei Vorliegen eines Verbrauchsgüterkaufs. Diesen definiert § 474 I 1 als Vertrag, durch den „ein Verbraucher von einem Unternehmer eine Ware (§ 241a Absatz 1) kauft". Die §§ 474 ff. sind großteils **zwingendes Recht**; sie setzten die **Warenkauf-RL** sowie z.T. auch die (vollharmonisierende) **VRRL** und die **Digitale-Inhalte-Richtlinie** in deutsches Recht um und sind richtlinienkonform auszulegen.

1. Anwendungsbereich, § 474

a) Persönlicher Anwendungsbereich

293 Personell setzt ein Verbrauchsgüterkauf voraus, dass ein **Verbraucher** Käufer und Verkäufer ein **Unternehmer** ist („B2C", §§ 13, 14); für die umgekehrte Konstellation – oder reine „C2C"-Geschäfte – gelten die §§ 474 ff. hingegen nicht. Sowohl Verbraucher- als auch Unternehmereigenschaft sind nach **objektiven Maßstäben** festzustellen (h.M.)

und **rollenbezogen**; ein Gewerbetreibender, der privat seine Briefmarkensammlung verkauft, ist daher Verbraucher. Die Vornahme eines bloß **branchenunüblichen** Verkaufs hingegen schließt die Unternehmereigenschaft nicht aus; entscheidend ist vielmehr, ob ein Zusammenhang zur unternehmerischen Tätigkeit besteht (z.B. Verkauf des Dienstwagens). § 14 setzt keine Gewinnerzielungsabsicht voraus.

Beabsichtigt ein Käufer, eine Kaufsache sowohl privat als auch ge- 294
werblich zu nutzen (sog. *dual use*; etwa bei einem Kfz), gilt er gem. § 13 dennoch als Verbraucher, solange die private Zwecksetzung überwiegt. **Täuscht** der Verbraucher eine Unternehmereigenschaft **vor** (etwa: Privateinkauf bei einem Großhandelsmarkt für Gewerbetreibende), ist es ihm gem. § 242 verwehrt, sich auf seine Verbrauchereigenschaft zu berufen (a.A.: Abstellen auf Empfängerhorizont des Verkäufers).

b) Sachlicher Anwendungsbereich

Sachlich erfassen die Vorschriften zum Verbrauchsgüterkauf gem. 295
§ 474 I 1 nur den Kauf von **Waren** i.S.v. § 241a I, d.h. **beweglicher Sachen** (nebst Tieren, § 90a S. 3), die nicht aufgrund gerichtlicher Maßnahmen (wie z.B. Zwangsvollstreckung) verkauft werden; aus §§ 475b f. ersichtlich gelten die §§ 474 ff. ohne Weiteres auch für den Kauf von **Waren mit digitalen Elementen** (dazu näher Rn. 46b). Ein Grundstücks- oder Wohnungskauf unterfällt nicht den §§ 474 ff. Anders als i.R.v. § 445a ist für § 474 I 1 unerheblich, ob eine Sache als neu oder gebraucht verkauft wird. Denn aus § 474 II 2 ersichtlich unterfallen auch **gebrauchte** Sachen den §§ 474 ff., es sei denn, sie werden in einer öffentlich zugänglichen Versteigerung (i.S.v. § 312g II Nr. 10;) verkauft und dem Verbraucher wurden „klare und umfassende Informationen darüber, dass die Vorschriften dieses Untertitels nicht gelten, leicht verfügbar gemacht"; auch **Tiere** können dabei „gebraucht" sein, sind es jedoch nach der Rspr. des BGH (NJW 2007, 674) – entgegen bedeutenden Stimmen in der Lit. – nicht *per se* immer. Der Kauf beweglicher Sachen i.R.e. unternehmerischen **Existenzgründung** stellt jedoch – im Umkehrschluss aus § 513 ersichtlich – keinen Verbrauchsgüterkauf dar.

Nach § 474 I 2 können – in Umsetzung der VRRL – auch solche Ver- 296
träge den §§ 474 ff. unterfallen, die neben dem Verkauf einer beweglichen Sache die Erbringung einer **Dienstleistung** (z.B. Montage) durch den Unternehmer zum Gegenstand haben. Anders als im Normalfall muss die Dienstleistung dabei keine untergeordnete Bedeutung haben; nur vertragscharakteristisch darf sie nicht sein.

Über die Verweisung in § 650 unterfallen schließlich auch **Werklie-** 297
ferungsverträge sowie gem. § 480 ggf. Tauschverträge den §§ 474 ff.

c) Zeitlicher Anwendungsbereich

297a Auf Kaufverträge, die vor dem 1.1.2022 geschlossen wurden, finden gem. **Art. 229 § 58 EGBGB** die §§ 474 ff. a.F. Anwendung.

2. Rechtsfolgen des Vorliegens eines Verbrauchsgüterkaufs

298 Auch auf einen Verbrauchsgüterkauf sind grds. die §§ 433–473 anwendbar, es sei denn, aus §§ 475–479 folgt etwas anderes.

a) Nicht oder nur modifiziert anwendbare Vorschriften, § 475

299 § 475 I modifiziert beim Verbrauchsgüterkauf (in Umsetzung von Art. 18 I VRRL) den **Fälligkeitszeitpunkt** der Leistungspflichten sowohl von Käufer als auch Verkäufer (nur!) aus **§ 433**. Bei Fehlen einer abweichenden Vereinbarung bzw. besonderer Umstände wären diese an sich gem. § 271 I sofort – d.h. bei Vertragsschluss – fällig (und erfüllbar). Abweichend hiervon ordnet § 475 I 1 an, dass die Leistungen erst später, nämlich lediglich **unverzüglich** (d.h. ohne *schuldhaftes* Zögern, § 121 I 1), verlangt werden können; das danach erforderliche Verschulden ist nach h.Lit. zu vermuten (≈ 280 I 2). (Nur) für den Unternehmer statuiert § 475 I 2 zusätzlich eine Höchstfrist von 30 Tagen (beachte: § 286 II Nr. 2). Die sofortige Erfüllbarkeit bleibt von alldem unberührt, § 475 I 3. Überdies ist die – systemwidrige – Regelung disponibel.

300 Sowohl in Praxis als auch Ausbildung von überragender Bedeutung ist § 475 **II**; danach findet **§ 447 I** (d.h. die besondere Gefahrtragungsregel für Versendungskäufe, s. Rn. 61 ff.) beim Verbrauchsgüterkauf **i.d.R. keine Anwendung**. Etwas anderes gilt nur, wenn der Käufer den Transporteur selbst beauftragt *und* ausgewählt hat („nicht zuvor [vom Unternehmer] benannt"). Entsprechend geht die **Gegenleistungsgefahr** bei einem Verbrauchsgüterkauf i.d.R. selbst bei Vorliegen einer Schickschuld gem. § 446 S. 1 (erst) mit Übergabe der verkauften Sache auf den Käufer über. Der zufällige Verlust bzw. die Beschädigung einer Sache beim Transport fallen daher beim Verbrauchsgüterkauf i.d.R. dem Verkäufer zur Last. Auch § 447 II findet – ebenso wie § 445 – gem. § 475 **III 2** beim Verbrauchsgüterkauf keine Anwendung; das Gleiche gilt – seit dem 1.1.2022 – für einen etwaigen Haftungsausschluss nach **§ 442**.

301 § 475 **III 1** schließt beim Verbrauchsgüterkauf aus, dass ein Nach*lieferung* (§ 439 I Alt. 2) begehrender Käufer neben der Rückgabe der mangelhaften Kaufsache (§ 346 I **Alt. 1** iVm § 439 VI) auch deren etwaig gezogene **Nutzungen** (§ 100) herauszugeben bzw. hierfür Wertersatz zu leisten hat.

§ 475 **IV** gewährt dem Käufer bei einem Verbrauchsgüterkauf einen **302** Anspruch auf **Vorschuss** für diejenigen Aufwendungen, die ihm der Verkäufer gem. § 439 II (z.B. für den Transport) sowie III (d.h. etwaige Ein- und Ausbaukosten) an sich erst im Nachhinein ersetzen müsste. Verwendet der Verbraucher den Vorschuss nicht bzw. nicht binnen angemessener Frist für die Zwecke der Nacherfüllung, kann der Unternehmer diesen allerdings gem. § 242 zurückfordern (s. *Lorenz*, JuS 2018, 10 (12) unter Verweis auf BGH NJW 2010, 1192).

Schuldet der Verkäufer eine **Nacherfüllung** i.S.v. § 439, so hat er **303** diese nach **§ 475 V** (**1.**) innerhalb einer **angemessenen Frist** ab dem Zeitpunkt, zu dem der Verbraucher ihn über den Mangel unterrichtet hat, sowie (**2.**) **ohne erhebliche Unannehmlichkeiten** für den Verbraucher durchzuführen; dabei sind die Art der Ware sowie der Zweck zu berücksichtigen, für den der Verbraucher die jeweilige Ware benötigt. Während die Versäumung der angemessenen Frist bereits *per se* (d.h. anders als im Normalfall selbst ohne Fristsetzung durch den Verbraucher) einen Rücktritt ermöglicht (vgl. § 475d I Nr. 1), rechtfertigen Unnahnehmlichkeiten i.S.v. § 475 V Alt. 2 allenfalls einen **Schadensersatzanspruch** nach § 280 I oder ggf. § 282.

§ 475 VI 1 schließlich **ergänzt § 346**; danach hat der Verkäufer im **304** Falle eines Rücktritts des Verbrauchers oder der Geltendmachung von Schadensersatz statt der ganzen Leistung (vgl. § 281 V) die Kosten der Rücksendung zu tragen. Richtigerweise folgt dies jedoch (auch bei anderen als Verbrauchsgüterkäufen) **bereits aus § 346 I direkt**; denn der Erfüllungsort für die Rückgabe einer Kaufsache ist regelmäßig ihr jeweiliger Belegenheitsort. Vor diesem Hintergrund kommt § 475 VI 1 lediglich eine klarstellende Funktion zu. Nach § 475 VI S. 2 schließlich hat der Verkäufer den Kaufpreis in Abweichung von §§ 348, 320 bereits dann zurückzuerstatten bzw. Schadensersatz zu leisten, sobald der Verbraucher den Nachweis über die Rücksendung erbracht hat.

b) Kauf digitaler Produkte, §§ 475a–c und § 475e I, II

Mit Wirkung vom 1.1.2022 wurden in §§ 475a bis 475c sowie **305** § 475e I und II bestimmte **Sonderregelungen für den Kauf digitaler Produkte** sowie zum Verhältnis und zur Abgrenzung zu den §§ 327 ff. neu eingefühsts. dazu oben Rn. 284 ff.). Von besonderer Bedeutung sind dabei § 475b und § 475c, die den **Sachmangelbegriff** in § 434 für den Fall des Kaufs gerade einer „Ware mit digitalen Elementen" (zum Begriff s. Rn. 46b) ergänzen sowie zeitlich (mit Blick auf etwaige Aktualisierungspflichten) erweitern; zum Ganzen näher oben Rn. 46c und 46d. In Ergänzung hierzu modifiziert § 475e I und II die **Verjährung** in Bezug auf mangelhafte Waren mit digitalen Elementen: Diese richtet sich zwar weiterhin grds. nach den allgemeinen Vorschriften; in Ergänzung dazu sieht § 475e jedoch in bestimmten Fällen eine **Ablaufhemmung** vor. So verjähren Ansprüche wegen eines Mangels an den digitalen Elementen gem. § 475e I bei einer dauerhaften Bereitstellung der digitalen Elemente i.S.v. § 475c I frühestens mit Ablauf von zwölf Monaten nach dem Ende des Bereitstellungszeitraums. Das Gleiche gilt gem. § 475e II im Falle der Verletzung einer Aktualisierungspflicht i.S.v. § 475b. Für den **Lieferantenregress** s. **§ 445c**, der (u.a.) auf **§ 327u** verweist.

c) Sonderregelungen zur Verjährung, § 475e III und IV

305a § 475e III und IV beinhalten Ablaufhemmungen für **alle Verbrauchsgüterkäufe** (d.h. nicht nur solche, die (auch) digitale Produkte zum Gegenstand haben). Nach **§ 475e III** tritt die Verjährung von Mängelrechten beim Verbrauchsgüterkauf generell nicht vor Ablauf von vier Monaten ein, nachdem sich der Mangel erstmals (innerhalb der Verjährungsfrist) gezeigt hat. Und **§ 475e IV** sieht eine **Ablaufhemmung** von zwei Monaten ab Rückerhalt jeglicher nachgebesserter oder ersetzter Ware vor, die ein Verbraucher dem Unternehmer oder auf dessen Veranlassung einem Dritten zur Nacherfüllung (oder zur Erfüllung von Ansprüchen aus einer Garantie) übergeben hat. Da in einem derartigen Fall in der Regel bereits **§ 203 S. 1** eingreift, kommt § 475e IV allerdings wohl nur dann überhaupt eine eingenständige Bedeutung zu, wenn ein Verkäufer erkennbar lediglich aus Kulanz nacherfüllt.

d) Sonderregelung der Entbehrlichkeit der Fristsetzung, § 475d

305b In § 475d enthält das Gesetz Sonderbestimmungen für die **Entbehrlichkeit der Fristsetzung** für den Rücktritt (**Abs. 1**) sowie den Schadensersatz statt der Leistung (**Abs. 2**) im Falle der **Schlechtleistung**; bei Vorliegen eines Verbrauchsgüterkaufs treten diese an die Stelle von §§ 323 II bzw. § 281, jeweils i.V.m. § 440; s. dazu bereits oben Rn. 123b sowie Rn. 168. Entgegen ihrer unglücklichen systematischen Positionierung finden diese Vorschriften auf **jeglichen Verbrauchsgüterkauf** (und nicht etwa nur solche über digitale Produkte) Anwendung.

e) Zwingend anwendbare Vorschriften, § 476

306 § 476 erklärt, in Umsetzung der Warenkauf-RL, bei Vorliegen eines Verbrauchsgüterkaufs sowohl die §§ 474 ff. selbst als auch einen Großteil des Kaufgewährleistungsrechts **für** (**halbseitig**) **zwingend**: Gem. § 476 I 1 können die Parteien *zulasten* des Verbrauchers nicht – auch nicht durch Individualvereinbarung – von den „§§ 433 bis 435, 437 [+ 323, 326 V], 439 bis 443" sowie §§ 474 ff. abweichen. Etwas anderes gilt nur, wenn die Vereinbarung *nach* „Mitteilung eines Mangels an den Unternehmer" (oder andersherum) stattfindet; auch beim Verbrauchsgüterkauf ist daher z.B. ein Vergleich (§ 779) möglich. Wird eine gegen

§ 476 I 1 verstoßende Vereinbarung getroffen, kann sich der Unternehmer nicht darauf **„berufen"** (≠ Nichtigkeit, d.h. kein § 139). § 476 **I 2** hingegen beschränkt die Zulässigkeit negativer Beschaffenheitsvereinbarungen i.S.v. § 434 II (s. dazu Rn. 31).

Gem. § 476 **II 1** kann auch die **Verjährung** der Mängelrechte des Verbrauchers aus § 437 nur in engen Grenzen erleichtert werden. Dies gilt (mittelbar) auch für die „Gestaltungsverjährung" bei Rücktritt und Minderung. Die Untergrenze einer zulässigen Verjährungsverkürzung sind beim Verkauf neuer Waren zwei Jahre ab gesetzlichem Verjährungsbeginn; bei gebrauchten Waren liegt sie hingegen nach § 476 II 1, 2. HS bei nur einem Jahr. Ähnlich wie bei § 476 I 1 setzt eine etwaige Verkürzung der Verjährung gem. § 476 **II 2** zusätzlich voraus, dass der Verbraucher davon „vor der Abgabe seiner Vertragserklärung […] in Kenntnis gesetzt wurde" und dies zusätzlich „im Vertrag ausdrücklich und gesondert vereinbart" wird. **307**

Gänzlich ausgenommen von den vorgenannten Einschränkungen sind gem. § 476 **III** wiederum **Schadensersatzansprüche** i.S.v. § 437 Nr. 3 (und damit mittelbar auch der Aufwendungsersatz gem. § 284). Denn die Warenkauf-RL enthält keinerlei Vorgaben für Schadensersatz; entsprechend kann die Schadensersatzhaftung des Verkäufers ungeachtet des Vorliegens eines Verbrauchsgüterkaufs grds. (auch hinsichtlich ihrer Verjährung) frei eingeschränkt werden. Zu beachten sind allerdings weiterhin die allgemeinen Grenzen, insb. § 309 Nr. 7 und § 444. **308**

Das in § 476 I und II statuierte Verbot abweichender Regelungen erfasst nach § 476 **IV** schließlich auch Sachverhalte, in denen die dort genannten Vorschriften durch anderweitige Gestaltungen objektiv umgangen werden, etwa durch Einschaltung eines Verbrauchers als Strohmann (sog. **Umgehungsgeschäfte**). Von besonderer Prominenz sind in diesem Zusammenhang **Agenturgeschäfte**, d.h. Verträge, durch die ein Unternehmer (meist: Kfz-Händler) eine Kaufsache (z.B. einen Gebrauchtwagen) als Vertreter eines Verbrauchers an einen anderen Verbraucher verkauft. **309**

> **Hintergrund:** Oftmals dienen Agenturgeschäfte der **Inzahlungnahme** der weiterzuveräußernden Sache durch den Unternehmer i.R.e. vorangegangenen Kaufvertrags (z.B. über einen Neuwagen) zwischen dem Unternehmer als Verkäufer und dem späteren Verbraucher-Verkäufer. **Anstelle** einer (echten) Inzahlungnahme (z.B. gem. § 364 I) wird dann (**1.**) ein Agenturvertrag (i.S.v. § 675 I) geschlossen, der den Unternehmer zum Weiterverkauf im Namen und auf Rechnung des Voreigentümers oft zu einem bestimmten (ggf. garantierten) Mindestverkaufspreis verpflichtet, sowie z.T. (**2.**) der Kauf- **310**

> preis aus dem Kaufvertrag in dieser Höhe bis zum Weiterverkauf gestundet und (**3.**) spätere Verrechnung vereinbart; einen etwaigen Mehrerlös darf der Unternehmer i.d.R. als Provision behalten.

311 Ein derartiges Vorgehen ist weder verboten noch *per se* als Umgehungsgeschäft i.S.v. § 476 IV anzusehen. Nach h.M. ist ein Agenturgeschäft vielmehr nur dann eine Umgehung des § 476 IV, wenn der Unternehmer die wirtschaftlichen Chancen und Risiken des von ihm vermittelten Verkaufs trägt, d.h. bei **wirtschaftlicher Betrachtungsweise** als Verkäufer anzusehen ist. Dies ist insb. dann der Fall, wenn der Unternehmer dem Voreigentümer einen Mindestverkaufspreis garantiert und von vorneherein den Restkaufpreis in dieser Höhe stundet.

312 Verstößt ein Agenturgeschäft gegen § 476 IV, muss sich der Unternehmer nach **h.M.** so behandeln lassen, als hätte er das Fahrzeug verkauft, d.h. zwischen ihm und dem Letztkäufer wird ein (Verbrauchsgüter-)Kaufvertrag **fingiert**. Nach **a.A.** bleibt der Voreigentümer Verkäufer, dem Käufer stehen aber *zusätzlich* Gewährleistungsrechte gegen den Händler zu. Wieder **andere** wollen dem Voreigentümer die Unternehmereigenschaft des „wirtschaftlichen" Verkäufers zurechnen.

313 Unbeschadet von § 476 I 2 kann im Einzelfall auch eine (**negative**) **Beschaffenheitsvereinbarung** eine Umgehung i.S.v. § 476 IV konstituieren. Auch Beschaffenheitsvereinbarungen i.S.v. § 434 II können nämlich mittelbar zu einem Haftungsausschluss führen. Da Beschaffenheitsvereinbarungen jedoch auch beim Verbrauchsgüterkaufin den Grenzen von § 476 I 2 zulässig sind, ist zu **unterscheiden**: Gem. § 476 IV unzulässig sind lediglich ungewöhnliche („Bastlerfahrzeug" trotz Kauf vom Gebrauchtwagenhändler) oder – z.B. im Verhältnis zum Preis – überraschende sowie v.a. pauschale („gekauft wie gesehen"; „alle Mängel bekannt") Vereinbarungen, die nicht der konkreten Mängelbeschreibung (z.B. „Kratzer am Kotflügel"), sondern lediglich dem Gewährleistungsausschluss dienen.

f) Beweislastumkehr, § 477

314 Eine zentrale Besonderheit der §§ 474 ff. ist die nunmehr in § 477 geregelte **Beweislastumkehr** zugunsten von Verbrauchern. Während nämlich im Normalfall gem. § 363 der *Käufer* nachweisen muss, dass eine Kaufsache bereits bei Gefahrübergang mangelhaft war, wenn er diese zuvor – vorbehaltlos – als Erfüllung angenommen hat, kehrt § 477 **I 1** die Beweislast beim Verbrauchsgüterkauf (nur) für *Sach*mängel partiell um: Zeigt sich innerhalb von **einem Jahr** (bis 1.1.2022: von sechs Monaten) nach Gefahrübergang, ein mangelhafter Zustand („Mangelerscheinung"), wird danach vermutet, dass die Ware bereits bei Gefahrübergang mangelhaft war, es sei denn, dies ist mit der Art der Sache

H. Besondere Arten des Kaufs

oder des Mangels unvereinbar.. Beim Verkauf **lebender Tiere** hingegen beträgt die Frist gem. § 477 I 2 lediglich **sechs Monate;** und bei **Waren mit digitalen Elementen**, bei denen die dauerhafte Bereitstellung der digitalen Elemente geschuldet wird, beträgt die Frist gem. § 477 **II** sogar **zwei Jahre**.

aa) Voraussetzungen der Beweislastumkehr

Um die Beweislastumkehr auszulösen, muss der Käufer – bei Vorliegen eines (**1.**) Verbrauchsgüterkaufs – nachweisen, dass sich (**2.**) innerhalb der entsprechenden Frist nach dem [ggf. hypothetischen, s. Rn. 53] Gefahrübergang eine (**3.**) Mangelerscheinung (**4.**) gezeigt hat, die, wenn sie bei Gefahrübergang vorgelegen hätte, einen Sachmangel i.S.v. § 434 konstituiert hätte. Ein *„Zeigen"* setzt nicht voraus, dass der Mangel zuvor unerkennbar war; lediglich bei allzu offensichtlichen Mängel ist die Vermutung nach § 477 HS 2 ausgeschlossen. Ebensowenig ist eine *Anzeige* des Mangels innerhalb der jeweiligen Frist erforderlich; denn § 477 statuiert – anders als § 377 HGB – keine Rügeobliegenheit. 315

In überschießender Umsetzung der Warenkauf-RL findet § 477 auch auf Schadensersatzansprüche Anwendung. Gem. § 478 I gilt § 477 überdies entsprechend i.R.e. **Lieferkette**, sofern an deren Ende ein Verbrauchsgüterkauf steht. Und nach h.Lit. löst eine **Nacherfüllung** eine erneute Frist i.S.v. § 477 aus, sofern der Verkäufer eine Ersatzsache liefert bzw. (umstr.) i.R.d. Nachbesserung Teile austauscht. 316

bb) Reichweite der Beweislastumkehr

> **Hintergrund:** Gem. § 434 I 1 konstituiert der (**1.**) mangelhafte Zustand einer Kaufsache nur dann einen Sachmangel, wenn er (**2.**) bereits bei Gefahrübergang vorliegt; später auftretende Mangelerscheinungen lösen allenfalls Rechte aus einer etwaigen Haltbarkeitsgarantie (§ 443 II, dazu Rn. 270) aus. Parallel zu dieser „Zweiteilung" war der **BGH** früher der Ansicht, § 477 wirke **rein zeitlich**: Trat ein mangelhafter Zustand innerhalb der Frist des § 477 auf, sollte danach allenfalls vermutet werden, dass die *konkret* **aufgetretene** Mangelerscheinung bereits bei Gefahrübergang vorlag. 317

Die h.Lit. hingegen legt(e) § 477 weiter aus und sah zusätzlich auch das **Vorliegen eines Grundmangels** als von dessen Vermutungswirkung erfasst („mangelhaft war"). M.a.W. werde nach § 477 nicht nur vermutet, dass eine *konkrete* Mangelerscheinung bereits bei Gefahrübergang **vorlag**, sondern weitergehend, dass diese jedenfalls **im Ansatz** bereits damals **angelegt war**; denn § 477 soll Beweisschwierigkeiten des Verbrauchers überwinden. Dies hat der EuGH 2015 bestätigt (Rs. *Faber*); der BGH ist dem nunmehr (s. NJW 2017, 1093) gefolgt. 318

319 Ist daher eine Mangelerscheinung erwiesenermaßen erst nach Gefahrübergang aufgetreten, jedoch ungewiss, ob diese ihrerseits auf einem weiteren (daher: Grund-)Mangel beruht (d.h. im Ansatz schon bei Gefahrübergang vorlag) oder aber auf Ursachen *nach* Gefahrübergang (z.B. ein Fehlverhalten des Käufers) zurückzuführen ist, wird nach § 477 grds. sowohl (1.) das **Vorliegen** eines Grundmangels (2.) bereits bei (hypothetischem) Gefahrübergang als auch (3.) dessen **Ursächlichkeit** für den konkreten mangelhaften Zustand vermutet.

cc) Widerlegung der Vermutung

320 Zur **Widerlegung** der Vermutung in § 477 genügt daher i.d.R. nicht alleine (**1.**) der Nachweis, dass die *konkrete* Mangelerscheinung bei (hypothetischem) Gefahrübergang noch nicht vorlag. Vielmehr muss der Verkäufer zusätzlich darlegen, dass der vertragswidrige Zustand auch nicht (**2.**) auf einem etwaigen anderen, bereits bei Gefahrübergang vorliegenden (Grund-)Mangel beruht. Hierzu genügt der Nachweis, dass die konkrete Mangelerscheinung auf nach Gefahrübergang eingetretene Umstände (z.B.: Fehlverhalten des Käufers) zurückzuführen ist.

dd) Ausschluss der Beweislastumkehr

321 Die Vermutung des § 477 greift gem. § 477 I 1 HS 2 nicht ein, wenn sie mit der Art der Sache oder des Mangels (bzw. beidem) **unvereinbar** ist; genau trennen lassen sich diese beiden Kategorien ohnehin kaum. Die Beweislast hierfür trägt der Verkäufer. Mit der **Art der Sache** unvereinbar ist die Vermutung ggf. bei Verschleißerscheinungen gebrauchter Sachen, sofern diese überhaupt einen Mangel konstituieren. Entgegen der Gesetzesbegründung soll die Beweislastumkehr nach h.M. jedoch bei gebrauchten Sache *nicht* generell ausgeschlossen sein. Das Gleiche gilt für den Tierkauf (vgl. § 90a S. 3), wobei hier eine Beweislastumkehr i.B.a. kurzfristig auftretende Erkrankungen je nach Zeitpunkt des Auftretens mit der **Art des Mangels** unvereinbar sein kann (ebenso bei leicht verderblichen Waren). Schließlich scheidet eine Beweislastumkehr bei **allzu offensichtlichen Mängeln** aus, die i.d.R. auch nicht versierten Käufern auffallen müssten (z.B. meterlange Kratzer in der Fahrertür); dass ein Mangel offensichtlich durch *Einwirkung von außen entstanden ist, genügt allerdings für sich genommen nicht.*

g) Verkäuferregress beim Lieferanten, § 478

322 Hat ein zur Gewährleistung verpflichteter (Letzt-)Verkäufer die weiterverkaufte (neue!) Kaufsache *seinerseits* bereits in mangelhaftem Zustand von *seinem* Verkäufer (dem **Lieferanten**, § 445a I; zur hier vorgeschlagenen teleologischen Reduktion des Lieferantenbegriffs s. Rn. 228) erhal-

H. Besondere Arten des Kaufs 109

ten, kann er seine Nacherfüllungskosten ggf. nach § 445a I vom Lieferanten ersetzt verlangen (sog. „selbständiger Regress", s. Rn. 226 ff.; zum sog. „unselbständigen Regress" i.S.v. § 445a II: Rn. 123).

Hintergrund: Dieser Verkäuferregress wurde – in Umsetzung der 323 (nunmehr durch die Warenkauf-RL anbgelösten) VerbrGKRL – erstmals i.R.d. **SchuldRMod** ins BGB implementiert. Nach (damals) § 478 I und II a.F. war ein Rückgriff des Verkäufers auf seinen Lieferanten (etc.) jedoch nur dann möglich, wenn am Ende der Lieferkette ein Verbrauchsgüterkauf stand. Im Jahr 2017 hat sich der Gesetzgeber – v.a., um auch reine „B2B"-Gestaltungen zu erfassen – entschlossen, die Beschränkung des Verkäuferregresses auf Verbrauchsgüterkauf-Konstellationen aufzugeben. In der Folge wurde die Regelung mit Wirkung vom 1.1.2018 **ins allgemeine Kaufrecht** (in nunmehr § 445a und § 445b) verschoben. Seitdem ist ein Verkäuferregress grds. auch dann möglich, wenn am Ende der Lieferkette *kein* Verbrauchsgüterkauf steht.

Für den Fall, dass am Ende einer Lieferkette ein Verbrauchsgüterkauf 324 steht, **modifiziert § 478** in Umsetzung von Art. 18 Warenkauf-RL **die §§ 445a f.** zugunsten des Verkäufers (d.h. eines Unternehmers).

Nach § 478 **I** gilt in einem derartigen Fall die **Beweislastumkehr** des 325 § 477 i.R.v. § 445a I und II auch zugunsten des Letztverkäufers entsprechend (vgl. Rn. 316); für den Fristbeginn kommt es allerdings nicht auf den Gefahrübergang „zwischen" Lieferant und Unternehmer, sondern auf denjenigen „zwischen" Unternehmer und Verbraucher an. § 478 **II** erklärt zudem (vergleichbar § 476 I, s. Rn. 306) die meisten Mängelrechte sowie die §§ 445a ff. für – vor Anzeige des Mangels – zugunsten des Unternehmers („wirtschaftlich") **zwingend**; § 478 I 3 statuiert sogar ein Umgehungsverbot (vgl. Rn. 309 ff.). Anders als bei § 476 I kann der Lieferant dem Unternehmer jedoch alternativ einen gleichwertigen Ausgleich einräumen. Und gem. § 478 **III** gilt § 478 in den hinteren Gliedern einer **Lieferkette** entsprechend (≈ § 445a III).

h) Sonderbestimmungen für Garantien, § 479

§ 479 schließlich enthält – in Ergänzung von § 443 – bestimmte An- 326 forderungen v.a. an die **Transparenz** von **Garantien** (zu diesem Begriff: Rn. 270), die einem Verbraucher gewährt wurden. Diese Vorgaben gelten nicht nur bei einer Garantieübernahme durch den Verkäufer, sondern auch durch Dritte, sofern diese Unternehmer i.S.v. § 14 sind. Die Nichteinhaltung der in § 479 enthaltenen Vorgaben führt gem. § 479 IV nicht etwa zur Unwirksamkeit der Garantieklausel bzw. des Garantievertrags, sondern allenfalls zu Schadensersatzansprüchen des Verbrauchers (v.a. aus *cic*, d.h. gem. §§ 280 I, 311 II, 241 II). Nach § 479 **III** schließlich hat der Verbraucher im Falle einer vom Hersteller übernommenen (**selbständigen**) **Haltbarkeitsgarantie** iSv § 443 II (s. dazu Rn. 270 f.) während des vereinbarten Garantiezeitraums zumindest Anspruch auf Nacherfüllung gem. § 439 II, III, V und VI 2 sowie § 475 III 1 und V.

III. Kauf unter Eigentumsvorbehalt

Literatur: *Lorenz*, JuS 2011, 199; allgemein: *C. Paulus*, JuS 1995, 185.

327 Aus § 320 I ersichtlich geht das Gesetz davon aus, dass ein (Kauf-)Vertrag im Regelfall von beiden Parteien gleichzeitig erfüllt wird. Abweichend hiervon können die Parteien jedoch kraft Vertragsfreiheit ohne Weiteres – unter Abbedingung von § 271 I bzw. § 475 I – die **Vorleistungspflicht** einer Partei vereinbaren. Da dies zugleich eine Kreditgewährung darstellt, entsteht dadurch oftmals das Bedürfnis nach einer (Kredit-)**Sicherheit** (Insolvenzrisiko etc.). Für den Fall, dass ein *Verkäufer* zur Vorleistung verpflichtet wird, ist eine denkbare Lösung in § 449 angesprochen: die Vereinbarung eines Eigentumsvorbehalts.

328 **Hintergrund:** Bei Vereinbarung eines Eigentumsvorbehalts sind *schuld-* und *sachenrechtliche* Ebene sorgfältig auseinanderzuhalten. Seine Wirkung entfaltet ein Eigentumsvorbehalt primär auf **dinglicher Ebene**: Dabei wird eine Sache zwar bereits übergeben, jedoch nur unter der aufschiebenden Bedingung (§ 158 I) der (i.d.R.) vollständigen Kaufpreiszahlung übereignet (sog. *einfacher* Eigentumsvorbehalt i.S.v. § 449 I); damit erwirbt der Käufer zugleich ein dingliches (durch § 161 I, III abgesichertes) **Anwartschaftsrecht**. Zusätzlich kann ein (dann: *erweiterter*) Eigentumsvorbehalt auch von der Erfüllung anderer Ansprüche als der konkreten Kaufpreisforderung abhängig gemacht werden. Nach § 449 III ist jedoch die Vereinbarung eines Eigentumsvorbehalts zur Sicherung von Forderungen Dritter unwirksam (sog. „Konzernvorbehalt"). Beim *verlängerten* Eigentumsvorbehalt hingegen wird der Käufer – bei gleichzeitiger Vorausabtretung der Forderungen aus dem Weiterverkauf (mitsamt Einzugsermächtigung) – zur Weiterveräußerung ermächtigt. Möglich ist all dies nur bei beweglichen Sachen (und *entsprechend* beim Rechtskauf); bei Immobilien scheitert ein Eigentumsvorbehalt an der Bedingungsfeindlichkeit der Auflassung, § 925 II.

Auf **schuldrechtlicher Ebene** ist bezüglich eines Eigentumsvorbehalts zu differenzieren: I.d.R. wird dieser – als Nebenabrede (*accidentalia negotii*), nicht als Bedingung – bereits in dem kausalen Schuldvertrag vereinbart. Zwingend erforderlich ist dies jedoch nicht; auch ein vertragswidriger Eigentumsvorbehalt ist wirksam, falls der Käufer diesen akzeptiert (§§ 929 ff., 145 ff.). Wurde allerdings im Kaufvertrag kein Eigentumsvorbehalt vereinbart, begründet die lediglich bedingte Übereignung der Kaufsache eine Pflichtverletzung (§ 433 I 1). 329

Nach ganz h.M. löst ein (einfacher) Eigentumsvorbehalt keine unangemessene Benachteiligung des Käufers i.S.v. § 307 aus. Entsprechend kann ein solcher ohne Weiteres in **AGB** vereinbart werden; auch die **konkludente** Vereinbarung eines Eigentumsvorbehalts ist möglich (z.B.: „der Fahrzeugbrief verbleibt bis Bezahlung beim Verkäufer"). Nach BeckOK/*Faust* (§ 449 Rn. 12) soll hierfür bei Fehlen entgegenstehender Anhaltspunkte sogar die bloße Vereinbarung der Übergabe einer Sache vor vollständiger Bezahlung genügen. Eine weitere **Auslegungsregel** enthält § 449 I: Danach ist, wenn *schuldrechtlich* ein Eigentumsvorbehalt vereinbart wurde, im Zweifel anzunehmen, dass die Sache – auf *dinglicher* Ebene – aufschiebend bedingt übereignet wird. 330

Bei Vereinbarung eines (einfachen) Eigentumsvorbehalts bleibt der Verkäufer (naturgemäß) bis zur vollständigen Kaufpreiszahlung Eigentümer der Kaufsache. Dass er diese in der Zwischenzeit dennoch, selbst bei Säumigkeit des Käufers, nicht nach § 985 **herausverlangen** kann, ist § 986 I 1 geschuldet; denn der Kaufvertrag (sowie u.U. das Anwartschaftsrecht, umstr.) gewähren dem Vorbehaltskäufer ein Recht zum Besitz. § 449 **II** stellt diesbezüglich klar, dass „der Verkäufer die Sache nur herausverlangen [kann], wenn er vom Vertrag zurückgetreten ist". 331

IV. Kauf auf Probe

Beim in §§ 454 f. geregelten „Kauf auf Probe oder auf Besichtigung" wird nur der Verkäufer von Anfang an gebunden, während „die Billigung des gekauften Gegenstandes im Belieben des Käufers" steht, § 454 I 1. Rechtstechnisch geschieht dies „im Zweifel" durch Vertragsschluss unter der **aufschiebenden Bedingung** der Billigung durch den Käufer, § 454 I 2. Hierfür kann eine Frist vereinbart oder (hilfsweise) vom Verkäufer bestimmt werden, § 455 S. 1. In der Zwischenzeit muss dem Käufer die Untersuchung des Kaufgegenstands ermöglicht werden, § 454 II. Handelt es sich dabei um eine Sache und wurde diese dem Käufer übergeben, gilt sein Schweigen als Billigung, § 455 S. 2. Eine etwaige Widerrufsfrist beginnt erst mit der Billigung zu laufen. 332

112   *Kapitel 2. Kaufrecht*

V. Wiederkauf

333 Das – in §§ 456–462 – normierte Wiederkaufsrecht ermöglicht es einem Verkäufer, einen von ihm verkauften Gegenstand innerhalb einer bestimmten Frist vom Käufer (im Zweifel zum selben Preis, s. § 456 II) **zurückzukaufen**. Die Rechtsnatur des Wiederkaufsrechts ist gesetzlich nicht geregelt; aus § 456 I 1 folgt lediglich, dass ein etwaiger Wiederkaufvertrag durch *einseitige (formlose, § 456 I 2) Erklärung* des Verkäufers zustande kommt (d.h.: **Optionsrecht**). Nach h.Lit. handelt es sich dabei um ein vertraglich vereinbartes Gestaltungsrecht (BGH: aufschiebend bedingter Kaufvertrag). Die Haftung des (Wiederver-)Käufers ist abschließend in §§ 457 f. normiert und verdrängt §§ 437 ff.

VI. Das (schuldrechtliche) Vorkaufsrecht

334 Das in §§ 463–473 (lesen!) geregelte **schuldrechtliche** Vorkaufsrecht ermöglicht es einem Vorkaufsberechtigten, für den Fall, dass der Vorkaufsverpflichtete den Gegenstand des Vorkaufsrechts an einen Dritten verkauft (Vorkaufsfall), **einseitig** und formlos (§ 464 I) einen **(weiteren!) Kaufvertrag** über diesen Gegenstand zu denselben Konditionen (§ 464 II) zustande zu bringen. Ein derartiges Vorkaufsrecht kann entweder durch Vertrag oder Gesetz (z.B. § 577) entstehen, und zwar, anders als beim nur unbewegliche Sachen betreffenden dinglichen Vorkaufsrecht i.S.v. §§ 1094 ff., i.B.a. jeglichen Kaufgegenstand.

Kapitel 3. Weitere Verträge zu dauernder Überlassung

Neben dem Kauvertrag kennt das BGB v.a. in Gestalt des **Tausch-** **1** **vertrags** (§ 480) und des **Schenkungsversprechens** (§ 518) weitere **Veräußerungsverträge**, aufgrund derer sich (mindestens) eine Partei zur dauerhaften Überlassung – d.h. Übertragung – eines oder mehrerer Gegenstände verpflichtet (Ausnahme: Handschenkung, § 516).

A. Tauschvertrag

Der im BGB nicht definierte Tauschvertrag ist ein **gegenseitiger Ver-** **2** **trag**, durch den sich die Parteien dazu verpflichten, der jeweils anderen Partei eine Sache bzw. ein Recht oder sonstige Gegenstände zu verschaffen. Anders als beim Kauf findet beim Tausch kein Austausch von Ware gegen Geld, sondern von **Ware gegen Ware** statt.

Abzugrenzen ist der Tausch u.a. von der Leistung an Erfüllungs statt **3** (§ 364 I) sowie vom Doppelkauf mit Verrechnungsabrede.

Der Tauschvertrag ist im BGB nur äußerst knapp in **§ 480** geregelt. **4** Danach finden auf den Tausch die **Vorschriften über den Kauf** entsprechende Anwendung; allerdings sind beide Vertragsparteien in Bezug auf ihre Vertragspflichten jeweils **als Verkäufer** zu behandeln. Entsprechend haften z.B. beide Tauschpartner grds. nach §§ 434 ff., 480 für etwaige Mängel der Tauschsache. Anstelle einer etwaigen Minderung (§ 441) findet jedoch nach h.M. ein Ausgleich in Geld statt.

> I.R.e. Anspruchs auf **SESL** kann der Gläubiger den Schaden wahl- **5** weise nach der **Differenz-** oder **Surrogationstheorie** berechnen.

Ebenfalls von der Verweisung in § 480 erfasst sind die §§ 474 ff. **6** (h.M.); ggf. liegt daher ein **Verbrauchsgütertausch** vor (s. § 476 IV).

B. Schenkungsvertrag

Literatur: *Lorenz/Eichhorn*, JuS 2017, 6; *Schreiber*, JURA 2013, 361.

7   Die in §§ 516–534 geregelte Schenkung ist ein **unentgeltlicher Vertrag**, d.h. sie hat eine Zuwendung zum Gegenstand, die nach dem Parteiwillen nicht an eine Gegenleistung geknüpft ist. In Abgrenzung zu anderen unentgeltlichen Geschäften wie z.B. dem zinslosen Darlehen oder Auftrag liegt eine Schenkung vor, wenn sich die Parteien darüber **einig** sind, dass dem Beschenkten eine **dauerhafte unentgeltliche Zuwendung** aus dem Vermögen des Schenkers zukommen soll. Die Schenkung ist damit das unentgeltliche Gegenstück des Kaufs.

8   Aus der Natur der Schenkung als Vertrag folgt, dass sie **nicht gegen den Willen** des Beschenkten erfolgen kann (s. aber § 516 II 2).

9   **Gegenstand** einer Schenkung können nur **vermögenswerte Vorteile** sein, d.h. insb. Sachen und Rechte sowie sonstige Gegenstände, zudem auch ein Erlass (§ 397) oder das Vermögen (§ 311b III), nach § 517 nicht jedoch der bloße Verzicht auf Vermögenserwerb; zur teilweisen Sonderbehandlung **digitaler Produkte** gem. **§ 516a** s. Rn. 18a.

10 Den §§ 516 ff. unterfallen auch **mittelbare Schenkungen**, bei denen der Schenker Dritte mit Mitteln seines Vermögens dazu veranlasst (§ 328 I), dem Beschenkten einen Gegenstand zu übertragen.

I. Arten der Schenkung

11 Das BGB kennt **zwei verschiedene Arten** der Schenkung: Zum einen (**1.**) die in § 516 geregelte Handschenkung, zum anderen (**2.**) das Schenkungsversprechen, § 518. Welche Art der Schenkung im Einzelfall vorliegt, hängt davon ab, ob die Zuwendung **zeitlich** vor oder nach der jeweiligen vertraglichen Einigung über die Zuwendung erfolgt.

12 **Handschenkung** i.S.v. **§ 516** ist nur die ausgeführte Schenkung; eine Handschenkung liegt daher nur dann vor, wenn eine Zuwendung dinglich entweder *gleichzeitig* (z.B.: Weihnachtsgeschenke) oder aber *vor* (§ 516 II) der Einigung über die unentgeltliche Zuwendung erfolgt.

13 Anders als beim **Schenkungsversprechen** i.S.v. **§ 518** entsteht bei der Handschenkung nach h.M. keine Leistungspflicht des Schenkers; allerdings ist die Handschenkungsabrede Rechtsgrund zum Behaltendürfen i.S.v. § 812 I i.B.a. das jeweilige Geschenk. M.a.W. ist nur das Schenkungsversprechen ein (einseitig) **verpflichtender** Vertrag.

Soll eine Zuwendung nach dem Willen der Parteien lediglich **partiell** **14**
unentgeltlich erfolgen (z.B.: Verkauf eines Pkw **bewusst** zum halben Preis), spricht man von einer **gemischten Schenkung**. Deren rechtliche Behandlung ist umstr.: Vertreten werden insb. die Einheits-, die Trennnungs- und die **Zweckwürdigungstheorie** (h.M.), derzufolge im Einzelfall diejenigen Normen anzuwenden sind, die dem Vertragszweck am besten gerecht werden. Auf den unentgeltlichen Teil ist nach h.M. stets § 518 anzuwenden (§ 139).

Gem. **§§ 525–527** kann eine **Schenkung** auch **unter Auflage** erfolgen. **15** Eine Auflage unterscheidet sich – als bloße Nebenabrede – von einer Gegenleistung dadurch, dass der Schenker ihre Vollziehung **erst dann** verlangen kann, wenn er seinerseits geleistet hat, § 525 I. Für den Rücktritt bei Nichtvollzug der Auflage gilt § 527 I (iVm §§ 323 ff.).

II. Wirksamkeit

Während eine Handschenkungsabrede als bloßer Rechtsgrund zum **16** Behaltendürfen einer *bereits vollzogenen* Zuwendung auch formlos erfolgen kann, bedarf ein Schenkungs*versprechen* – zum Schutz des Schenkers vor Übereilung – gem. **§ 518 I 1** der **notariellen Beurkundung**. Formbedürftig ist danach nur die Willenserklärung *des Schenkers*, es sei denn, es greift eine strengere Norm (z.B.: § 311b I) ein. Ein etwaiger Formmangel wird durch Vollzug **geheilt**, § 518 II.

Erfolgt eine **Schenkung** hingegen **von Todes wegen** (d.h. unter der **17** aufschiebenden Bedingung, dass der Beschenkte den Schenker überlebt), unterliegt das Schenkungsversprechen gem. **§ 2301 I 1** den (Form-)Vorschriften über Verfügungen von Todes wegen (nach h.M.: des Erbvertrags, § 2276; a.A.: alternativ § 2247; bei Vollzug gilt § 2301 II). **Nicht** von § 2301 erfasst werden nach dem BGH Verträge zugunsten Dritter (§ 328 I) auf den Todesfall i.S.v. § 331.

III. Privilegierung des Schenkers

Als Ausgleich für das Fehlen einer Gegenleistung wird der Schenker **18** für den Fall einer etwaigen **Haftung** in den **§§ 521–524 privilegiert**. Nach § 521 haftet er aus dem Schenkungsvertrag – insgesamt und nicht nur i.B.a. Leistungspflichten (umstr.) – grds. nur für **Vorsatz** und **grobe Fahrlässigkeit**; davon erfasst sind nach h.M. auch etwaig konkurrierende Deliktsansprüche (§§ 823 ff.). Gem. § 522 ist der Schenker zudem im Falle eines Verzugs nicht zur Leistung von Verzugszinsen (§ 288) verpflichtet. Und nach §§ 523 und 524 haftet er für etwaige **Mängel** (und

Mangelfolgeschäden; umstr.) des geschenkten Gegenstands grds. nur, wenn er diese arglistig verschwiegen hat.

18a Gem. § 516a I 1 findet die Privilegierung des Schenkers [u.a.] gem. §§ 523 f. z.T. **keine Anwendung** auf die **Schenkung digitaler Produkte** (zum Begriff s. § 327 I–III sowie Kap. 2 Rn. 284b) oder von körperlichen Datenträgern, die ausschließlich als Träger digitaler Inhalte (i.S.v. § 327 II 1) dienen; Voraussetzung hierfür ist, dass die „Schenkung" durch einen Unternehmer an einen **Verbraucher** erfolgt und dieser im Gegenzug **personenbezogene Daten** bereitstellt oder sich hierzu verpflichtet (§ 327 III). Stattdessen haftet der Unternehmer in derartigen Fällen gem. § 516a I 2 ganz „normal" nach §§ **327d ff.** für etwaige Mängel des „geschenkten" digitalen Produkts. Das Gleiche gilt nach § **516a II** für Verbraucherverträge (i.S.v. § 310 III), durch die ein Unternehmer einem Verbraucher eine Sache schenkt, die digitale Produkte enthält oder mit digitalen Produkten verbunden ist, sofern jeweils die digitalen Produkte betroffen sind. Anders als der Gesetzeswortlaut nahelegt, folgt allerdings aus § 516a **nicht** etwa, dass die Bereitstellung personenbezogener **Daten** nicht als Gegenleistung i.S.v. §§ 320 ff. angesehen werden (umstr.; vgl. auch § 312 Ia 1); dies wollte der Gesetzgeber nämlich – ausweislich der Gesetzesbegründung (BT-Drs. 19/27653, S. 40) – offenlassen.

19 Darüber hinaus kann ein Schenker gem. § **519** (Erfüllungsverweigerung bei Notbedarf) sowie § **528** (Rückforderung wegen Verarmung) und §§ **530 ff.** (Widerruf wegen groben Undanks) unter – im Verhältnis zu den allgemeinen Vorschriften – erleichterten Bedingungen entweder die Erfüllung des Schenkungsversprechend **verweigern** (§ 519) oder den geschenkten Gegenstand **zurückfordern**.

Kapitel 4. Mietrecht

A. Einführung

Literatur: *Löhnig/Gietl*, JuS 2011, 107; *Lorenz/Eichhorn*, JuS 2014, 783.

Durch einen **Mietvertrag** verpflichtet sich der Vermieter, dem Mieter eine Sache gegen Zahlung der vereinbarten „Miete" (früher: „Mietzins") vorübergehend zu überlassen, § 535. M.a.W. geht es um die **zeitweise Gebrauchsüberlassung** einer Sache gegen **Entgelt**. 1

Gegenstand des Mietvertrags können nach § 535 grds. nur **Sachen** sein, gleichgültig ob sie beweglich (etwa Kfz oder Ski) oder unbeweglich (Wohnung, Grundstück) sind. Auch unselbständige Teile einer Sache (z.B. einer Reklametafel) und Tiere (§ 90a) können vermietet werden, nicht jedoch Rechte oder sonstige Gegenstände (dann ggf. Pacht, § 581). Eine Gebrauchsüberlassung erfordert i.d.R. die Verschaffung des unmittelbaren Besitzes (andernfalls Zugänglichmachung). 2

Seit dem 1.1.2022 finden die §§ 535–548 – in Umsetzung der Digitale-Inhalte-Richtlinie – gem. **§ 548a** auch auf die Miete **digitaler Produkte** (zum Begriff s. § 327 I–III und Kap. 2 Rn. 284b) entsprechende Anwendung; bislang war dies nur der Fall, sofern ein digitales Produkt (z.B. Software) im Einzelfall auf einem physischen Datenträger verkörpert war. Ist der Mietvertrag zugleich ein **Verbrauchervertrag** (§ 310 III), sind zusätzlich die Vorgaben von **§ 578b** zu beachten; danach wird – vergleichbar mit § 453 I 2 sowie § 516a – die Anwendbarkeit wesentlicher Teile der §§ 535 ff. zugunsten der **§§ 327 ff.** abbedungen (s. dazu Rn. 101). Für etwaige Kündigungsfristen gilt dann **§ 580a III**. 2a

Die „Miete" ist regelmäßig (nicht: zwingend) **in Geld** zu entrichten; v.a. bei Vermietung von Wohnraum ist dabei eine periodische Bezahlung üblich (§ 556b I). Auch eine einmalige Entrichtung ist jedoch möglich, insb. wenn die Vertragsdauer von vorneherein feststeht. Wird hingegen kein Entgelt geschuldet, liegt ein **Leihvertrag** vor, § 598. 3

I. Charakteristik

4 Der Mietvertrag ist ein **synallagmatischer**, d.h. gegenseitig verpflichtender **Austauschvertrag** i.S.v. §§ 320 ff. Anders als ein Kaufvertrag ist er nicht auf einmaligen Leistungsaustausch gerichtet, sondern zeichnet sich durch eine ständige Pflichtenanspannung jedenfalls des Vermieters aus. I.d.R. steht zudem (außer im Falle einer Befristung) die Vertragsdauer und damit der Umfang der Hauptleistungspflichten nicht von vorneherein fest. Damit ist der Mietvertrag zugleich ein **Dauerschuldverhältnis**. Dies hat zur Folge, dass ab Vollzugsbeginn i.d.R. die Kündigung an die Stelle des Rücktritts tritt; eine etwaige **Anfechtung** wirkt jedoch – wie im Normalfall und anders als im Gesellschafts- und Arbeitsrecht – *ex tunc* (es gibt keine Lehre vom „fehlerhaften Mietvertrag").

5 Aus der Zeitbezogenheit des Mietvertrags folgt weiterhin, dass die Pflicht des Vermieters zur Gebrauchsüberlassung in vielen Fällen (insb. bei Wohnraummiete, keinesfalls aber immer) eine **absolute Fixschuld** darstellt; deren Nichterfüllung resultiert dann nicht in Verzug (§ 286), sondern gem. § 275 I in Unmöglichkeit (beachte § 326 I 1).

II. Untermiete

6 Vermieter kann nicht nur der Eigentümer einer Sache sein; auch ein Mieter kann eine Mietsache (oder Teile davon) weiter-, d.h. **untervermieten**. Gem. **§ 540 I 1** bedarf er hierzu jedoch der **Erlaubnis des Vermieters**. Eine unerlaubte, selbst kurzfristige („Airbnb") Untervermietung stellt daher eine den Vermieter ggf. zu Kündigung und Schadensersatz berechtigende Pflichtverletzung dar. Bei der Wohnraummiete hat der Mieter allerdings unter den Voraussetzungen von **§ 553** Anspruch auf Gestattung der Untervermietung (ohne dass diese dadurch entbehrlich wird). Gem. **§ 540 II** haftet der Mieter seinem Vermieter i.R.d. Vertretenmüssens für Verschulden des Untermieters (≈ § 278).

7 Bei **unberechtigter Untervermietung** gewährt § 541 dem Vermieter einen Anspruch auf Unterlassung. Zudem kann er (i.d.R. erst nach vorheriger Abmahnung, § 543 III) nach **§ 543 II 1 Nr. 2 Alt. 2** außerordentlich kündigen, außer der Mieter hatte Anspruch auf Gestattung (§ 553 I 1, ggf. auch: § 573 II Nr. 1). Gem. §§ 280 I (540 II) und § 823 I kann er auch **Schadensersatz** verlangen, allerdings nur wegen Beschädigung (durch den Untermieter) sowie erhöhter Abnutzung. **Herausgabe des Untermietzinses**, z.B. aus §§ 816 I, 812 I 1 Alt. 2 oder §§ 667, 681 S. 2, 687 II, kann der Vermieter i.d.R. nicht verlangen. **Vom Untermieter** kann er, solange der Hauptmietvertrag besteht, allenfalls Schadensersatz (§ 823 I) oder Herausgabe an den Mieter verlangen, § 986 I 2; danach: §§ 985, 546 II.

Keine Untervermietung (sondern normaler vertragsgemäßer Gebrauch) ist im Lichte von Art. 6 I GG die Aufnahme von **Ehegatten** und nahen **Familienangehörigen** (nicht: Freund/Freundin, Verlobte, Geschwister) in die gemietete Wohnung. **8**

III. Formbedürftigkeit?

Ein Mietvertrag bedarf im Regelfall **keiner Form**. Bei der **Wohnraummiete** (und: **§ 578**) schreibt allerdings § 550 S. 1 die Einhaltung der Schriftform (§ 126) vor, falls ein Mietvertrag für länger als ein Jahr (ab vereinbartem Nutzungsbeginn) geschlossen (oder entsprechend geändert) wird. Unter diese nicht abdingbare Vorschrift fallen einerseits Mietverträge, die auf über ein Jahr **befristet** sind (beachte § 542 II), andererseits solche, die zwar nur auf ein Jahr befristet sind, sich jedoch mangels Kündigung automatisch verlängern, sowie nach dem BGH und der h.Lit. auch unbefristete Mietverträge, bei denen die ordentliche Kündigung für über ein Jahr ausgeschlossen wird. **9**

Die Nichteinhaltung der nach § 550 S. 1 vorgeschriebenen Form führt entgegen § 125 S. 1 nicht zur Nichtigkeit, sondern lediglich zu einer **gesetzlichen Vertragsänderung** (§ 550 S. 1 ist *lex specialis* zu § 125 S. 1): Der Vertrag gilt dann als auf unbestimmte Zeit geschlossen. Dies hat v.a. Auswirkungen auf die Kündigungsmöglichkeit (vgl. § 542 I), wobei eine ordentliche Kündigung gem. § 550 S. 2 frühestens zum Ablauf eines Jahres nach Überlassung möglich ist. **10**

IV. Systematik des Mietrechts

Das Mietrecht ist im BGB in **§§ 535–580a** geregelt. Die Regelung gliedert sich in einen **allgemeinen**, für alle Mietverträge geltenden (§§ 535–548) und in einen **besonderen Teil** (§§ 549–580a), der wiederum nur bestimmte Mietgegenstände betrifft. Die §§ 549–577a enthalten Vorschriften für die besonders wichtige **Wohnraummiete**; §§ 578–580a regeln demgegenüber die Miete anderer Sachen, insb. von bloßen Grundstücken und Räumen, die kein Wohnraum sind. Zur – in §§ 548a und 578b adressierten – Miete **digitaler Produkte** s. Rn. 2a und 101. **11**

B. Die Pflichten von Mieter und Vermieter

I. Die Pflichten des Vermieters

11a Die Haupt(leistungs)pflichten des Vermieters werden in § 535 I adressiert; die dort geregelte **Gebrauchsgewährungspflicht** unterteilt sich (**1.**) in die Pflicht zum **Überlassen** der Mietsache in einem zum vertragsgemäßen Gebrauch geeigneten Zustand (§ 535 I 1 und 2 Alt. 1) sowie (**2.**) die Pflicht zum **Erhalten** dieses Zustands (§ 535 I 2 Alt. 2).

1. Gebrauchsüberlassungspflicht (§ 535 I 1)

12 Gem. § 535 I 1 muss der Vermieter dem Mieter während der Mietzeit den **Gebrauch** der Mietsache (sowie ggf. den Mitgebrauch von Gemeinschaftseinrichtungen) **gewähren**. Dazu gehört auch eine **Duldung des vertragsgemäßen Gebrauchs** der Mietsache durch den Mieter; was vertragsgemäß ist, ist im Zweifel durch Auslegung des Vertrags zu ermitteln. I.d.R. sind z.B. die Aufnahme von Familienangehörigen (vgl. Rn. 8) oder Haustieren, der Empfang von Besuch, der Einbau einer Küche, Bohren sowie ggf. die Außeninstallation einer Antenne zulässig, nicht jedoch bauliche Veränderungen (s. aber § 554a) sowie die nach außen in Erscheinung tretende berufliche Nutzung von Wohnraum.

2. Gebrauchserhaltungspflicht (§ 535 I 2); Schönheitsreparaturen

13 § 535 I 2 konkretisiert diese **Gebrauchsüberlassungspflicht** dahingehend, dass der Vermieter die Mietsache „in einem zum vertragsgemäßen Gebrauch geeigneten Zustand zu überlassen" (Alt. 1) und auch während der Mietzeit „zu erhalten" hat (Alt. 2, sog. **Gebrauchserhaltungspflicht** als mietrechtliches Pendant zur Nacherfüllungspflicht); nach § 535 I 2 kann ein Mieter daher (unverjährbar) die Beseitigung auch von nach Überlassung der Mietsache auftretenden **Mängeln** verlangen, es sei denn, er hat deren Auftreten zu vertreten (beachte § 538). Dabei ist unerheblich, ob der Mieter die Mietsache tatsächlich nutzt und/oder ihn ein Mangel überhaupt subjektiv beeinträchtigt (vgl. auch § 537 I 1). Welcher Zustand geschuldet ist, hängt primär von einer etwaigen (ausdrücklichen oder konkludenten; insofern ist der jeweilige Vertragszweck mit zu berücksichtigen) Beschaffenheitsvereinbarung, hilfsweise vom vereinbarten Nutzungszweck und objektiven Kriterien ab (dann: zum üblichen Gebrauch geeigneter Zustand geschuldet). Bei der Raummiete (z.B.: Vermietung einer Wohnung) erstreckt sich die Gebrauchserhaltungspflicht zusätzlich auf zwar nicht vermietete, jedoch der Mitbenutzung unterliegende Teile des Hauses und Grundstücks (etwa das Treppenhaus oder ein Aufzug).

Zu einer **partiellen Abbedingung** von § 535 I 2 führt bei der Vermietung von Wohnraum die vertragliche Abwälzung der Pflicht zur Durchführung von **Schönheitsreparaturen** (= Tapezieren oder Anstreichen von Wänden oder Heizkörpern sowie Bodenpflege) auf den Mieter. Dies ist nach dem BGH in gewissen Grenzen sogar (ungeachtet § 307 II Nr. 1) **in AGB zulässig**; angeblich werde die Abwälzung nämlich zugunsten des Mieters bei Bemessung der Miete berücksichtigt. AGB-rechtlich zulässig ist jedoch – jdf. bei der Wohnraummiete – lediglich eine Verpflichtung des Mieters zur Vornahme *tatsächlich erforderlicher* Schönheitsreparaturen; Klauseln, die eine Renovierungspflicht allein an das Verstreichen bestimmter Zeitabschnitte knüpfen (sog. **starrer Fristenplan**), verstoßen gegen § 307; das Gleiche gilt für **Endrenovierungsklauseln**, die eine unbedingte Renovierungspflicht bei Auszug vorsehen.

Wird eine Wohnung **unrenoviert** übergeben, ist eine Schönheitsreparaturklausel nach neuerer Rspr. des BGH (NJW 2015, 1594; a.A. noch BGHZ 101, 253) ebenfalls **AGB-rechtlich unzulässig** (außer der Mieter erhält im Einzelfall angemessenen Ausgleich); auch sog. **Abgeltungsklauseln** zur anteiligen Kostentragung des Mieters sind in einem derartigen Fall grds. AGB-rechtlich unzulässig. **Verschlechtert** sich der Zustand von unrenoviert überlassenem Wohnraum später **wesentlich**, steht dem Mieter daher – ungeachtet einer etwaigen Schönheitsreparaturklausel – ein Anspruch auf Mängelbeseitigung aus § 535 I 2 zu. Insofern ist allerdings zum einen zu beachten, dass die (vereinbarungsgemäße) Übergabe von unrenoviertem Wohnraum nach dem BGH u.U. eine Art **(negative) Beschaffenheitsvereinbarung** dahingehend begründet, dass nur dieser (*unrenovierte*) Zustand geschuldet ist; zum anderen ist die bloße Wiederherstellung eines unrenovierten Dekorationszustands i.d.R. **wirtschaftlich sinnlos**. Versetzt der Vermieter daher *unrenoviert überlassenen* Wohnraum, dessen Zustand sich nach der Überlassung wesentlich verschlechtert hat, überobligationsgemäß sogar in einen *frisch renovierten* Zustand, gewährt ihm der BGH (NJW 2020, 3517) ausnahmsweise doch einen Anspruch aus § 242 auf **angemessene** (i.d.R. hälftige) **Kostenbeteiligung** gegen den Mieter (zu Recht *sehr* **umstr.**, da dies durch die Hintertür eben doch zu einer (an sich ja abgelehnten) Kostentragungspflicht des Mieters führt).

Grds. **zulässig** ist demgegenüber die Vereinbarung, dass „i.d.R.", „bei Bedarf" oder „soweit erforderlich" (etc.) alle x Jahre zu streichen (etc.) sei (**flexibler Fristenplan**); Untergrenze des Zulässigen sind dabei (umstr.) für Bad und Küche 3 und für sonstige Räume 5 Jahre. **Farbwahlklauseln** (z.B. „nur neutrale oder helle Farben") sind nur wirksam, wenn auf die Endrenovierung beschränkt.

Führt ein Mieter wegen Unwirksamkeit einer AGB-Klausel nicht geschuldete Reparaturen durch, kann er nach §§ 812 I 1 Alt. 1, 818 II (nicht: GoA) **Wertersatz** verlangen (zeitliche Grenze: § 548 II). Unterlässt er hingegen geschuldete Schönheitsreparaturen, kann der Vermieter **Erfüllung** sowie unter den Voraussetzungen von §§ 281 I 1, 280 I, III (insb. nach erfolgloser Fristsetzung) **SESL** verlangen.

3. Neben(leistungs)pflichten

15 Daneben treffen den Vermieter regelmäßig bestimmte **Nebenleistungspflichten**, bei der (Wohn-)Raummiete z.B. zur Sicherstellung der Versorgung mit Wasser, Strom und Heizung. Als **Nebenpflicht** (§ 241 II) schuldet der Vermieter zudem besondere Fürsorge (insb. Schutz und Sicherung) sowie ggf. Aufklärung über bestimmte Risiken. Die **Lasten** der Mietsache (z.B. Grundsteuer; Grundschuldzinsen) hat gem. § 535 I 3 grds. der Vermieter zu tragen; bei Wohnraum gestattet § 556 I 1 jedoch die Abwälzung der Betriebskosten auf den Mieter.

II. Die Pflichten des Mieters

16 Der Mieter ist beim Mietvertrag gem. § 535 II zuvörderst zur **Entrichtung der vereinbarten „Miete"** verpflichtet (dazu näher Rn. 3). Zu den Grenzen der Zulässigkeit etwaiger sukzessiver Mieterhöhungen bei der Wohnraummiete vgl. §§ 557 ff.; zur (nach BVerfG NJW 2019, 3054 verfassungsgemäßen) sog. „Mietpreisbremse" vgl. §§ 556d ff.

17 Die Verpflichtung des Mieters zur Entrichtung der Miete entfällt, wie **§ 537 I 1** klarstellt, nicht dadurch, dass der Mieter „durch einen in seiner Person liegenden Grund [z.B. Krankheit oder eine Reise] an der Ausübung seines Gebrauchsrechts gehindert" wird. Lediglich ersparte Aufwendungen (etc.) muss sich der Vermieter anrechnen lassen (z.B.: Wegfall der Zimmerreinigung). M.a.W. fällt die Nutzung einer Mietsache grds. in den **Risikobereich des Mieters**, es sei denn, über die Gebrauchsüberlassung hinaus wurde eine weitere Zweckerreichung vereinbart (dann ggf.: § 326 I 1) oder zur **Geschäftsgrundlage** gemacht (z.B.: Vereinbarung erhöhter Hotelpreise wegen des Oktoberfestes).

Ist der Vermieter jedoch infolge **Überlassung des Gebrauchs an ei-** 18 **nen Dritten** (oder Eigennutzung) außerstande, dem Mieter den Gebrauch zu gewähren, entfällt die Mietzahlungspflicht des Mieters nach § **537 II**; lediglich einem vertragsbrüchigen Mieter ist die Berufung auf § 537 II nach § 242 verwehrt, falls z.b. eine Weitervermietung lediglich Konsequenz einer pflichtwidrig unterlassenen Mietzahlung ist.

Auch den Mieter treffen vielfältige **Nebenleistungs-** und **Neben-** 19 **pflichten**, insb. zu sorgfältigem Umgang mit der Mietsache sowie zur Einhaltung des vertragsgemäßen Gebrauchs (zur Untervermietung s. Rn. 7). Gem. § **536c I 1** ist er verpflichtet, dem Vermieter während der Mietzeit auftretende **Mängel** (oder fremde Rechtsberühmung, § 536c I 2) **unverzüglich anzeigen**; unterlässt er dies, ist er nach § 536c II 1 schadensersatzpflichtig und verliert gem. § 536c II 2 die meisten Mängelrechte (nicht: § 535 I 2). Dabei ist insbesondere zu berücksichtigen, dass der Begriff des Mangels iSv § 536c nach hM **weiter** zu verstehen ist als derjenige der §§ 536 f.; der BGH versteht darunter „jedes Hervortreten eines schlechten Zustands der Mietsache". Dies hat zur (oft übersehenen) Folge, dass neben Mängeln iSv § 536 I 3 z.B. auch Schäden, die infolge vertragsgemäßen Gebrauchs entstehen, anzeigepflichtig sein können. Nach Ende der Vertragslaufzeit muss der Mieter die Mietsache **zurückgeben**, § 546 I (sowie ggf. § 985). § 546 I regelt eine reine Rückgabepflicht und enthält keine Regelung darüber, in welchem Zustand die Mietsache zurückzugeben ist; entsprechend kann der Vermieter im Falle der Verschlechterung oder Veränderung der Mietsache zwar (**einfachen**!) Schadensersatz verlangen (dazu Rn. 22), nicht jedoch die Rücknahme verweigern (sonst: §§ 293 ff.).

C. Leistungsstörungen im Mietrecht

Auch „auf" einen Mietvertrag finden grds. die Regeln des allgemei- 20 nen Leistungsstörungsrechts (insb. §§ 280 ff.) Anwendung. Zusätzlich beinhaltet das Mietrecht ein eigenes **Gewährleistungsrecht**. Dieses baut, anders als die §§ 437 und 634, nicht auf dem Schuldrecht AT auf, sondern enthält v.a. in §§ **536–536d** eigenständige, die §§ 280 ff. innerhalb ihres Anwendungsbereichs vollständig verdrängende Gewährleistungsvorschriften. Diese greifen allerdings aus § 536 I 1 ersichtlich grds. erst **ab Überlassung der Mietsache** und nur bei Vorliegen eines Sach- oder Rechtsmangels (oder: § 536 II) ein.

Bei früheren bzw. **sonstigen Pflichtverletzungen** des Vermieters so- 21 wie insgesamt bei Pflichtverletzungen des Mieters greifen demgegenüber grds. die allgemeinen Regeln ein. Für viele Bereiche, etwa hinsichtlich der Kündigung in §§ 543 und 568 ff. sowie z.B. in §§ 541 und

546a I, enthält jedoch das Mietrecht gegenüber dem allgemeinen Schuldrecht (u.a. den §§ 323 ff.) vorrangige Sondervorschriften.

I. Rechte des Vermieters bei Leistungsstörungen

1. Schadensersatz

22 Verletzt ein Mieter ihm aus dem Mietvertrag obliegende **Obhuts-** und **Sorgfaltspflichten** (§ 241 II), schuldet er, wenn er dies zu vertreten hat, dem Vermieter **Schadensersatz nach § 280 I** (sowie ggf. §§ 823 ff.). Dies gilt entgegen einer verbreiteten Ansicht (die in einem derartigen Fall z.T. §§ 281 I 1, 280 I, III anwenden möchte) nach h.M. (immer) auch dann, wenn ein Mieter die Sachsubstanz der Mietsache beschädigt. Denn die Verpflichtung des Mieters, die Mietsache **in einem dem vertragsgemäßen Gebrauch entsprechenden Zustand zu halten** (beachte § 538), ist eine nicht leistungsbezogene Nebenpflicht iSv § 241 II, deren Verletzung eine Haftung nur nach § 280 I begründet. Wie der BGH (NJW 2018, 1746) ausdrücklich festgestellt hat, bedarf es daher selbst *dann* **keiner vorherigen Fristsetzung** des Vermieters (i.S.v. § 281 I 1), wenn dieser Schadensausgleich erst nach Beendigung des Mietverhältnisses verlangt; denn aus § 546 I folgt lediglich eine Pflicht zur *Rückgabe* der Mietsache, nicht jedoch eine Pflicht zur Rückgabe gerade *in vertragsgemäßen Zustand* (s. Rn. 19).

22a Bezüglich einer Haftung des Mieters aus §§ 280 I, 241 II gilt nach dem BGH hinsichtlich der (zwangsläufig verhaltensbezogenen) Pflichtverletzung eine **Beweislastverteilung nach Obhuts- und Gefahrenbereichen**, wenn ein Schaden seine Ursache allein im Obhutsbereich des Mieters hat (s. dazu auch Rn. 46). Zur Schadensersatzpflicht nach **§ 536c II 1** wegen unterlassener Mängelanzeige s. Rn. 19.

23 Ein Schadensersatzanspruch des Vermieters nach § 280 I kann sich auch daraus ergeben, dass ein Mieter die Pflicht zu **vertragsgemäßem Gebrauch** verletzt, etwa indem er die Mietsache unzulässigerweise verändert oder untervermietet (dazu Rn. 6 ff.; beachte § 540 II); gleichzeitig kann der Vermieter dann (i.d.R. jedoch erst nach vorheriger Abmahnung) nach **§ 541** Unterlassung und Beseitigung des vertragswidrigen Zustands verlangen; § 541 ist insofern *lex specialis* zu § 1004.

24 Verlangt ein Vermieter Schadensersatz (o.Ä.), ist stets an die **besondere Verjährungsregelung** in **§ 548 I** zu denken. Danach verjähren Ersatzansprüche des Vermieters „wegen Veränderungen oder Verschlechterungen der Mietsache" bereits in **6 Monaten**, gerechnet ab Rückgabe (§ 548 I 2). Eine Rückgabe setzt dabei (**1.**) eine Änderung der Besitzverhältnisse zugunsten des Vermieters sowie (**2.**) eine vollständige und unzweideutige Besitzaufgabe des Mieters voraus; ob hierfür auch ein Annahmeverzug des Vermieters genügt, ist umstr. § 548 ist **weit** zu verstehen; über den Wortlaut hinaus können § 548 I auch andere Ansprüche (selbst gegenüber Dritten, die in den Schutzbereich des Mietvertrags einbezogen sind) unterfallen, solange nur ein hinreichender Bezug zum Mietgegenstand besteht, sowie konkurrierende Deliktsansprüche. Das Gleiche gilt für Veränderungen/Verschlechterungen von zur Mitbenutzung überlassener Gegenstände (z.b.: Hausflur oder Treppenhaus). Gem. § 548 II gilt die Frist auch für Aufwendungsersatzansprüche des Mieters (und § 539 II).

2. Kündigung

Bei Verletzung vertragsbezogener Pflichten durch den Mieter steht dem Vermieter zudem unter bestimmten Voraussetzungen (z.b.: Unzumutbarkeit der Vertragsfortführung oder erhebliche Rechtsverletzung) nach § 543 I 1 bzw. II 1 Nr. 2 ein Recht zur **fristlosen Kündigung** zu. Auch hierfür ist nach § 543 III 1 i.d.R. eine vorherige **Abmahnung** erforderlich (zu den Ausnahmen vgl. § 543 III 2). Verletzt der Mieter allerdings seine (Hauptleistungs-)Pflicht zur Mietzahlung, ist ggf. § 543 II 1 Nr. 3 einschlägig; eine Abmahnung ist dann gem. § 543 III 2 Nr. 3 i.d.R. nicht nötig. Bei der Wohnraummiete kommt daneben – weniger streng – auch eine **ordentliche, befristete Kündigung** nach § 573 II Nr. 1 in Betracht. Vgl. zur Kündigung allgemein unten Rn. 65 ff.

3. Nutzungsentschädigung

Verletzt der Mieter seine (u.a.) aus § 546 I resultierende **Pflicht zur Rückgabe** der Mietsache nach Vertragsende (vgl. dazu Rn. 22), schuldet er dem Vermieter nach **§ 546a I** für die Dauer der Vorenthaltung eine **Nutzungsentschädigung** in Höhe der vereinbarten oder, falls diese höher ist, nach dessen Wahl (§ 262) der ortsüblichen Miete. Dies hindert den Vermieter gem. § 546a II (ggf. iVm § 571) jedoch nicht an der Geltendmachung ggf. weitergehenden Schadensersatzes (gem. § 280 I oder §§ 280 I, II, 286 I); im letztgenannten Fall kann der Vermieter auch entgangenen Gewinn wegen gescheiterter oder verzögerter Weitervermietung (§ 252) verlangen.

II. Rechte des Mieters bei Leistungsstörungen

Anders als bei Pflichtverletzungen des Mieters ist hinsichtlich der **Haftung des Vermieters** aufgrund von Leistungsstörungen zu differenzieren: Grds. stehen dem Mieter die Rechtsbehelfe des allgemeinen Leistungsstörungsrechts (insb. §§ 280 ff.) bzw. etwaige mietrechtliche Kündigungsrechte zu, wenn der Vermieter eine vertragliche Pflicht verletzt; besteht die Pflichtverletzung jedoch darin, dass die Mietsache einen Sach- (§ 536 I 1, früher: „Fehler") oder Rechtsmangel (§ 536 III) aufweist bzw. eine zugesicherte Eigenschaft fehlt (§ 536 II), findet das **mietrechtliche Gewährleistungsrecht** der §§ 536 ff. Anwendung, welches in seinem Anwendungsbereich die §§ 280 ff. verdrängt.

1. Gewährleistung

28   Das mietrechtliche Gewährleistungsrecht ist in **§§ 536–536d** geregelt. Danach **mindert** sich die Miete bei Vorliegen eines Mangels (bzw. bei Fehlen einer zugesicherten Eigenschaft) gem. § 536 automatisch *ex lege* (≠ §§ 441 I 1, 638 I 1 und § 326 I 2); etwaig bereits zu viel entrichtete Miete kann der Mieter nach § 812 I 1 (bzw. 2) Alt. 1 zurückfordern. Und § 536a gewährt dem Mieter einen **Schadens-** (§ 536a I) bzw. **Aufwendungsersatzanspruch** (§ 536a II: „Recht" zur Selbstvornahme) zum Ausgleich von aus der Mangelhaftigkeit der Mietsache resultierenden Nachteilen. Bei anfänglichem Vorhandensein eines Mangels ordnet § 536a I Alt. 1 aus Mieterschutzgründen sogar eine **verschuldensunabhängige Garantiehaftung** des Vermieters an.

29   Ergänzt wird das Gewährleistungsrecht durch das **Kündigungsrecht** in § 543 I, II 1 Nr. 1 (ggf. iVm § 569 I) sowie den Mängelbeseitigungsanspruch in § 535 I 2 (dazu Rn. 13). Gestützt auf diesen (übrigens von einem etwaigen Haftungsausschluss nach § 536b nicht erfassten) Anspruch kann ein Mieter zudem – auch neben den Gewährleistungsrechten bzw. der Minderung – gem. **§ 320 I** die Zahlung der geschuldeten Miete (m.E. analog § 641 III in Höhe des Doppelten der für die Mangelbeseitigung erforderlichen Kosten; umstr.) verweigern.

Überlassung, § 535 I 1, 2 Alt. 1		→	Gewährleistung, §§ 536 ff.		
Gebrauchserhaltung, (d.h. Mängelbeseitigung) § 535 I 2 Alt. 2	fristlose **Kündigung**, § 543 I, II 1 Nr. 1	automatische **Mietminderung**, § 536	**Schadensersatz**, § 536aI	**Selbstvornahme**, § 536a II	

Übersicht 10: Gewährleistungsrechte des Mieters

a) Allgemeine Voraussetzungen

Sämtliche Gewährleistungsvorschriften setzen (**1.**) das Vorliegen entweder eines (**a**) **Sach-** oder (**b**) **Rechtsmangels** bzw. (**c**) das Fehlen einer zugesicherten Eigenschaft voraus. Zudem greifen die §§ 536 ff. i.d.R. nicht ab Vertragsschluss, sondern grds. erst (**2.**) ab Einräumung der **Gebrauchsmöglichkeit** (d.h. Überlassung) ein. Lediglich bei anfänglichem Vorliegen von *Rechts*mängeln sollen die §§ 536 ff. (insb. § 536a) nach dem BGH bereits ab Vertragsschluss Anwendung finden. 30

aa) Sachmangel, § 536 I

Ein **Sachmangel** liegt vor, wenn die tatsächliche (Ist-)Beschaffenheit negativ von der geschuldeten (Soll-)Beschaffenheit abweicht. Welche Beschaffenheit geschuldet wird, hängt nach dem herrschenden **subjektiven Mangelbegriff** primär von der Beschaffenheitsvereinbarung der Parteien, hilfsweise vom vereinbarten Nutzungszweck sowie objektiven Kriterien ab. Zusätzlich ist für die Anwendbarkeit des Gewährleistungsrechts (nicht jedoch von § 535 I 2!) nach **§ 536 I** erforderlich, dass die **Tauglichkeit** der Mietsache zum vertragsgemäßen Gebrauch entweder ganz aufhoben (§ 536 I 1) oder (nicht unerheblich, § 536 I 3) gemindert (§ 536 I 2) wird. Unerheblich sind Mängel dann, wenn sie schnell und *mit geringem Kostenaufwand beseitigt* werden können oder (ggf.) nur rein ästhetischer Natur sind; nach dem BGH sind zudem bei Mietwohnungen Größenabweichungen bis 10 % i.d.R. unerheblich. Auch eine – objektiv nachvollziehbare – **begründete Gefahrbesorgnis** kann im Einzelfall einen Sachmangel begründen. 31

Zur **Beschaffenheit** einer Mietsache zählen nicht nur die physischen Eigenschaften einer Mietsache (z.B.: Größe einer vermieteten Wohnung, Alter der Mietsache, Beheizbarkeit, Bereifung etc.), sondern ggf. auch deren rechtliche bzw. tatsächlichen Beziehungen zur Umwelt, sofern diese nach Art und Dauer einen *un*mittelbaren Einfluss auf den vertragsgemäßen Gebrauch haben und mit der Mietsache selbst (und nicht nur dem Mieter) zusammenhängen (sog. *„Umfeldmängel"*). Auch **öffentlich-rechtliche** Beschränkungen (z.B. eine konkrete, individuelle Untersagungsverfügung, **nicht** jedoch allgemeine pandemiebedingte Betriebsbeschränkungen; s dazu Rn. 32a) oder Immissionen (z.B. Lärm benachbarter Bauarbeiten) sowie Konkurrenztätigkeit können daher im Einzelfall die Beschaffenheit beeinträchtigen. 32

Im Falle von aufgrund der Corona-Pandemie angeordneten **allgemeinen behördlichen Geschäftsschließungen**, die nach h.M. keinen Sachmangel begründen (Rn. 32), kann bei gewerblichen Mietverträgen eine Störung der Geschäftsgrundlage vorliegen, die die Mieter gem. **§ 313 I** zu einer anteiligen **Kürzung** der geschuldeten Miete 32a berechtigt (vgl. Art. 240 § 7 EGBGB a.F.). Die entsprechende Kürzung soll nach dem BGH (JuS 2022, 361 und 540) – entgegen der h.M. in der Instanzrechtsprechung – nicht etwa pauschal hälftig erfolgen; vielmehr ist auf die gesamten Umstände des Einzelfalls (z.B. eine mögliche Geschäftsfortführung mittels Click-und-Collect oder die Gewährung staatlicher Hilfen) abzustellen.

bb) Rechtsmangel, § 536 III

33 Ein **Rechtsmangel** setzt nach § 536 III voraus, dass dem Mieter der vertragsgemäße Gebrauch der Mietsache durch das Recht eines Dritten ganz oder teilweise entzogen wird. **Drittrechte** i.S.v. § 536 III sind nach h.M. nur solche des Privatrechts, egal ob dinglicher (z.B. Eigentum) oder schuldrechtlicher Natur (z.B. **Doppelvermietung**). Öffentlich-rechtliche Beschränkungen statuieren allenfalls Sachmängel.

34 Das bloße Bestehen eines Drittrechts genügt dabei nicht; denn auch ein Nichteigentümer kann ja eine Sache vermieten. Vielmehr muss der Mieter **tatsächlich** in seinem vertragsgemäßen Gebrauch (erheblich, vgl. § 536 I 3) **gestört** werden („entzogen"). Ein Entzug liegt – über den Wortlaut von § 536 III hinaus – auch dann vor, wenn der Mietgebrauch erst gar nicht gewährt werden kann. Auch die mündliche Geltendmachung eines Drittrechts kann bereits eine Störung begründen.

cc) Zugesicherte Eigenschaft, § 536 II

35 Dem Vorliegen eines Mangels gleichgestellt ist nach § 536 II das **Fehlen einer zugesicherten Eigenschaft**. Zu den „Eigenschaften" i.S.v. § 536 II zählen neben der physischen Beschaffenheit einer Mietsache auch deren tatsächliche und rechtliche Umweltbeziehungen, falls diese nach ihrer Art und Dauer für die Brauchbarkeit der Mietsache von Bedeutung sind *und ihren Grund in der Beschaffenheit der Sache selbst haben*; der Begriff der „Eigenschaft" deckt sich damit mit demjenigen der „Beschaffenheit", ist jedoch etwas enger. Eine Zusicherung i.S.v. § 536 II begründet daher i.d.R. auch eine Beschaffenheitsvereinbarung i.S.v. § 536 I. Allerdings unterfallen (nur) § 536 II – mangels Inbezugnahme von § 536 I 3 – auch unerhebliche Abweichungen; zudem ist für § 536 II keine tatsächliche Gebrauchsbeeinträchtigung erforderlich. Überdies begründet eine Zusicherung i.S.v. § 536 II nach h.M. eine „Garantie" (und damit Verschuldenssurrogat) i.S.v. § 276 I.

b) Mietminderung, § 536

36 Sowohl das Vorliegen eines (Sach- oder Rechts-)Mangels als auch das Fehlen einer zugesicherten Eigenschaft führen gem. § 536 (I, III oder II) für die Zeit ihres Bestehens zu einer **automatisch kraft Gesetzes**

eintretenden **Minderung**. Einer Gestaltungserklärung des Mieters bedarf es ebensowenig wie eines Vertretenmüssens des Vermieters.

Je nach Grad der Beeinträchtigung entfällt die Pflicht zur Entrichtung der vereinbarten (Brutto-, d.h. Warm-)Miete entweder ganz (§ 536 I 1) oder anteilig (§ 536 I 2). Die **Höhe** der („angemessenen") Minderung hängt von den Umständen des Einzelfalls ab. Das Kalkulationsrisiko trifft diesbezüglich nach Ansicht des BGH den Mieter; behält er zuviel ein, kann der Vermieter daher ggf. (z.B. gem. §§ 573 II Nr. 1, 278) kündigen.

Hat der Mieter eine wegen § 536 gar nicht geschuldete Miete bereits gezahlt, kann er diese – je nach Zeitpunkt der Mangelentstehung (etc.) und vorbehaltlich § 814 sowie § 818 III – gem. **§ 812** I 1 Alt. 1 bzw. § 812 I 2 Alt. 1 **zurückfordern** (oder den Anspruch gegen die nächste Mietrate **aufrechnen**, § 389). Bei der Wohnraummiete ist § 536 zwingend und kann gem. § 536 IV nicht vertraglich abbedungen werden. Beachte zudem die Ausnahme in § 536 Ia iVm § 555b Nr. 1 (lesen!).

> **Prüfungsschema 19:** Automatische Mietminderung, § 536 I, II, III
>
> 1. Wirksamer Mietvertrag, § 535
>
> 2. Zeitliche Anwendbarkeit der §§ 536 ff.: grds. ab Überlassung **(P)** bei anf. Rechtsmängeln nach h.M. bereits ab Vertragsschluss
>
> 3. Sach- (§ 536 I) oder Rechtsmangel (§ 536 III) bzw. § 536 II
>
> 4. Vorliegen zum maßgeblichen Zeitpunkt (Überlassung o. danach)
>
> 5. Kein Ausschluss der Mietminderung:
>   a) Vertraglich (mit Grenze: §§ 536 IV, 536d sowie §§ 305 ff.)
>   b) Gesetzlich: § 536b oder § 536c II 2 Nr. 1
>   c) § 536 Ia iVm § 555b Nr. 1 (energetische Modernisierung)
>
> 6. **Rechtsfolge:** Minderung *ex lege*, solange der Zustand andauert

c) Schadensersatz, § 536a I

In Gestalt von § 536a I Alt. 1–3 beinhaltet das Mietgewährleistungsrecht eigene, von §§ 280 ff. und § 311a II losgelöste Anspruchsgrundlagen für den Ersatz sämtlicher **mangelbedingter Schäden**. Darunter fallen alle unfreiwilligen Vermögenseinbußen, die adäquat kausal auf das Vorliegen eines Mangels zurückzuführen sind, egal ob sie das **Integritäts-** oder **Leistungsinteresse** betreffen. Eine Differenzierung zwischen SENL und SESL bzw. **Mangel- und Mangelfolgeschäden** ist daher i.R.d. Mietgewährleistungsrechts nicht erforderlich. Nach § 536a I sind sowohl mangelbedingte Körper- und Sachschäden als auch z.B. die Kosten einer vorübergehenden bzw. ggf. dauerhaften [dann jedoch zeitlich begrenzt bis zur nächsten Kündigungsmöglichkeit] Ersatzanmietung sowie z.T. sogar Umzugskosten ersatzfähig.

41 Da § 536a I auch solche Schäden umfasst, die ansonsten dem SESL unterfallen, kann ein Mieter anstelle von Schadensersatz (und unter den Voraussetzungen von § 536a I) nach seiner Wahl ggf. **Aufwendungsersatz nach § 284** verlangen. Neben dem Mieter können sich zudem – bei Vorliegen eines Vertrags mit Schutzwirkung zu ihren Gunsten – auch **Dritte** (z.B.: Ehegatte/Kinder des Mieters) auf § 536a I stützen.

42 **Zeitlich** ist § 536a i.d.R. erst **ab Überlassung** der Mietsache anwendbar; davor eintretende Schäden können allenfalls nach allgemeinem Leistungsstörungsrecht (d.h. gem. §§ 280 ff. bzw. § 311a II) liquidiert werden. (Nur; umstr.) bei anfänglich vorliegenden **Rechtsmängeln** soll § 536a nach h.M. bereits ab Vertragsschuss eingreifen.

43 § 536a I unterscheidet zwischen insgesamt **drei verschiedenen Fallgruppen**, die sich jeweils hinsichtlich ihrer Voraussetzungen unterscheiden. Für die Verjährung gelten §§ 195, 199 (und nicht: § 548 I).

aa) § 536a I Alt. 1

44 Besteht ein Mangel (oder fehlt eine zugesicherte Eigenschaft) bereits **anfänglich**, d.h. bei Vertragsschluss, haftet der Vermieter – selbst wenn sich der Mangel (etc.) erst später zeigt bzw. auswirkt – verschuldensunabhängig; § 536a I **Alt. 1** ordnet insofern eine **Garantiehaftung** an. Dabei ist nach h.M. unbeachtlich, ob ein Mangel nur anfänglich vorhanden oder zusätzlich von Anfang an unbehebbar i.S.v. § 275 ist; denn § 536a I Alt. 1 verdrängt neben §§ 280 ff. auch den § 311a II. Nach dem BGH genügt es für die Anwendbarkeit von § 536a I Alt. 1, wenn nur die **Ursache** eines sich erst später zeigenden („verborgenen") Mangels bereits bei Vertragsschluss gesetzt war.

45 **Prüfungsschema 20:** Schadensersatzanspruch nach § 536a I **Alt. 1**

1. Wirksamer Mietvertrag, § 535

2. Zeitliche Anwendbarkeit der §§ 536 ff.: grds. ab Überlassung
   (**P**) bei anf. Rechtsmängeln nach h.M. bereits ab Vertragsschluss

3. Sach- (§ 536 I) oder Rechtsmangel (§ 536 III) bzw. § 536 II

4. Vorliegen bei Vertragsschluss *und* (außer § 536 III) Überlassung

5. Kein Ausschluss des Schadensersatzanspruchs:
   a) Vertraglich (mit Grenze in §§ 536d, 305 ff. sowie 138, 242)
   b) Gesetzlich: § 536b oder § 536c II 2 Nr. 2

6. **Rechtsfolge:** Schadensersatz nach Maßgabe der §§ 249 ff.

bb) § 536a I Alt. 2

Entsteht ein Mangel (etc.) hingegen erst nach Vertragsschluss, haftet **46** der Vermieter nach § 536 I **Alt. 2** nur dann auf Schadensersatz, wenn er die Entstehung des Mangels oder die Unterlassung der Beseitigung bzw. der Einwirkung auf Störer auch **zu vertreten** hat. Das Vertretenmüssen beurteilt sich dabei nach §§ 276, 278 (s. dazu Kap. 2 Rn. 208 ff.), wobei dessen Vorliegen – anders als bei § 280 I 2 – **nicht vermutet** wird! Allerdings gilt insofern nach dem BGH (u.a. NJW 2009, 142) eine **Beweislastverteilung nach Obhuts- und Gefahrenbereichen**; stammt eine Schadensursache aus dem Herrschaftsbereich des Vermieters, muss dieser daher grds. nachweisen, dass er sie nicht zu vertreten hat. Zudem begründet in den Fällen des § 536 II, d.h. bei Wegfall zugesicherter Eigenschaften, die Zusicherung zugleich die Übernahme einer Garantie i.S.v. § 276 I 1, d.h. der Vermieter haftet in diesen Fällen auch ohne Verschulden.

> **Prüfungsschema 21:** Schadensersatzanspruch nach § 536a I **Alt. 2**   **47**
>
> 1. Wirksamer Mietvertrag, § 535
>
> 2. Zeitliche Anwendbarkeit von § 536a Alt. 2: ab Überlassung
>
> 3. Sach- (§ 536 I) oder Rechtsmangel (§ 536 III) bzw. § 536 II
>
> 4. Nachträglicher Mangel (etc.)
>
> 5. Vertretenmüssen i.B.a. den Mangel (*ggf.*: Zusicherung, § 536 II)
>   **(P)** Beweislastverteilung nach Obhuts- und Gefahrenbereichen
>
> 6. Kein Ausschluss des Schadensersatzanspruchs:
>   a) Vertraglich (mit Grenze in §§ 536d, 305 ff. sowie 138, 242)
>   b) Gesetzlich: §§ 536b oder 536c II 2 Nr. 2
>
> 7. **Rechtsfolge:** Schadensersatz nach Maßgabe der §§ 249 ff.

cc) § 536a I Alt. 3

Gem. § 536a I **Alt. 3** haftet der Vermieter auch dann auf Schadensersatz, **48** wenn er mit der Beseitigung eines Mangels *in Verzug* ist. Der Verzugseintritt beurteilt sich anhand von § 286, so dass gem. § 286 IV ebenfalls **Vertretenmüssen** erforderlich ist; anders als bei § 536a I Alt. 2 wird dessen Vorliegen **vermutet**. Abhängig von der Bestimmtheit stellt ggf. bereits die Mängelanzeige iSv § 536c eine Mahnung dar.

49 **Prüfungsschema 22:** Schadensersatzanspruch nach § 536a I **Alt. 3**

1. Wirksamer Mietvertrag, § 535
2. Zeitliche Anwendbarkeit der §§ 536 ff.: grds. ab Überlassung
3. Sach- (§ 536 I) oder Rechtsmangel (§ 536 III)
4. Verzug des Vermieters mit Mangelbeseitigung (§ 286, insb. IV)
5. Kein Ausschluss des Schadensersatzanspruchs (s. Schema 21)
6. **Rechtsfolge:** Schadensersatz nach Maßgabe der §§ 249 ff.

d) Aufwendungsersatz nach Selbstvornahme, § 536a II

50 *Anders* als das Kauf- und ebenso *wie* das Werkvertragsrecht (§ 637) kennt das Mietgewährleistungsrecht ein Selbstvornahmerecht des Mieters: Unter den Voraussetzungen von § 536a II kann der Mieter einen Mangel **selbst beseitigen** und Ersatz der dafür „erforderlichen" – d.h. bei *sorgfältiger und verständiger Prüfung ex ante* geeignet erscheinenden – **Aufwendungen** (inkl. eigener Arbeitsleistung) verlangen. Jdf. in den Fällen des § 536a II Nr. 1 kann er sogar **Vorschuss** verlangen.

51 Voraussetzung des Aufwendungsersatzanspruchs nach § 536a II ist, dass der Vermieter entweder mit der Beseitigung des Mangels in **Verzug** (§ 286) ist (**Nr. 1**) oder die umgehende Beseitigung des Mangels zur Erhaltung bzw. Wiederherstellung des Bestands der Mietsache notwendig ist (**Nr. 2**). Letzteres betrifft nur **Notmaßnahmen** zur Erhaltung der Mietsache bei Sachverhalten, die keinerlei Aufschub dulden.

52 Für die Verjährung des Ersatzanspruchs gilt **§ 548 II** (h.M.; eine M.M. will daneben noch §§ 195, 199 anwenden). Liegen die Voraussetzungen von § 536a II nicht vor, kann ein Mieter die Aufwendungen zur Mangelbeseitigung auch **nicht** als Schadensersatz (§ 536a I) bzw. nach § 539 I ersetzt verlangen. Denn *§ 539 I betrifft nur „sonstige"* Aufwendungen, die gerade nicht der Mangelbeseitigung dienen.

53 **Prüfungsschema 23:** Aufwendungsersatzanspruch nach § 536a II

1. Wirksamer Mietvertrag, § 535
2. Zeitliche Anwendbarkeit der §§ 536 ff.: grds. ab Überlassung
3. Sach- (§ 536 I) oder Rechtsmangel (§ 536 III)
4. Voraussetzungen von § 536a II, d.h. **entweder**:
   a) Nr. 1: Verzug d. Vermieters m. Mangelbeseitigung, § 286, **oder:**
   b) Nr. 2: Notmaßnahmen zur Erhaltung der Mietsache

C. Leistungsstörungen im Mietrecht

5. Kein Ausschluss des Aufwendungsersatzanspruchs:
   a) Vertraglich (mit Grenze in §§ 536d, 305 ff. und §§ 138, 242)
   b) Gesetzlich: § 536b
6. **Rechtsfolge:** Aufwendungsersatz nach Maßgabe der §§ 256 f.

e) Zurückbehaltungsrecht

Neben den §§ 536 ff. kann ein Mieter bei Vorliegen eines Mangels 54 auch gem. **§ 320 I**, gestützt auf seinen Anspruch auf Mangelbeseitigung aus § 535 I 2 sowie in den Grenzen von § 641 III (umstr.), die Zahlung der geschuldeten Miete **verweigern** (s. Rn. 29). Dieses Zurückbehaltungsrecht besteht auch dann, wenn die Gewährleistung insgesamt nach § 536b ausgeschlossen ist, da ein derartiger Haftungsausschluss § 535 I 2 nicht miterfasst. Etwas anderes gilt aber für **§ 536c**: Denn nach dem BGH kann ein Mieter ein Zurückbehaltungsrecht wegen eines Mangels, von dem der Vermieter keine Kenntnis hat, erst an solchen Mietzahlungen geltend machen, die fällig werden, *nachdem* der Mieter den Mangel angezeigt hat (umstr.). Schließlich ist zu beachten, dass **§ 556b I** keine (§ 320 entgegenstehende) Vorleistungspflicht des Mieters statuiert, sondern nur die Fälligkeit der Miete regelt.

f) Ausschluss der Mängelrechte

Abgesehen von der Minderung (vgl. § 536 IV) bzw. Kündigung 55 (§ 569 V) jeweils i.R.d. Wohnraummiete ist die mietrechtliche Gewährleistung kein zwingendes Recht. Die Parteien eines Mietvertrags können die §§ 536 ff. grds. **vertraglich abbedingen**. Allerdings unterliegen derartige Vereinbarungen stets den allgemeinen, durch §§ 138 und 242 sowie (bei Vorliegen von AGB) §§ 305 ff. gesetzten Grenzen; nach dem BGH soll jedoch § 536a I Alt. 1 selbst in AGB abbedungen werden können. Hat der Vermieter einen Mangel arglistig verschwiegen, kann er sich gem. **§ 536d** nicht auf einen vertraglichen Gewährleistungsausschluss berufen. Dies entspricht § 444 (dazu Kap. 2 Rn. 254).

Kraft Gesetzes sind die Gewährleistungsrechte des Mieters (**nicht** 56 jedoch der Anspruch auf Mangelbeseitigung aus § 535 I 2!) gem. **§ 536b S. 1** ausgeschlossen, wenn der Mieter einen Mangel (nicht: § 536 II; umstr.) bei Vertragsschluss positiv kennt (≈ § 442 S. 1). Das Gleiche gilt gem. **§ 536b S. 2**, wenn ihm der Mangel infolge grober Fahrlässigkeit unbekannt geblieben ist, es sei denn, der Vermieter hat den Mangel arglistig verschwiegen (≈ § 442 S. 2 Alt. 1). Gem. **§ 536b S. 3** schließlich verliert der Mieter die Rechte aus §§ 536 f. auch dann, wenn er die Mietsache in Kenntnis deren Mangelhaftigkeit annimmt, außer, er behält sich seine Rechte bei der Annahme vor (≈ § 640 III).

134   *Kapitel 4. Mietrecht*

57   Unterlässt es der Mieter, dem Vermieter während der Mietzeit auftretende **Mängel unverzüglich** (§ 121 I 1) **anzuzeigen,** und konnte der Vermieter infolgedessen keine Abhilfe schaffen, schließt **§ 536c II 2** eine Minderung sowie diesbezügliche Ansprüche aus § 536a I (nicht: II) und ein Kündigungsrecht *ohne etwaige Fristsetzung* (§ 543) aus.

g) Verjährung

58   Für die meisten Gewährleistungsansprüche des Mieters, insb. solche auf **Schadensersatz** (§ 536a I), finden die allgemeinen Verjährungsvorschriften, insb. **§§ 195, 199 I**, Anwendung (s. Rn. 43). Die besondere Verjährungsregel für Schadensersatzansprüche in § 548 I betrifft lediglich – andersherum – Ansprüche des *Ver*mieters gegen den Mieter. Ansprüche auf Aufwendungsersatz nach § 536a II hingegen unterliegen der Verjährungsregel in § 548 II (h.M., Rn. 52); sie verjähren daher in 6 Monaten nach Beendigung des Mietverhältnisses.

h) Konkurrenzen

59   Innerhalb ihres zeitlichen und sachlichen Anwendungsbereichs verdrängen die §§ 536 ff. die **§§ 280 ff.** sowie **§ 311a II** vollständig. Da das Mietgewährleistungsrecht jedoch im Grundsatz erst ab Überlassung einer Mietsache Anwendung findet, greift davor i.d.R. das allgemeine Leistungsstörungsrecht (insb. § 280 und §§ 323 ff.) ein. Lediglich bei anfänglichem Vorliegen von (ggf. nur unbehebbaren [wohl M.M.; umstr.]) Rechtsmängeln wendet die h.M. § 536a I Alt. 1 bereits ab Vertragsschluss an; nach Ansicht vieler soll dies auch für anfängliche Sachmängel gelten (M.M.).

60   Darüber hinaus verdrängt das Mietgewährleistungsrecht etwaige **Anfechtungsrechte** beider (umstr.) Parteien nach § 119 II, soweit der Irrtum mangelbegründende Umstände betrifft. Das Gleiche gilt für **§ 313**; Umstände, die keinen Mangel begründen, können jedoch Geschäftsgrundlage eines Mietvertrags sein (s. Rn. 17 und Rn. 32a). **§ 314** hingegen wird durch § 543 verdrängt. Die **§§ 823 ff.** schließlich sind ohne Weiteres neben §§ 536 ff. anwendbar.

2. Sonstige Haftung des Vermieters

61   Die Haftung des Vermieters für andere als die Mangelhaftigkeit der Mietsache betreffende Pflichtverletzungen beurteilt sich nach den **allgemeinen Vorschriften**, d.h. insb. §§ 280 ff. Für die Vertragsbeendigung treten allerdings jdf. ab Überlassung die Kündigungsvorschriften in §§ 543, 569, 573 ff. (dazu Rn. 65 ff.) an die Stelle der §§ 323 ff. bzw. § 314. Zum Aufwendungsanspruch des Mieters nach **§ 539 I** (und dessen Komplementärverhältnis zu § 536a II) s. bereits Rn. 52.

D. Die Beendigung des Mietvertrags

Ein Mietverhältnis **endet** gem. § 542 entweder durch **Kündigung** 62
(§ 542 I) oder, bei Vorliegen eines befristeten Mietvertrags, mit **Zeitablauf** (§ 542 II). Daneben kann ein Mietverhältnis durch Aufhebungsvertrag, i.d.R. nicht jedoch Tod (s. auch § 563), beendet werden. Und aus § 312 IV ersichtlich kann einem Mieter sogar ein **Widerrufsrecht** (sowohl i.R.d. Erstvertragsschlusses als auch grds. bei Vertragsänderungen) nach Maßgabe der §§ 312 ff. zustehen. Jedenfalls in Bezug auf Wohnraummietverträge ist dies europarechtlich nicht geboten und stellt insofern eine überschießende Umsetzung der VRRL dar (vgl. deren Art. 3 III lit. f Alt. 3). Voraussetzung eines derartigen Widerrufsrechts ist u.a. eine **Unternehmereigenschaft** des Vermieters, wobei hochumstritten ist, nach welchen Maßgaben eine solche zu bestimmen ist (dazu *Fervers*, NZM 2018, 642). Allerdings besteht nach Ansicht des BGH jedenfalls bei einer per Fernkommunikationsmittel erteilten Zustimmung zu einer Mieterhöhung bis zur ortsüblichen Vergleichsmiete kein fernabsatzrechtliches Widerrufsrecht des Mieters nach § 312g I, da insofern die §§ 558 ff. vorrangig sind.

I. Zeitablauf

Befristete Mietverträge **enden** i.d.R. durch bloßen Zeitablauf, § 542 II, 63
es sei denn, das Mietverhältnis wird zuvor verlängert, § 542 II Nr. 2; eine Verlängerung kann dabei auch stillschweigend geschehen, vgl. **§ 545**. Anders als im Arbeitsrecht (§ 14 TzBfG) unterliegt eine **Befristung** im Regelfall keinen Beschränkungen; nur bei der Wohnraummiete bedarf es gem. **§ 575** eines besonderen Befristungsgrundes.

Weitere Rechtsfolge einer Befristung ist der **Ausschluss** der or- 64
dentlichen Kündigung. Eine außerordentliche Kündigung bleibt jedoch nach § 542 II Nr. 1 (sowie allgemeinen Grundsätzen) möglich.

II. Kündigung

Bei Dauerschuldverhältnissen (und damit auch – jdf. ab Übergabe – 65
bei der Miete) tritt an die Stelle des Rücktritts im Regelfall die Kündigung. Das Recht zur Kündigung ist ein **Gestaltungsrecht** und steht grds. allen Parteien offen. Kündigt jedoch der Vermieter, kann der Mieter (bei der Wohnraummiete) ggf. nach § 574 der Kündigung widersprechen (**Gestaltungsgegenrecht**; Rechtsfolge dessen ist ein Anspruch auf Verlängerung des Mietvertrages, § 574a I).

Die Ausübung eines etwaigen Kündigungsrechts erfolgt durch emp- 66
fangsbedürftige **Willenserklärung**; die Kündigungserklärung ist somit

ein einseitiges (bedingungsfeindliches) Rechtsgeschäft. Sie ist nur bei der Wohnraummiete (schrift-)**form**bedürftig (§ 568 I). Die Kündigung wirkt *ex nunc*, d.h. sie beendet ein Mietverhältnis nur für die Zukunft.

67 Das Mietrecht kennt zwei verschiedene Arten der Kündigung, die sich v.a. hinsichtlich ihrer Voraussetzungen unterscheiden: die ordentliche und die außerordentliche Kündigung. Nach der gesetzlichen Grundkonzeption setzt dabei nur die **außerordentliche** Kündigung das Vorliegen eines (Kündigungs-)Grundes (meist: einer Pflichtverletzung des anderen Teils) voraus (vgl. § 543 sowie allg. § 314), wohingegen eine **ordentliche** Kündigung an sich auch ohne Grund, d.h. willkürlich, erfolgen kann. Nach dem BGH kann eine fristlose Kündigung ohne weiteres mit einer **hilfsweise** erklärten und auf denselben Sachverhalt gestützten ordentlichen Kündigung verbunden werden. Bei der Wohnraummiete jedoch hat der Gesetzgeber – aus Gründen des Sozialschutzes – die freie (ordentliche) Kündigungsmöglichkeit des *Ver*mieters deutlich eingeschränkt (vgl. §§ 573 ff.).

68 Daneben und unabhängig davon differenziert das Gesetz zwischen Kündigungen, die ein Mietverhältnis mit sofortiger Wirkung (d.h. **fristlos**) beenden, und solchen, deren Wirkungen erst nach Ablauf einer bestimmten Frist eintreten (sog. **befristete Kündigung**). Im Regelfall sind außerordentliche Kündigungen fristlos und ordentliche befristet; es gibt jedoch auch befristete außerordentliche Kündigungen.

1. Außerordentliche Kündigung

69 Das Recht zur außerordentlichen Kündigung ist in **§ 543** geregelt; für Wohnraummietverträge wird § 543 zudem durch **§ 569** ergänzt. Anders als das ordentliche besteht das außerordentliche Kündigungsrecht auch bei Vorliegen eines befristeten Mietvertrags, § 542 II Nr. 1. Ohnehin ist § 543 *Abs. 1* **zwingend**, d.h. er kann nicht durch Vereinbarung abbedungen oder eingeschränkt werden; wiederum bei der Wohnraummiete ist § 543 sogar – zugunsten des Mieters – *insgesamt* zwingend, **§ 569 V 1**. § 543 verdrängt das Kündigungsrecht nach § 314; auch die Frist in § 314 III gilt nach dem BGH für § 543 nicht (umstr.).

70 Ein außerordentliches (i.d.R.: fristloses; Ausnahme: §§ 540 I 2, 544, 561) Kündigungsrecht setzt nach § 543 I 1 das Vorliegen eines **wichtigen Grundes** voraus. Ein solcher liegt nach § 543 I 2 vor, wenn dem Kündigenden unter Berücksichtigung aller Umstände und unter Abwägung der Interessen der Parteien die Fortsetzung des Mietverhältnisses nicht zugemutet werden kann. Dies wiederum wird in § 543 II sowie – für die Wohnraummiete – zusätzlich in § 569 I, II und IIa durch **Regelbeispiele** konkretisiert; deren Aufzählung ist jedoch nicht abschließend.

D. Die Beendigung des Mietvertrags

Danach besteht z.B. ein außerordentliches Kündigungsrecht des *Vermieters*, wenn sich der Mieter (u.a.) mit der Entrichtung der Miete für zwei aufeinander folgende Termine in **Verzug** befindet, § 543 II 1 **Nr. 3**. Diesbezüglich ist für die **Wohnraummiete** jedoch **§ 569 III Nr. 2 S. 1** zu beachten, wonach eine zuvor wirksam erklärte fristlose Kündigung wegen Zahlungsverzugs im Wege der gesetzlichen Fiktion rückwirkend **als nicht eingetreten** gilt, wenn der Mieter die rückständige Miete innerhalb von zwei Monaten nach Eintritt der Rechtshängigkeit des Räumungsanspruchs begleicht (sog. **Schonfristzahlung**); eine etwaig hilfsweise erklärte ordentliche Kündigung iSv §§ 573 I, II Nr. 1 bleibt hiervon nach h.M. allerdings unberührt (Rn. 67). § 543 II 1 **Nr. 1** gewährt dem *Mieter* ein außerordentliches Kündigungsrecht, wenn ihm der vertragsgemäße Gebrauch nicht rechtzeitig bzw. vollständig gewährt oder wieder entzogen wird); wichtigster Anwendungsfall ist das Vorliegen von Mängeln. Dann aber – d.h. bei Mangelhaftigkeit – kann das Kündigungsrecht nach § 536b ausgeschlossen sein, § 543 IV 1; auch § 536d ist anzuwenden. Zur Kündigung wegen **unberechtigter Untervermietung** (§ 543 II 1 **Nr. 2** Alt. 2) s. bereits Rn. 7. **70a**

Besteht der wichtige Grund in der **Verletzung einer Pflicht** aus dem Mietvertrag, ist eine außerordentliche Kündigung nach **§ 543 III 1** i.d.R. erst nach erfolglosem Ablauf einer zur Abhilfe bestimmten angemessenen **Frist** oder – v.a. bei Unterlassungspflichten – erfolgloser **Abmahnung** zulässig. Wird dabei eine unangemessen kurze Frist gesetzt, beginnt dessen ungeachtet eine angemessene Frist zu laufen. Ausnahmsweise ist eine Fristsetzung (etc.) jedoch entbehrlich, und zwar nach § 543 III 2 u.a. dann, wenn sie offensichtlich keinen Erfolg verspricht (Nr. 1), z.B. bei ernsthafter und endgültiger Erfüllungsverweigerung oder Unmöglichkeit, es sei denn, § 543 III 2 ist durch § 536c II 2 Nr. 3 ausgeschlossen. **71**

(Nur) bei Wohnraum bedarf es zur Wirksamkeit der Kündigung der **Schriftform** (§ 568 I) sowie der **Angabe des wichtigen Grunds** im Kündigungsschreiben, **§ 569 IV**. **72**

Prüfungsschema 24: Außerordentliche Kündigung, §§ 543, 569 **73**

I. Bestehen eines Kündigungs**rechts**

1. Wirksamer Mietvertrag, § 535 [auch bereits vor Überlassung]

2. Wichtiger Grund, § 543 I (ggf. iVm §§ 543 II o. 569 I, II, IIa)

3. [bei PV:] erfolglose Fristsetzung oder Abmahnung, § 543 III 1,

4. oder Entbehrlichkeit, § 543 III 2; **es sei denn:** § 536c II 2 Nr. 3

5. Kein Ausschluss, §§ 543 II 2, 3; 536b, 543 IV 1; 569 III Nr. 2

II. Wirksame Kündigungserklärung, §§ 568 I, 569 IV; **nicht** 314 III

2. Ordentliche Kündigung

74 Außer bei befristeten Mietverträgen (Umkehrschluss aus § 542 II) kann ein Mietvertrag nach § 542 I an sich **jederzeit** und **ohne Grund ordentlich** gekündigt werden. Bei Wohnraum bedarf die Kündigungserklärung zu ihrer Wirksamkeit allerdings der **Schriftform**, § 568 I.

74a Anders als die außerordentliche wirkt die ordentliche Kündigung jedoch i.d.R. nicht sofort, sondern beendet das Mietverhältnis erst zum Ablauf einer bestimmten **Kündigungsfrist** (befristete Kündigung). Die Länge der Frist hängt dabei von dem jeweiligen Mietgegenstand ab: (**1.**) Bei Wohnraummiete beträgt die Frist ca. 3 Monate (§ 573c; lesen!), wobei sich die Frist ab einer bestimmten Mietdauer (ab Überlassung) nur für den Vermieter **verlängert**. Für Mietverträge über (**2.**) Grundstücke und Räume, die weder Wohn- noch Geschäftsraum sind, gilt hingegen § 580a I, für (**3.**) Geschäftsräume § 580a II sowie für (**4.**) bewegliche Sachen § 580a III.

75 Teilweise abweichend von dem Vorgesagten ist die Möglichkeit zur ordentlichen Kündigung bei der **Wohnraummiete** – unabhängig von einer etwaigen Befristung (dazu § 575) – gem. §§ 573 ff. **deutlich eingeschränkt**: Danach kann bei Vorliegen eines Mietverhältnisses über Wohnraum i.S.v. § 549 (dazu Rn. 83) **nur der Mieter** ohne (Kündigungs-)Grund ordentlich kündigen; das ordentliche Kündigungsrecht des *Vermieters* hingegen ist aus Gründen des Sozialschutzes deutlich eingeschränkt.

76 Nach § 573 I 1 kann der **Vermieter** von Wohnraum nämlich grds. nur dann ordentlich kündigen, wenn ein Kündigungsgrund vorliegt, d.h. er in den Worten des Gesetzes ein **berechtigtes Interesse** an der Beendigung des Mietverhältnisses hat (Ausnahme: § 573a). Eine Interessenabwägung findet dabei nicht statt. Etwas anderes – d.h. eine Berücksichtigung auch der Belange des Mieters – gilt nur, wenn dieser nach § 574 der Kündigung **widerspricht** („Sozialklausel"; s. Rn. 65).

77 **Prüfungsschema 25:** Ordentliche Kündigung, § 573 I oder § 542 I

I. Bestehen eines Kündigungs**rechts**

1. Wirksamer Mietvertrag, § 535 [auch bereits vor Überlassung]

2. [bei **Wohnraum** + Vermieterkündigung]: Berechtigtes Interesse, § 573 = Kündigungsgrund [dazu *Prüfungsschema 25a+25b*]

3. Vertr. Ausschluss (Grenze: §§ 305 ff., 573c IV) o. Befristung

II. Wirksame Kündigungs**erklärung**, §§ 568 I, **573 III**, §§ 105 ff.

III. [bei **Wohnraum** + Vermieterkündigung]: **Widerspruch**, § 574?

IV. **Rechtsfolge:** Ende des MV zum Ablauf der Frist, §§ 573c, 580a

D. Die Beendigung des Mietvertrags

Die wichtigsten ordentlichen **Kündigungsgründe** zählt (nicht abschließend) **§ 573 II** auf. Nach § 573 II **Nr. 1** ist eine ordentliche Vermieterkündigung möglich, wenn der Mieter eine **nicht unerhebliche, schuldhafte** (inkl. § 540 II und § 278; umstr.) **Pflichtverletzung** begeht, d.h. er z.B. – ungeachtet § 543 II Nr. 3 – in Verzug mit der Mietzahlung gerät (mindestens jedoch einer Monatsmiete und einen Monat lang). Ob eine Pflichtverletzung dabei „**nicht unerheblich**" ist, muss durch Einzelfallabwägung zwischen deren Gewicht (und ggf. Häufigkeit) sowie der Beeinträchtigung der Belange des Vermieters ermittelt werden. Entscheidend ist, ob die Kündigung den Umständen nach als angemessene Reaktion erscheint. Dabei sind auch eine etwaige Wiederholungsgefahr sowie der Verschuldensgrad (sehr umstr.) zu berücksichtigen; eine **Abmahnung** hingegen ist nach dem BGH grds. **nicht** erforderlich (umstr.), es sei denn, erst ihre Missachtung verleiht der Pflichtverletzung die benötigte Erheblichkeit.

77a

Prüfungsschema 25a: Kündigungsgrund i.S.v. § 573 II Nr. 1

a) **Verletzung** mietvertraglicher Pflichten (weit; § 278 analog)

b) **Verschulden** des Mieters (oder § 540 II bzw. § 278; umstr.)

c) **Erheblichkeit** der Pflichtverletzung: Einzelfallabwägung

77b

§ 573 II **Nr. 2** gestattet Vermietern zudem eine ordentliche Kündigung bei **Eigenbedarf**. Dieser setzt voraus, dass der Vermieter die Wohnung entweder für sich *oder* seine (nahen) Familienangehörigen *oder* (dauerhafte) Angehörige seines Haushalts (etwa: Lebensgefährten, Pflegekinder oder Pflegepersonal) „**benötigt**", d.h. *vernünftige und nachvollziehbare Gründe* hierfür bestehen, **und** der Vermieter auch die **ernsthafte Absicht** hegt, die Wohnung zu bewohnen bzw. zu überlassen. Diesbezüglich kann im Einzelfall sogar genügen, dass ein Vermieter die dem Mieter überlassenen Räume als **Zweitwohnung** „benötigt"; denn nach (teilweise bestrittener) Ansicht des BGH setzt Eigenbedarf nicht zwangsläufig voraus, dass der Vermieter (oder eine sonstige bedarfsprivilegierte Person) in der dem Mieter überlassenen Wohnung gerade seinen *Lebensmittelpunkt* begründen will.

77c

Maßgeblicher **Zeitpunkt** für das Vorliegen von Eigenbedarf ist der Zugang der Kündigungserklärung (sog. „Kündigungstag"). **Fällt** der Eigenbedarf vor Ablauf der Kündigungsfrist **weg**, muss der Vermieter dem Mieter zur Vermeidung rechtsmissbräuchlichen Verhaltens nach § 241 II die Fortsetzung des Mietverhältnisses **anbieten** (umstr.; nach a.A. fällt der Kündigungsgrund weg); das Gleiche gilt bei Existenz vergleichbarer Ersatzwohnungen etc. im selben Haus bzw. in derselben Wohnanlage. Stichtag ist insofern (aus Gründen der Rechtssicherheit)

77d

stets der Ablauf der **Kündigungsfrist**, selbst wenn z.B. in einem Räumungsvergleich ein späterer Auszugstermin des Mieters vereinbart wird. Eine unberechtigte (z.B. bei nur vorgeschobenem Eigenbedarf) oder **rechtsmissbräuchliche** Eigenbedarfskündigung (etwa wenn der Eigenbedarf an sich eine viel größere Wohnung erforderlich macht oder ein weit (!) überhöhter Eigenbedarf geltend gemacht wird) ist eine **gefährliche Haftungsfalle** (s. Rn. 79).

77e **Prüfungsschema 25b:** Kündigungsgrund i.S.v. § 573 II Nr. 2

a) Ernsthafte **Absicht**, die Wohnung zu bewohnen/zu überlassen

b) Zugunsten einer bedarfsprivilegierten **Person**

c) „**benötigt**" (= vernünftige und nachvollziehbare Gründe)

d) Maßgebl. **Zeitpunkt**: Kündigungstag; Wegfall vor Fristablauf?

e) Kein **Rechtsmissbrauch**

78 Der jeweilige **Kündigungsgrund** muss in der entsprechenden (schriftlichen, § 568 I) Kündigungserklärung **angegeben** werden, § 573 III; andernfalls ist die Kündigung (wie bei § 569 IV) unwirksam.

79 **Kündigt** ein Vermieter ein Wohnraummietverhältnis **unberechtigt**, ist er dem Mieter ggf. nach §§ 281 I 1, 280 I, III oder §§ 280 I, 241 II **schadensersatzpflichtig**. Auch deliktische Ansprüche – aus § 823 I (berechtigter Besitz), § 823 II (§ 573 II Nr. 2 ist Schutzgesetz [umstr.]; § 263 I StGB) sowie § 826 – sind möglich. Ggf. zu ersetzen sind danach u.a. Rechtsberatungs- sowie Umzugs- oder Maklerkosten und etwaige Mehrkosten einer Ersatz*anmietung* (zeitlich begrenzt bis zur nächsten, wegen § 573 allerdings ungewissen, Kündigungsmöglichkeit), nicht jedoch die zum Zweck eines anschließenden *Eigentums*erwerbs einer Ersatzwohnung angefallenen Maklerkosten.

E. Die Fortsetzung des Mietverhältnisses

80 **§ 545:** Selbst wenn ein Mietverhältnis zunächst – sei es durch Zeitablauf, sei es durch Kündigung – beendet wurde, kann es naturgemäß **vertraglich** (durch Vereinbarung oder Ausübung eines Optionsrechts) **fortgeführt** werden (vgl. nur § 542 II Nr. 2). Davon zu unterscheiden ist der praktisch häufige Fall, dass ein Mieter nach Ende des Mietverhältnisses schlicht nicht auszieht bzw. die Sache „einfach" einbehält und so den Vermieter zur Erhebung einer Räumungsklage (etc.) zwingt. In einem derartigen Fall ist **§ 545** zu beachten: Danach **verlängert** sich ein

Mietverhältnis – unabhängig vom Willen der Parteien, d.h. ohne Anfechtungsmöglichkeit nach § 119 I – **"stillschweigend"** auf unbestimmte Zeit, wenn (**1.**) der Mieter den Gebrauch der Mietsache (**2.**) nach Ablauf der Mietzeit fortsetzt und (**3.**) keine Partei innerhalb von 2 Wochen widerspricht (zum Fristbeginn s. § 545 S. 2; ein Widerspruch kann nach h.M. jedoch auch schon davor, z.B. in der Kündigungserklärung, erklärt werden).

Tod: Nach der gesetzlichen Grundkonzeption führt im Regelfall (jedoch in Abhängigkeit vom – ggf. konkludent – Vereinbarten, z.B. nicht bei Vereinbarung einer „höchstpersönlichen" Miete) weder der **Tod** des Vermieters noch des Mieters *per se* zu einem Ende eines Mietverhältnisses; vielmehr treten gem. **§§ 1922 I, 1967 I** grds. die Erben der verstorbenen Vertragspartei an deren Stelle. Abweichend hiervon führt **§ 563** I, II bei der Wohnraummiete zu einer von der Erbfolge unabhängigen **Sonderrechtsnachfolge**: Danach treten der Ehepartner (I) bzw. hilfsweise die Kinder (II 1) des verstorbenen Mieters in das Mietverhältnis ein, falls sie zuvor im Haushalt des Mieters gelebt hatten. 81

Vertragsübernahme: Ebenfalls kraft Vertragsfreiheit möglich ist die vertragliche **Übernahme** eines Mietvertrags **durch Dritte** (meist auf Mieterseite; auf *Vermieterseite* führt ohnehin § 566 zu einer *gesetzlichen* Vertragsübernahme). Da die §§ 414 ff. lediglich die Übernahme einzelner Forderungen betreffen, setzt dies rechtstechnisch eine (gesetzlich nicht geregelte) rechtsgeschäftliche **Vertragsübernahme** (§ 311 I) – d.h. einen (i.d.R.) dreiseitigen Vertrag – voraus. Auch dieser Vertrag unterliegt dann ggf. der Formvorschrift des § 550 S. 1. 82

F. Die Wohnraummiete, §§ 549–577a

Die §§ 549–577a beinhalten Sondervorschriften für Mietverträge über Wohnraum. **"Wohnraum"** sind Einzelräume oder Wohnungen, in denen ein Mensch allein oder mit anderen seinen räumlichen **Lebensmittelpunkt zur privaten Lebensgestaltung** unterhält (egal ob ganz oder teilweise bzw. vorübergehend oder auf Dauer). Die §§ 549 ff. treten dabei *neben*, nicht an die Stelle der § 535 ff.; im Kollisionsfall gehen jedoch die §§ 549 ff. vor, § 549 I. Gem. § 549 II, III finden die §§ 549 ff. auf bestimmte Mietverträge nur eingeschränkt Anwendung. 83

Hintergrund der nach dem 2. Weltkrieg eingeführten Sonderregeln für die Wohnraummiete ist die existentielle Bedeutung von Wohnraum für den Einzelnen (Mieter) – und damit letztlich **Sozialschutz**. Nach dem BVerfG genießt das Besitzrecht eines Mieters bei Wohnraum sogar grundrechtlichen **Eigentumsschutz** i.S.v. **Art. 14 I GG**. 84

142   *Kapitel 4. Mietrecht*

85 Die §§ 549 ff. beinhalten zum Schutz des Mieters u.a. **Modifizierungen der Kündigung** (§§ 568 ff.), insb. Kündigungsschutzvorschriften (§§ 573 ff.; dazu Rn. 65 ff.). § 550 S. 1 (s. Rn. 9 f.) und § 568 I statuieren hingegen einen **Formzwang**, und § 551 begrenzt die Zulässigkeit von Mietsicherheiten (= **Kaution**: höchstens das Dreifache der monatlichen Netto-[d.h. Kalt-]Miete) sowie §§ 557 ff. diejenige von Mieterhöhungen. Die sog. „**Mietpreisbremse**" ist in §§ 556d ff. geregelt (vgl. Rn. 16); auf § 563 wurde bereits oben Rn. 81 hingewiesen.

86 Besondere Bedeutung kommt in der Ausbildung dem Vermieterpfandrecht (§§ 562 ff.) und § 566 (gesetzliche Vertragsübernahme) zu.

I. Vermieterpfandrecht, §§ 562–562d

87 Nach § 562 I steht dem Vermieter bei der Wohnraummiete (beachte: § 578) für Forderungen aus dem Mietverhältnis ein **Pfandrecht** an eingebrachten Sachen des Mieters zu. Dies dient (wie die Kaution) der (vorrangigen) **Sicherung des Vermieters** gegen Mietnomaden etc.

88 Auf das (gesetzliche) **Vermieterpfandrecht** finden gem. § 1257 die Vorschriften über das vertragliche (Faust-)Pfandrecht (§§ 1204 ff.) Anwendung. Wie das Werkunternehmer- (§ 647) und anders als das Pächterpfandrecht (§ 583 I) entsteht es nur an Sachen, die auch **im Eigentum des Mieters** stehen (oder: Anwartschaftsrecht); bei Miteigentum entsteht das Pfandrecht am Miteigentumsanteil.

89 Ein gutgläubiger Erwerb des Pfandrechts nach § 1207 ist **nicht** möglich; denn § 1257 setzt ein bereits „kraft Gesetzes *entstandenes* Pfandrecht" voraus. Zudem entsteht das Vermieterpfandrecht **besitzlos**.

90 Bei **Kollision** zwischen einem Vermieterpfandrecht und einer antizipierten Sicherungsübereignung geht nach dem BGH das Vermieterpfandrecht vor, falls jene gleichzeitig entstehen (würden); andernfalls gilt ganz normal der Prioritätsgrundsatz (und ggf. § 936).

91 Das Vermieterpfandrecht entsteht nur an (beweglichen) Sachen, die der Mieter auch in den Wohnraum „eingebracht" hat. Ein **Einbringen** setzt – als Realakt – voraus, dass der Mieter die Sache während der Dauer des Mietverhältnisses in Ausübung des mietvertraglichen Gebrauchsrechts **willentlich und nicht bloß vorübergehend** in den Wohnraum (oder z.B. die Garage) hat. Das Pfandrecht entsteht jedoch nicht an (i.S.v. §§ 811 ff. ZPO) unpfändbaren Sachen, § 562 I 2.

92 Durch das Vermieterpfandrecht werden nur – ggf. auch zukünftige, § 562 II – „**Forderungen aus dem Mietverhältnis**" gesichert, d.h. insb. solche auf Mietzahlung, aber auch i.B.a. Nebenkosten oder Schadensersatz wegen Beschädigung oder Nichtherausgabe der Mietsache.

Die **Verwertung** des Vermieterpfandrechts erfolgt gem. §§ 1228 ff. 93
iVm § 1257 i.d.R. durch Versteigerung. Das Pfandrecht **erlischt** hingegen gem. § 562a S. 1, wenn der Mieter (oder ein Dritter mit dessen Willen) eine Sache von dem Grundstück (selbst vorübergehend [h.M.; s. BGH NJW 2018, 1083]; umstr.) **entfernt**, d.h. – als Realakt – willentlich wegschafft, es sei denn, dies geschieht ohne Wissen oder unter Widerspruch (mit Grenze: § 562a S. 2) des Vermieters. Daneben gelten §§ 1242 II 1 und 1252 ff.

Die §§ 562 ff. finden gem. **§ 578 I** und **II** neben Wohnraum auch Anwendung auf Mietverträge über Grundstücke und sonstige Räume. 94

II. „Kauf bricht nicht Miete", § 566

Der gesamte vorgenannte Mieterschutz wäre hinfällig, wenn einem 95
Mieter der Mietgebrauch faktisch – ungeachtet der bei der Wohnraummiete eingeschränkten Kündigungs- (§ 573) und Befristungsmöglichkeit (§ 575) – durch bloße **Übereignung des Mietgegenstandes** entzogen werden könnte. Da ein Mietvertrag an sich nur relativ – d.h. *inter partes* – wirkt, muss daher das Gesetz verhindern, dass der Erwerber einer vermieteten Sache diese ungeachtet eines fortbestehenden Mietvertrags nach § 985 vom Mieter herausverlangen kann. Bei beweglichen Sachen wird dies durch § 986 II gewährleistet; bei der Wohnraummiete greifen indes die **§§ 566 ff.** ein. § 578 erstreckt diesen Schutz zudem auf Mietverträge über Grundstücke und sonstige Räume.

Nach **§ 566 I** tritt der Erwerber von vermietetem Wohnraum anstelle 96
des Vermieters in ein (**1.**) bestehendes, wirksam begründetes Mietverhältnis ein, wenn der Mietgegenstand (**2.**) *nach* (davor ggf.: § 567a) der Überlassung an den Mieter (**3.**) von dem Vermieter an einen Dritten **veräußert** wird; entscheidend ist insofern die Vollendung der (dinglichen) rechtsgeschäftlichen Übertragung des Eigentums, meist durch Eintragung ins Grundbuch, § 873 I (dazu sogleich Rn. 98). M.a.W. führt § 566 I bei Veräußerung von vermietetem Wohnraum (oder: § 578) zu einer **gesetzlichen Vertragsübernahme** hinsichtlich eines bereits in Vollzug gesetzten Mietvertrags.

Während damit der Erwerber gem. § 566 I alle Vermieterrechte und 97
-pflichten übernimmt, scheidet spiegelbildlich der alte Vermieter *ex nunc* aus dem Mietvertrag aus. Für vor der Veräußerung entstandene Ansprüche des Mieters **haftet** er allerdings ganz normal fort; und für danach entstandene Ansprüche haftet er unter den Voraussetzungen von §§ 566 II „wie ein **Bürge**"; deliktische Ansprüche werden hiervon nicht erfasst. Für die Mietkaution trifft § 566a eine Sonderregelung.

144   *Kapitel 4. Mietrecht*

98   Die Rechtsfolgen des § 566 I werden entgegen der ungenauen amtlichen Überschrift („Kauf bricht nicht Miete") nicht bereits durch den Abschluss eines schuldrechtlichen Veräußerungsvertrags (etc.), sondern erst **durch die dingliche Übereignung** des Mietgegenstandes ausgelöst. Welcher Rechtsgrund der Übereignung zugrundeliegt, ist sogar grds. gleichgültig; neben einem Kauf-, Tausch- oder Schenkungsvertrag kann dies z.B. auch ein Vermächtnisanspruch (§ 2174) o.ä. sein. Allerdings setzt § 566 (in direkter Anwendung) eine rechtsgeschäftliche Eigentumsübetragung voraus; nach Ansicht des BGH (NJW 2008, 2773) kommt jedoch im Einzelfall eine **analoge** Anwendung beim gesetzlichen Eigentumserwerb in Betracht (sehr umstr.).

99   Gem. **§ 57 ZVG** finden die §§ 566 ff. auch auf eine Eigentumsübertragung durch **staatlichen Zuschlag** i.R.d. Zwangsversteigerung sowie nach h.M. analog bei gesetzlichem Eigentumserwerb Anwendung. Nicht unter § 566 fällt hingegen nach dem BGH (NZM 2019, 208), wenn ein **Miteigentümer** seinen Miteigentumsanteil nach Mietvertragsschluss an den anderen Miteigentümer veräußert; mangels eines Dritten bleiben in einem derartigen Fall daher beide Vermieter.

G. Mietverhältnisse über andere Sachen, §§ 578–580a

100   Auf Mietverträge über andere Sachen als Wohnraum finden neben den §§ 535–548 nicht die §§ 549 ff., sondern die §§ 578–580a Anwendung. Für Mietverträge über **Grundstücke** erklärt jedoch **§ 578 I** und für Mietverhältnisse über **Räume**, die keine Wohnräume sind, **§ 578 II** bestimmte Vorschriften über die Wohnraummiete für entsprechend anwendbar (jeweils **lesen!**). Für eingetragene Schiffe gilt hingegen § 578a. **§ 579 I** regelt – abweichend von § 556b – die Fälligkeit der Miete bei Grundstücken sowie beweglichen Sachen; für Räume gilt § 556b I entsprechend, **§ 579 II**. **§ 580** lässt beim Tod einer Vertragspartei eine außerordentliche (befristete) Kündigung zu. **§ 580a** schließlich stellt Fristen der ordentlichen Kündigung auf (dazu Rn. 74).

101   Seit dem 1.1.2022 findet sich zudem in **§ 578b** eine Sonderregelung für die Miete **digitaler Produkte** (i.S.v. § 327 I 1; s. dazu Rn. 2a). Während § 548a insofern die §§ 535–548 insgesamt und generell für entsprechend anwendbar erklärt, nimmt § 578b **I 1** (lesen!) – bei Vorliegen eines **Verbrauchervertrags** (§ 310 III) – gleichsam umgekehrt bestimmte (v.a. gewährleistungsrechtliche) Vorschriften des Mietrechts von diesem Anwendungsbefehl aus; stattdessen finden gem. § 578b **I 2** grds. die §§ 327c ff. Anwendung. Nach § 578b **III** gilt dies auch im Falle der Vermietung von Sachen, die digitale Produkte enthalten oder mit digitalen Produkten verbunden sind, soweit im Einzelfall die digitalen Produkte betroffen sind (vgl. § 327a II). Hat ein (Miet-)Vertrag hingegen die Bereitstellung (§ 327b) eines körperlichen Datenträgers zum Gegenstand, der ausschließlich als Träger digitaler Inhalte dient, nimmt § 578b I 3 den Anwendungsausschluss in Teilen (nämlich i.B.a. § 543 II 1 Nr. 1 und IV, d.h. hinsichtlich einer fehlenden Bereitstellung) zurück; denn gem. § 327 V finden §§ 327b f. auf derartige Verträge gerade keine Anwendung. § 578b II schließlich enthält eine Sonderregelung für bestimmte Arten der Vertragsbeendigung.

Kapitel 5. Weitere Verträge zur Überlassung auf Zeit

Neben dem Mietvertrag kennt das BGB weitere **Gebrauchsüberlassungsverträge** (d.h. Verträge über die Überlassung eines Gegenstands an andere auf beschränkte Zeit), namentlich den Pacht-, Leih- und (Sach- bzw. Geld-)Darlehensvertrag. Von diesen sind nur der Miet- und Pachtvertrag kraft Definition **entgeltlich** und daher gegenseitige Verträge i.S.v. §§ 320 ff. Die Leihe hingegen ist – als unentgeltliches Gegenstück zur Miete – ein **unentgeltlicher** Vertrag (zum Begriff: Kap. 3 Rn. 7). Eine Zwischenstellung nimmt das Darlehen ein: Dieses kann sowohl entgeltlich als auch unentgeltlich erfolgen; zudem ist ein Darlehensnehmer nicht zur Rückgabe *derselben*, sondern nur *einer* gleichwertigen Sache bzw. des gleichen Geld*betrags* verpflichtet.

1

A. Pachtvertrag

Der Pachtvertrag ist in **§§ 581–584b** geregelt (und vom sog. Landpachtvertrag i.S.v. §§ 585–597 zu unterscheiden). Sein Gegenstand ist die Gewährung einer zeitlich begrenzten **Gebrauchs- *und* Nutzungsmöglichkeit** (§ 581 I 1) gegen Entgelt (§ 581 I 2). Der Pachtvertrag ist ein Dauerschuldverhältnis; auf ihn finden gem. **§ 581 II** i.d.R. die Vorschriften über den Mietvertrag entsprechende Anwendung.

2

Von der Miete unterscheidet sich die Pacht dadurch, dass der **Verpächter** seinem Vertragspartner – dem **Pächter** – zusätzlich zum Gebrauch (oder ggf. stattdessen; umstr.) die **Fruchtziehung** (§ 99) aus dem Pachtgegenstand zu gewähren hat. Zudem können Gegenstand eines Pachtvertrags nicht nur Sachen, sondern auch Rechte (Jagdpacht) und sonstige unkörperliche Gegenstände (z.B.: Unternehmen) sein.

3

Eine Besonderheit des Pachtrechts ist das – vom **Verpächterpfandrecht** i.S.v. §§ 562, 581 II zu unterscheidende – **Pächterpfandrecht**, § 583. Dieses kann – anders als sonstige gesetzliche Pfandrechte – auch an nicht dem Verpächter gehörenden Inventarstücken entstehen.

4

B. Leihvertrag

Der in **§§ 598–606** geregelte Leihvertrag hat die **unentgeltliche Gebrauchsüberlassung** einer – beweglichen oder unbeweglichen – **Sache**

5

zum Gegenstand. Er ist damit unentgeltliches Gegenstück zum Mietvertrag. Anders als dort (§ 535 I 2) ist ein **Verleiher** jedoch nicht verpflichtet, die Leihsache in vertragsgemäßen Zustand zu erhalten. Der Entleiher hingegen ist zur Einhaltung des vertragsgemäßen Gebrauchs verpflichtet, § 603. I.B.a. **Rechte** gelten die §§ 598 ff. **analog**.

6   Obwohl ein **Entleiher** gem. § 598 nicht zur Entrichtung einer Gegenleistung verpflichtet ist, ist der Leihvertrag doch – anders als das Schenkungsversprechen – kein einseitig, sondern lediglich ein **unvollkommen zweiseitig verpflichtender Vertrag**. Denn da der Leihvertrag auf eine nur vorübergehende Gebrauchsüberlassung gerichtet ist, ist der Entleiher nach Ablauf der Vertragszeit gem. § 604 I zur Rückgabe der Sache an den **Verleiher** verpflichtet. Die Vertragslaufzeit richtet sich primär nach der Vereinbarung, hilfsweise nach §§ 604, 605.

7   Wie das Schenkungsrecht (§§ 521–524) und anders als der Auftrag kennt das Leihvertragsrecht in **§ 599** eine **Haftungserleichterung**; danach haftet der Verleiher nur für Vorsatz und grobe Fahrlässigkeit. Für **Mängel** haftet er nur bei arglistigem Verschweigen, **§ 600**.

8   Etwaige Ersatzansprüche des Verleihers wegen Verschlechterungen oder Veränderungen bzw. des Entleihers auf Verwendungsersatz (etc.) **verjähren** gem. § 606 in **sechs Monaten** ab Rückgabe (vgl. § 548 I 2).

C. Darlehensvertrag

9   Allgemein gesprochen ist der Darlehensvertrag ein Vertrag, durch den sich ein **Darlehensgeber** verpflichtet, dem Darlehensnehmer entweder (**1.**) **Geld** (dann: Gelddarlehen, §§ 488 ff.) oder (**2.**) **vertretbare Sachen** (dann: Sachdarlehen, §§ 607 ff.) zu verschaffen bzw. übereignen, wohingegen der **Darlehensnehmer** dem Darlehensgeber nach Zeitablauf oder Kündigung entweder den entsprechenden Geldbetrag oder aber Sachen gleicher Art, Güte und Menge zurückzuerstatten hat.

10 Ein Darlehen kann entweder **entgeltlich oder unentgeltlich** erfolgen. Das Gesetz bringt dies durch die Formulierung „verpflichtet, *einen* [**etwaigen**; ≠ „den"] geschuldeten Zins zu zahlen" (§ 488 I 2) bzw. „Zahlung *eines* Darlehensentgelts" (§ 607 I 2) zum Ausdruck.

I. Gelddarlehen etc.

11 Das Gelddarlehen ist – gemeinsam mit **sonstigen Finanzierungshilfen** – in §§ 488–515 geregelt. Von diesen Vorschriften betreffen nur die §§ 488–505e den Darlehensvertrag selbst, wobei von diesen Normen

wiederum nur §§ 488–490 allgemeine Vorschriften über das Gelddarlehen beinhalten, während §§ 491–505e (etwas unübersichtliche) Regelungen zu **Verbraucherdarlehensverträgen** vorsehen.

1. Überblick über die §§ 488–515

Die §§ 506–508 betreffen demgegenüber sog. **entgeltliche Finanzierungsverträge** wie z.B. das Finanzierungsleasing (dazu Kap. 11 Rn. 22). § 510 trifft Regelungen für **Ratenlieferungsverträge** (≈Kaufverträge mit Teilleistungen), und § 511 – in Umsetzung der WoImmoKRL – für „Beratungsleistungen bei Immobiliar-Verbraucherdarlehensverträgen". § 512 schließlich erklärt die meisten Vorschriften in §§ 491 ff. für unabdingbar, sowie § 513 die §§ 491–512 für zugunsten von **Existenzgründern** (bis i.H.v. 75.000 €) anwendbar. Die §§ 514 f. behandeln unentgeltliche Verbraucherdarlehen o. -Finanzierungshilfen. 12

Darlehen §§ 488–505e	Finanzierungshilfen	Ratenlieferungsvertrag	Berat. WoImmoK	unabdingbar, Exist.gr.	unentgeltliche Dar./FH
§§ 488–490	§§ 491 ff.	§§ 506–508	§ 510	§ 511	§§ 512, 513	§§ 514, 516

Übersicht 11: Überblick über die §§ 488–515

Von den §§ 488–515 sind **nur** die **§§ 488–490 allgemeine**, potenziell auf jedermann anwendbare (Gelddarlehens-)Vorschriften. 13
Die **§§ 491–515** hingegen beinhalten in Umsetzung verschiedener EU-Richtlinien – **VerbrKrRL, VRRL** und **WoImmoKRL** – Sonderregeln zum Schutz von **Verbrauchern** (Ausnahme: § 513), deren umfassende Behandlung den hiesigen Rahmen sprengen würde.

2. Charakteristik

Nach § 488 I 1 verpflichtet ein (Geld-)Darlehensvertrag den Darlehensgeber zur Verschaffung eines Geldbetrags in der vereinbarten Höhe. Gegenstand eines Gelddarlehensvertrags ist m.a.W. das Zurverfügungstellen eines bestimmten **Geldbetrags** – des Darlehens (oder: [Darlehens-]Valuta) – für eine bestimmte Zeit. I.d.R. wird dieser Betrag bloß **wertmäßig** – d.h. mangels anderer Vereinbarung nicht notwendigerweise in Gestalt von (bestimmtem) Bargeld etc. – geschuldet. 14

15 Der **Darlehensnehmer** hingegen schuldet – außer es wurde ein unentgeltliches Darlehen vereinbart (vgl. Rn. 10) – gem. **§ 488 I 2 Alt. 1** als Gegenleistung den vereinbarten **Zins**; (nur) dann ist der Darlehensvertrag ein gegenseitiger Vertrag (§§ 320 ff.). Außerdem muss er bei Fälligkeit – d.h. entweder nach Ablauf der vereinbarten Vertragslaufzeit oder Kündigung (§§ 489, 490) – das zur Verfügung gestellte Darlehen (ebenfalls i.d.R. nur wertmäßig) **zurückzahlen**, § 488 I 2 Alt. 2.

16 Das Gesetz trifft in § 246 u. **§ 352 HGB** Regelungen zur **Zinshöhe**.

17 Haben die Parteien eine Zinszahlungspflicht des Darlehensnehmers vereinbart und keine ausdrückliche Regelung insb. zu deren **Fälligkeit** getroffen, greift **§ 488 II** ein. Danach sind Zinsen grds. nach Ablauf je eines Jahres (bzw. hilfsweise bei der Rückzahlung) zu entrichten.

18 Anders als im Normalfall ist die **Rückzahlung** eines Darlehens jdf. bei Vorliegen eines *entgeltlichen* Gelddarlehensvertrags (s. § 488 III 3) gem. § 488 III 1 nicht ohne Weiteres **vor Fälligkeit** möglich (erfüllbar). Dies dient der Sicherung des Zinsanspruchs des Darlehensgebers aus § 488 I 2 Alt. 1. **§ 488 III** 1 ist insofern *lex specialis* zu § 271 II.

19 Bei **Verbraucherdarlehen** (§ 491) hingegen ist die Rückzahlungspflicht des Darlehensnehmers gem. **§ 500 II jederzeit erfüllbar**, wobei dann eine Vorfälligkeitsentschädigung zu leisten ist, § 502.

3. Form

20 Ein „normaler" Gelddarlehensvertrag kann grds. **formfrei** abgeschlossen werden. **Verbraucherdarlehen** i.S.v. § 491 (dazu Rn. 27 ff.) hingegen müssen nach **§ 492 I 1** schriftlich abgeschlossen werden; zusätzlich muss der Vertrag alle Angaben i.S.v. Art. 247 §§ 6–13 EGBGB enthalten, **§ 492 II**. Auch die Erteilung einer entsprechenden Vollmacht durch den Verbraucher bedarf dieser Form, § 492 IV 1.

21 Die **Rechtsfolgen** eines etwaigen Formverstoßes regelt § 494. Nach § 494 I tritt im Falle eines Formverstoßes grds. **Gesamtnichtigkeit** ein (nicht jedoch bei Fehlen „von" Art. 247 §§ 7, 8, 9 EGBGB). Ein etwaiger Formmangel wird jedoch nach **§ 494 II** – ggf. allerdings unter Vertragsänderung zugunsten des Verbrauchers, § 494 II–VI – **geheilt**, wenn das Darlehen empfangen oder in Anspruch genommen wird.

4. Sittenwidrigkeit, § 138

22 Ein Darlehensvertrag kann im Einzelfall gem. **§ 138 sittenwidrig** und damit unwirksam sein. Insofern kommt einerseits eine Sittenwidrigkeit nach § 138 II wegen **Wuchers**, andererseits aus sonstigen Gründen gem. § 138 I (z.B.: **wucherähnliches** Rechtsgeschäft) in Betracht.

Ein tatsächlicher Wucher i.S.v. **§ 138 II** setzt neben (**1.**) einem **auffälligen Leistungsmissverhältnis** auch (**2.**) die **Ausbeutung** einer besonderen, in § 138 II genannten Schwäche des Vertragspartners voraus. Ein auffälliges Leistungsmissverhältnis liegt nach dem BGH jdf. dann und i.d.R. vor, wenn der effektive den marktüblichen Jahreszins entweder **relativ** um 100 % oder **absolut** um 12 Prozentpunkte übersteigt. 23

Liegt **objektiv** ein derartiges (oder ggf. ein anderes) Missverhältnis vor, fehlt es jedoch an einer „Ausbeutung" i.S.v. § 138 **II** (bzw. ist, wie in der Praxis allzu oft, deren Nachweis nicht möglich), kann der Darlehensvertrag gleichwohl („insbesondere") als **„wucherähnliches** Rechtsgeschäft" nach **§ 138 I** unwirksam sein. Voraussetzung hierfür ist, dass der Darlehensgeber im Einzelfall **subjektiv** z.B. die wirtschaftliche Unterlegenheit des Darlehensnehmers ausgenutzt hat. Und auch eine Einschränkung der wirtschaftlichen Bewegungsfreiheit („**Knebelung**") des Darlehensnehmers kann zu Sitenwidrigkeit führen. 24

> Ist ein Darlehensvertrag gem. § 138 nichtig und wurde die Darlehenssumme bereits ausgezahlt, steht **§ 817 S. 2** einer Rückforderung des Darlehens nach § 812 I 1 Alt. 1 **nicht** entgegen. Wegen § 817 S. 2 kann der Darlehensgeber allerdings (da gerade die Überlassung „auf Zeit" geschuldet war) die Rückzahlung **nicht sofort**, sondern gem. dem vertraglichen Zeitplan verlangen (s. auch Kap. 9 Rn. 15). 25

Zusätzlich ist die Frage der Wirksamkeit des Darlehensvertrags stets genau von der etwaigen **Sittenwidrigkeit** (nur) **der** (grds. sachenrechtlich zu beurteilenden) **Bestellung von Kreditsicherheiten**, die zur Sicherung der Darlehensrückzahlung gewährt wurden, zu unterscheiden. Besonders examensrelevant ist in diesem Zusammenhang (neben § 950 I) die sog. **„Vertragsbruchtheorie"** des BGH; s. dazu näher Kap. 11 Rn. 34. 25a

5. Beendigung

Gem. § 488 III 1 **endet** die Laufzeit eines Darlehensvertrags – und wird damit die Rückzahlungspflicht des Darlehensnehmers aus § 488 I 2 Alt. 2 **fällig** – entweder mit (**1.**) Ablauf der vereinbarten Vertragslaufzeit oder (**2.**) mit Kündigung. Insofern sehen § 488 III 1 (bei Fehlen einer verabredeten Laufzeit) bzw. andernfalls § 489 ein (unabdingbares, § 489 IV 1) **ordentliches** und § 490 ein **außerordentliches** Kündigungsrecht vor. Die Kündigungsfrist einer ordentlichen Kündigung nach § 488 III 1 beträgt i.d.R. 3 Monate, § 488 III 2. 26

6. Verbraucherdarlehensvertrag, §§ 491 ff.

27 Ein – entgeltlicher (ansonsten: § 514) – Gelddarlehensvertrag zwischen einem **Verbraucher** (§ 13) als Darlehensnehmer und einem **Unternehmer** (§ 14) als Darlehensgeber, der keine der Ausnahmen des § 491 II 2 erfüllt, ist gem. § 491 II 1 ein sog. **„Allgemein-Verbraucherdarlehensvertrag"** und damit nach § 491 I 2 zugleich ein „Verbraucherdarlehensvertrag". Auf diesen finden zusätzlich bzw. vorrangig zu den §§ 488 ff. gem. § 491 I 1 die **§§ 491–505e** Anwendung.

28 Eine weitere Erscheinungsform des Verbraucherdarlehensvertrags ist der **„Immobiliar-Verbraucherdarlehensvertrag"**, § 491 III.

29 Wichtigste Rechtsfolge des Vorliegens eines Verbraucherdarlehensvertrags ist – neben der oben Rn. 20 f. dargestellten **Formbedürftigkeit** gem. §§ 492, 494 – insb. das etwaige Bestehen eines **Widerrufsrechts** nach § 355 iVm **§ 495 I** zugunsten des Darlehensnehmers.

30 Zusätzlich wird der Verbraucher im Falle eines Widerrufs nach **§§ 358–361** *dann* besonders geschützt, wenn der Verbraucherdarlehensvertrag der Finanzierung eines Kaufvertrags (etc.) dient *und* beide eine wirtschaftliche Einheit bilden i.S.v. § 358 III 1 (sog. **verbundene Verträge**). S. dazu näher z.B. SchR AT, Kap. 10 Rn. 28 ff.

II. Sachdarlehen

31 Der Sachdarlehensvertrag ist in den **§§ 607–609** geregelt. Im Gegensatz zum Gelddarlehen schuldet der Darlehensgeber beim Sachdarlehen die Überlassung – d.h. Übergabe und **Übereignung** – einer **vertretbaren Sache**, gem. § 607 II nicht jedoch von (Bar-)Geld.

32 Ein Sachdarlehen liegt z.B. vor, wenn eine Person **Eier** oder Mehl bei ihrem Nachbarn (umgangssprachlich) **„ausleiht"**. Auch die Überlassung von – jdf. nicht individualisierten – **Mehrwegverpackungen** (Pfandflaschen etc.) ist nach h.M. ein Sachdarlehen.

33 Da logischerweise und gem. § 91 nur **bewegliche Sachen** vertretbar sein können, findet das Sachdarlehensrecht keine Anwendung auf Grundstücke (etc.). Im Übrigen kann auch das Sachdarlehen entweder **entgeltlich** oder **unentgeltlich** ausgestaltet werden (Rn. 10 und § 609).

34 Der Darlehensnehmer schuldet beim Sachdarlehen neben einem etwaigen Darlehens**entgelt** (§ 607 I 2 Alt. 1) bei Fälligkeit des Rückerstattungsanspruchs des Darlehensgebers aus **§ 607 I 2 Alt. 2** die Übereignung Sachen gleicher Art, Güte und Menge. Die **Fälligkeit** des Rückerstattungsanspruchs tritt entweder mit (**1.**) Ablauf der vereinbarten Laufzeit oder aber durch (**2.**) – ordentliche (§ 608) bzw. außerordentliche (§ 314) – Kündigung ein.

Kapitel 6. Werkvertragsrecht

A. Einführung

Literatur: *Eichel*, JuS 2011, 1064; *Greiner*, AcP 211, 221; *Lorenz*, NJW 2013, 3132; *Omlor*, JuS 2016, 967; *Schwab*, JuS 2017, 964; *Teichmann*, JuS 2002, 417.

Das Werkvertragsrecht ist im BGB in §§ 631–650o geregelt. Herz- 1 stück dieser Regelung sind die allgemeinen, für alle Werkverträge geltenden Vorschriften in **§§ 631–650**. Diese wurden – ebenso wie die §§ 433 ff. – i.R.d. Schuldrechtsmodernisierung zum 1.1.2002 komplett neu gefasst und dabei einerseits mit dem allgemeinen Leistungsstörungsrecht des Schuldrecht AT (v.a. den §§ 280 ff. und §§ 323 ff.) verzahnt sowie andererseits dem Kaufrecht angeglichen. Anders als das Kauf- dient das Werkvertragsrecht allerdings nicht – mit Ausnahme von § 650 (Art. 3 II Warenkauf-RL) – der Umsetzung von Unionsrecht.

Ergänzend zu den §§ 631–650 enthalten die zum **1.1.2018** neu ge- 2 schaffenen §§ 650a–650h besondere Vorschriften für **Bauverträge**, d.h. Werkverträge, die die (Wieder-)Herstellung, Beseitigung oder den Umbau eines Bauwerks (etc.) zum Gegenstand haben, § 650a I 1; die §§ 650a ff. treten damit in direkte Konkurrenz zur **VOB/B**. Handelt es sich dabei um einen Verbraucherbauvertrag i.S.v. § 650i I, gelten ergänzend noch die §§ 650i II–650o. An sich ebenfalls ein Werkvertrag ist der in §§ 650p–650t geregelte **Architekten- oder Ingenieurvertrag**, auch wenn ihn das Gesetz – ebenso wie den Bauträger- (§§ 650u, 650v) und den Reisevertrag (§§ 651a ff.; hierzu Kap. 7, C.) – als eigenen Vertragstyp behandelt.

I. Charakteristik

Gem. § 631 ist der Werkvertrag ein **synallagmatischer** Austausch- 3 vertrag, durch den sich ein [Werk]-Unternehmer zur Herstellung eines **Werks** und der Besteller zur Zahlung einer Vergütung (§ 632; umgangssprachlich: Werklohn) sowie (i.d.R., vgl. § 646) zur Abnahme des vertragsmäßig hergestellten Werks (§ 640 I) verpflichtet. Gegenstand eines Werkvertrags ist m.a.W. die entgeltliche **Herbeiführung eines bestimmten Erfolges** (des „Werks"). Obwohl der Leistungsaustausch dabei i.d.R. zeitlich gestreckt stattfindet (z.T. sog. „Langzeitschuldverhältnis"), ist der Werkvertrag im gesetzlichen Regelfall kein Dauerschuldverhältnis. Der Begriff des Unternehmers i.S.v. § 631 I ist nicht gleichbedeutend mit demjenigen von § 14; auch ein Verbraucher i.S.v. § 13 kann (Werk-)Unternehmer sein. Werkverträge können **idR formfrei** geschlossen werden (Ausnahme: § 650i II).

4 Den §§ 631 ff. unterfallen viele unterschiedlich(st)e Lebenssachverhalte, und zwar (wohl) mehr als jedem anderen schuldrechtlichen Vertragstyp. § 631 II stellt ausdrücklich klar, dass **Gegenstand** eines Werkvertrags „sowohl die Herstellung oder Veränderung einer Sache als auch ein anderer durch Arbeit oder Dienstleistung herbeizuführender Erfolg sein" kann. Allgemein gesprochen betreffen die §§ 631 ff. entweder die Erbringung **körperlicher** (etwa: Errichtung eines Bauwerks, § 650a) oder **unkörperlicher** Werke (Theateraufführung, Beratung etc.). Auch die bloße Einwirkung auf Sachen (z.B.: Reparatur eines Kfz, Renovierung eines Hauses) bzw. Personen (etwa: Haarschnitt) kann ein Werk konstituieren; ärztliche Behandlungen hingegen unterfallen i.d.R. (als dienstvertragsähnlich) den §§ 630a ff. Auch Mischformen wie die Erstellung eines schriftlichen Gutachtens oder die Entwicklung eines Prototyps unterfallen den §§ 631 ff., wenn die geistige Leistung im Vordergrund steht (sonst: §§ 433 ff. oder § 650).

II. Werklieferungsvertrag, § 650 I

5 Eine besondere Behandlung erfährt die Herstellung oder Erzeugung *beweglicher* Sachen; obwohl an sich ebenfalls ein „Werk" (daher: **Werklieferungsvertrag**), ordnet § 650 I 1 insofern – u.a. wegen Art. 3 II der Warenkauf-RL – die Geltung von Kaufrecht an. Aus § 650 I 2 ersichtlich gilt dies auch dann, wenn der Besteller das zur Herstellung erforderliche Material bereitstellt. Wird allerdings eine nicht vertretbare Sache (§ 91) hergestellt, finden gem. § 650 I 3 neben §§ 433 ff. bestimmte Vorschriften des Werkvertragsrechts Anwendung.

III. Verbraucherverträge über digitale Produkte, § 650 II–IV

5a In Umsetzung der Digitale-Inhalte-Richtlinie enthalten die **§ 650 II–IV** seit dem 1.1.2022 bestimmte Sonderregeln für **Verbraucherverträge** (i.S.v. § 310 III), die die **Herstellung digitaler Produkte** (i.S.v. § 327 I–III; s. zum Begriff Kap. 2 Rn. 284b) zum Gegenstand haben. § 650 II 1 präzisiert dies dahingehend, dass entweder die Herstellung digitaler Inhalte (Nr. 1; vgl. § 327 II 1), die Herbeiführung eines Erfolgs durch eine digitale Dienstleistung (Nr. 2; vgl. § 327 II 2) oder die Herstellung eines körperlichen Datenträgers, der ausschließlich als Träger digitaler Inhalte dient (Nr. 3; vgl. § 327 V), geschuldet sein muss. Obwohl in diesen Fällen an sich ein Werkvertrag vorliegt, sind insofern gem. **§ 650 II 1 und 2** statt des werkvertraglichen Gewährleistungsrechts (§§ 633–640) vorrangig die **§§ 327c ff.** anzuwenden. Ausdrücklich nicht erfasst von diesem Anwendungsausschluss sind gem. § 650 II 3 hingegen §§ 641, 644 und 645; allerdings tritt dann an die Stelle der Abnahme die Bereitstellung des digitalen Produkts i.S.v. § 327b. Gem. **§ 650 IV** gilt all dies auch bei Herstellung (S. 1) bzw. Lieferung herzustellender Sachen (S. 2), die digitale Produkte enthalten oder mit digitalen Produkten verbunden sind, sofern jeweils die digitalen Produkte betroffen sind. Und **§ 650 III** (lesen!) betrifft – im Einklang mit § 650 I 1 – **Werklieferungsverträge**, bei denen der Unternehmer sich verpflichtet, einen herzustellenden körperlichen Datenträger an einen Verbraucher zu liefern, der ausschließlich als Träger digitaler Inhalte dient.

IV. Veräußerung neu errichteter Gebäude oder Wohnungen

Im Gegensatz zu § 650 I, der lediglich bewegliche Sachen erfasst, unterfällt die **Herstellung *unbeweglicher* Sachen** stets den §§ 631 ff. Handelt es sich dabei um ein Bauwerk und schuldet der Unternehmer neben dessen Errichtung auch die Übertragung des Eigentums am Grundstück, liegt ein **Bauträgervertrag** i.S.v. **§ 650u I 1** vor, der jedoch hinsichtlich der Errichtung gem. § 650u I 2 ebenfalls den §§ 631 ff. unterfällt. Noch weitergehend ordnete die Rspr. vor der SchRMod sogar den „Kauf" neu errichteter (bzw. renovierter) Immobilien selbst dann noch als Werk- und nicht Kaufvertrag ein, wenn die Errichtung bzw. der Umbau bereits vor (!) Abschluss des Veräußerungsvertrages **abgeschlossen** war. Hintergrund waren die damals wesentlich größeren Unterschiede zwischen Werkvertrags- und Kaufrecht. Wegen der zwischenzeitlich erfolgten Angleichung beider Rechtsgebiete (insb. auch hinsichtlich der Verjährung) ist diese „Fiktion" eines Werkvertrags m.E. hinfällig (h.Lit.; unentschieden: BGH NJW 2016, 1572).

6

V. Abgrenzung zum Dienstvertrag

Durch seine Erfolgsbezogenheit unterscheidet sich der Werkvertrag insb. vom **Dienstvertrag** (§§ 611 ff.). Zwar sind beide Vertragstypen tätigkeitsbezogen; beim Dienstvertrag wird jedoch nur das Tätigwerden *an sich* geschuldet, unabhängig von der Herbeiführung eines (u.U. dennoch intendierten) Erfolgs. Andersherum schuldet der Unternehmer beim Werkvertrag nur die Erfolgsherbeiführung selbst und die hierzu erforderliche Tätigkeit allenfalls mittelbar. Gleichwohl kann die Abgrenzung bisweilen schwierig sein; in Grenzfällen kommt es darauf an,

7

ob ein Erfolg aus Sicht der Parteien ungewiss ist (dann: Dienstvertrag) oder ob es der Verpflichtete selbst in der Hand hat, ihn herbeizuführen.

B. Die Pflichten von Besteller und Unternehmer

8 Gem. § 631 I wird durch einen Werkvertrag „der Unternehmer zur Herstellung des versprochenen Werkes [und] der Besteller zur Entrichtung der vereinbarten Vergütung verpflichtet". Diese Aufzählung ist – anders als z.B. diejenige in § 433 – in zweierlei Hinsicht **unvollständig**: Zum einen fehlt ein Hinweis auf die – mittelbar in § 633 I geregelte – etwaige Verschaffungspflicht des Unternehmers; zum anderen zählt im Werkvertragsrecht nach h.M. auch die Abnahmepflicht des Bestellers zu dessen Hauptleistungspflichten; gleichwohl ist sie nicht in § 631, sondern erst in § 640 I geregelt. Im Kaufrecht wiederum ist die Abnahmepflicht (§ 433 II Alt. 2) nur eine Nebenleistungspflicht.

9 Eine weitere Besonderheit der §§ 631 ff. betrifft die Anwendbarkeit von **§ 320 I**: Zwar ist der Werkvertrag ein gegenseitiger Vertrag i.S.d. §§ 320 ff. Dessen ungeachtet findet die Einrede des nicht erfüllten Vertrags (§ 320 I) i.R.d. Werkvertragsrechts **nur eingeschränkt** Anwendung: Denn beim Werkvertrag ist – bezüglich (nur) der Herstellung des Werks(!) – grds. der Unternehmer **vorleistungspflichtig**; dies folgt aus § 641 I, wonach die Werklohnforderung im Regelfall erst bei Abnahme fällig wird. M.a.W. erfolgt i.d.R. (Ausnahme: z.B. § 632a) nicht die Herstellung des Werkes, sondern erst dessen Ablieferung bzw. Verschaffung (dazu Rn. 11) Zug-um-Zug gegen Zahlung der Vergütung. Überdies wird § 320 I im Werkvertragsrecht bei Bestehen eines Nacherfüllungsanspruchs durch **§ 641 III** als *lex specialis* konkretisiert.

I. Die Pflichten des Unternehmers

1. Hauptleistungspflichten

10 Die wichtigste Haupt(leistungs)pflicht des Unternehmers beim Werkvertrag nennt § 631 I **Alt. 1**: Danach ist der Unternehmer „zur **Herstellung** des versprochenen Werkes" verpflichtet. Anders als beim Dienstvertrag muss er den vereinbarten Erfolg allerdings nur dann (**ausnahmsweise**) **persönlich** herbeiführen, wenn dies ausdrücklich bzw. konkludent – z.B. bei expliziter Beauftragung gerade eines *bestimmten* Künstlers oder Handwerkers – vereinbart wurde.

11 Obwohl in § 631 I Alt. 1 nicht genannt, trifft den Unternehmer i.d.R. neben der Herstellungspflicht auch – als weitere Hauptleistungspflicht –

B. Die Pflichten von Besteller und Unternehmer

eine **Verschaffungs-** bzw. **Ablieferungspflicht** hinsichtlich des jeweiligen Werks. Dies folgt nicht zuletzt aus § 633 I a.E. sowie – spiegelbildlich – aus der Abnahmepflicht des Bestellers gem. § 640 I. Welche Handlungen für eine Verschaffung erforderlich sind (d.h. **wie, wann** und **wo** der Unternehmer dem Besteller das Werk zur Verfügung stellen muss), hängt von der Art des jeweiligen Werks ab. So ist z.B. bei einem körperlichen Werk i.d.R. eine Übergabe (so etwa bei bloßen Reparaturleistungen) sowie u.U. sogar eine Übereignung (z.B. im Falle einer Neuherstellung oder Verarbeitung) erforderlich.

Die Hauptleistungspflichten des Unternehmers werden – wie im Kaufrecht in § 433 I 2 – durch **§ 633 I näher konkretisiert**. Danach muss der Unternehmer dem Besteller „das Werk frei von Sach- und Rechtsmängeln" verschaffen; andernfalls ist das Werk nicht vertragsgemäß und der Besteller kann i.d.R. die Abnahme (§ 640 I 1) **verweigern**. Nur bei „unwesentlichen Mängeln" darf er dies nicht, § 640 I 2. Ob ein Mangel **unwesentlich** ist, hängt von einer *Abwägung der jeweiligen Parteiinteressen* unter Berücksichtigung von Art und Umfang des Mangels ab; der Begriff ist **eng** auszulegen.

12

2. Neben(leistungs)pflichten

Daneben treffen den Unternehmer gem. § 242 auch – je nach den Umständen des Einzelfalls – bestimmte **Nebenleistungspflichten**, z.B. hinsichtlich Beratung bzw. Obhut und Verwahrung. Als (bloße) **Nebenpflicht** i.S.v. § 241 II ist der Unternehmer zudem naturgemäß zu Aufklärung, Sicherung und besonderer Fürsorge verpflichtet.

13

Zur allgemeinen Unterscheidung zwischen (Haupt- und Neben-) **Leistungspflichten** (i.S.v. § 241 I) sowie **Nebenpflichten** (i.S.v. § 241 II) i.R.v. vertraglichen Schuldverhältnissen s. Kap. 2 Rn. 9 ff.

14

II. Die Pflichten des Bestellers

1. Vergütungspflicht

Den Besteller trifft bei einem Werkvertrag gem. § 631 I **Alt. 2** zunächst die Hauptleistungspflicht zur „Errichtung der vereinbarten **Vergütung**". Anders als beim Kaufvertrag (sonst: Tausch) muss diese nicht notwendigerweise aus Geld bestehen; auch **jede andere Gegenleistung** ist grds. möglich. Handelt jemand hingegen umsonst, liegt kein Werkvertrag, sondern ein Auftrag (§ 662) oder eine Schenkung (§§ 516 ff.) vor.

15

158   *Kapitel 6. Werkvertragsrecht*

16   Hierfür genügt allerdings nicht das bloße Fehlen einer Vereinbarung über die Vergütung bzw. deren Höhe. Denn nach § **632 I** gilt eine Vergütung „als **stillschweigend vereinbart**, wenn die Herstellung des Werks den Umständen nach nur gegen eine Vergütung zu erwarten ist" (i.d.R. wird bereits eine konkludente Vergütungsabrede vorliegen). § 632 I schließt zugleich (neben einem Dissens) auch eine Irrtumsanfechtung nach § 119 I aus. Die **Höhe der Vergütung** richtet sich dann gem. § 632 II entweder (sofern eine hoheitliche Preisfestsetzung, z.B. nach der HOAI, besteht) nach der „taxmäßigen", hilfsweise nach der „üblichen" Vergütung. Die Üblichkeit bemisst sich dabei anhand der Vergütung, die am Ort der Werkleistung bisher „in zahlreichen Einzelfällen" für Leistungen gleicher Art, Güte und Umfangs gezahlt wurde.

17   Ein **Kosten(vor)anschlag** wiederum ist nach § 632 III im Zweifel weder zu vergüten noch, u.a. aus den in § 649 geregelten Rechtsfolgen ersichtlich, verbindlich (im Gegensatz zur sog. „Fixpreisabrede").

18   Zur in § 641 I 1 geregelten **Fälligkeit** der Vergütung (i.d.R. erst bei Abnahme) s. Rn. 9. Die hierdurch begründete **Vorleistungspflicht** des Unternehmers wird für bestimmte Fälle durch § 641 I 2 (Teilabnahme) und § 632a (Abschlagszahlungen) sowie spezielle Sicherungsrechte (dazu Rn. 27 ff.) abgemildert. Überdies soll die Vergütungspflicht nach dem Rechtsgedanken von § 323 II Nr. 1 auch dann fällig werden, wenn der Besteller sich **endgültig** und **grundlos** weigert, seiner vertraglichen Abnahmepflicht (§ 640 I) nachzukommen (h.M.). § 641 II hingegen regelt die (sog. „Durchgriffs"-)Fälligkeit i.R.v. Leistungsketten.

2. Abnahmepflicht

19   Gem. § **640 I 1** ist der Besteller grds. dazu verpflichtet, das jeweils „vertragsmäßig hergestellte Werk" auch „**abzunehmen**". Diese Pflicht besteht gem. § 633 I („vertragsmäßig") nur, wenn der Unternehmer ihm das jeweilige Werk frei von Sach- und Rechtsmängeln verschafft; andernfalls kann der Besteller grds. die Abnahme verweigern (zur Ausnahme gem. § 640 I 2 bei unwesentlichen Mängeln, s. Rn. 12).

20   Die Abnahmepflicht ist im Werkvertragsrecht sowohl – wie im Kaufrecht – eine *echte* Rechtspflicht als auch (anders als dort) eine *Hauptleistungspflicht* des Bestellers. Denn die Bedeutung der Abnahme i.S.v. § 640 I erschöpft sich nicht in ihrer Entledigungsfunktion; vielmehr zeitigt sie weitere Rechtsfolgen, z.B. Fälligkeit der Vergütung (§ 641 I), Übergang der Vergütungsgefahr (§ 644 I 1) und Beginn der Verjährung, § 634a II; zum maßgeblichen Zeitpunkt des Vorliegens eines Mangels s. Rn. 39. Keinen Einfluss hat die Abnahme hingegen – außer bei positiver Kenntnis, § 640 III – auf etwaige Mängelrechte.

Der **Begriff der Abnahme** ist im Gesetz nicht definiert. Nach ganz h.M. ist er grds. **zweigliedrig** und erfordert im Regelfall neben (**1.**) der körperlichen **Entgegennahme** des Werks (d.h. einer Besitzübertragung) auch (**2.**) dessen **Billigung** als *im Wesentlichen* vertragsgemäße Leistung. Durch Letzteres unterscheidet sich die werkvertragliche Abnahme von derjenigen des Kaufrechts. Die Billigung kann – als geschäftsähnliche Handlung (umstr.) – ohne Weiteres auch **konkludent** erfolgen, etwa durch Zahlung des Werklohns.

21

Ist die körperliche Entgegennahme eines Werks hingegen **nicht möglich** (z.B. bei Renovierung eines weiterhin bewohnten Hauses), genügt sogar die **bloße Billigung** (dann: *eingliedriger* Abnahmebegriff).

22

Noch weitergehend ist bei bestimmten (meist auf immateriellen Erfolg gerichteten) Werken sogar – nach deren Beschaffenheit – eine Billigung entweder unmöglich oder jedenfalls nach der Verkehrssitte nicht zu erwarten (z.B. Konzert oder Personenbeförderung). Dann wiederum tritt gem. § 646 die **Vollendung** des Werks an die Stelle der Abnahme.

23

Nimmt der Besteller ein Werk dagegen **nicht** ab, kann der Unternehmer ggf. nach § 640 II 1 die Abnahme **fingieren**. Voraussetzung dieser zum 1.1.2018 neu gefassten Vorschrift ist, dass (**1.**) der Unternehmer dem Besteller nach „Fertigstellung" (wohl: Herstellung) des Werks eine angemessene Frist zur Abnahme setzt und (**2.**) der Besteller die Abnahme nicht innerhalb dieser Frist unter Angabe mindestens eines [konkreten, etwaigen] Mangels verweigert. Ist der Besteller **Verbraucher**, gilt dies nach § 640 II 2 nur, wenn der Unternehmer ihn zusammen mit der Aufforderung zur Abnahme in Textform auf die etwaige Abnahmefiktion hingewiesen hat. Anders als seine Vorgängernorm (§ 640 I 3 a.F.) ist § 640 II nicht auf unwesentliche Mängel beschränkt.

24

Regelfall: **Abnahme, § 640 I**			Vollendung	Abnahmefiktion
idR 2gliedrig	uU 1gliedrig	Teilabnahme § 641 I 2	§ 646	§ 640 II

Übersicht 12: Die Abnahme und ihre Surrogate im Werkvertragsrecht

3. Neben(leistungs)pflichten und Obliegenheiten

Auch den Besteller treffen beim Werkvertrag gem. § 242 bestimmte **Neben-** und **Nebenleistungspflichten**, insb. zur Beratung oder Aufklärung über ihm bekannte gefahrerzeugende Umstände sowie zur Inobhutnahme von Arbeitsgeräten etc. Setzt ein Unternehmer sich oder seine Rechtsgüter bei Erfüllung seiner Pflichten in besonderem Maße dem Einfluss des Bestellers aus, etwa bei Arbeiten in dessen Wohnung oder

25

bei Benutzung von diesem bereitgestellter Arbeitsgeräte, obliegt dem Besteller sogar eine (nach h.M. jedoch abdingbare) **Fürsorgepflicht analog § 618** (beachte insb. § 618 III iVm §§ 842 ff.).

26 Bedarf es zur Herstellung eines Werks der **Mitwirkung des Bestellers** (z.B. wenn dieser persönlich [etwa beim Friseur] erscheinen oder einen Gegenstand herausgeben bzw. zugänglich machen muss), trifft den Besteller zudem die **Obliegenheit** zur Mitwirkung; verletzt er diese, gerät er i.d.R. gem. § 295 S. 1 Alt. 2 oder § 296 S. 1 in Annahmeverzug. In Ergänzung der §§ 293 ff. ordnet § **642** dann eine **Ersatzpflicht** („angemessene Entschädigung") des Bestellers (nur) für diejenigen Kosten an, die dem Unternehmer durch seine fruchtlose Wartezeit entstanden sind. Weitere Rechtsfolgen regeln § 643 (Kündigungsrecht) und § 645 I 2. Eine tatsächliche *Pflicht* zur Mitwirkung besteht hingegen nur, wenn dies gesondert vereinbart wurde (h.M.).

III. Die Sicherung des Vergütungsanspruchs

27 Da der Unternehmer im Werkvertragsrecht grds. **vorleistungspflichtig** ist, hat er i.d.R. ein besonderes Interesse daran, seinen Vergütungsanspruch zu **sichern**. Klassischerweise wird der Erhalt der Gegenleistung bei gegenseitigen Verträgen (u.a.) durch § 320 I gesichert; wiederum als Konsequenz der Vorleistungspflicht findet die Einrede des nicht erfüllten Vertrags beim Werkvertrag nur eingeschränkt Anwendung (s. Rn. 9). Die dadurch hinterlassene Schutzlücke schließt das Gesetz (partiell) in § **647** und § **647a** sowie – bei Vorliegen u.a. eines Bauvertrags i.S.d. §§ 650a ff. – in § **650e** und § **650f**.

1. § 647 und § 647a

28 Gem. § **647** erwirbt der Unternehmer u.U. – ähnlich einem Vermieter nach § 562 – ein gesetzliches (**Werk-)Unternehmerpfandrecht** (i.S.v. § 1257) für seine Forderungen aus dem Werkvertrag an von ihm reparierten, veränderten oder auch – falls der Besteller im Einzelfall als Hersteller i.S.v. § 950 anzusehen ist (umstr.) – hergestellten **beweglichen Sachen** des Bestellers. I.B.a. **eingetragene Schiffe** ist hingegen § 647a (Einräumung einer Schiffshypothek) vorrangig (s. dessen S. 3). Keine Anwendung findet § 647 beim Werklieferungsvertrag, § 650.

29 Das Unternehmerpfandrecht i.S.v. § 647 ist an **vier Voraussetzungen** geknüpft: (**1.**) Das Vorliegen eines körperlichen Werks, dessen Gegenstand oder Substrat eine „hergestellte oder ausgebesserte" **bewegliche Sache** sein muss (z.B.: Kfz-Reparatur). Die betreffende Sache muss zudem (**2.**) im **Eigentum des Bestellers** stehen; an Sachen Dritter, etwa einem gemieteten oder geleasten Kfz, entsteht nach h.M. – anders als beim Pächterpfandrecht gem. § 583 I – *kein* Unternehmerpfandrecht, es sei denn, der Besteller hat ein Anwartschaftsrecht inne. Ein **gutgläubiger Erwerb** analog § 1207 scheidet nach h.M. im Umkehrschluss zu § 366 III HGB aus (umstr.), ebenso eine entsprechende Anwendung von § 1207 über § 1257. Denn § 1257 setzt ein bereits „kraft Gesetzes *entstandenes* Pfandrecht" voraus. Auch eine (analoge) Anwendung von § 185 I (bei Einverständnis des Eigentümers mit dem Werkvertragsschluss) lehnt die h.M. ab. Schließlich muss die Sache (**3.**) „bei der Herstellung oder zum Zwecke der Ausbesserung" (**4.**) in den (zumindest mittelbaren) **Besitz** des Unternehmers gelangt sein.

Gem. §§ 1253 S. 1 iVm 1257 **erlischt** das Unternehmerpfandrecht **30** mit der willentlichen Herausgabe der jeweiligen Sache durch den Unternehmer an den Besteller bzw. einen bevollmächtigten Dritten.

Überdies ist zu beachten, dass das Unternehmerpfandrecht stets nur **31** (vertragliche) Forderungen aus dem (jeweils) ***konkreten*** **Werkvertrag** sichert. Wollen die Parteien den Kreis der gesicherten Forderungen erweitern, bleibt ihnen nur die – in den Grenzen von §§ 305 ff. mögliche – Vereinbarung eines ***vertraglichen (Faust-)Pfandrechts*** *i.S.v. §§ 1204 ff.;* (nur) auf dieses findet dann § 1207 (direkt) Anwendung.

2. § 650e und § 650f

Ist Gegenstand eines Werkvertrags hingegen ein **Bauwerk** (etc.), d.h. **32** bei Vorliegen eines Bauvertrags i.S.v. §§ 650a ff. (dazu Rn. 114 ff.), sehen § 650e und § 650f besondere Sicherungsrechte vor: Nach **§ 650e** (= 648 a.F.) kann der Unternehmer die Einräumung einer **Sicherungshypothek** an dem Baugrundstück des Bestellers für seine (vor Fertigstellung: anteiligen) Forderungen aus dem Bauvertrag verlangen. Dies ist jedoch i.d.R. nutzlos, wenn das Grundstück bereits mit anderen, vorrangigen Grundpfandrechten belastet ist oder aber gar nicht dem Besteller gehört. Daher gewährt **§ 650f** (≈ 648a a.F.) dem Unternehmer zusätzlich einen Anspruch auf Leistung auch anderer Sicherheiten (vgl. §§ 232 ff.), z.B. einer Bankbürgschaft, § 650f II 1 (sog. **Bauhandwerkersicherung**).

C. Pflichtverletzungen im Werkvertragsrecht

Zum Begriff der Pflichtverletzung s. oben Kap. 2 Rn. 18. Wie im **33** Kaufrecht kann auch die Verletzung von Pflichten aus einem **Werkvertrag** grob in **2 Phasen** unterteilt werden; deren zeitliche Abgrenzung ist gesetzlich nicht geregelt und daher sehr umstr. (dazu Rn. 60):

(**1.**) Verletzt der **Unternehmer** seine Hauptleistungspflicht aus § 631 I Alt. 1 zur Herstellung (insb. wenn er das Werk *gar nicht* herstellt) und/oder aus § 633 I zur Verschaffung des Werks *insgesamt* oder aber lediglich Nebenleistungspflichten i.S.v. § 241 I bzw. bloße Nebenpflichten i.S.v. § 241 II, findet grds. nur das **allgemeine Leistungsstörungsrecht** Anwendung. Das Gleiche gilt für sämtliche Pflichtverletzungen des **Bestellers**, z.B. wenn er die Vergütung nicht zahlt (§ 633 I Alt. 2) oder das Werk pflichtwidrig nicht abnimmt (§ 640 I).

(**2.**) Verletzt hingegen der **Unternehmer** seine Hauptleistungspflicht zur Herstellung und Verschaffung eines mangelfreien Werks aus **§ 633 I**, beurteilt sich seine Haftung – grds. ab dem Zeitpunkt der Abnahme (Rn. 60) – nach dem **besonderen, werkvertragsspezifischen Leistungsstörungsrecht** in §§ 634–639. Insb. § 634 Nr. 2 und 3 verweist dabei wegen der Verzahnung von Schuldrecht AT und BT vielfach auf das allgemeine Leistungsstörungsrecht zurück.

D. Mangel des Werks, § 633

34 Gem. **§ 633 I** muss der Unternehmer dem Besteller „das Werk frei von Sach- und Rechtsmängeln [herstellen bzw. jedenfalls] verschaffen". Der Begriff des **Sachmangels** wird in § 633 **II**, derjenige des **Rechtsmangels** in § 633 **III** (entspricht weitgehend § 435) bestimmt.

I. Sachmangel, § 633 II

35 Der Sachmangel wird in § 633 II definiert. Ein solcher setzt im Werkrecht eine negative **Abweichung** der tatsächlichen (**Ist-**) von der geschuldeten (**Soll-**)**Beschaffenheit** (§ 633 II 1 und 2 Nr. 2 Alt. 2) bzw. -**Verwendbarkeit** (§ 633 II 2 Nr. 1 und 2 Alt. 1) voraus.

36 § 633 II statuiert vorrangig einen **subjektiven** und nur hilfsweise einen **objektiven Mangelbegriff**. Insofern unterscheidet sich § 633 II hinsichtlich der Regelungstechnik (erst) seit dem 1.1.2022 stark von § 434. Maßgeblich ist daher primär eine etwaig zwischen den Parteien (u.U. konkludent) getroffene Beschaffenheitsvereinbarung, § 633 II 1. Der Begriff der **Beschaffenheitsvereinbarung** ist wie bei § 434 zu verstehen (vgl. daher Kap. 2 Rn. 29 ff.). Zur vereinbarten **Beschaffenheit** zählen alle Eigenschaften des Werks, die nach der Parteivereinbarung den vertraglich geschuldeten Erfolg herbeiführen sollen, etwa die vereinbarte Ausführungsart oder Leistung (Qualität, Menge etc.; dazu näher

Kap. 2 Rn. 23 ff.). Zusätzlich ist als werkrechtliche Besonderheit zu beachten, dass nach dem BGH (NJW 2008, 511) zum vertraglich geschuldeten Erfolg – entgegen dessen Wortlaut **auch i.R.v. § 633 II 1** – neben der vereinbarten Beschaffenheit zusätzlich und sogar vorrangig die einbarte oder vorausgesetzte **Funktionstauglichkeit** zählt (**funktionaler Mangelbegriff**; umstr.). Entsprechend kann ein Werk selbst dann mangelhaft sein, wenn es zwar vereinbarungsgemäß oder nach den anerkannten Regeln der Technik hergestellt, jedoch z.B. eine technisch nicht mögliche Funktionstauglichkeit (z.B. eine bestimmte Wärmedämmung) vereinbart wurde. Das Gleiche gilt bei Vereinbarung einer für die gewünschte Funktion untauglichen Ausführungsart.

Fehlt es an einer Beschaffenheitsvereinbarung, ist gem. § 633 II **36a** Nr. 1 zunächst auf die u.U. nach dem Vertrag vorausgesetzte **Verwendbarkeit**, d.h. die (soeben erwähnte) Funktionstauglichkeit (vgl. Kap. 2 Rn. 33 f.) abzustellen. Wiederum hilfsweise kommt es nach § 633 II Nr. 2 auf die Eignung für die gewöhnliche Verwendung sowie – kumulativ – das Vorliegen einer Beschaffenheit an, die bei Werken gleicher Art üblich ist (vgl. Kap. 2 Rn. 35 ff.). Anders als im Kaufrecht sieht § 633 II keine – explizite – Haftung für Werbeaussagen (und Montagefehler) vor; Werbeaussagen (auch Dritter) können jedoch im Einzelfall zu einer stillschweigenden Beschaffenheitsvereinbarung führen oder aber (umstr.) die objektive Verkehrserwartung prägen.

Nach **§ 633 II 3** schließlich steht die Herstellung eines anderen als **37** des vereinbarten bzw. des Werks in zu geringer Menge einem Sachmangel im Wege der Fiktion gleich.

> **Prüfungsschema 26:** Vorliegen eines Sachmangels i.S.v. § 633 II **38**
>
> 1. § 633 II 1: Abweichung v. vertraglich vereinbart. Beschaffenheit
>
> 2. § 633 II 2 Nr. 1: Eignung für vertraglich vorausges. Verwendung
>
> 3. § 633 II 2 Nr. 2: Eignung für die gewöhnliche Verwendung etc.
>
> 4. § 633 II 3: Falsch- oder Zuweniglieferung

Anders als § 434 I 1 nennt § 633 II **nicht den Zeitpunkt**, zu dem ein **39** mangelhafter Zustand (sog. „Mangelerscheinung") vorliegen muss, um überhaupt einen Sachmangel i.S.v. § 633 II zu konstituieren. Richtigerweise kommt es – wie im Kaufrecht – grds. auf den (u.U. hypothetischen) **Übergang der Gegenleistungsgefahr** gem. §§ 644 f. an, d.h. im Regelfall auf die Abnahme (h.M.); spätestens dann geht nämlich auch die Leistungsgefahr über und tritt damit eine Konkretisierung ein (s. Rn. 42). Wandelt sich ein Vertragsverhältnis bereits zuvor in ein Abrechnungsverhältnis um, kann ein Besteller Mängelrechte auch ohne Abnahme geltend machen (so der BGH, s. Rn. 60); dann dürfte es auf die zugrundeliegende Gestaltungserklärung (z.B. § 281 IV) ankommen.

II. Rechtsmangel, § 633 III

40   Ein Rechtsmangel liegt gem. § 633 III vor, wenn **Dritte** gegenüber dem Besteller **Rechte in Bezug auf das Werk** geltend machen können, ohne dass dies vertraglich vereinbart wurde. Zu den Einzelheiten vgl. Kap. 2 Rn. 47 ff. Von besonderer Relevanz sind insofern fremde Immaterialgüterrechte, z.B. Urheber- oder Patentrechte. Auch **öffentlich-rechtliche Beschränkungen** der Verfügungsfreiheit (etwa: Beschlagnahmebefugnis) können einen Rechtsmangel statuieren. **Zeitlich** muss auch ein Rechtsmangel – grds. – bei Gefahrübergang vorliegen.

E. Gefahrtragung beim Werkvertrag

41   Mit „**Gefahr**" bezeichnet das BGB die Zuordnung bestimmter wirtschaftlicher Rechtsfolgen eines **zufälligen** – d.h. von keiner der Parteien zu vertretenden – **Untergangs** (bzw. Verschlechterung usw.) von Leistungsgegenständen i.R.v. Schuldverhältnissen. Die Gefahrtragung ist mithin ein Mittel zur schuldrechtlichen Risikoverteilung. Das Gesetz unterscheidet **drei Erscheinungsformen** der Gefahr: Leistungs-, Gegenleistungs- und Sachgefahr (s. Kap. 2 Rn. 54 ff.).

I. Leistungsgefahr

42   Die Leistungsgefahr ist einerseits – ebenso wie beim Kaufvertrag auch für Werkverträge – im Schuldrecht AT (und dort v.a. in § 275), andererseits **mittelbar** in §§ 644 f. geregelt.

> Zwar regeln § 644 und § 645 in *direkter* Anwendung nur die **Gegenleistungsgefahr**; diese kann jedoch denklogisch erst dann übergehen, wenn *zuvor* die Leistungsgefahr auf den Besteller übergegangen ist. Daher führt – spätestens – der Übergang der Gegenleistungsgefahr auch (**mittelbar**) zum **Übergang der Leistungsgefahr**.

Folglich trägt beim Werkvertrag – vorbehaltlich § 275 – der **Unternehmer** bis zur Abnahme (oder einem dieser gleichgesetzten Zeitpunkt, s. Rn. 23 f.) die Leistungsgefahr. Denn bis dahin trifft ihn das **Herstel-**

E. Gefahrtragung beim Werkvertrag

lungsrisiko: Gem. §§ 631 I bleibt er nämlich zur Herbeiführung des jeweiligen Erfolgs verpflichtet, wenn das Werk vor Abnahme zufällig zerstört oder beschädigt wird (usw.), es sei denn, dies ist unmöglich.

II. Gegenleistungsgefahr

Die Gegenleistungsgefahr (beim Werkvertrag auch: Vergütungsgefahr) regelt die Frage, ob der Besteller trotz zufälligen Untergangs des Werks (etc.) die vereinbarte **Vergütung entrichten** muss oder nicht. Nach allgemeinen Grundsätzen (§ 326 I 1) trägt diese „Gefahr" an sich bis zur vollständigen Erfüllung der Unternehmer. Im Werkvertragsrecht führen jedoch **§§ 644 und z.T. 645** als die Vergütungspflicht erhaltende Normen zu einem früheren Übergang der Vergütungsgefahr. 43

Nach **§ 644 I 1** geht die Gegenleistungsgefahr (und damit ggf. mittelbar auch die Leistungsgefahr, vgl. Rn. 42) im Grundsatz mit der **Abnahme** eines Werks (§ 640 I, dazu Rn. 19 ff.) auf den Besteller über. Diese Regelung unterscheidet sich insofern von der „Grundnorm der Gefahrtragung" in § 326 I 1, als die Abnahme nicht zwangsläufig zu einer vollständigen Erfüllung führt; ein Unternehmer kann z.B. trotz Abnahme weiterhin zur Übereignung bzw. Mängelbeseitigung (etc.) verpflichtet sein. Der Abnahme gleichgestellt ist – auch i.R.v. § 644 I 1 – die Fiktion der Abnahme gem. § 640 II (s. Rn. 24) sowie eine etwaig nach § 646 an die Stelle der Abnahme tretende Vollendung (Rn. 23). 44

Gerät der Besteller hingegen in **Annahmeverzug** (§§ 293 ff.), geht die Gegenleistungsgefahr gem. **§ 644 I 2** auch ohne Abnahme auf ihn über. Hierfür genügt m.E. – entgegen der wohl h.Lit. – lediglich ein (Annahme-)Verzug des Bestellers mit der Entgegennahme des fertig **hergestellten** Werks (umstr.). Ein vor Fertigstellung des Werks einsetzender Annahmeverzug wegen Verletzung der Mitwirkungsobliegenheit des Besteller i.S.v. § 642 (dazu Rn. 26) genügt m.E. nicht (**a.A.** die h.Lit.); andernfalls würde der Unternehmer über Gebühr (und mehr als z.B. nach § 300 II) privilegiert. Im Übrigen verdrängt § 644 I 2 als *lex specialis* § 326 II 1 Alt. 2. Auch i.R.v. § 644 I 2 muss sich der Unternehmer jedoch (**analog**) § 326 II 2 die infolge der Befreiung von seiner Leistungspflicht ersparten Aufwendungen etc. anrechnen lassen. 45

Nach dem (z.T. als **systemwidrig** kritisierten) **§ 644 II** findet die Gefahrtragungsregel zum Versendungskauf in **§ 447** auch auf Werkverträge Anwendung. Danach geht die Gegenleistungsgefahr bereits mit Auslieferung eines „Werks" an den Spediteur (etc.) auf den Besteller über, wenn (**1.**) die Parteien (u.U. konkludent und nachträglich, s. Wortlaut: „auf Verlangen des Bestellers") eine **Schickschuld** vereinbart haben und (**2.**) das Werk zu diesem Zeitpunkt bereits **abnahmereif**, jedoch noch nicht abgenommen war; vgl. näher Kap. 2 Rn. 61 ff. 46

166   *Kapitel 6. Werkvertragsrecht*

47 Schließlich enthält auch § 645 I eine auf **Billigkeitserwägungen** fußende Regelung der Gegenleistungsgefahr. Anders als § 644 enthält § 645 I sogar eine eigenständige Anspruchsgrundlage (umstr.) und führt lediglich zu einer Spaltung der Gegenleistungsgefahr: Gem. § 645 I 1 kann ein Unternehmer (nur) **anteilige Vergütung** (nebst Auslagenersatz) verlangen, wenn ein Werk vor Abnahme infolge eines Mangels des von dem Besteller gelieferten Stoffes oder dessen Anweisung untergeht oder sich verschlechtert bzw. sonst unausführbar wird *und* den Unternehmer keine (Mit-)Verantwortung trifft. Das Gleiche gilt nach § 645 I 2, wenn der Unternehmer den Werkvertrag nach § 643 wegen unterlassener Mitwirkung des Bestellers i.S.v. § 642 **kündigt**.

48 Im Übrigen ist umstr., inwiefern der hinter § 645 stehende **Sphärengedanke** verallgemeinerungsfähig ist. Nach h.M. kann § 645 I vorsichtig **analog** angewendet werden, wenn eine Handlung des Bestellers bzw. Ursache in seiner Person zum Untergang (etc.) eines Werks führt.

III. Sachgefahr

49 § 644 I 3 regelt die **Sachgefahr**, d.h. das Risiko des zufälligen Untergangs bzw. der zufälligen Verschlechterung einer Sache. Diese trifft grds. den jeweiligen Eigentümer (*casum sentit dominus*). Nichts anderes besagt **§ 644 I 3**: Danach trägt der Besteller (und nicht der Unternehmer) die Sachgefahr für von jenem an diesen gelieferte „Stoffe", d.h. Gegenstände, mit oder aus denen (etc.) ein Werk herzustellen ist.

F. Die Rechte des Bestellers gem. § 634

50 Wie das parallel aufgebaute Kaufrecht (in §§ 437–445b) kennt auch das Werkvertragsrecht in **§§ 634–639** ein **besonderes Leistungsstörungsrecht** mit eigener Verjährungsregelung in § 634a. Dieses werkvertragliche Gewährleistungsrecht beinhaltet definitionsgemäß nur eine Haftung des Unternehmers **aufgrund von Mängeln**; sonstige Rechte des Bestellers bzw. solche des Unternehmers wegen Pflicht- oder Obliegenheitsverletzungen des Bestellers richten sich hingegen i.d.R. (**Ausnahme**: §§ 642 I, 648 und 648a) nach allgemeinem Schuldrecht.

I. Überblick

51 Der Übersichtlichkeit halber zählt § 634 die (meisten) Gewährleistungsrechte eines Bestellers auf. § 634 fungiert damit – ebenso wie die Parallelnorm im Kaufrecht, § 437 – als **„Brückennorm"** des werkvertraglichen Gewährleistungsrechts. Als Rechtsfolge spricht § 634 eine

Rechtsgrundverweisung auf die in Nr. 1–4 genannten, meist (Ausnahme: Nacherfüllung) von weiteren Voraussetzungen abhängigen und großteils im Schuldrecht AT (§§ 280 ff., 323 ff.) geregelten Rechte aus.

Welche Rechte einem Besteller im Einzelfall zustehen, hängt maßgeblich davon ab, ob der jeweils haftungsauslösende **Mangel behebbar ist oder nicht**. Solange nämlich die Nacherfüllung – als **primäres Mängelrecht** – noch möglich ist, kann der Besteller grds. erst nach erfolglosem Ablauf einer (zur Nacherfüllung) gesetzten Frist auf die sonstigen, **sekundären Mängelrechte** (Selbstvornahme, Rücktritt, Minderung und SESL bzw. Aufwendungsersatz) zurückgreifen. Dadurch erhält der Unternehmer eine zweite Chance, sich die vereinbarte Vergütung zu verdienen (sog. „Recht" zur zweiten Andienung). **52**

Ist die Nacherfüllung hingegen **unmöglich** (§ 275), kann der Besteller **sofort** und – wenn deren jeweilige Voraussetzungen vorliegen – in **elektiver Konkurrenz** (d.h. nach freier Wahl) sämtliche sekundären Mängelrechte geltend machen. Ein Recht zur Selbstvornahme steht ihm dann freilich nicht zu. Zugleich sieht das allgemeine Leistungsstörungsrecht bei Unmöglichkeit einer Leistung jeweils gesonderte Vorschriften für Rücktritt (§ 326 V) und SESL (§ 283 oder § 311a II) vor. **53**

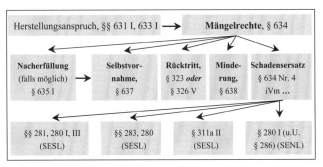

Übersicht 13: Rechte des Bestellers gem. § 634 (ohne §§ 284 und 641 III)

II. Die Brückennorm des § 634

„Einstiegstor" in jede werkvertragsrechtliche Gewährleistungsprüfung ist § 634. Als **Rechtsgrundverweisung** gewährt diese Norm *selbst* allerdings keine Rechte; vielmehr müssen zusätzlich die in den verwiesenen Normen genannten **weiteren Voraussetzungen** vorliegen. Z.T. decken sich jedoch deren Voraussetzungen mit denen von § 634. **54**

Kapitel 6. Werkvertragsrecht

55 § 634 hat **vier Voraussetzungen**: Zunächst muss (**1.**) entweder ein wirksamer Werkvertrag (u.U. in Gestalt eines [Verbraucher-]Bauvertrags i.S.v. § 650a bzw. § 650i) oder ein Architekten- (§ 650p) bzw. Bauträgervertrag (§ 650u) vorliegen. Weiterhin muss das entsprechende Werk (**2.**) mangelhaft (gewesen) sein (vgl. Rn. 34 ff.), und zwar bereits (**3.**) zum maßgeblichen Zeitpunkt (nämlich bei [hypothetischem] Gefahrübergang, s. Rn. 39 f.). Nicht ausdrücklich geregelt ist hingegen, (**4.**) ab wann § 634 überhaupt **zeitlich anwendbar** ist.

56 **Hintergrund:** Vor der SchRMod konnte ein Besteller Gewährleistungsrechte schon vor Abnahme geltend machen, d.h. allgemeines und besonderes Leistungsstörungsrecht standen nebeneinander. Seit der Neufassung der §§ 631 ff. i.R.d. SchRMod ist **hochumstritten**, ab wann § 634 Anwendung findet. Dies ist v.a. deshalb von Belang, weil das allgemeine (anders als das besondere) Leistungsstörungsrecht keine Nacherfüllung, Selbstvornahme und Minderung kennt.

57 Sowohl das Gesetz als auch die Gesetzesmaterialien schweigen zur etwaigen zeitlichen Zäsur. Entsprechend breit ist das Spektrum der vertretenen Meinungen. Weitgehend Einigkeit besteht im Grundsatz (nur) darüber, dass § 634 jedenfalls **nicht vor abgeschlossener Herstellung** des Werks anwendbar ist; denn insb. die Nacherfüllung tritt ja rechtstechnisch an die Stelle (und nicht neben) den urprünglichen (Erst-)Erfüllungsanspruch. Nur eine absolute **M.M.** möchte dem Besteller – wie vor der SchRMod – schon während der Herstellungsphase, d.h. neben dem Herstellungsanspruch aus § 631 I, Mängelrechte zugestehen.

58 Manche Stimmen wollen § 634 bereits ab vollendeter **Herstellung** oder **Anbieten des abnahmereifen Werks** anwenden; denn damit sei ein Werk nach der Parteivereinbarung objektiv als „fertig" anzusehen und habe der Unternehmer das seinerseits Erforderliche getan. Andere stellen auf die **Fälligkeit** des werkvertraglichen Erfüllungsanspruchs ab; andernfalls wäre der Besteller mittelbar gezwungen, auch mangelhafte Werke zunächst (und wegen § 640 III unter Vorbehalt) abzunehmen.

59 Die **h.M.** hingegen sieht – z.T. kategorisch, meist jedoch nur als Ausgangspunkt – die **Abnahme** bzw. die dieser (gem. § 640 II oder § 646) gleichgestellten Zeitpunkte als Grenze an. Einige wiederum sehen – allgemeiner – den Gefahrübergang (§ 644) als maßgeblich an.

60 Nachdem er die Frage lange Zeit offen gelassen hatte, hat sich der **BGH** jüngst (NJW 2017, 1604 und 1607) der **h.M.** angeschlossen. Danach findet § 634 **grds.** erst ab **Abnahme** (bzw. [m.E.] §§ 640 II, 646) Anwendung. Erst dann stehe i.d.R. die Mangelhaftigkeit eines Werks fest, und bis dahin könne der Unternehmer frei wählen, wie er den

Anspruch des Bestellers auf mangelfreie Herstellung erfülle. Bloßer Annahmeverzug (oder § 644 II) genügt m.E. jedoch nicht (umstr.).

Ausnahmsweise soll § 634 nach dem BGH auch **ohne Abnahme** anwendbar sein, wenn der Besteller nicht mehr Erfüllung des Vertrags verlangen kann und das Vertrags- in ein Abrechnungsverhältnis übergegangen ist (d.h. dem Vergütungsanspruch nur noch auf Geldzahlung gerichtete Sekundäransprüche gegenüberstehen, nicht: vollständige Rückabwicklung). Dies gelte jdf. dann, wenn der Unternehmer das Werk als fertiggestellt zur Abnahme angeboten hat und der Besteller mindert oder kleinen SESL verlangt (nicht jedoch beim Vorschussverlangen i.S.v. § 637 III, es sei denn, der Besteller verweigert endgültig die Annahme der (Nach-)Erfüllung). Dies gibt m.E. nur dann Sinn, wenn man entweder die Minderungserklärung (bzw. § 637 III) als Selbstermächtigung versteht, die erst ggf. zur zeitlichen Anwendbarkeit des eingeforderten Rechtsbehelfs führt, oder die Minderung (und Selbstvornahme) bereits *vor* Abnahme (analog § 634) zulässt.

Zum **Prüfungsaufbau** werkvertraglicher Gewährleistungsansprüche **61** in der Falllösung vgl. die Ausführungen zu § 437 in **Kap. 2 Rn. 75**.

Prüfungsschema 27: Voraussetzungen von § 634   **62**

1. Werk- (§ 631), Bau- (§ 650a) oder Architektenvertrag (§ 650p)

2. Zeitliche Anwendbarkeit: **umstr.** (BGH: grds. ab Abnahme)
   (P) ausnahmsweise davor? BGH: „Abrechnungsverhältnis"

3. Mangel des Werks: Sach- (§ 633 II) o. Rechtsmangel (§ 633 III)

4. Vorliegen des Mangels im maßgeblichen Zeitpunkt (§§ 644, 645)

5. **Rechtsfolge:** **Rechtsgrund**verweis auf Rechte iSv § 634 Nr. 1–4

III. Der Anspruch des Bestellers auf Nacherfüllung

Der Nacherfüllungsanspruch aus § 635 I iVm § 634 Nr. 1 ist auch im **63** Werkvertragsrecht das **primäre Mängelrecht** des Bestellers. Seine Voraussetzungen decken sich mit denjenigen von § 634, d.h. der Anspruch ist an keine zusätzlichen (positiven) Voraussetzungen geknüpft; insb. ist *kein Vertretenmüssen* des Unternehmers erforderlich.

Rechtstechnisch stellt der Nacherfüllungsanspruch eine **Modifizie- 64 rung** des ursprünglichen Erfüllungsanspruchs aus §§ 631 I Alt. 1, 633 I dar; mit der Abnahme (bzw. ihrer Fiktion [§ 640 II] oder Vollendung, § 646) tritt er – vorbehaltlich § 640 III – an dessen Stelle. Folglich steht (auch) der Nacherfüllungsanspruch im synallagmatischen **Gegenseitigkeitsverhältnis** zum Vergütungsanspruch des Unternehmers. Der Besteller kann daher gem. § 641 III (als Konkretisierung von § 320 I), gestützt auf § 635 I iVm § 634 Nr. 1, die Vergütung zurückbehalten.

65 Inhaltlich ist der Nacherfüllungsanspruch – in den Grenzen von § 275 – entweder auf Beseitigung des betreffenden Mangels (**Nachbesserung**) oder auf **Neuherstellung** des Werks gerichtet. Bezüglich der Einzelheiten vgl. die Ausführungen zu § 439 (Kap. 2 Rn. 82 ff.). Anders als im Kaufrecht steht das **Wahlrecht** zwischen beiden Varianten der Nacherfüllung beim Werkvertrag allerdings dem Schuldner (d.h. dem Werkunternehmer) zu (elektive Konkurrenz). Denn dieser kann als Hersteller i.d.R. besser beurteilen, welche Variante kostengünstiger ist. Dessen ungeachtet setzt auch § 635 I grds. ein **Nacherfüllungsverlangen** voraus (zu dessen Anforderungen s. Kap. 2 Rn. 87). Erst damit wird der Nacherfüllungsanspruch – als verhaltener Anspruch – fällig.

66 Gem. **§ 635 II** muss der Unternehmer die „erforderlichen" Aufwendungen der Nacherfüllung tragen. § 635 II beinhaltet insofern m.E. neben einer **Kostentragungsregel** auch – wie § 439 II – eine eigenständige Anspruchsgrundlage. Darunter fallen insb. Transport- und Mangelauffindungskosten, ggf. auch (umstr.) die Kosten der Beseitigung von bei der Nacherfüllung entstandenen Schäden (z.B. Neuanstrich der reparierten Wand), soweit [m.E.] der ursprünglich geschuldete Zustand wiederhergestellt wird (Umkehrschluss zu § 439 III). Ist der Besteller (oder der von ihm gelieferte Stoff) für das Entstehen eines Mangels **mitverantwortlich**, muss er sich analog § 254 an den Kosten beteiligen bzw. dürfte der Anspruch bei alleiniger (oder weit überwiegender) Verantwortlichkeit analog § 323 VI Alt. 1 ganz ausgeschlossen sein.

67 **§ 635 III** gewährt dem Unternehmer das Recht, die Nacherfüllung zu **verweigern**, wenn sie mit **unverhältnismäßigen Kosten** verbunden ist (dazu näher Kap. 2 Rn. 98 ff.). Anders als § 439 IV unterscheidet § 635 III nicht zwischen relativer und absoluter Unverhältnismäßigkeit.

68 Im Falle einer Neuherstellung kann der Unternehmer zudem das mangelhafte Werk gem. **§§ 346 ff.** iVm § 635 IV **zurückverlangen**. Ist eine Rückgabe (wie so oft) nach der Natur des Werks nicht möglich (z.B. bei Reparaturen), kommt allenfalls Wertersatz (§ 346 I 1 Nr. 1) in Betracht; dieser wird i.d.R. nach § 346 III ausgeschlossen sein.

69 **Prüfungsschema 28:** Nacherfüllungsanspruch, §§ 635 I, 634 Nr. 1

1. Voraussetzungen von § 634 (s. oben Prüfungsschema 27)
2. Nacherfüllungsverlangen des Bestellers
3. Kein Ausschluss des Nacherfüllungsanspruchs:
   a) Vertraglich (Grenze: § 639 und §§ 305 ff.)

b) Ausschluss der Gewährleistung insgesamt: § 640 III
c) Ausschluss der Nacherfüllung: § 275 und § 635 III
4. Verjährung des Nacherfüllungsanspruchs: § 214 I iVm § 634a

IV. Aufwendungsersatz nach Selbstvornahme

Wie das Mietrecht (§ 536a II) und anders als das ansonsten weitgehend parallel aufgebaute Kaufgewährleistungsrecht kennt das Werkvertragsrecht mit § 637 ein **Selbstvornahmerecht** des Bestellers. Liegen dessen Voraussetzungen vor, kann ein Besteller entweder (**1.**) einen Mangel selbst beseitigen und § 637 I iVm § 634 Nr. 2 Ersatz der „erforderlichen Aufwendungen" oder (**2.**) bereits vorab einen entsprechenden **Vorschuss** verlangen, § 637 III iVm § 634 Nr. 2. Ein bloßes Vorschuss*verlangen* i.S.v. § 637 III führt dabei i.d.R. noch nicht zum Erlöschen des Nacherfüllungsanspruchs (außer ggf. bei gleichzeitiger endgültiger und ernsthafter Annahmeverweigerung, s. Rn. 60). 70

Ein Selbstvornahmerecht i.S.v. § 637 setzt neben (**1.**) den Voraussetzungen von § 634 zunächst (**2.**) das **Bestehen eines Nacherfüllungsanspruchs** des Bestellers aus § 635 I iVm § 634 Nr. 1 voraus. M.a.W. scheidet ein Anspruch aus § 637 I (oder III) aus, wenn die Nacherfüllung bereits vor einer etwaigen Selbstvornahme nach § 275 I ausgeschlossen war oder der Unternehmer die Nacherfüllung gem. § 275 II oder III bzw. § 635 III zu Recht verweigert (hat). Zudem muss der Besteller dem Unternehmer i.d.R. (**3.**) **erfolglos** eine angemessene **Frist** zur Nacherfüllung gesetzt haben (s. dazu Kap. 2 Rn. 113); eine sofortige („voreilige") Selbstvornahme führt daher i.d.R. zu keinerlei Aufwendungsersatz- oder Vorschussanpruch des Bestellers. Allerdings ist eine Fristsetzung gem. § 637 II 1 unter den Voraussetzungen von § 323 II (dazu Kap. 2 Rn. 115 ff.) **entbehrlich**; das Gleiche gilt nach § 637 II 2, wenn die Nacherfüllung fehlgeschlagen oder dem Besteller unzumutbar ist ($\approx$ § 440, s. Kap. 2 Rn. 121 f.), z.B. wegen Eilbedürftigkeit (Rohrbruch), oder weil sich der Unternehmer als sehr unzuverlässig erwiesen hat. 71

Ersatzfähig sind nach § 637 I neben der an Dritte zur Mängelbeseitigung gezahlten Vergütung ($\neq$ ersparte Aufwendungen) auch eigene Arbeitsleistungen des Bestellers sowie die Kosten des *Auffindens einer Mangelursache*. **Erforderlich** sind diese **Aufwendungen** dann, wenn ein vernünftig und wirtschaftlich denkender Besteller sie ebenfalls getätigt hätte (selbst wenn sie *letztlich erfolglos geblieben sind*). Nach zweifelhafter Ansicht des BGH (NJW 2018, 1463) besteht das Selbstvornahmerecht (inkl. Vorschussanspruch) **ungeachtet § 281 IV** selbst dann fort, wenn der Besteller nach Fristablauf kleinen SESL verlangt. 72

73 **Prüfungsschema 29:** Aufwendungsersatz, § 637 I iVm § 634 Nr. 2

1. Voraussetzungen von § 634 (s. oben Prüfungsschema 27)

2. Kein Ausschluss des Nacherfüllungsanspruchs (§ 275 o. § 635 III)

3. Erfolglose Fristsetzung zur Nacherfüllung
   a) *Setzung* einer *angemessenen* Frist
   b) BGH: Nichteintritt Leistungs*erfolg* (h.Lit.: Leist.*handlung*)

4. Entbehrlichkeit der Fristsetzung, § 323 II iVm §§ 637 II 1, 637 II 2

5. Kein Ausschluss des Aufwendungsersatzanspruchs:
   a) Vertraglich (Grenze: § 639 und §§ 305 ff.)
   b) Ausschluss der Gewährleistung insgesamt: § 640 III

6. **Rechtsfolge:** Aufwendungsers./Vorschuss (III); (**P**) Reichweite

7. Verjährung des Anspruchs: § 214 I iVm § 634a

V. Das Rücktrittsrecht des Bestellers

74 Für den Rücktritt eines Bestellers wegen Mängeln eines Werkes verweist **§ 634 Nr. 3** (**Alt. 1**) auf das *allgemeine* Leistungsstörungsrecht (nämlich **§§ 323** und **326 V**) zurück; je nachdem, ob eine Nacherfüllung möglich ist oder nicht, beurteilt sich das Rücktrittsrecht des Bestellers entweder nach § 323 oder, bei Unmöglichkeit, nach § 326 V, jeweils iVm § 634 Nr. 3. Für sonstige Pflichtverletzungen des Unternehmers bzw. solche des Bestellers finden §§ 323 ff. hingegen direkt (d.h. ohne § 634 Nr. 3) Anwendung. Ein etwaiger Rücktritt nimmt dem Besteller gem. § 325 nicht das Recht, Schadensersatz zu verlangen.

75 Ist eine Nacherfüllung **möglich**, kann der Käufer nach § 323 I Alt. 2 iVm § 634 Nr. 3 im Regelfall erst nach **erfolglosem Ablauf** (dazu Kap. 2 Rn. 113) einer angemessenen, vom Besteller auch – anders als im (der Umsetzung der VerbrGKRL dienenden) Kaufrecht – tatsächlich zu *setzenden* **Frist** zur Nacherfüllung zurücktreten; zu den Voraussetzungen einer derartigen Fristsetzung (als geschäftsähnlicher Handlung) vgl. Kap. 2 Rn. 111 ff. (Nur) ausnahmsweise ist eine Fristsetzung jedoch gem. **§ 323 II** Nr. 1–3 (dazu Kap. 2 Rn. 115 ff.) **entbehrlich** und damit sogar ein sofortiger Rücktritt möglich. **§ 636** erweitert diese Ausnahmen speziell für das Werkvertragsrecht um drei weitere Tatbestände; danach ist eine Fristsetzung auch dann entbehrlich, wenn (1.) der Unternehmer die Nacherfüllung gem. § 635 III verweigert oder (2.) die Nacherfüllung fehlgeschlagen bzw. (3.) dem Besteller unzumutbar ist (was wiederum nach BGH JuS 2019, 810 von den Voraussetzungen her mit § 323 II

Nr. 3 und § 281 II Alt. 2 identisch sein soll). § 636 entspricht § 440 S. 1; vgl. hierzu daher Kap. 2 Rn. 119 ff.

Prüfungsschema 30: Rücktrittsrecht gem. **§ 323 I** iVm § 634 Nr. 3   76
I. Bestehen eines Rücktrittsrechts
  1. Voraussetzungen von § 634 (s. oben Prüfungsschema 27)
  2. Erfolglose Fristsetzung zur Nacherfüllung
     a) *Setzung* einer *angemessenen* Frist
     b) BGH: Nichteintritt Leistungs*erfolg* (h.Lit.: Leist.*handlung*)
  3. Entbehrlichkeit der Fristsetzung gem. § 323 II oder § 636
  4. Kein Ausschluss des Rücktrittsrechts:
     a) Vertraglich (Grenze: §§ 639, 305 ff.)
     b) Ausschluss der Gewährleistung insgesamt: § 640 III
     c) Ausschluss des Rücktrittsrechts: § 323 V 2 oder VI
II. Wirksame Rücktrittserklärung, § 349 (+ z.B. §§ 218, 105 ff.)
III. **Rechtsfolge:** Rückgewährschuldverhältnis gem. §§ 346 ff.

Ist die Nacherfüllung hingegen (gleichgültig, ob anfänglich oder 77 nachträglich) **unmöglich**, ist keine Nachfristsetzung nötig, § 326 V.

Prüfungsschema 31: Rücktrittsrecht gem. **§ 326 V** iVm § 634 Nr. 3   78
I. Bestehen eines Rücktrittsrechts
  1. Voraussetzungen von § 634 (s. oben Prüfungsschema 27)
  2. Unmöglichkeit *beider* Arten der Nacherfüllung: § 275 I–III
  3. Kein Ausschluss des Rücktrittsrechts:
     a) Vertraglich (Grenze: § 639 und §§ 305 ff.)
     b) Ausschluss der Gewährleistung insgesamt: § 640 III
     c) Ausschluss Rücktritt: § 323 V 2/VI, jeweils iVm § 326 V
II. Wirksame Rücktrittserklärung, § 349 (+ z.B. §§ 218, 105 ff.)
III. **Rechtsfolge:** Rückgewährschuldverhältnis gem. §§ 346 ff.

Zu weiteren **Einzelheiten** hinsichtlich des Rücktrittsrechts, insb. den 79 Ausschlussgründen in § 323 V 2 und VI sowie den Rücktrittsfolgen (§§ 346 ff.), vgl. die Ausführungen zum Kaufrecht, **Kap. 2 Rn. 104 ff.**

VI. Das Minderungsrecht des Bestellers

80 „Statt zurückzutreten" kann ein Besteller gem. **§ 638 I 1 iVm § 634** Nr. 3 (Alt. 2) wahlweise auch **mindern**. Die Minderung tritt dabei – wie im Kauf- und anders als im Mietrecht (§ 536) – nicht automatisch ein, sondern durch **Erklärung** gegenüber dem Unternehmer.

81 Aus der Bezugnahme auf den Rücktritt ersichtlich unterliegt das Minderungsrecht **denselben Voraussetzungen wie der Rücktritt**. Da sich Rücktritt und Minderung grds. gegenseitig ausschließen, ist eine Minderung allerdings nur möglich, wenn der Besteller das Rücktrittsrecht **noch nicht ausgeübt** hat. Die herkömmliche Meinung geht dabei wohl davon aus, dass nur ein gewährleistungsrechtliches Rücktrittsrecht (i.S.v. § 634 Nr. 3 Alt. 1) eine Minderung ermöglicht; der BGH (NJW 2017, 1607 Rn. 58) lässt jedoch womöglich auch ein nach allgemeinem Leistungsstörungsrecht (d.h. vor Abnahme) bestehendes Rücktrittsrecht genügen. **M.E.** folgt daraus nicht, dass auch die Minderung bereits in der Herstellungsphase (d.h. unabhängig von § 634 Nr. 3 Alt. 2) möglich ist (h.Lit.; umstr.; vgl. hierzu Rn. 60).

82 Aus der Rückkoppelung der Minderung an den Rücktritt folgt, dass die rücktrittsrechtlichen **Ausschlussgründe** grds. auch die Minderung ausschließen. Lediglich der Ausschluss des Rücktritts bei unerheblicher Pflichtverletzung (§ 323 V 2) gilt für die Minderung nicht, **§ 638 I 2**.

83 Die **Erklärung** der Minderung führt zu einer **Umgestaltung** des Vertragsverhältnisses: Hat der Besteller die Vergütung noch nicht bezahlt, erlischt seine Vergütungspflicht anteilig; andernfalls gewährt ihm § 638 IV 1 einen **Rückzahlungsanspruch** i.B.a. den jeweiligen Minderungsbetrag. Dessen Höhe berechnet sich gem. § 638 III ebenso wie im Kaufrecht (§ 441 III; vgl. dazu Kap. 2 Rn. 139). Bei Beteiligung **mehrerer** auf Besteller- oder Unternehmerseite kann die Minderung gem. § 638 II „nur von allen oder gegen alle erklärt werden".

84 **Prüfungsschema 32:** Minderungsrecht gem. § 638 iVm § 634 Nr. 3

I. Bestehen des Minderungsrechts

  1. Voraussetzungen von § 634 (s. oben Prüfungsschema 27)

  2. *Bestehen* eines Rücktrittsrechts, § 323 *oder* § 326 V iVm § 634

  3. Kein Ausschluss d. Rücktritts (vorh. Schema außer § 323 V 2)

  4. Keine *Erklärung* des Rücktritts

II. Wirksame Minderungserklärung, § 638 I 1 (+ z.B. §§ 218, 105)

III. **Rechtsfolge:** Teillöschen Vergütungsanspr./Teilrückgewähr

VII. Der Anspruch des Bestellers auf Schadensersatz

Bei Vorliegen eines mangelhaften Werks (und ggf. weiteren Pflicht- 85
verletzungen) stehen einem Besteller unter den Voraussetzungen von
§§ 280 ff. bzw. § 311a II, jeweils iVm § 634 Nr. 4 (Alt. 1), auch **Schadensersatzansprüche** zu. Für Pflichtverletzungen des Bestellers sowie
solche des Unternehmers *ohne* Bezug zur etwaigen Mangelhaftigkeit eines Werks (z.B.: Beschädigung eines Kfz in einer Waschanlage) gelten
die §§ 280 ff. hingegen direkt. Zur **Systematik** der §§ 280 ff. sowie zur
Abgrenzung der verschiedenen Anspruchsgrundlagen und Schadensarten vgl. die Ausführungen zum insofern wesensverwandten Kaufrecht
(dort: Rn. 141 ff.). **Nota bene**: Ansprüche aus § 634 Nr. 4 werden *nicht*
vom Gewährleistungsausschluss i.S.v. § 640 III erfasst!

Grundtatbestand (fast) aller (vertraglichen) Schadensersatzansprü- 86
che ist **§ 280 I**; nur für den Fall anfänglicher Unmöglichkeit ist stattdessen für den SESL die Sonderregelung in **§ 311a II** einschlägig.

Das Werkgewährleistungsrecht kennt insgesamt **fünf verschiedene** 87
Anspruchsgrundlagen für Schadensersatz. Welche davon einschlägig
ist, hängt primär von der Art des zu ersetzenden Schadens sowie (ggf.)
sekundär der jeweils verletzten Pflicht ab. Begehrt der Besteller **SESL**,
kommen hierfür drei verschiedene Anspruchsgrundlagen in Betracht,
nämlich §§ 281 I 1, 280 I, III, wenn eine Nacherfüllung möglich ist, andernfalls entweder (bei *nachträglicher* Unmöglichkeit der Nacherfüllung) §§ 283 S. 1, 280 I, III oder, bei *anfänglicher* Unmöglichkeit,
§ 311a II. Begehrt der Besteller hingegen **SENL**, ist entweder § 280 I
oder §§ 280 I, II, 286 I, jeweils iVm § 634 Nr. 4, die richtige Anspruchsgrundlage. Zum jeweiligen **Bezugspunkt** des Vertretenmüssens s.
Kap. 2 Rn. 166 ff.; zum Vertretenmüssen s. ebendort, Rn. 208 ff.

1. Schadensersatz neben der Leistung (SENL)

Die geringsten Anforderungen hat der **einfache Schadensersatz** 88
i.S.v. § 280 I iVm § 634 Nr. 4. Darunter fallen nach wohl h.M. insb.
Mangelfolgeschäden, d.h. Schäden, die außerhalb des reinen Leistungsinteresses des Bestellers an dessen **sonstigen Rechtsgütern** und Interessen („Integritätsinteresse") entstehen, z.B. durch eine mangelhafte Reparatur verursachte Körper- bzw. Sachschäden (Alarmanlage fällt aus,
Heizung fängt Feuer) sowie – ebenfalls nach h.M. – ein etwaiger mangelbedingter **Nutzungsausfallschaden** (umstr., dazu Kap. 2 Rn. 160a
und 165). Neben § 280 I iVm § 634 Nr. 4 ist stets an deliktische Ansprüche („Weiterfresserproblematik") zu denken.

Kapitel 6. Werkvertragsrecht

89 **Prüfungsschema 33:** Einfacher SE gem. § 280 I iVm § 634 Nr. 4

1. Voraussetzungen von § 634 (s. oben Prüfungsschema 27)

2. **(P)** daneben Pflichtverletzung iSv § 241 II erforderlich? h.M. (-)

3. Vertretenmüssen, §§ 280 I 2, 276–278; **(P)** Bezugspunkt?

4. Kein vertraglicher Ausschluss (mit Grenze: § 639 und §§ 305 ff.)

5. **Rechtsfolge**: Schadensersatz nach Maßgabe der §§ 249 ff.
   (P) Abgrenzung SESL/SENL sowie § 280 I/§§ 280 I, II, 286

6. Verjährung des Schadensersatzanspruchs: § 214 I iVm § 634a

90 Derjenige Schaden, der sich lediglich aus einer bloßen Verzögerung der Pflicht zur **Nacherfüllung** aus § 635 I (iVm § 634 Nr. 1) ergibt, ist hingegen nach §§ 280 I, II, 286 I iVm § 634 Nr. 4 zu ersetzen (dazu ausführlich Kap. 2 Rn. 201 ff. sowie Prüfungsschema 14).

2. Schadensersatz statt der Leistung (SESL)

91 Ersatz seines **Erfüllungsinteresses** kann der Besteller nur im Wege des („großen" oder „kleinen") Schadensersatzes *statt* der Leistung erhalten. Zu substituierende Leistung ist dabei im Gewährleistungsrecht die Nacherfüllung (§ 635 I). Ist diese noch möglich, d.h. bei Vorliegen eines behebbaren Mangels, kann der Besteller SESL nur unter den Voraussetzungen von **§§ 281 I 1**, 280 I, III iVm § 634 Nr. 4 verlangen. Danach ist grds., ebenso wie beim Rücktritt nach § 323 I, eine erfolglose Fristsetzung zur Nacherfüllung erforderlich (dazu ausführlich Kap. 2 Rn. 168 ff.). Ausnahmsweise kann diese nach § 281 II (dazu Kap. 2 Rn. 167) bzw. – speziell im Werkvertragsrecht – § 636 entbehrlich sein (s. Rn. 75). **Bezugspunkt** des Vertretenmüssens ist *entweder* die Nichtvornahme der Nacherfüllung *oder* aber – alternativ – die Mangelhaftigkeit des Werks (wohl h.M., s. dazu Kap. 2 Rn. 172 ff.).

92 **Prüfungsschema 34:** SESL gem. §§ 281, 280 I, III iVm § 634 Nr. 4

1. Voraussetzungen von § 634 (s. oben Prüfungsschema 27)

2. Erfolglose Fristsetzung zur Nacherfüllung, § 281 I 1
   a) *Setzung* einer *angemessenen* Frist
   b) BGH: Nichteintritt Leistungs*erfolg*/h.Lit.: Leistungs*handlung*

3. Entbehrlichkeit der Fristsetzung gem. § 281 II oder § 636

4. Vertretenmüssen, §§ 280 I 2, 276–278
   (P) Bezugspunkt (Nichtvornahme § 635 I o. alternativ § 633 I?)

F. Die Rechte des Bestellers gem. § 634 177

5. Kein vertraglicher Ausschluss (mit Grenze: § 639 und §§ 305 ff.)
6. **Rechtsfolge:** Schadensersatz nach Maßgabe der §§ 249 ff.
 (P1) Abgrenzung SESL/SENL (schadensphänomenologisch)
 (P2) „kleiner" oder „großer" SESL (§ 281 I 3)
7. Verjährung des Schadensersatzanspruchs: § 214 I iVm § 634a

Ist die Nacherfüllung hingegen gem. § 275 unmöglich und ist die Un- 93
möglichkeit erst **nachträglich**, d.h. nach Vertragsschluss, eingetreten,
sind §§ 283 S. 1, 280 I, III iVm § 634 Nr. 4 die richtige Anspruchsgrundlage. Danach bedarf es naturgemäß keiner Fristsetzung zur Nacherfüllung. Zur Problematik des **Bezugspunkts** des Vertretenmüssens, falls
die Nacherfüllung erst nach Verschaffung des Werks (d.h. i.d.R. nach
Abnahme) unmöglich wird, vgl. Kap. 2 Rn. 186.

Prüfungsschema 35: SESL gem. §§ 283, 280 I, III iVm § 634 Nr. 4   94

1. Voraussetzungen von § 634 (s. oben Prüfungsschema 27)
2. Unmöglichkeit (§ 275 I–III) i.B.a. § 633 I *oder* Nacherfüllung
3. Nachträglichkeit: Unmöglichkeitseintritt *nach* Vertragsschluss
4. Vertretenmüssen (§§ 280 I 2, 276 ff.) des Unmöglichkeitseintritts
 (P) Bezugspunkt bei Unmöglichkeitseintritt *nach* Abnahme etc.?
5. Kein vertraglicher Ausschluss (mit Grenze: § 639 und §§ 305 ff.)
6. **Rechtsfolge:** Schadensersatz nach Maßgabe der §§ 249 ff.
 (P1) Abgrenzung SESL und SENL (schadensphänomenologisch)
 (P2) „kleiner" o. „großer" Schadensersatz (§§ 281 I 3, 283 S. 2)
7. Verjährung des Schadensersatzanspruchs: § 214 I iVm § 634a

Zum SESL wegen **anfänglicher Unmöglichkeit** der mangelfreien 95
Herstellung und Verschaffung gem. § 311a II iVm § 634 Nr. 4 vgl. Prüfungsschema 11. Darunter fallen insb. Sachverhalte, in denen eine technisch gar nicht zu erreichende Werkbeschaffenheit vereinbart wird. Für
das Vertretenmüssen kommt es dann auf die bei Vertragsschluss bestehende positive **Kenntnis oder zu vertretende Unkenntnis** des Unternehmers vom (i.d.R. späteren, da ein Werk bei Vertragsschluss in der
Regel noch gar nicht existiert) Leistungshindernis *und* dessen Unbehebbarkeit an. Nach BGH NJW 2014, 3365 verdrängt § 311a II zudem die
§§ 280 ff. i.B.a. Mängel vollständig, d.h. § 311a II soll auch (eigentlich
als SENL einzuordnende) **Mangelfolgeschäden** erfassen.

Der Besteller hat auch im Werkvertragsrecht grds. – außer bei Vor- 95a
liegen eines unerheblichen Mangels (dann: nur kleiner SESL) – die

Wahl, ob er Schadensersatz statt der ganzen Leistung (unter Rückgewähr des mangelhaften Werks) oder lediglich **„kleinen" SESL** verlangt. Dieser ersetzt nicht die *ganze* vom Unternehmer geschuldete Leistung, sondern lediglich die Nacherfüllung, d.h. der Besteller behält das mangelhafte Werk und wird nur für die unterbliebene (erfolgreiche) Nacherfüllung entschädigt. Der kleine SESL kann nach allgemeinen Prinzipien entweder in Gestalt des (**1.**) mangelbedingten Minderwerts (bzw. ggf. Mindererlöses) oder – außer in Fällen von deren Unmöglichkeit bzw. Unverhältnismäßigkeit (§ 635 III) – (**2.**) der Nachbesserungskosten verlangt werden. Im Jahr **2018** hat jedoch der u.a. für das Werkvertragsrecht zuständige VII. Zivilsenat des **BGH** in einer viel beachteten **Rechtsprechungsänderung** (NJW 2018, 1463) entschieden, dass der Besteller Ersatz von Nachbesserungskosten bei Vorliegen eines Werkvertrags nur dann verlangen kann, wenn sie **tatsächlich angefallen** sind (sehr umstritten); ein Ersatz **fiktiver Nachbesserungskosten** i.R.d. kleinen SESL ist danach im Werkrecht in der Praxis seither ausgeschlossen. Beachten Sie, dass der V. Zivilsenat des BGH eine Übernahme dieser Rspr. für den Bereich des **Kaufrechts** ausdrücklich **abgelehnt** hat (BGH NJW 2021, 1532; s. dazu Kap. 2 Rn. 190a)

VIII. Der Anspruch auf Ersatz vergeblicher Aufwendungen

96 Nach § 284 iVm § 634 Nr. 4 (Alt. 2) schließlich kann ein Besteller „anstelle des Schadensersatzes statt der Leistung" auch **Ersatz vergeblicher Aufwendungen** verlangen. Beide Ansprüche stehen zueinander in einem Verhältnis strenger Alternativität. Zu den Voraussetzungen von § 284 vgl. Kap. 2 Rn. 221 ff. sowie Prüfungsschema 15.

IX. § 320 bzw. § 641 III

97 Die Rechtsnatur der Nacherfüllung als modifizierte Fortsetzung des ursprünglichen (Erst-)Erfüllungsanspruchs hat zur Folge, dass der Besteller dem Vergütungsanspruch des Unternehmers auch nach Abnahme noch, gestützt auf § 635 I (iVm § 634 Nr. 1), grds. die **Einrede des nicht erfüllten Vertrags** i.S.v. **§ 320** entgegenhalten kann.

98 Im werkvertraglichen Gewährleistungsrecht wird § 320 allerdings **durch § 641 III modifiziert**, der insofern § 320 I (und II) als *lex specialis* verdrängt (h.M.). Danach kann ein Besteller, dem (**1.**) ein Anspruch auf Nacherfüllung zusteht [d.h. dieser darf weder unmöglich (§ 275 I) noch ausgeschlossen (§ 640 III) noch berechtigterweise gem. § 275 II, III bzw. § 635 III verweigert worden sein], (**2.**) nach deren Fälligkeit (d.h. i.d.R. nach Abnahme) (**3.**) die Zahlung eines „angemessenen Teils der Vergütung verweigern". Gem. § 641 III HS. 2 gilt dabei i.d.R. „das

Doppelte der für die Beseitigung des Mangels erforderlichen Kosten" (sog. „Druckzuschlag") als **angemessen**.

G. Ausschluss, Grenzen und Erweiterung der Mängelrechte

Die Mängelrechte eines Bestellers sind – in den Grenzen von §§ 305 ff. und § 639 (sowie §§ 138, 242) – **kein zwingendes Recht**. Sie können daher grds. ohne Weiteres vertraglich erweitert oder beschränkt bzw. ausgeschlossen werden. Zudem kennt das Werkvertragsrecht mit § 640 III einen eigenen gesetzlichen „Ausschluss"tatbestand (h.M.: Einrede) für die Gewährleistungsrechte aus § 634 (Ausnahme: Schadensersatz!) sowie mit § 634a eine **besondere Verjährungsregel**. **99**

I. Ausschluss der Gewährleistung

Nach **§ 640 III** verliert ein Besteller die „in § 634 Nr. 1 bis 3 [**nicht: 4!**] bezeichneten Rechte", wenn er (oder sein Vertreter, § 166 I) ein mangelhaftes Werk **in Kenntnis eines Mangels abnimmt**, es sei denn, er behält „sich seine Rechte wegen des Mangels bei der Abnahme" vor. **100**

„**Abnahme**" i.S.v. § 640 III ist dabei nur die rechtsgeschäftliche Abnahme nach § 640 I; eine bloß fingierte Abnahme (§ 640 II) oder die Vollendung eines Werkes (§ 646) genügen nicht. Im Übrigen schadet nur **positive Kenntnis**. Grob fahrlässige Unkenntnis hingegen ist – anders als im Kaufrecht (§ 442 I 2) – unschädlich; auch die Kenntnis nur von *Mangelsymptomen genügt daher nicht*. Wird der Besteller bei Abnahme vertreten, kommt es auf die Kenntnis des Vertreters an, § 166 I. **101**

Der Gewährleistungsausschluss nach § 640 III erstreckt sich nach seinem klaren Wortlaut **nicht auf Schadensersatzansprüche** (bzw. Aufwendungsersatz) i.S.v. § 634 **Nr. 4**. Insofern stellt sich die **Folgefrage**, ob ein Ausschluss des Nacherfüllungsanspruchs nach § 640 III dazu führt, dass der Besteller SESL nach §§ 281, 280 I, III iVm § 634 Nr. 4 sofort, d.h. ohne Fristsetzung, verlangen kann, oder ob er ungeachtet des Ausschlusses dennoch **zuvor erfolglos eine Frist** zur an sich ausgeschlossenen Nacherfüllung setzen muss. Richtigerweise ist dies zu bejahen; andernfalls käme ihm die als Sanktion gedachte Rechtsfolge des § 640 III mittelbar zugute: Denn nach h.M. begründet § 640 III lediglich eine **Einrede** zugunsten des Unternehmers (nach a.A. schließt § 640 III mittelbar auch den SESL [nicht jedoch den SENL] aus). **102**

Vereinbaren die Parteien eines Werkvertrags einen vertraglichen Gewährleistungsausschluss, kann sich der Unternehmer darauf gem. **§ 639** insoweit **nicht berufen**, als er den Mangel **arglistig** verschwiegen oder eine **Garantie** (i.S.v. § 276 I 1; umstr.) übernommen hat. Dies entspricht **103**

§ 444 (und § 536d); vgl. daher Kap. 2 Rn. 254. Im Übrigen erfasst ein vertraglicher Ausschluss der Sachmängelhaftung grds. nur Mängel i.S.v. § 633 II 2, nicht jedoch i.S.v. § 633 II 1.

II. Zeitliche Grenzen der Mängelrechte

104 (Nur) die Gewährleistungsrechte des Bestellers aus § 634 unterliegen gem. § 634a einer **besonderen Verjährung**. § 634a entspricht § 438 (vgl. daher Kap. 2 Rn. 256 ff.). Anders als dort unterliegt jedoch die Verjährung von Mängelansprüchen bei **unkörperlichen Werken** nach § 634a I **Nr. 3** der regelmäßigen Verjährung.

105 Nach § 634a I **Nr. 1** [entspricht § 438 I Nr. 3] beträgt die Verjährungsfrist „bei einem Werk, dessen Erfolg in der Herstellung [beachte § 650], Wartung oder Veränderung einer [meist: beweglichen] Sache oder in der Erbringung von Planungs- oder Überwachungsleistungen hierfür besteht", **zwei Jahre**. Nur wenn es sich bei dieser Sache um ein **Bauwerk** handelt (d.h. bei – i.d.R. – Vorliegen eines Bau- [§§ 650a ff.], Architekten- [§§ 650p ff.] oder ggf. Bauträgervertrags [§§ 650u f.]), beträgt die Frist gem. § 634a I **Nr. 2** [entspricht § 438 I Nr. 2] **fünf Jahre**. In beiden Fällen beginnt die Verjährung nach § 634a **II** mit der Abnahme zu laufen, wobei alternativ auch deren Fiktion (§ 640 II) oder die Vollendung (§ 646) genügt. Hat der Unternehmer jedoch den haftungsbegründenden Mangel **arglistig** verschwiegen, findet die regelmäßige Verjährung Anwendung, § 634a III 1 (beachte § 634a III 2 – lesen!).

106 Für die an sich (vgl. § 194 I) nicht der Verjährung unterliegenden **Rücktritts-** sowie **Minderungsrechte** ordnen § 634a IV resp. § 634a V (jeweils über die Verweisung auf § 218) einen Gleichlauf mit der Verjährung nach § 634a I–III (sog. **„Gestaltungsverjährung"**) an.

III. Erweiterung der Bestellerrechte durch Garantie

107 Obwohl im Werkvertragsrecht eine dem § 443 entsprechende Regelung fehlt, ist auch dort eine **Erweiterung** der Rechte des Bestellers (u.a. wegen Mängeln) durch „Übernahme" einer **Garantie** (ggf. durch Dritte) möglich. Insofern gilt das Gleiche wie beim Kaufvertrag; zu den Einzelheiten vgl. daher die Ausführungen in Kap. 2 Rn. 267 ff.

H. Die Beendigung des Werkvertrags

Neben den allgemeinen Bestimmungen, die eine **irreguläre bzw. vorzeitige Vertragsbeendigung** als Konsequenz von Leistungsstörungen bzw. Willensmängeln (etc.) ermöglichen, kennt das Werkvertragsrecht mit §§ 643, 648 und 648a weitere besondere, **werkvertragsspezifische Kündigungsrechte**. Eine Kündigung ist dabei grds. formfrei möglich; u.a. beim Bauvertrag schreibt jedoch § 650h Schriftform vor. Kündigen ausnahmsweise einmal beide Parteien den Werkvertrag und zeitigen die Kündigungen (z.B. hinsichtlich der Fortzahlung des Werklohns) unterschiedliche Rechtsfolgen, soll nach Ansicht des KG (NJW 2018, 3721) nicht die zeitlich frühere Kündigung, sondern analog § 323 VI die materiell vorrangige Kündigung wirksam sein (umstr.).

108

I. Kündigung durch den Unternehmer, § 643

Kann ein Werk nur unter Mithilfe des Bestellers hergestellt werden kann, trifft den Besteller eine **Mitwirkungsobliegenheit**. Gerät er wegen deren „Verletzung" in Annahmeverzug (§§ 293 ff.), muss er dem Unternehmer nach § 642 eine angemessene Entschädigung zahlen. Gleichzeitig räumt § 643 dem Unternehmer in diesen Fällen zusätzlich ein **Kündigungsrecht** ein. Dafür muss er dem Besteller (**1.**) eine angemessene Frist zur Nachholung der Handlung setzen und dies (**2.**) mit der Erklärung verbinden, dass er den Vertrag bei Ausbleiben der Mitwirkung kündige. Holt der Besteller die Mitwirkung dann nicht bis Fristablauf nach, wird das Vertragsverhältnis gem. § 643 S. 2 automatisch (*ex nunc*) beendet, wobei der Unternehmer nach § 645 I 2 Anspruch auf (Teil-)Vergütung behält.

109

II. Kündigung durch den Besteller, § 648 und § 649 I

Anders als dem Unternehmer räumt das Werkvertragsrecht dem **Besteller** in § 648 S. 1 ein **freies Kündigungsrecht** ein; m.a.W. kann der Besteller einen Werkvertrag jederzeit und ohne besonderen Grund *ex nunc* kündigen (z.B. wegen Interessenfortfalls). Tut er dies, schuldet er dem Unternehmer gleichwohl die vereinbarte Vergütung, § 648 S. 2; dieser muss sich aber ersparte Aufwendungen etc. anrechnen lassen. Hat der Besteller in einem solchen Fall bereits mehr als die letztlich geschuldete Vergütung bezahlt, kann er das Zuvielgezahlte analog § 638 IV 1 (umstr.) zurückverlangen.

110

Das freie Kündigungsrecht des Bestellers gem. § 648 ist grds. **abdingbar**. Wegen §§ 307 ff. ist dies jedoch i.d.R. nur **individualvertraglich**, nicht jedoch in **AGB** möglich. Eine Besonderheit gilt indes bei

110a

(Werk-)Verträgen, die eine **Personenbeförderung** mit einem **Massenverkehrsmittel** (z.B.: Flugzeug) zum Gegenstand haben. In Bezug auf solche Beförderungsverträge gehört das freie Kündigungsrecht des Bestellers nämlich laut dem BGH – anders als bei „normalen" Werkverträgen – nicht zu deren wesentlichen Grundgedanken (§ 307 II Nr. 1). Somit kann § 648 S. 1 „dort" auch durch AGB (d.h. die Beförderungsbedingungen) wirksam ausgeschlossen werden, ohne dass darin eine unangemessene Benachteiligung iSv § 307 I 1 zu erblicken ist.

111 Liegt dem Vertrag ein **Kosten(vor)anschlag** zugrunde, kann der Besteller zudem, wenn dieser wesentlich überschritten wird, auch nach **§ 649 I** kündigen, außer bei Übernahme einer Richtigkeitsgewähr.

III. Kündigung aus wichtigem Grund, § 648a

112 Nach dem zum 1.1.2018 neu eingeführten § 648a I schließlich können sowohl der Besteller als auch der Unternehmer den gesamten Vertrag **aus wichtigem Grund** ohne Einhaltung einer Kündigungsfrist kündigen; gem. § 648a II ist grds. – bei Abgrenzbarkeit – auch eine Teilkündigung möglich. Ein wichtiger Grund liegt gem. § 648a I 2 vor, wenn einer Partei „unter Berücksichtigung aller Umstände des Einzelfalls und unter Abwägung der beiderseitigen Interessen die Fortsetzung des Vertragsverhältnisses [...] **nicht zugemutet** werden kann".

113 § 648a entspricht weitgehend und verdrängt daher (m.E.) § 314. Anders als § 314 setzt § 648a kein Dauerschuldverhältnis voraus und gilt daher **für alle Werkverträge**. Bei Vorliegen einer Pflichtverletzung setzt eine § 648a-Kündigung gem. §§ 314 II, 648a III grds. den erfolglosen Ablauf einer zur Abhilfe bestimmten **Frist** bzw. eine erfolglose **Abmahnung** voraus; zur Erklärungsfrist s. §§ 314 III, 648a III.

I. Sonstige Werk- bzw. werkvertragsähnliche Verträge

114 Zum 1.1.2018 hat der Gesetzgeber mit dem Bau-, Verbraucherbau-, Architekten- oder Ingenieur- und Bauträgervertrag **fünf neue werkvertrag(sähn)liche Vertragstypen** ins BGB eingeführt. Nach der gesetzlichen Konzeption ist dabei nur der (Verbraucher-)Bauvertrag ein originärer Werkvertrag i.S.v. §§ 631 ff.; auf ihn finden die §§ 650a ff. sowie ggf. die §§ 650i ff. lediglich ergänzend Anwendung. Architekten-, Ingenieur- und Bauträgerverträge hingegen sind (jedenfalls nach der Gesetzessystematik) eigenständige, im Gesetz aber auch werkvertragsähnliche Vertragstypen. Auch auf diese finden die §§ 631 ff. jedoch – kraft Verweisung in § 650q I bzw. § 650u I 2 – Anwendung, sofern aus den §§ 650p ff. resp. §§ 650u f. nichts anderes folgt. Insofern eignen sich

diese Vertragstypen durchaus als **ungewöhnlicher Einstieg** in eine ansonsten genuin werkvertragliche Klausur.

I. Bauvertrag, §§ 650a ff.

Ein **Bauvertrag** ist ein Werkvertrag, der die (Wieder-)Herstellung, 115 Beseitigung, (ggf. Instandhaltung) oder den Umbau eines Bauwerks (bzw. einer Außenanlage) zum Gegenstand hat, § 650a. **Bauwerke** sind „unbewegliche, durch Verwendung von Arbeit und Material in Verbindung mit dem Erdboden [dauerhaft] hergestellte Sachen" (Rspr.). Der Bauvertrag ist die in der Praxis wohl häufigste Erscheinungsform des Werkvertrags; in den meisten Fällen werden die §§ 631 ff. allerdings großteils durch Vereinbarung der **VOB/B** abbedungen.

Bei Vorliegen eines Bauvertrags ermöglichen §§ 650b–650d – in Ergänzung der §§ 631 ff. – die Änderung des ursprünglich vereinbarten Leistungsumfangs durch nachträgliche Anordnungen. Zugleich ermöglichen §§ 650e f. in Gestalt von **Sicherungshypothek** und **Bauhandwerkersicherung** (Rn. 32) eine Sicherung des vorleistenden Unternehmers. § 650g ermöglicht eine Zustandsfeststellung bei Abnahmeverweigerung, und **§ 650h** schreibt für Kündigungen **Schriftform** vor. Nach § 650k II schließlich werden bei unklarer oder unvollständiger Baubeschreibung grds. sogar sämtliche vertragsbegleitenden Umstände Vertragsinhalt; dies ist insb. in Abgrenzung zur Formbedürftigkeit von Beschaffenheitsvereinbarungen (gem. §§ 434 II 1 Nr. 1, 311b I 1) beim Grundstückskaufvertrag beachtlich, zumal § 650k II gem. § 650u I 2, II auch auf den Bauträgervertrag (dazu Rn. 118) Anwendung findet.

Ist Gegenstand eines Bauvertrags der Bau eines **Gebäudes** (oder er- 116 hebliche Umbaumaßnahmen daran) durch einen Unternehmer i.S.v. § 14 für einen Verbraucher, gelten zusätzlich die (großteils zwingenden, § 650o) §§ 650i ff. Gebäude sind Bauwerke, die Wohnzwecken dienen. Ein derartiger **Verbraucherbauvertrag** bedarf der Textform (§ 126b), § 650i II. § 650l gewährt dem Verbraucher zudem ein **Widerrufsrecht** nach § 355, außer der Vertrag ist notariell beurkundet.

II. Architektenvertrag, §§ 650p ff.

Ein Architekten- oder Ingenieurvertrag setzt gem. § 650p I voraus, 117 dass sich ein Unternehmer zur **Planung und Ausführung** eines Bauwerks oder einer Außenanlage (bzw. deren Überwachung) verpflichtet. Auch auf diesen Vertragstyp finden nach **§ 650q** I grds. die §§ 631 ff. sowie z.T. auch die §§ 650a ff. Anwendung, es sei denn, die §§ 650p ff. stehen dem entgegen. § 650r gewährt den Parteien in den Fällen des § 650p II ggf. ein **Sonderkündigungsrecht**; und nach § 650t kann ein

Architekt oder Ingenieur unter bestimmten Voraussetzungen die Leistung verweigern, wenn er neben einem bauausführenden Unternehmer gesamtschuldnerisch für Mängel des geplanten Bauwerks (etc.) haftet.

III. Bauträgervertrag, §§ 650u f.

118 Der in §§ 650u f. adressierte Bauträgervertrag ist ein **typengemischter Vertrag**, durch den sich ein Unternehmer einerseits (**1.**) zur Errichtung oder zum Umbau eines Hauses bzw. eines vergleichbaren Bauwerks (z.B. einer Eigentumswohnung) sowie andererseits auch (**2.**) zur Eigentums- oder Erbbaurechtsverschaffung verpflichtet. (Nur) auf die Verpflichtung zur Errichtung bzw. zum Umbau finden gem. § 650u I 2 grds. die §§ 631 ff. sowie die §§ 650a ff. Anwendung (zu den Ausnahmen vgl. § 650u II); die Verpflichtung zur Übertragung des Eigentums (oder Erbbaurechts) beurteilt sich hingegen gem. § 650u I 3 nach §§ 433 ff. Beachte zur umstrittenen Einordnung des Kaufs von bei Abschluss des Veräußerungsvertrags **bereits fertiggestellten Bauwerken** vgl. Rn. 6. Zum gerade beim Bauträgervertrag besonders praxisrelevanten **§ 650k II** s. Rn. 115.

Kapitel 7. Weitere Verträge zur Tätigkeit im fremden Dienst oder Interesse

Neben dem Werkvertrag enthält das Gesetz in den **§§ 611–704** weitere (sowohl vertragliche als auch gesetzliche [z.B.: GoA, §§ 677 ff., oder §§ 701 ff.]) Schuldverhältnisse, die eine Tätigkeit des Schuldners **im fremden Dienst oder Interesse** zum Gegenstand haben. Die wichtigsten dort geregelten Vertragstypen sind der Dienst- (§§ 611 ff.), Arbeits- (vgl. § 611a), Pauschalreise- (§§ 651a ff.) und Auftragsvertrag (§§ 662 ff.). **1**

A. Dienstvertrag

Der in §§ 611–630 geregelte Dienstvertrag hat die ordnungsgemäße Erbringung einer Dienstleistung – d.h. von menschlicher Arbeit und damit grds. nur ein **Tätigwerden** und kein darüber hinausgehender Erfolg – gegen Entgelt (sonst: Auftrag) zum Gegenstand. Die Dienstleistungspflicht ist höchstpersönlicher Natur **(§ 613)**, d.h. der Dienstverpflichtete (oder: Arbeitnehmer) hat die Dienste selbst zu leisten; zudem ist der Dienstverpflichtete i.d.R. vorleistungspflichtig, § 614. **2**

Zur Abgrenzung zwischen Dienst- und **Werkvertrag** s. Kap. 6 Rn. 7. **3**

Der Dienstvertrag kennt **zwei Unterfälle: (1.)** den (freien) **Dienstvertrag** eines Selbständigen und **(2.)** den **Arbeitsvertrag** des abhängige Dienste leistenden Arbeitnehmers (vgl. § 611a I als *lex specialis* zu § 611; s. dazu Rn. 20). Die §§ 611 ff. finden i.d.R. auf beide Vertragstypen Anwendung; **§§ 621 und 627** jedoch gelten nur für den Dienstvertrag (andersherum: s. Rn. 18). Unter diesem Gliederungspunkt wird nur der freie Dienstvertrag behandelt. **4**

I. Charakteristik

Durch den freien Dienstvertrag wird der **Dienstverpflichtete** zur Leistung der versprochenen Dienste und der **Dienstberechtigte** zur Gewährung der vereinbarten Vergütung (s. § 612) verpflichtet, **§ 611 I**. **5**

Gegenstand eines Diensvertrags können gem. § 611 II **Dienste jeder Art** sein. Auch die Dauer der Dienstleistung ist grds. bedeutungslos; **6** selbst ein nur einmaliges Tätigwerden genügt. In einem derartigen Fall ist der Dienstvertrag jedoch – entgegen seiner Grundkonzeption – kein **Dauerschuldverhältnis** (umstr.). Ist der Dienstverpflichtete hingegen weisungsgebunden (§ 611a I 3), liegt ein Arbeitsvertrag vor.

7 **Freier Dienstvertrag** ist z.B. der anwaltliche Beratungsvertrag oder ein Vertrag mit Steuerberatern bzw. Ärzten (aber: §§ 630a ff.).

II. Die Haftung des Dienstverpflichteten

8 Anders als das Kauf-, Miet- oder Werkvertragsrecht beinhalten die §§ 611 ff. **kein Gewährleistungsrecht**, d.h. insb. kein Nacherfüllungs- oder Minderungsrecht. Auf etwaige Leistungsstörungen finden daher nur die **allgemeinen Regeln** Anwendung, insb. die §§ 275 ff. und 320 ff. (Dienst- und Arbeitsverträge sind **gegenseitige** Verträge). Dabei ist zu bedenken, dass der Dienstverpflichtete nur zu einem Tätigwerden verpflichtet ist; eine (wenn auch nur untechnische) Schlechtleistung ist bei Vorliegen einer Pflichtverletzung aber möglich, z.B. wenn jener zugleich Schutzpflichten verletzt.

9 Leistet ein Dienstverpflichteter pflichtwidrig **schlecht** und hat er die Schlechtleistung **zu vertreten**, findet daher zwar keine Minderung statt; allerdings steht dem Dienstberechtigten dann ein Schadensersatzanspruch aus **§ 280 I** (§ 241 II; umstr.) zu (beachte beim Arbeitsvertrag: § 619a), den er mit Vergütungsansprüchen des Dienstverpflichteten verrechnen kann (auch die Vergütung kann Teil des Schadens sein). Ist eine fehlerhafte Leistung im Einzelfall für den Dienstberechtigten ohne Interesse und völlig unbrauchbar, ist der Schadensersatzanspruch sogar (wenn der Dienstberechtigte seine Gegenleistung noch nicht erbracht hat) unmittelbar auf **Befreiung** von seiner Vergütungspflicht gerichtet. Darüber hinaus setzt sich der Anspruch auf Vergütung auch dann nach **§ 628 I 2 Alt. 2** *ipso iure* entweder herab oder entfällt ganz, wenn der Dienstberechtigte den Dienstvertrag wegen einer vom Dienstverpflichteten zu vertretenden Vertragsverletzung **außerordentlich** gem. §§ 626 oder 627 **kündigt** und die Dienstleistung *infolge dessen* für den Dienstberechtigten (ggf. partiell) ohne Interesse ist. Letzteres setzt voraus, dass der Dienstberechtigte die Leistung wirtschaftlich nicht mehr verwerten kann, sie also für ihn nutzlos geworden ist. Hat der Dienstberechtigte die Vergütung in einem derartigen Fall bereits entrichtet, kann er sie gem. § 346 I iVm § 628 I 3 zurückverlangen.

10 Leistet der Dienstverpflichtete hingegen **gar nicht**, bleibt entweder der Erfüllungsanspruch des Dienstberechtigten bestehen, oder aber – bei Vorliegen einer **absoluten Fixschuld** (wie i.d.R. beim Arbeitsvertrag; a.A. *Latzel*, AcP 221, 881) – der Vergütungsanspruch entfällt nach

§ 326 I 1. Da der Dienstverpflichtete ohnehin zur Vorleistung verpflichtet ist (§ 614), erhält er dann keine bzw. nicht die ganze Vergütung (sonst: §§ 346 I, 326 IV).

III. Die Vergütungspflicht des Dienstberechtigten

Gem. § 611 I Alt. 2 ist der Dienstberechtigte als Hauptleistungspflicht zur Gewährung der vereinbarten **Vergütung** verpflichtet. Für den Fall, dass sich die Parteien nicht über eine Vergütung (§ 612 I) oder deren Höhe (§ 612 II) geeinigt haben, gilt (= Auslegungsregel; a.A.: Fiktion) nach **§ 612** entweder eine Vergütung insgesamt, wenn die Dienstleistung den Umständen nach nur gegen Vergütung zu erwarten ist, bzw. die taxmäßige bzw. übliche Vergütung als vereinbart. **11**

In Abweichung von den allgemeinen Grundsätzen kennt das Dienstvertragsrecht **zwei Fallgruppen**, in denen ein Dienstberechtigter in Abweichung vom Grundsatz „ohne Arbeit keinen Lohn" einen **Vergütungsanspruch** behält, **auch ohne Dienste** geleistet zu haben: **12**

(1.) Nach **§ 615 S. 1** kann der Dienstverpflichtete, wenn der Dienstberechtigte in **Annahmeverzug** gerät (§§ 293 ff.), für die deshalb nicht geleisteten Dienste die vereinbarte Vergütung verlangen, ohne zur Nachleistung verpflichtet zu sein. § 615 S. 1 ist *lex specialis* zu § 326 II 1 Alt. 2 (umstr.) und greift auch ein, wenn eine Dienstleistung an sich nachholbar ist und daher durch Zeitablauf keine Unmöglichkeit eintritt. M.a.W. behandelt diese Vorschrift den Dienstvertrag unter den Voraussetzungen von § 615 S. 1 stets als absolutes Fixgeschäft. (2.) Darüber hinaus behält der Dienstverpflichtete nach **§ 616 S. 1** seinen Vergütungsanspruch auch dann, wenn er für eine verhältnismäßig nicht erhebliche Zeit durch einen in seiner Person liegenden Grund (z.B. Krankheit) **ohne Verschulden** an der Dienstleistung verhindert wird. **13**

Anders als im Arbeitsrecht dem Arbeitnehmer (§ 242, Art. 1, 2 GG) steht einem Dienstverpflichteten **kein Beschäftigungsanspruch** zu. **14**

IV. Beendigung des Dienstvertrags

Ein Dienstvertrag **endet** entweder durch Erfüllung (§ 362 I) und/oder Zeitablauf (§ 620 I), Tod des Dienstverpflichteten (vgl. § 613 S. 1) bzw. durch – ordentliche oder außerordentliche – Kündigung. **15**

Die **ordentliche Kündigung** ist in § 621 geregelt (beim Arbeitsvertrag: § 622), die **außerordentliche Kündigung** in den §§ 624, 626 und 627. Beim Arbeitsvertrag bedarf die Kündigung der Schriftform, **§ 623**. **16**

B. Arbeitsvertrag

Literatur: *Junker*, Grundkurs ArbR, 22. Aufl. 2023; *Latzel*, AcP 221, 881; *Maties*, ArbR, 7. Aufl. 2020.

17 Der **Arbeitsvertrag** ist eine Unterform des Dienstvertrags; auf ihn finden daher grds. die §§ 611–630 Anwendung (außer §§ 621, 627).

18 Mit §§ **611a**, 612a, 613a, 615 S. 3, **619a**, 622 und 623 enthalten die §§ 611 ff. sogar Vorschriften, die *nur* **für Arbeitsverträge** gelten.

19 Das Arbeitsrecht ist – u.a. aus Gründen des **Sozialschutzes** – eine sich vom sonstigen Vertragsrecht des BGB stark unterscheidende Spezialmaterie mit Ziel eines gerechten Interessenausgleichs zwischen Arbeitnehmer- und Arbeitgeberseite. Ein Großteil der (auch individual-)arbeitsvertraglichen Normen findet sich **außerhalb des BGB**, z.B. im **KSchG**, **EFZG**, BUrlG, TzBfG sowie z.T. in Tarifverträgen.

20 Seit 1.4.2017 ist der **Arbeitsvertrag** in § 611a – auf umstr. Weise – definiert als Vertrag, durch den ein Arbeitnehmer im Dienst eines anderen zur Leistung **weisungsgebundener**, fremdbestimmter Arbeit in persönlicher Abhängigkeit gegen Vergütung verpflichtet wird. **Weisungsgebunden** ist nach § 611a I 3, wer nicht im Wesentlichen frei seine Tätigkeit gestalten und seine Arbeitszeit bestimmen kann; ein etwaiges **Weisungsrecht** kann Inhalt, Durchführung, Zeit und Ort der Tätigkeit betreffen, § 611a I 2. Zum **fehlerhaften Arbeitsvertrag** s. *Junker*, Grundkurs ArbR, § 2 Rn. 188.

C. Pauschalreisevertrag

Literatur: *Paulus*, JuS 2018, 647.

I. Charakteristik und Anwendungsbereich

21–22 Der Pauschalreisevertrag (früher: Reisevertrag) ist ein zwar *eigenständiger, jedoch* **werkvertragsähnlicher** *Vertragstypus* (h.M.). Sein Gegenstand ist gem. § 651a I 1 die entgeltliche **Verschaffung** – und nicht bloß Vermittlung, vgl. §§ 651b, 651v – einer **Pauschalreise** durch einen Unternehmer [i.S.v. § 14], den **Reiseveranstalter**, gegenüber einem **Reisenden**, der als Gegenleistung zur Zahlung des vereinbarten Reisepreises verpflichtet ist, § 651a I 2. Gem. § 651i I muss die Pauschalreise zudem **frei von Reisemängeln** verschafft werden.

Die Bestimmungen des Pauschalreisevertragsrechts dienen u.a. dem **Verbraucherschutz**; sie finden allerdings auch dann Anwendung, wenn ein Reisender gar kein Verbraucher i.S.v. § 13 ist (§§ 312 VII 2, 651a V Nr. 3). Die – zuletzt mit Wirkung vom 1.7.2018 völlig neugefassten – §§ 651a ff. setzen die neugefasste, vollharmonisierende PRRL um; folglich ist das Gebot **richtlinienkonformer Auslegung** zu beachten. Gem. § 651y S. 1 sind die §§ 651a ff. zugunsten des Reisenden **zwingend**; sie finden nach § 651y S. 2 auch dann Anwendung, wenn sie durch anderweitige Gestaltungen umgangen werden. 23

Dem PauschalreisevertragsR liegt folgende **Systematik** zugrunde: 24
- §§ 651a–651c: **Definition Pauschalreise** etc.
- § 651d: Informationspflichten; Vertragsinhalt
- §§ 651e–g: Vertragsübertragung+-änderung
- § 651h: Rücktritt vor Reisebeginn
- §§ 651i–651p: **Reisegewährleistungsrecht**
- §§ 651r–651t: Insolvenzsicherung etc.
- § 651u: Gastschulaufenthalte
- § 651v + § 651w: Vermittlung (ggf. verbundener Reiseleistungen)
- § 651y: Unabdingbarkeit; Umgehungsverbot

1. Pauschalreise

Der Begriff der Pauschalreise wird in § 651a II 1 definiert als „Gesamtheit von mindestens *zwei* **verschiedenen Arten von Reiseleistungen** für den Zweck derselben Reise". Verpflichtet sich ein Unternehmer hingegen nur zu einer einzigen Reiseleistung, liegt – mit Ausnahme ggf. von Gastschulaufenthalten, § 651u – keine Pauschalreise vor. 25

Nach dem BGH waren die früheren, bis zum 31.6.2018 geltenden §§ 651a ff. a.F. **analog** auf Verträge über **einzelne Reiseleistungen** anwendbar, wenn diese veranstaltermäßig vertrieben werden *und* die **Interessenlage** mit derjenigen bei Vorliegen eines Reisevertrags **vergleichbar** ist (z.B.: Buchung eines Ferienhauses oder einer Ferienwohnung bei einem Reiseveranstalter [nicht: dem privaten Eigentümer]). Insofern stellt sich die Frage der **Fortgeltung dieser Rechtsprechung**. Richtigerweise ist sie **zu verneinen**; denn der Gesetzgeber hat i.R.d. Neufassung *bewusst* auf deren Kodifizierung verzichtet. 26

Der Begriff der „Pauschalreise" jdf. i.S.v. § 651a II 1 entspricht damit vom Grundansatz her demjenigen der „Reise" i.S.v. § 651a I 1 a.F. 27

28 Neu ist jedoch die **Legaldefinition der Reiseleistungen** in § 651a III 1; darunter fallen die „Beförderung von Personen" (**Nr. 1**), eine „Beherbergung, außer [zu] Wohnzwecken" (**Nr. 2**), „die Vermietung" von v.a. Autos oder Motorrädern [mit mehr als 50 cm³ Hubraum] (**Nr. 3**) sowie jede andere „touristische Leistung" (**Nr. 4**).
Touristische Leistungen i.S.v. § 651a III 1 Nr. 4 sind z.B. Ausflüge, Führungen, Vermietung von Ausrüstung, Wellnessbehandlungen oder Skipässe bzw. Eintrittskarten für Konzerte etc. **Ausgenommen** sind gem. § 651a III 2 jedoch „Reiseleistungen, die wesensmäßig Bestandteil einer anderen Reiseleistung sind", z.B. der Transfer vom Flughafen zum Hotel oder ein Schlafabteil im Zug.

29 Gem. **§ 651a IV** 1 liegt auch dann **keine Pauschalreise** vor, wenn eine Reiseleistung i.S.v. § 651a III 1 Nr. 1–3 mit touristischen Leistungen i.S.v. Nr. 4 verbunden wird, die entweder (**Nr. 1**) keinen „erheblichen Anteil" (≤ 25 %, § 651a IV 2) vom Gesamtwert *und* kein „wesentliches Merkmal" der Reise darstellen, oder die (**Nr. 2**) erst nach deren Erbringung ausgewählt und vereinbart werden.

30 In Umsetzung des *Club-Tour*-Urteils des EuGH aus dem Jahr 2002 liegt eine Pauschalreise gem. **§ 651a II 2** auch dann vor, wenn Reiseleistungen „auf Wunsch des Reisenden oder entsprechend seiner Auswahl zusammengestellt wurden" (**Nr. 1**), oder diesem das Recht eingeräumt wird, „die Auswahl der Reiseleistungen aus [dem Angebot des Reiseveranstalters] nach Vertragsschluss zu treffen" (**Nr. 2**).

31 Unter den Voraussetzungen von § 651a II 2 sind ggf. auch **Reisebüros** oder Betreiber von **Online-Reiseportalen** Reiseveranstalter i.S.v. § 651a I. In diesem Zusammenhang ist die „Reiseveranstaltung" insb. von der **Vermittlung von Reiseleistungen** (= Geschäftsbesorgung, § 675 I) abzugrenzen, die wiederum nach § 651b I 1 nicht den §§ 651a ff. (Ausnahme: §§ 651v f.) unterfällt.

32 Zur **Abgrenzung** zwischen Reisevermittlung und -veranstaltung ist zusätzlich **§ 651b I 2, 3** zu beachten, wonach eine etwaige Vermittlung (i.S.v. § 675 I) selbst dann, wenn z.B. formal zwei Verträge mit anderen Anbietern geschlossen werden, zur **Reiseveranstaltung** wird, wenn „der Reisende die Reiseleistungen in einer einzigen Vertriebsstelle des Unternehmers" (i.S.v. § 651b II) im Rahmen „desselben Buchungsvorgangs" vor Verpflichtung zur Zahlung auswählt (**Nr. 1**), oder wenn „der Unternehmer die Reiseleistungen zu einem Gesamtpreis anbietet" etc.

C. Pauschalreisevertrag

(**Nr. 2**) bzw. „die Reiseleistungen unter der Bezeichnung „Pauschalreise" [etc.]" bewirbt o.ä. (**Nr. 3**). Gem. § 651b I 4 zählt jedoch eine vorherige Beratung nicht zur Buchung i.S.v. § 651b I 2 Nr. 1.

Nicht anwendbar sind die §§ 651a ff. gem. **§ 651a V** hingegen auf Reisen, die **ohne Gewinnerzielungsabsicht** nur gelegentlich und nur einem begrenzten Personenkreis angeboten werden (**Nr. 1**), auf **Tagesreisen** (unter 24h und 500,01 €) ohne Übernachtung (**Nr. 2**) sowie auf **Geschäftsreisen**, wenn zwischen dem Reisenden (i.S.v. § 14) und dem Unternehmer ein Rahmenvertrag besteht (**Nr. 3**). 33

Losgelöst von § 651a ist ein Unternehmer (i.S.v. § 14), der mit einem Reisenden mittels eines Online-Buchungsverfahrens einen Vertrag über nur *eine* Reiseleistung geschlossen oder vermittelt hat, nach § 651c auch dann als Reiseveranstalter anzusehen, wenn er dem Reisenden **zusätzlich** und **kumulativ** (**1.**) „für den Zweck derselben Reise mindestens *einen* [weiteren] Vertrag über eine andere [Reiseleistungsart] vermittelt, indem er den Zugriff auf das Online-Buchungsverfahren eines *anderen* Unternehmers ermöglicht", **sowie** (**2.**) „den Namen, die Zahlungsdaten und die E-Mail-Adresse des Reisenden an den anderen Unternehmer übermittelt" **und** der weitere Vertrag (**3.**) „spätestens 24 Stunden nach der Bestätigung des Vertragsschlusses über die erste Reiseleistung geschlossen wird" (sog. *„click-through-Regelung"*). 34

Von dem soeben beschriebenen, in § 651c geregelten **„verbundenen Online-Buchungsverfahren"** zu unterscheiden ist die neu eingeführte Kategorie der **verbundenen Reiseleistungen (§ 651w)**. Darunter fallen Situationen, in denen keine Pauschalreise zustandekommt, dennoch aber ein verbindendes Element zwischen mehreren gebuchten Reiseleistungen besteht. Den Vermittler verbundener Reiseleistungen treffen gem. § 651w II bestimmte Informationspflichten, bei deren Verletzung er ggf. nach § 651w IV haftet. 35

Das **Zustandekommen** eines Pauschalreisevertrags beurteilt sich nach allgemeinen Grundätzen (d.h. **§§ 145 ff.**); ein Reiseprospekt ist daher grds. als *invitatio ad offerendum* und nicht als Antrag zu werten. Bezüglich des Vertragsinhalts ist zusätzlich **§ 651d III** zu beachten. Ein Pauschalreisevertrag bedarf keiner Form. Kommt der Vertrag in einer **Haustürsituation** zustande, steht dem Reisenden zudem unter den Voraussetzungen von **§§ 312g I, 312 VII 2, 13** ein **Widerrufsrecht** gem. § 355 I 1 zu. 36

2. Die Vertragsparteien und sonstigen Beteiligten

a) Reiseveranstalter

37 Schuldner der vertragstypischen Leistungen ist beim Pauschalreisevertrag der **Reiseveranstalter**, § 651a I. Nach bisherigem Verständnis ist dies, wer eine Gesamtheit von Reiseleistungen als eigene anbietet. Als **Folge der Neuregelung** der §§ 651a ff. unterfallen dem Begriff des Reiseveranstalters nunmehr jedoch gem. **§ 651a II 2** ggf. auch sonstige Personen (z.B. Betreiber von **Reisebüros** oder **Online-Buchungsportalen**), die Reiseleistungen auf Wunsch des Reisenden lediglich zusammenstellen o.ä. (s. Rn. 31). Und. gem. **§ 651b I 3** ist eine Person – noch weitergehend – selbst dann (unabhängig davon, ob sie Reiseleistungen an sich nur vermittelt) Reiseveranstalter, wenn jene in ihrer Vertriebsstelle zusammen ausgewählt werden, bevor es zur Zahlung kommt, oder wenn die Reise zu einem Gesamtpreis angeboten bzw. als „Pauschalreise" bezeichnet wird (Rn. 32). Das Gleiche gilt nach **§ 651c** bei verbundenen Online-Buchungsverfahren (Rn. 34).

38 Eine **Einschränkung** hat der Begriff des Reiseveranstalters demgegenüber insofern erfahren, als nunmehr nur noch **Unternehmer i.S.v. § 14** darunter fallen. Auch Gelegenheitsveranstalter, die einem begrenzten Personenkreis ohne Gewinnerzielungsabsicht Reisen anbieten, unterfallen gem. **§ 651a V Nr. 1** nicht den §§ 651a ff.

b) Reisender

39 Den Vertragspartner des Reiseveranstalters nennt das Gesetz in § 651a I den **Reisenden**. Diese Bezeichnung ist insofern irreführend, als „Reisender" i.S.v. § 651a I auch sein kann, wer gar nicht selbst **Reiseteilnehmer** ist und eine Pauschalreise zwar im eigenen Namen, jedoch lediglich (i.S.v. **§ 328 I**) zugunsten *Dritter* (z.B. von Familienangehörigen) bucht. Das Gleiche gilt, wenn jemand einen Reisevertrag alleine im eigenen Namen *sowohl* für sich *als auch* zugunsten Dritter (z.B. seiner Kinder) abschließt: Auch dann ist nur er der „Reisende".

40 Wer im Einzelfall „Reisender" und wer lediglich „Reiseteilnehmer" ist, ist oftmals eine Frage der **Auslegung**; bei einer Gruppenreise von Freunden oder Kollegen z.B. wird ein für alle buchender Reiseteilnehmer i.d.R. (anders als bei Familienbuchungen etc.) gem. §§ 133, 157 den Pauschalreisevertrag sowohl im eigenen als auch im fremden Namen (d.h. als **Vertreter, §§ 164 ff.**) abschließen (und nicht: § 328 I); dann aber sind alle Gruppenteilnehmer auch „Reisende" i.S.v. § 651a I.

Nicht erforderlich ist, dass der Reisende **Verbraucher i.S.v. § 13** 41
ist. Folglich sind die §§ 651a ff. z.T. auch auf Geschäftsreisen anwendbar; gem. § 651a V Nr. 3 gilt dies jedoch nicht, wenn zwischen Reisendem und Unternehmer ein Rahmenvertrag besteht.

c) Reisevermittler

Auch unter dem neuen Pauschalreisevertragsrecht ist – wenn auch im 42
Vergleich zu früher gem. §§ 651a II 3, 651b I 3 sowie § 651c unter erschwerten Bedingungen (Rn. 31) – gem. **§ 651b I 1** eine bloße Reisevermittlung möglich. **Reisevermittler** ist nach **§ 651v**, wer einen Reisenden – ähnlich einem Makler und i.d.R. entgeltlich – berät und lediglich den Abschluss des Pauschalreisevertrags herbeiführt, ohne selbst Reiseveranstalter zu sein (d.h. Reiseleistungen zu schulden) und ohne die Voraussetzungen der vorgenannten Vorschriften zu erfüllen.

Im Falle der Reisevermittlung schließt ein Reisender zwei Verträge – 43
nämlich sowohl einen Vermittlungs- als auch den Pauschalreisevertrag – ab. Ersterer ist nach h.M. ein **Geschäftsbesorgungswerkvertrag** i.S.v. §§ 675 I, 631, aus dem eigene vertragliche Pflichten (wenn auch nicht solche i.S.v. §§ 651a ff.) resultieren. Der Reisevermittler ist dabei i.d.R. zugleich Erfüllungsgehilfe (**§ 278**) des Reiseveranstalters. Ein Reiseveranstalter i.S.v. § 651a kann sich aber nicht durch bloße Vereinbarung zu einem Vermittler „herabstufen"; der Wirksamkeit derartiger **„Vermittlerklauseln"** steht nicht zuletzt § 651y S. 2 entgegen.

Einen Reisevermittler treffen die in § 651v genannten Pflichten; gem. 44
§ 651v II 2 gilt er ggf. als zur Entgegennahme von Zahlungen und gem.
§ 651v IV 1 als zur Entgegennahme von Mängelanzeigen sowie sonstigen reisebezogenen Erklärungen **bevollmächtigt** (i.S.v. § 164 III).
Gem. **§ 651v III haftet** er sogar – ähnlich § 4 II ProdHaftG – u.a. auf Gewährleistung (§§ 651i ff.), wenn der Reiseveranstalter bei Vertragsschluss seinen Sitz außerhalb der EU oder des EWR hat. Für Vermittler nur verbundener Reiseleistungen (dazu Rn. 35) gilt § 651w.

d) Leistungserbringer

Leistungserbringer (bzw. – synonym – Leistungsträger) sind demge- 45
genüber diejenigen Personen, die dem Reisenden bzw. Reiseteilnehmern gegenüber **einzelne Reiseleistungen ausführen** (z.B.: Fluggesellschaft, Hotelbetreiber, Fremdenführer), ohne selbst Vertragspartner des Reisenden zu sein (vgl. die Legaldefinition in § 651b I 2). Nach überzeugenderer M.M. erfüllen sie dabei i.d.R. nur ihre Verpflichtungen gegenüber dem Reiseveranstalter, dessen Erfüllungsgehilfe (i.d.R. nicht jedoch Verrichtungsgehilfe, § 831 I) sie im Verhältnis zum Reisenden bzw. zu etwaigen Reiseteilnehmern sind. Die **h.M.** geht sogar von einem Vertrag

194   *Kapitel 7. Verträge zur Tätigkeit im fremden Interesse*

zwischen Reiseveranstalter und Leistungsträger zugunsten des Reisenden (etc.) i.S.v. **§ 328 I** aus, muss sich aber wegen des Folgeproblems eines an sich möglichen Einwendungsdurchgriffs nach § 334 des Kunstgriffs von dessen konkludenter Abbedingung bedienen.

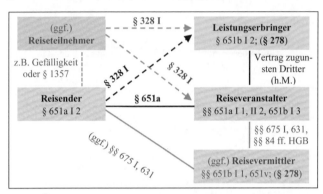

***Übersicht 14:** Vertragsbeziehungen beim Pauschalreisevertrag*

II. Änderung und vorzeitige Auflösung des Vertrags

46   § 651e: Unter den Voraussetzungen von § 651e steht dem Reisenden eine **gesetzliche Ersetzungsbefugnis** zu: Danach kann er – ohne Zustimmung des Reiseveranstalters – dessen Vertragspartner auswechseln, so dass statt seiner – nach h.M. im Wege der **Vertragsübernahme** – ein Dritter in den Pauschalreisevertrag eintritt. Ein Widerspruchsrecht steht dem Reiseveranstalter nur unter den Voraussetzungen von § 651e II zu. Gem. § 651e III 1 haften der alte und neue Reisende als **Gesamtschuldner** für den Reisepreis und etwaige Mehrkosten.

47   § 651f: In der Praxis ist es üblich, dass sich Reiseveranstalter bereits im Pauschalreisevertrag das Recht ausbedingen, **einseitig** bestimmte Vertragsinhalte zu ändern. Gem. § 651f III unterfallen derartige Änderungsvorbehalte i.R.e. AGB-Prüfung nicht den § 308 Nr. 4 und § 309 Nr. 1. Im Gegenzug schränkt **§ 651 f** die **Zulässigkeit** von **einseitigen Vertragsänderungen** ein (≈ §§ 315 ff.), und zwar in § 651f I für den Preis und in § 651f II für sonstige Vertragsbedingungen. § 651f IV enthält ein spiegelbildliches Preisanpassungsrecht des Reisenden.

48   § 651g I 1 statuiert als **Obergrenze** einseitig zulässiger Preisanpassungen 8 %; will der Reiseveranstalter eine höhere Anpassung – oder sonstige erhebliche Vertragsänderungen, § 651g I 3 – erreichen, kann er

dem Reisenden gem. § 651g I 2 eine Vertragsänderung anbieten und verlangen, dass dieser entweder die Änderung (oder ggf. eine Ersatzreise, § 651g II) innerhalb angemessener Frist annimmt oder vom Vertrag zurücktritt (zu den jeweiligen Rechtsfolgen: § 651g IV).

Auch unabhängig von Preisänderungen kann ein Reisender gem. **49** § **651h I 1 vor Reisebeginn jederzeit** ohne Grund **zurücktreten**; ein Reiseveranstalter hat keinerlei Recht auf Abnahme. M.E. kein (konkludenter) Rücktritt ist der **bloße Nichtantritt** (umstr.). Tritt der Reisende zurück, verliert der Reiseveranstalter gem. § 651h I 2 den Anspruch auf den vereinbarten Reisepreis, kann jedoch nach § 651h I 3 eine angemessene Entschädigung verlangen (Ausnahme: § 651h III). Für deren vertragliche Bemessung gilt § 651h II 1; andernfalls greift § 651h II 2 ein. Ein **Rücktrittsrecht des Reiseveranstalters** vor Reisebeginn besteht demgegenüber nur unter den Voraussetzungen von § 651h IV.

Nunmehr **weggefallen** ist die gesonderte, vorrangige Kündigungs- **50** möglichkeit der Parteien bei Vorliegen **höherer Gewalt** in § 651j a.F.

III. Gewährleistungsrecht

Das Pauschalreisevertragsrecht kennt – wie das Kauf-, Miet- und **51** Werkvertragsrecht auch – in Gestalt der **§§ 651i–651p** ein eigenständiges, besonderes Leistungsstörungsrecht (zugunsten des Reisenden). Dieses **Gewährleistungsrecht** setzt das Vorliegen eines **Reisemangels** i.S.v. § 651i II und damit einen Verstoß gegen die in § 651i I statuierte Hauptleistungspflicht des Reiseveranstalters, die Pauschalreise frei von Reisemängeln zu verschaffen, voraus. Für andere Pflichtverletzungen des Reiseveranstalters bzw. solche des Reisenden gilt hingegen i.d.R. allgemeines Leistungsstörungsrecht (insb. §§ 280 ff.).

1. Überblick

Die Mängelrechte eines Reisenden werden seit der Neufassung der **52** §§ 651a ff. vorab in **§ 651i III** aufgezählt. Diese Norm fungiert – ebenso wie ihre Vorbilder im Kauf- (§ 437) und Werkvertragsrecht (§ 634) – als „**Brückennorm**" des pauschalreisevertraglichen Gewährleistungsrechts; ebenso wie jene Normen spricht nunmehr auch § 651i III eine **Rechtsgrundverweisung** auf die in ihren Nr. 1–7 genannten Rechte aus. Anders als nach §§ 280 ff. iVm §§ 437/634 ist jedoch gleichgültig, ob ein Reisemangel behoben werden kann oder nicht.

Übersicht 15: Rechte des Reisenden gem. § 651i III

53 **Zeitlich** greifen die §§ 651i ff. nach ganz h.M. **bereits ab Vertragsschluss** ein und verdrängen i.R. ihres Anwendungsbereichs (d.h. in Bezug auf Reisemängel) die allgemeinen Vorschriften (d.h. die §§ 280 ff., **nicht**: §§ 823 ff.) vollständig (sog. **Einheitslösung**).

54 Die **Verjährung** der Ansprüche aus § 651i III beurteilt sich nach **§ 651j S. 1** und tritt nach **zwei Jahren** ein, gem. § 651j S. 2 gerechnet ab dem Tag, an dem die Pauschalreise nach dem Vertrag **enden** sollte. Anders als früher ist eine Verkürzung nicht mehr möglich, § 651y S. 1.

2. Reisemangel

55 Seit der Reform der §§ 651a ff. wird der Reisemangel vorab – d.h. den Mängelrechten vorangestellt – **in § 651i II** definiert (≈ § 633 II).

56 Ein Reisemangel liegt dabei nach **§ 651i II 1** vor, wenn die tatsächliche Ist- von der vereinbarten Soll**beschaffenheit** einer Pauschalreise (negativ) abweicht (subjektiver Mangelbegriff). Für den Inhalt einer etwaigen Beschaffenheitsvereinbarung sind dabei neben ausdrücklichen Erklärungen (unter Berücksichtigung der reiserechtlichen „Geheimsprache", z.B. „Strandzugang" [vs. „am Meer"]; „ruhig" [vs. „familienfreundlich"=Kinderlärm]) z.B. auch Angaben oder Bilder im Reiseprospekt, der Gesamtpreis sowie der Charakter bzw. Zielort einer Reise von Bedeutung.

57 Zur – nach ganz h.M. weit zu verstehenden – **Beschaffenheit** einer Pauschalreise zählen neben der Qualität einzelner Reiseleistungen (z.B.: Mietwagenmodell, Zimmergröße bzw. Gepräge der Hotelanlage insgesamt) oder von Teilen davon (z.B.: Hotelabendessen) ggf. auch deren Pünktlichkeit (vgl. § 651i II 3) sowie Umweltbeziehungen (Strandzugang, Straßenlärm) und z.T. sogar Umweltbeeinträchtigungen (Auslegungsfrage, ggf.: gefährliche Quallenplage beim „Badeurlaub").

58 **Nicht** zur Beschaffenheit einer Reise(leistung) zählen dagegen – neben Umständen, die ihre Ursache alleine in der Person des Reisenden haben – nach der Rspr. **„bloße Unannehmlichkeiten"** (z.B. Abflugverspätun-

gen bis vier Stunden oder ggf. vereinzeltes Ungeziefer) sowie Erscheinungsformen des **„allgemeinen Lebensrisikos"** (z.B. Taschendiebstahl, unangenehmer Sitznachbar sowie i.d.R. Terroranschläge).

Fehlt hingegen eine (ggf. konkludente) Beschaffenheitsvereinbarung, kommt es entweder nach § 651i II Nr. 1 auf die Eignung für den nach dem Vertrag *vorausgesetzten* **Nutzen** an (ebenfalls subjektiver Reisemangelbegriff; danach soll z.B. soll ein Reisender bei einer „Eisbrecher-Kreuzfahrt" vom Aufkommen von Packeis ausgehen dürfen), oder aber gem. § 651i II Nr. 2 auf die Eignung für den *gewöhnlichen* Nutzen und die *übliche*, nach Art der Reise zu erwartende Beschaffenheit (objektiver Reisemangelbegriff; diesbezüglich sind z.B. die am Zielort üblichen Sicherheitsstandards von Belang). 59

Gem. **§ 651i II 3** liegt ein Reisemangel schließlich auch dann vor, wenn Reiseleistungen (selbst aufgrund höherer Gewalt) **gar nicht** oder aber **mit unangemessener** (Rn. 58) **Verspätung** verschafft werden, etwa wenn ein Kreuzfahrtschiff vor Reiseantritt untergeht. Möglich ist dies, da §§ 651i ff. bereits ab Vertragsschluss – und nicht erst Reiseantritt – eingreifen (Rn. 53); auch § 311a II wird insofern verdrängt. 60

Prüfungsschema 36: Vorliegen eines Reisemangels i.S.v. § 651i II

1. § 651i II 1: Abweichung v. vertraglich vereinbart. Beschaffenheit
2. § 651i II 2 Nr. 1: Eignung für nach dem Vertrag vorausg. Nutzen
3. § 651i II 2 Nr. 2: Eignung für den gewöhnlichen Nutzen etc.
4. § 651i II 3: vorübergehende oder dauerhafte Nichtleistung

3. Die Brückennorm des § 651i III

„Einstiegstor" in jede pauschalreisevertragsrechtliche Gewährleistungsprüfung ist § 651i III. Als bloße **Rechtsgrundverweisung** gewährt § 651i III *selbst* allerdings keinerlei Rechte; zusätzlich müssen vielmehr (etwaige) in den verwiesenen Normen genannte weitere Voraussetzungen erfüllt sein. § 651i III selbst kennt nur **2 Voraussetzungen**: Zum einen muss (**1.**) ein wirksamer Pauschalreisevertrag (i.S.v. § 651a oder § 651c), zum anderen (**2.**) ein Reisemangel (i.S.v. § 651i II) vorliegen. Die Frage einer **zeitlichen Anwendbarkeit** von § 651i III oder auch § 651 II stellt sich hingegen nicht, da die §§ 651i ff. bereits ab Vertragsschluss eingreifen (sog. Einheitslösung, s. Rn. 53, 60). 61

Prüfungsschema 37: Voraussetzungen von § 651i III 62

1. Zeitliche Anwendbarkeit der §§ 651i ff.: ab Vertragsschluss
2. Wirksamer Pauschalreisevertrag, § 651a oder § 651c
   (**P**) Abgrenzung zur Vermittlung; beachte: §§ 651a II 2, 651b I 2

3. Reisemangel, § 651i II (vgl. Prüfungsschema 36)

4. **Rechtsfolge:** Recht**grund**verweis auf § 651i III Nr. 1–7 [...]

4. Recht auf Abhilfe, § 651k

63 Liegen die Voraussetzungen von § 651i III (insb. ein Reisemangel i.S.v. § 651i II) vor, kann ein Reisender zunächst gem. **§ 651k** Abhilfe verlangen. § 651k beinhaltet **4 verschiedene Anspruchsgrundlagen**.

64 Gem. **§ 651k I 1 iVm § 651i III Nr. 1** steht einem Reisenden primär ein **Anspruch auf** Abhilfe in Form der **Mangelbeseitigung** zu.

Beseitigt der Reiseveranstalter den Mangel innerhalb einer etwaig gesetzten angemessenen **Frist** nicht, kann der Reisende zudem den Mangel selbst beseitigen und sodann gem. § 651k II iVm § 651i III **Nr. 2** Ersatz der erforderlichen **Aufwendungen** verlangen.

Abhilfe in Gestalt anderer Reiseleistungen (in § 651i III Nr. 3 legaldefiniert als **Ersatzleistungen**) kann der Reisende demgegenüber nur verlangen, wenn der Reiseveranstalter die Mangel*beseitigung* nach § 651k I 2 verweigern kann und der Reisemangel einen erheblichen Teil der Reiseleistungen betrifft, § 651k III 1 iVm § 651i III **Nr. 3**. Mangelbeseitigung und Ersatzleistung stehen somit *nicht* gleichberechtigt nebeneinander (**Vorrang der Mangelbeseitigung**).

Schuldet der Reiseveranstalter Rückbeförderung und ist diese aufgrund unvermeidbarer, außergewöhnlicher Umstände nicht möglich, hat der Reiseveranstalter schließlich gem. § 651k IV iVm § 651i III **Nr. 4** die Kosten etwaig **notwendiger Beherbergung** des Reisenden für bis zu drei Nächte (Ausnahme: § 651k V) zu tragen.

65 Rechtstechnisch handelt es sich bei dem Anspruch auf Abhilfe im Grundsatz um einen Nacherfüllungsanspruch; jdf. die Ansprüche aus § 651k I 1 sowie III 1 stellen damit (vergleichbar §§ 439 I, 635 I) eine **Modifizierung des ursprünglichen Verschaffungsanspruchs** dar. Anders als bislang folgt aus der PRRL zudem wohl auch ein Recht *des Reiseveranstalters* zur Abhilfe, selbst gegen den Willen des Reisenden.

a) Anspruch auf Mangelbeseitigung

66 Gem. **§ 651k I 1 iVm § 651i III Nr. 1** hat ein Reiseveranstalter bei Vorliegen eines Reisemangels primär Abhilfe in Form der **Mangelbeseitigung** zu leisten; Abhilfe in Form von Ersatzleistungen hingegen unterfällt nunmehr § 651k III. Die Voraussetzungen von § 651k I 1 decken sich mit denjenigen von § 651i III. Zusätzlich setzt § 651k I 1 jedoch i.d.R. ein **Abhilfeverlangen** voraus; dieses ist rechtstechnisch von der

(für § 651k unbeachtlichen) Mängelanzeige i.S.v. § 651o I zu trennen, wobei diese stets in jener (da weitergehend) mitenthalten ist.

Die Kosten der Abhilfe hat naturgemäß (analog § 635 II) der Reiseveranstalter zu tragen. Dieser kann die Abhilfe jedoch gem. **§ 651k I 2 verweigern**, wenn sie (**Nr. 1**) unmöglich (§ 275 [inkl. II und III]) oder (**Nr. 2**) mit unverhältnismäßigen Kosten verbunden ist ($\approx$ § 635 III). 67

b) Aufwendungsersatzanspruch nach Selbstabhilfe

Reisenden steht es frei, dem Reiseveranstalter über das bloße Abhilfeverlangen hinaus auch eine (angemessene) **Frist** zur Abhilfe **zu setzen**. Hilft dieser dann dem Reisemangel nicht innerhalb der Frist ab, kann jener selbst Abhilfe schaffen und nach **§ 651k II 1 iVm § 651i III Nr. 2** Ersatz der dafür erforderlichen **Aufwendungen** verlangen. Ist die gesetzte Frist zu kurz oder unbestimmt („möglichst schnell"), beginnt gleichwohl eine – wenn auch längere – Frist zu laufen. Und nach § 651k II 2 ist eine Fristsetzung **entbehrlich**, wenn der Reiseveranstalter die Abhilfe verweigert oder (z.B. aus gesundheitlichen Gründen bei Schimmelbefall im Hotelzimmer) sofortige Abhilfe notwendig ist. 68

Der bloße Ablauf einer gar nicht gesetzten Frist genügt dabei – anders als beim Verbrauchsgüterkaufs (vgl. § 475d) – i.R.v. § 651k II 1 nicht, Art. 13 IV 1 PRRL. Ob die früher von der h.M. über den Wortlaut hinaus befürwortete Vorschusspflicht auch i.R.d. Neufassung gilt, ist angesichts Art. 13 IV 1 PRRL („Rückzahlung") zweifelhaft. 69

Prüfungsschema 38: Anspr. aus § 651k II 1 iVm § 651i III Nr. 2   **70**

1. Voraussetzungen von § 651i III (s. oben Prüfungsschema 37)
2. Kein Ausschluss d. Beseitigungsanspruchs, §§ 651k I 2, (275)
3. Abhilfeverlangen sowie erfolglose Fristsetzung zur Abhilfe
4. Entbehrlichkeit der Fristsetzung, § 651k II 2
5. **Rechtsfolge:** Aufwendungsersatz; (**P**) Reichweite; Vorschuss
6. Verjährung des Anspruchs: § 214 I iVm § 651j

---

c) Anspruch auf angemessene Ersatzleistungen

Bislang umfasste der früher in § 651c II 1 a.F. normierte Anspruch auf „Abhilfe" grds. sowohl die Mangelbeseitigung als auch – je nach Einzelfall sowie ggf. Wahl des Reiseveranstalters – die Erbringung einer gleichwertigen und zumutbaren Ersatzleistung. Abweichend davon besteht nunmehr ein Vorrang der Abhilfe in Gestalt der Mangelbeseitigung. Ein Anspruch auf **Abhilfe durch Erbringung anderer Reiseleistungen** (= Ersatzleistungen, § 651i III Nr. 3) besteht demgegenüber 71 gem. § 651k III 1 iVm § 651i III Nr. 3 nur dann, wenn diese (1.) angemessen sind und (2.) der Reiseveranstalter die Mangelbeseitigung nach § 651k I 2 verweigern kann sowie (3.) der zu behebende Reisemangel einen erheblichen Teil der Reiseleistungen ausmacht. Andernfalls kann der Reisende grds. auf einer Mangelbeseitigung bestehen.

72 Sind die Ersatzleistungen im Vergleich zur ursprünglich geschuldeten Leistung nicht mindestens gleichwertig, kann der Reisende vom Reiseveranstalter nach **§ 651k III 2** eine (nach Maßgabe von § 651m I 2) **angemessene Herabsetzung** des Reisepreises (durch Vertragsänderung) verlangen. Und gem. **§ 651k III 3** kann der Reisende eine Ersatzleistung (nur) dann **berechtigterweise ablehnen**, wenn sie entweder nicht den ursprünglich geschuldeten Leistungen vergleichbar oder die vom Reiseveranstalter angebotene Preisreduzierung nicht angemessen ist; gem. § 651k III 4 treten dann (und bei Unmöglichkeit der Ersatzleistung) die Rechtsfolgen einer Kündigung (§ 651l II, III) ein.

d) Anspruch auf Kostentragung für Ersatzunterkunft

73 Gem. **§ 651k IV iVm § 651i III Nr. 4** schließlich kann der Reisende verlangen, dass ein Reiseveranstalter die Kosten einer notwendigen, möglichst gleichwertigen **Beherbergung** des Reisenden für grds. (Ausnahme: § 651k V) **höchstens drei Nächte** übernimmt, falls jener eine „Rückbeförderung" des Reisenden schuldet und diese aufgrund unvermeidbarer, außergewöhnlicher Umstände (s. § 651h III 2; nicht: vom Veranstalter zu vertretende Nichtbeförderung) nicht möglich ist.

5. Kündigung, § 651l

74 Gem. **§ 651l I iVm § 651i III Nr. 5** steht dem Reisenden bei Vorliegen eines **schwerwiegenden Reisemangels** ein **Kündigungsrecht** zu. Voraussetzung hierfür ist neben (**1.**) den Voraussetzungen von § 651i III, dass die Pauschalreise durch den Reisemangel – ggf. auch zukünftig, da § 651l ab Vertragsschluss anwendbar ist – (**2.**) „erheblich beeinträchtigt" wird (§ 651l I 1). Zudem ist eine Kündigung nach § 651i I 2 i.d.R. erst (**3.**) nach **erfolglosem Ablauf** einer angemessenen **Frist** zur Abhilfe (vgl. dazu Rn. 68) zulässig, wobei auch hier die Fristsetzung (**4.**) in den Fällen des § 651k II 2 entbehrlich ist; bei Unmöglichkeit der Abhilfe greift bereits § 651k III 4 Alt. 2 ein. Vor Reisebeginn besteht daneben ein Kündigungsrecht aus. **§ 651h I 1**.

75 Ob eine **erhebliche Beeinträchtigung** vorliegt, bemisst sich – unter Würdigung aller Umstände und aus Sicht des Reisenden (umstr.; a.A.: objektiv) – anhand des Zwecks und Charakters der Reise; nach dem BGH kann eine hohe Minderungsquote ($\approx$ 50%; umstr.) ein Indiz dafür

sein. Entgegen der früheren Rechtslage besteht das Kündigungsrecht auch im Falle höherer Gewalt. Vertretenmüssen ist nicht erforderlich.

Als **Rechtsfolge** einer Kündigung **entfällt** nach § 651l II 2 der Anspruch des Reiseveranstalters auf den vereinbarten Reisepreis hinsichtlich der nicht mehr zu erbringenden Reiseleistungen; wurde er bereits entrichtet, gewährt § 651l II 2 HS. 2 dem Reisenden einen Rückgewähranspruch. Anders als früher **bleibt** der Anspruch auf den vereinbarten Reisepreis jedoch gem. § 651l II 1 hinsichtlich bereits erbrachter und ggf. noch zu erbringender Reiseleistungen **bestehen**. Und gem. § 651l III muss der Reiseveranstalter weiterhin infolge der Vertragsaufhebung notwendige Maßnahmen (z.B.: Rückbeförderung) treffen. 76

6. Minderung des Reisepreises, § 651m

Gem. **§ 651m I 1 iVm § 651i III Nr. 6** mindert sich der Reisepreis für die Dauer eines Reisemangels **automatisch**. Wie bei § 536 I 1 und anders als nach § 638 I bedarf es dazu keiner Minderungserklärung. 77

Rechtsfolge der Minderung ist eine Herabsetzung des Reisepreises in *dem* Verhältnis, in dem der Wert der Pauschalreise ohne Mangel – bei Vertragsschluss – zum tatsächlichen Wert gestanden hätte, § 651m I 2 (ggf. ist zu schätzen, § 651m I 3). Hat der Reisende bereits mehr als den geminderten Reisepreis gezahlt, kann er das Zuvielgezahlte nach §§ 346 I (347 I), 651m II iVm § 651i III Nr. 6 **zurückverlangen**. 78

Für den Fall, dass der Reisende (**1.**) schuldhaft eine **Mängelanzeige** (§ 651o I) unterlässt und der Reiseveranstalter (**2.**) *infolgedessen* (nicht z.B. wegen Unmöglichkeit!) dem Reisemangel nicht abhelfen konnte, ist eine Minderung gem. **§ 651o II Nr. 1** ausgeschlossen. Alleine die Tatsache, dass der Reiseveranstalter den Mangel kennt, macht eine Mängelanzeige nicht *per se* entbehrlich; etwas anderes dürfte bei einer eindeutigen Abhilfeverweigerung gelten (s. allgemein EG 34 PRRL). 79

7. Schadensersatz, § 651n I

Entsteht einem Reisenden infolge eines Reisemangels (oder weil einem Reisemangel nicht abgeholfen wird) ein Schaden, kann er nach **§ 651n I iVm § 651i III Nr. 7** Schadensersatz verlangen. Danach sind sowohl **Mangel- als auch Mangelfolgeschäden** inkl. etwaiger immaterieller Schäden i.S.v. § 253 II (d.h. Schmerzensgeld) ersatzfähig. Anders als i.R.v. §§ 280 ff., die durch § 651n I in Bezug auf Reisemängel vollständig verdrängt werden (und ebenso wie nach § 536a I) ist daher für § 651k I keinerlei Differenzierung zwischen SESL und SENL bzw. Erfüllungs- und Integritätsinteresse erforderlich. Überdies kann der Anspruch ausdrücklich („unbeschadet") neben einer Minderung und Kündigung bestehen (vgl. § 325). 80

81 Obwohl der Wortlaut von § 651n I – anders als § 651f I a.F. – nicht ausdrücklich ein **Vertretenmüssen des Reiseveranstalters** vorauszusetzen scheint, statuiert § 651n I doch – jedenfalls nach Ansicht des Gesetzgebers – einen „verschuldensabhängigen Schadensersatzanspruch mit Beweislastumkehr" (BT-Drs. 18/10822, 83). M.a.W. scheint § 651n I ein Vertretenmüssen des Reiseveranstalters vorauszusetzen, welches jedoch **vermutet wird**. Allerdings ist die Haftung gegenüber den „normalen" Vorschriften insofern verschärft, als dem Reiseveranstalter eine **Widerlegung** der Vermutung nur in den **abschließend** in § 651n I Nr. 1–3 genannten Fällen gestattet ist. Danach kann er sich nur dadurch **entlasten**, dass der Reisemangel entweder (**Nr. 1**) vom Reisenden verschuldet ist [ggf.: § 254] **oder** (**Nr. 2**) von einem gänzlich Dritten (der weder Leistungserbringer noch sonst an der Erbringung der Reiseleistungen beteiligt ist), *und* dies für ihn weder vorhersehbar noch vermeidbar war, **oder** (**Nr. 3**) durch unvermeidbare, außergewöhnliche Umstände (i.S.v. § 651h III 2) verursacht wurde. Vor diesem Hintergrund statuiert § 651n letztlich rechtstechnisch – entgegen der Ansicht des Gesetzgebers – doch keine genuine Verschuldens-, sondern eine Art (eingeschränkter) **Garantiehaftung**.

82 Einen etwaigen Schadensersatzanspruch hat der Reiseveranstalter gem. § 651p III unverzüglich – d.h. entgegen § 271 I nicht sofort – zu leisten (vgl. § 475 I). Anstelle von Schadensersatz kann ein Reisender ggf. **wahlweise** auch, wie nunmehr § 651i III Nr. 7 Alt. 2 ausdrücklich klarstellt, Ersatz vergeblicher Aufwendungen nach **§ 284** verlangen. Unterlässt der Reisende schuldhaft eine Mängelanzeige, ist der Anspruch ggf. nach **§ 651o II Nr. 2** ausgeschlossen (s. dazu Rn. 79).

83 **Prüfungsschema 39:** Schadensersatz, §§ 651n I iVm 651i III Nr. 7

1. Voraussetzungen von § 651i III (s. oben Prüfungsschema 37)
2. Widerlegung des vermuteten „Vertretenmüssens" durch:
   a) Verschulden des Reisenden (§ 651n I Nr. 1)
   b) Verschulden Dritter + nicht vorhersehbar etc. (§ 651n I Nr. 2)
   c) unvermeidbare, außergewöhnliche Umstände (§ 651n I Nr. 3)
3. Kein Ausschluss gem. § 651o II Nr. 2 (keine Mängelanzeige)
4. **Rechtsfolge:** Schadensersatz nach Maßgabe der §§ 249 ff., 253 II ggf. nach § 651p zulässige Haftungsbeschränkung; sonst: § 651y
5. Verjährung des Anspruchs: § 214 I iVm § 651j

8. Entschädigung wg. nutzlos aufgewendeter Urlaubszeit, § 651n II

Über den „normalen" Schadensersatzanspruch in § 651n I hinaus gewährt **§ 651n II iVm § 651i III Nr. 7** dem Reisenden im Falle einer Vereitelung oder erheblichen Beeinträchtigung der Pauschalreise zusätzlich einen Anspruch auf angemessene Geldentschädigung wegen nutzlos aufgewendeter Urlaubszeit. In Abweichung von der Grundregel in § 253 I statuiert § 651n II einen Anspruch auf **immateriellen Schadensersatz**. Dabei ist nach dem BGH unbeachtlich, ob die Urlaubszeit tatsächlich nutzlos aufgewendet wurde; tritt ein Reisender auf eigene Faust eine andere Reise an, führt dies daher *nicht* zu einer Kürzung. 84

Eine **Vereitelung** i.S.v. § 651n II liegt vor, wenn der Reisende die Pauschalreise überhaupt nicht antreten kann oder sofort nach der Ankunft wieder nach Hause zurückkehren muss. Wird hingegen als Abhilfemaßnahme (§ 651k) eine andere Reise gebucht, liegt keine Vereitelung, sondern allenfalls eine **erhebliche Beeinträchtigung** vor; vgl. zu diesem Begriff die Ausführungen zu **§ 651l I 1** (Rn. 75). Entsprechend schließt das Verlangen von Entschädigung wegen Vereitelung der Reise die kumulative Geltendmachung etwaiger Mehrkosten einer Ersatzreise sowohl als Aufwendungsersatz nach § 651k II als auch als Schadensersatz (§ 651n I) aus. 85

Die Berechnung der angemessenen Entschädigung erfolgt anhand des **Reisepreises**, nicht etwa des Arbeitseinkommens des Reisenden. Hat der Reisende schuldhaft eine Mängelanzeige unterlassen, ist der Anspruch ggf. nach **§ 651o II Nr. 2** ausgeschlossen (s. dazu Rn. 79). 86

Prüfungsschema 40: Schadensersatz, § 651n **II** iVm § 651i III Nr. 7   87

1. Voraussetzungen von § 651i III (s. oben Prüfungsschema 37)
2. Vereitelung *oder* erhebliche Beeinträchtigung der Pauschalreise
3. Widerlegung d. Vermutung d. Vertretenmüssens, § 651n I Nr. 1–3
4. Kein Ausschluss gem. § 651o II Nr. 2 (keine Mängelanzeige)
5. **Rechtsfolge:** Ersatz nach Maßgabe des § 253 I
   ggf. nach § 651p zulässige Haftungsbeschränkung; sonst: § 651y
6. Verjährung des Anspruchs: § 214 I iVm § 651j

---

9. Ausschluss und Grenzen der Mängelrechte

Zur – anders als bislang nicht verkürzbaren – **Verjährung** s. bereits Rn. 54. Die Gewährleistungsrechte in §§ 651i ff. sind gem. **§ 651y S. 1 unabdingbar**; (nur) für den Anspruch auf Schadensersatz aus § 651n iVm § 651i III Nr. 7 lässt **§ 651p** ggf. eine Haftungsbeschränkung zu. 88

D. Auftrag

Literatur: *Coester-Waltjen*, JURA 2001, 567; *Lorenz*, JuS 2012, 6.

89 Gegenstand des in §§ 662–674 geregelten Auftrags(vertrags) ist eine unentgeltliche Geschäftsbesorgung (jdf. auch) für einen anderen.

90 Der Begriff der **Geschäftsbesorgung** i.S.v. § 662 ist – anders als i.R.v. § 675 I (dazu Rn. 104) – nach h.M. **sehr weit** zu verstehen.

Darunter fällt **jegliche fremdnützige Tätigkeit**, egal ob rechtsgeschäftlicher oder tatsächlicher Art. Für die (aus Sicht des Beauftragten zu beurteilende) Fremdnützigkeit genügt, wenn das Tätigwerden nicht *nur*, sondern *auch* im Interesse des Auftraggebers geschieht.

91 Damit ist der Auftrag gleichsam das unentgeltliche Gegenstück zum Dienst- und Werkvertrag (oder zur entgeltlichen Geschäftsbesorgung).

92 In einer Klausur muss sorgfältig geprüft werden, ob der etwaig Beauftragte wirklich unentgeltlich tätig werden soll, oder ob nicht **konkludent** ein **Entgelt vereinbart** wurde (vgl. § 612 und § 632).

I. Charakteristik

93 Durch den Auftrag wird der **Beauftragte** zur **unentgeltlichen** Besorgung eines ihm vom **Auftraggeber** übertragenen Geschäfts verpflichtet. Damit ist der Auftrag – wie Schenkung, zinsloses Darlehen, Leihe und unentgeltliche Verwahrung auch – ein **Gefälligkeitsvertrag**.

94 Der Auftrag ist daher **abzugrenzen** von **unverbindlichen Gefälligkeiten** im gesellschaftlichen Bereich (etwa: Einladung zu einer Feier). Die Abgrenzung erfolgt dabei anhand eines etwaigen (objektiven) **Rechtsbindungswillens**, dessen Vorhandensein i.R.d. Auslegung etwaiger Willenserklärungen aus Sicht des jeweiligen Empfängers zu beurteilen ist. Liegt – wie i.d.R. – keine ausdrückliche Erklärung vor, sind die **Umstände** und **Interessenlage** entscheidend; die bloße Unentgeltlichkeit alleine genügt jdf. nicht. Abzustellen ist vielmehr auf die Art, den Umfang, Grund, Zweck sowie die wirtschaftliche (extremes Haftungsrisiko?) und rechtliche Bedeutung der Gefälligkeit. Dazu näher – am Beispiel einer Tischreservierung im Restaurant – *Paulus*, JuS 2015, 496.

95 Der Vertragsschluss beurteilt sich nach §§ 145 ff. Dabei besteht unter den Voraussetzungen von § 663 *(als lex specialis* zu § 311 II*) ggf.* – aus-

D. Auftrag

nahmsweise – die Pflicht, einen Antrag auf Abschluss eines Auftragsvertrags unverzüglich abzulehnen; andernfalls haftet der „fast Beauftragte" *nach §§ 280 I, 663 auf Ersatz des* **negativen** *Interesses.*

II. Die Pflichten der Parteien

1. Pflichten des Beauftragten

Nach § 662 schuldet der Beauftragte dem Auftraggeber primär die vereinbarte Geschäftsbesorgung. Diese Pflicht darf er gem. § 664 I 1 im Zweifel nicht auf **Dritte** übertragen. Damit gemeint ist jedoch keine strenge Höchstpersönlichkeit i.S.v. § 613, sondern die „Substitution" (= Vertragsübernahme durch Dritte); aus § 664 I 3 ersichtlich darf sich der Beauftragte durchaus eines Erfüllungsgehilfen bedienen. Andersherum enthält § 664 II ein Abtretungsverbot. Und aus § 665 folgt, dass der Beauftragte grds. an **Weisungen** des Auftraggebers gebunden ist. 96

Daneben ist der Beauftragte dem Auftraggeber gem. § 666 – je nachdem, in welchem Ausführungsstadium sich der Auftrag befindet – entweder zur Benachrichtigung (Alt. 1), Auskunftserteilung (Alt. 2) oder – nach Auftragsdurchführung – **Rechenschaftslegung** (Alt. 3) verpflichtet (s. dazu §§ 259–261). Letzteres ermöglicht dem Auftraggeber (u.a.) die Bezifferung einer etwaigen **Herausgabepflicht** des Beauftragten nach § 667. Und § 668 statuiert eine **Verzinsungspflicht**, wenn der Beauftragte Geld zweckentfremdet für sich verwendet. 97

> Anders als die anderen Gefälligkeitsverträge (§§ 521, 599, 690) sieht das Auftragsrecht **keine Haftungserleichterung** zugunsten des Beauftragten vor. Dies war eine bewusste Entscheidung des Gesetzgebers; jene Vorschriften gelten daher *nicht* analog! 98

2. Pflichten des Auftraggebers

Wegen seiner Unentgeltlichkeit schuldet der Auftraggeber dem Beauftragten **keine Gegenleistung** für dessen Tätigwerden; dennoch ist der Auftrag kein einseitig, sondern – wie Leihe und unentgeltliches Darlehen – ein **unvollkommen zweiseitig verpflichtender Vertrag**. 99

Denn nach § 670 ist der Auftraggeber verpflichtet, dem Beauftragten Aufwendungen zu ersetzen, die dieser für die Ausführung des Auftrags getätigt hat und die er den Umständen nach für erforderlich halten durfte; gem. § 669 muss er dabei ggf. sogar **Vorschuss** leisten. 100

> **Aufwendungen** sind (in Abgrenzung zum *unfreiwilligen* Schaden) *freiwillige* Vermögensopfer; nach § 670 ersatzfähig sind daher z.B. 101

bei der Auftragsausführung angefallene Fahrt- oder Einkaufskosten, **nicht** jedoch die eigene **Arbeitsleistung**, selbst wenn sie zum Beruf des Beauftragten gehört (§ 1835 III gilt nur i.R.d. GoA analog), **außer** deren Erforderlichkeit stellt sich nach Vertragsschluss heraus.

Über dessen Wortlaut hinaus kann ein Beauftragter nach § 670 (analog?) ausnahmsweise – in Anlehnung an § 110 I Alt. 2 HGB – auch Ersatz solcher *Schäden* verlangen, in denen sich gerade das **typische Risiko** der jeweils geschuldeten Tätigkeit verwirklicht hat.

III. Beendigung des Auftrags

102 Die Beendigung eines Auftrags beurteilt sich nach §§ 671–674. Danach endet dieser entweder durch **Tod** des Beauftragten (§ 673, i.d.R. nicht jedoch des Auftraggebers, § 672) oder durch – jederzeit möglichen – **Widerruf** (des Auftraggebers, § 671 I) bzw. Kündigung (des Beauftragten, § 671 II). Nach § 671 II darf (nur) die Kündigung grds. nicht zur Unzeit erfolgen. Andernfalls ist sie zwar dennoch wirksam, der Beauftragte jedoch zum Schadensersatz verpflichtet, § 671 II 2. **§ 674** hingegen **fingiert** das Fortbestehen des Auftrags zugunsten des Beauftragten im Falle einer Beendigung anders als durch Widerruf.

E. Geschäftsbesorgungsvertrag

103 Der in §§ 675–675b geregelte **Geschäftsbesorgungsvertrag** wird in § 675 I definiert als Dienst- oder Werkvertrag, der eine Geschäftsbesorgung zum Gegenstand hat. Der Geschäftsbesorgungsvertrag ist somit kein eigenständiger Vertragstyp; auf ihn finden lediglich nach § 675 I – zusätzlich zu den §§ 611 ff. bzw. §§ 631 ff. – die meisten Vorschriften des Auftrags entsprechende Anwendung.

104 Der Begriff der **Geschäftsbesorgung** i.S.v. § 675 I ist nach h.M deutlich **enger** zu verstehen als derjenige von § 662 („Trennungstheorie"; a.A. BAG: „Einheitstheorie"). Der Geschäftsbesorgungsvertrag ist daher nicht bloß ein „entgeltlicher Auftrag"; andernfalls würde jeder Dienst- oder Werkvertrag § 675 I unterfallen.

105 Geschäftsbesorgung i.S.v. § 675 ist nur eine **selbständige Tätigkeit wirtschaftlicher Art** zur Wahrnehmung fremder Vermögensinteressen (z.B.: Bankgeschäfte, Steuerberatung oder Schiedsrichtertätigkeit).

106 § 675 II begründet eine widerlegliche **Vermutung**, dass im Falle der **Erteilung von Rat** kein Rechtsbindungswille vorliegt.

Eine Sonderform des Geschäftsbesorgungsvertrags ist der in Umsetzung der **ZDRL** in §§ 675f–675i geregelte **Zahlungsdienstevertrag**; dieser betrifft u.a. den bargeldlosen Zahlungsverkehr. Daher ist z.B. ein Vertrag über die Führung eines **Girokontos** (als Dauerschuldverhältnis) zugleich Zahlungsdiensterahmenvertrag i.S.v. § 675f II. **107**

F. Maklervertrag und Partnervermittlung

Der Maklervertrag ist – äußerst knapp – in §§ 652–655 geregelt. Im Regelfall finden daher auf ihn ergänzend zu den §§ 652 ff. auch noch **andere Vorschriften**, etwa die §§ 93 ff. HGB oder – in Bezug auf die Vermittlung von Mietverträgen über **Wohnraum** – das Wohnungsvermittlungsgesetz (WoVermG), Anwendung. **108**

Durch einen Maklervertrag verpflichtet sich ein Auftraggeber, dem Makler für den **Nachweis** einer Gelegenheit zum Abschluss eines (Haupt-)Vertrags oder für dessen **Vermittlung** einen **Lohn** (synonym: Courtage, Provision; dazu §§ 653 ff.) zu zahlen (grds. *nicht* jedoch zum Abschluss des Hauptvertrags). Der Makler hingegen wird i.d.R. nicht zu einem Tätigwerden verpflichtet: Der Makler- ist daher nach der Gesetzeskonzeption ein lediglich **einseitig verpflichtender** Vertrag. In der Praxis wird oftmals zusätzlich vereinbart, dass der Maklerkunde keinen weiteren Makler beauftragen darf (sog. **„Makleralleinauftrag"**); nach dem BGH (JuS 2020, 974) ist dies grds. sogar in **AGB** und selbst dann möglich, wenn insofern eine Mindestlaufzeit (jedenfalls) von 6 Monaten und eine automatische Verlängerung um jeweils drei Monate bei fehlender Kündigung vereinbart wird. **109**

Der Provisionsanspruch des Maklers entsteht grds. nur, wenn (**1.**) tatsächlich ein (Haupt-)Vertrag – wirksam – **abgeschlossen** wurde, und dies (**2.**) gerade **infolge** der Tätigkeit des Maklers geschah, d.h. insofern ein **Kausalzusammenhang** besteht. Hierfür genügt allerdings ein *wesentlicher, mitursächlicher Beitrag* des Maklers. **110**

> Wird der **Hauptvertrag** jedoch **mit dem Makler** selbst geschlossen, entsteht kein Provisionsanspruch. Das Gleiche gilt, wenn der Makler **eng** mit der anderen Hauptvertragspartei **„verflochten"** ist. **111**

Eine Unterform des Maklervertrages ist der in § 656 geregelte **Ehevermittlungsvertrag**, d.h. ein Maklervertrag, der mit dem Ziel des Abschlusses einer Ehe abgeschlossen wird. § 656 I stuft aus einem derartigen Vertrag erwachsende Leistungsansprüche des (Heirats-)Maklers gegen seine jeweiligen Kunden (neben Lohn- insb. auch Aufwendungsersatzansprüche i.S.v. § 652 II) als **„Naturalobligationen"** (Terminologie **111a** umstr.) ein, d.h. als unvollkommene Verbindlichkeiten. Diese sind zwar nicht prozessual durchsetzbar, stellen jedoch im Falle der freiwilligen Bezahlung (zumindest) einen **Rechtsgrund zum Behaltendürfen** dar. Grund hierfür ist, dass Ehevermittlungsverträge zur Zeit der Schaffung des BGB als anstößig angesehen wurden; heutzutage wird der **Normzweck** des § 656 eher im Schutz der Intimsphäre der Ehegatten erblickt.

111b Während § 656 mittlerweile *direkt* kaum mehr zur Anwendung kommt, hat die Vorschrift in jüngerer Zeit doch eine gewisse Bedeutung wiedererlangt: Denn der BGH hat mehrfach **§ 656 I analog** auf – *bestimmte* – **Partner(schafts)vermittlungsverträge** angewendet und aus derartigen Verträgen erwachsende Leistungsansprüche von Vermittlern gegen ihre Kunden somit als Naturalobligationen behandelt. Freilich ist insofern wegen der Vielfalt an denkbaren Erscheinungsformen stets zu **differenzieren**; entscheidend ist dabei v.a., ob durch einen Rechtsstreit (meist: über Vergütungsansprüche) überhaupt – z.b. durch individuelle Vorauswahl der Partnervorschläge – potenziell in die Intimsphäre des jeweiligen Kunden eingegriffen würde. Dies hat der **BGH** (JA 2022, 249) jüngst z.B. in Bezug auf **Online**-Partnervermittlungsverträge **verneint**, bei denen sich die Leistungspflicht des Vermittlers primär darauf beschränkt, seinen Kunden Zugang zu der von ihm betriebenen Dating-Plattform zu gewähren, um diesen die selbstständige Kontaktaufnahme zu möglichen Partnern zu ermöglichen. Darüber hinaus sind in derartigen Konstellationen idR zusätzlich etwaige **Widerrufsrechte** (sowie eine entsprechende Anwendung von § 656 I auf Widerrufsfolgeansprüche, etwa auf Wertersatz) zu prüfen; nach dem BGH (JA 2022, 249) sind insofern strenge Anforderungen an einen Widerruf**sausschluss** nach § 356 IV 1 zu stellen.

G. Sonstige Schuldverhältnisse

112 Der seit 2013 in den **§§ 630a–630h** geregelte, dienstvertragsähnliche **Behandlungsvertrag** hat die medizinische Behandlung eines Menschen gegen Entgelt zum Gegenstand (*Schneider*, JuS 2013, 104). Bei Vorliegen eines Behandlungsvertrags trifft § 630h erhebliche Beweiserleichterungen zugunsten des Patienten.

113 Eine (in § 661a geregelte) **Gewinnmitteilung** begründet – als geschäftsähnliche Handlung – ein *gesetzliches Schuldverhältnis (umstr.) zugunsten von Verbrauchern*. Sie hat die Gerichte jüngst v.a. im internationalen Rechtsverkehr (i.R.d. IPR und IZVR) beschäftigt.

114 Durch den in **§§ 688–700** normierten **Verwahrungsvertrag** wird der **Verwahrer** verpflichtet, eine ihm vom sog. **Hinterleger** übergebene bewegliche Sache aufzubewahren. Die Verwahrung kann dabei entweder entgeltlich (§ 689) oder unentgeltlich (§ 690) erfolgen; geschieht die Verwahrung unentgeltlich, haftet der Verwahrer nur für **eigenübliche Sorgfalt** (§ 277).

Die **§§ 701–704** betreffen die **Einbringung** von Sachen bei **Gastwirten**. Durch eine solche entsteht ein gesetzliches Schuldverhältnis, kraft dessen den Gastwirt eine Erfolgshaftung trifft, die nach h.M. **Gefährdungshaftung** ist (a.A.: garantieähnliche *Risikozurechnung*). **115**

Gastwirt ist der Inhaber eines Unternehmens, in dem *gewerbsmäßig* Fremde zur Beherbergung – d.h. zur Gewährung von **Unterkunft**, selbst für nur eine Stunde, nicht jedoch lediglich zum bloßen Restaurantaufenthalt – aufgenommen werden. **116**

Kapitel 8. Schuldverhältnisse ohne Interessengegensatz

Während sich bei den meisten Schuldvertragstypen des BGB zwei Personen mit jeweils verschiedenen Interessen (z.B.: Kaufen – Verkaufen usw.) gegenüberstehen, kennt das BGB auch Schuldverhältnisse **ohne** einen derartigen (wesensimmanenten) **Interessengegensatz**.

Wichtigstes Beispiel eines derartigen Schuldverhältnisses ist der in §§ 705 ff. geregelte **Gesellschaftsvertrag**: Durch einen solchen schließen sich zwei bzw. oftmals sogar mehr Personen zur **Förderung eines vereinbarten gemeinsamen Zwecks** zusammen; entsprechend ist ein Gesellschafts- auch ganz grds. kein „gegenseitiger Vertrag" i.S.d. §§ 320 ff. Und auch das Schuldverhältnis der (**Bruchteils-)Gemeinschaft** i.S.d. §§ 741 ff. entsteht durch die gerade gemeinschaftliche Innehabung eines Rechts durch mehrere Rechtsträger zu ideellen Bruchteilen und setzt daher ebenfalls keinen Interessengegensatz voraus.

A. Gesellschaftsvertrag

Literatur: *Kindler*, Grundkurs Handels- und GesR, 10. Aufl. 2023; *Maties/Wank*, Handels- und GesR, 5. Aufl. 2020; *Mohamed*, JuS 2021, 820; *Wertenbruch*, JZ 2023, 78; *Windbichler/Bachmann*, GesR, 25. Aufl. 2023.

Der in §§ 705–740 (bzw., ab dem 1.1.2024, bis § 740c) geregelte Gesellschaftsvertrag erfasst äußerst vielfältige Sachverhalte: Eine Gesellschaft (bürgerlichen Rechts, **GbR**) liegt nach § 705 nämlich bereits immer dann vor, wenn sich mindestens zwei Personen gegenseitig versprechen, die Erreichung eines **gemeinsamen Zwecks** irgendwie, insb. durch Beiträge (z.B.: Geld, Einbringung von Sachen oder Mitarbeit), zu **fördern**. Dieser Zweck muss wegen §§ 134, 138 I zwar erlaubt, jedoch kein dauerhafter sein; auch **vorübergehende** Zwecke (z.B.: gemeinsame Fahrt zur Arbeit oder in Urlaub) reichen aus. Allerdings darf kein Handelsgewerbe i.S.v. § 1 HGB betrieben werden; andernfalls liegt – automatisch – eine oHG vor. Zum sog. **fehlerhaften Gesellschaftsvertrag** vgl. z.B. *Kindler*, § 10 Rn. 31 ff.

Dementsprechend **unterfallen den §§ 705 ff.** potenziell nicht etwa nur wirtschaftlich motivierte Zusammenschlüsse von Kleingewerbetreibenden oder Freiberuflern (etwa: Ärzte oder Rechtsanwälte;

ARGE) etc., sondern – abhängig vom **Rechtsbindungswillen** – ggf. auch Wohn-, Fahr-, Tipp- und Lottospielgemeinschaften usw.

5   Die §§ 705 ff. werden zum 1.1.2024 völlig umgestaltet; u.a. wird nunmehr ein fakultatives Gesellschaftsregister eingeführt. Entscheiden sich die Gesellschafter für eine Registereintragung, muss die Gesellschaft gem. § 707a II 1 n.F. dann als „eingetragene Gesellschaft bürgerlichen Rechts" oder „eGbR" bezeichnet werden. Im Grundsatz bleibt es jedoch dabei, dass die §§ 705 ff. im Regelfall **weder** eine **Form** vorschreiben **noch** zwingend eine **Registereintragung** vorsehen; entsprechend ist ein Gesellschaftsvertrag oftmals (ggf. konkludent) „schneller" geschlossen als mancher denken mag.

6   Die GbR ist eine **Personengesellschaft** und als solche die **Grundform** anderer Personengesellschaften wie insb. der **oHG** (§§ 105 ff. HGB) und der **KG** (§§ 161 ff. HGB), deren Regelungen jeweils auf den §§ 705 ff. aufbauen (vgl. § 105 III HGB sowie § 161 II HGB).

7   Als Personengesellschaft ist die GbR nach h.M. **keine juristische Person** und daher streng z.B. von der GmbH oder AG zu unterscheiden. Deren Grundform ist nicht die GbR, sondern der Verein, §§ 21 ff.

8   Personengesellschaften zeichnen sich im Vergleich zu juristischen Personen durch eine stärkere mitgliedschaftliche Bindung sowie eine andere organisatorische Struktur (z.B.: sog. Selbstorganschaft) aus. Mit Ausnahme von bloßen Innengesellschaften (die nicht als solche nach außen in Erscheinung treten) sind jedoch **auch Personengesellschaften** i.d.R. **rechtsfähig** (§ 14 II). Trotz vormals jahrzehntelang anderslautender Rspr. des BGH gilt dies **seit 2001** auch für die (Außen-)GbR und wird ab dem 1.1.2024 nunmehr sogar ausdrücklich gesetzlich – in **§ 705 II Alt. 1 n.F.** – anerkannt. Ab diesem Zeitpunkt ordnet zudem § 721 n.F. ausdrücklich eine persönliche Haftung der Gesellschafter für die Verbindlichkeiten der Gesellschaft an.

9   Eine weitere Besonderheit der Personengesellschaften war bisher das i.d.R. **gesamthänderisch gebundene Vermögen** der Gesellschafter (§ 719 a.F.). Dieses unterlag als Sondervermögen einer besonderen **dinglichen** Bindung, so dass die Gesellschafter nicht frei darüber verfügen können. Eine derartige Bindung kennt das BGB auch i.R.d. Erbengemeinschaft (§ 2032) sowie der (optionalen) ehelichen Gütergemeinschaft (§ 1416). Ab dem 1.1.2024 wird das Gesellschaftsvermögen grds. als ein solches **nurmehr der Gesellschaft selbst** behandelt (vgl. § 713 n.F.).

B. Gemeinschaft

Streng genommen kein *vertragliches* Schuldverhältnis ist das in §§ 741–758 geregelte Schuldverhältnis der (sog. Bruchteils-)**Gemeinschaft**. Diese entsteht nämlich unabhängig vom Willen der Parteien **kraft Gesetzes**. Voraussetzung ist alleine, dass mehreren (mindestens zwei) Personen **ein Recht**, z.B. das Eigentum an einer Sache (dann: Miteigentum, §§ 1008 ff.) oder die Inhaberschaft einer Forderung, **gemeinschaftlich zusteht**, ohne dass eine gesamthänderische Bindung besteht (die §§ 705 [und 2032] ff. gehen den §§ 741 ff. vor). **10**

Auch ob die gemeinsame Rechtsinnehabung aufgrund Vertrags oder Gesetzes entstanden ist, ist gleichgültig; Letzteres ist der Regelfall: Die meisten Bruchteilsgemeinschaften entstehen durch **Verbindung** (§§ 946 f.), **Vermischung** (§ 948) oder **Verarbeitung** (§ 950). **11**

Liegt eine Bruchteilsgemeinschaft vor, regeln die §§ 743 ff. die **gemeinsame Verwaltung** des betreffenden Gegenstands und die §§ 749 ff. die Aufhebung der Gemeinschaft. Mangels Gesamthand können die Parteien dabei weiterhin frei über ihren Anteil verfügen, § 747 S. 1. **12**

Kapitel 9. Verträge über ein Risiko

Verträge über ein Risiko zeichnen sich dadurch aus, dass ihre jeweiligen Rechtsfolgen von **ungewissen, z.T. zufälligen Ereignissen** abhängen. Der bedeutsamste Risikovertrag innerhalb des BGB ist die Bürgschaft; denn das Paradebeispiel eines Vertrags über ein Risiko, der **Versicherungsvertrag**, ist außerhalb des BGB (im VVG) geregelt. 1

Daneben hat auch die in §§ 759–761 normierte **Leibrente** ein Risiko zum Gegenstand; denn ihre Vertrags*dauer* hängt im Zweifel vom Tod des Gläubigers (als hinsichtlich seines Zeitpunkts ungewissem Ereignis) ab, § 759 I. Ebenfalls „hierhin" gehört die in §§ 657–661a geregelte **Auslobung**; diese ist jedoch kein Vertrag, sondern ein **einseitiges**, durch nicht empfangsbedürftige Willenserklärung zustande kommendes Rechtsgeschäft. 2

A. Spiel und Wette; Lotterievertrag

Weniger „seriöse" Ziele verfolgen demgegenüber die in § 762 geregelten Spiel- und Wettverträge: Während eine **Wette** immerhin noch der Bekräftigung eines ernst gemeinten Meinungsstreits (d.h. einer Behauptung) dient, geht es beim **Spiel** nur um die Erzielung von Vermögensvorteilen zu Lasten anderer Beteiligter, und zwar basierend auf Geschicklichkeit (Geschicklichkeitsspiel) oder Zufall (Glücksspiel). 3

§ 762 I 1 stuft Spiel- und Wettverträge als **Naturalobligationen** („unvollkommene Verbindlichkeiten"; die genaue dogmatische und zudem auch terminologische Einordnung ist umstr.; s. auch Kap. 7 Rn. 111a) ein, d.h. – obwohl wirksam – begründen sie keine gerichtlich durchsetzbaren Erfüllungsansprüche. Wird ein derartiger Vertrag allerdings dennoch erfüllt, schließt **§ 762 I 2** eine Rückforderung (nur) insoweit aus, als diese auf dem Nichtbestehen einer Verbindlichkeit gründet. M.a.W. bildet ein (wirksamer) Spiel- und Wettvertrag jdf. einen Rechtsgrund zum Behaltendürfen. 4

Eine Sonderregelung trifft **§ 763** für solche Spielverträge, die i.R.e. *staatlich genehmigten* **Lotterie** (wenn der Gewinn in Geld besteht) oder **Ausspielung** (= Sach- oder Warenlotterie) abgeschlossen werden: Diese sind für beide Parteien in vollem Umfang verbindlich. 5

B. Bürgschaftsvertrag

Literatur: *Braun*, JURA 2004, 474; *Lorenz*, JuS 1999, 1145; *Musielak*, JA 2015, 161; *Reinicke/Tiedtke*, Bürgschaftsrecht, 3. Aufl. 2008.

6   Der in den §§ 765–778 geregelte Bürgschaftsvertrag ist ein Mittel der **Kreditsicherung**, und zwar – in Abgrenzung von den sog. Realsicherheiten wie z.B. der Grundschuld oder Hypothek – in Gestalt einer **Personalsicherheit**: Denn durch eine Bürgschaft erhält ein Kreditgeber für seine jeweils gesicherte(n) Forderung(en) – zum Schutz vor deren Ausfall insb. wegen Insolvenz – in Gestalt des Bürgen neben dem Hauptschuldner einen weiteren Schuldner (z.B. eine Bank, einen Gesellschafter oder die Ehefrau eines Darlehensnehmers bzw. die Eltern eines Mieters); Bürgschaftsfälle sind stets **Dreipersonenverhältnisse**.

7   § 765 ist oft von **anderen** Personalsicherheiten **abzugrenzen**:

1. Eine **Schuldübernahme** (§§ 414 f.) liegt vor, wenn der Gläubiger keinen weiteren, sondern einen *anderen* Schuldner erhalten soll.

2. Der **Schuldbeitritt** ist gesetzlich nicht geregelt, aber gem. § 311 I – i.d.R. formlos (≠ § 766) – möglich. Er zeichnet sich dadurch aus, dass – wie bei der Bürgschaft – ein weiterer Schuldner neben den bisherigen tritt; anders als dort haftet der Beigetretene allerdings nicht für eine fremde, sondern übernimmt eine *eigene* Schuld, so dass eine Gesamtschuld *ent*-, jedoch keine Subsidiarität und (Entwicklungs-)akzessorietät (umstr.) *be*steht. **Im Zweifel** liegt Bürgschaft vor; andernfalls kommt es darauf an, ob der Neuschuldner eigenes unmittelbares wirtschaftliches Interesse an der Tilgung hat. **Beachte**: Auf den Schuldbeitritt eines Verbrauchers zu einem Darlehensvertrag finden nach h.M. die §§ 491 ff. analoge Anwendung.

3. Kraft Vertragsfreiheit (§ 311 I) kann ein Dritter dem Gläubiger einer Forderung versprechen, ihn bei Ausfall des Hauptschuldners so zu stellen, als hätte dieser ordnungsgemäß erfüllt. Ein derartiger **Garantievertrag** ist i.d.R. gar nicht, auch nicht hinsichtlich des Bestands der Hauptforderung bei Entstehung, akzessorisch. Im Zweifel setzt er daher ein sehr starkes Eigeninteresse des Dritten voraus.

4. Eine **Patronatserklärung** ist v.a. im Wirtschaftsverkehr und dort i.R.v. Konzernverhältnissen üblich. Sie liegt vor, wenn ein Dritter einem Gläubiger ein Verhalten unverbindlich in Aussicht stellt („weiche") oder verspricht („harte Patronatserklärung"), welches diesen hinsichtlich der Rückzahlung eines Kredits unterstützen soll.

5. Der **Kreditauftrag** ist in § 778 iVm §§ 662 ff. geregelt (lesen).

B. Bürgschaftsvertrag

I. Charakteristik

Durch einen Bürgschaftsvertrag verpflichtet sich der **Bürge** gegenüber dem **Gläubiger** eines Dritten – des **Hauptschuldners** –, für dessen Verpflichtung miteinzustehen, § 765 I. Im Regelfall wird der Bürgschaftsvertrag dabei zwischen Gläubiger und Bürgen abgeschlossen, ohne dass es einer Mitwirkung des Hauptschuldners bedarf. Allerdings kann der Bürgschaftsvertrag auch – zugunsten des Gläubigers i.S.v. § 328 I – zwischen Hauptschuldner und Bürgen abgeschlossen werden.

1. Zu sichernde Hauptforderung und Verbürgungswille

Durch eine Bürgschaft kann grds. jede schuldrechtliche Verbindlichkeit gesichert werden, solange nur deren Schuldner ein vom Bürgen verschiedener Dritter ist; auch Gesellschafter können z.B. für Schulden „ihrer" Gesellschaft bürgen. Auf den **Inhalt** oder **Rechtsgrund** bzw. die **Art** der zu sichernden Forderung kommt es nicht an.

Neben Geldforderungen (z.B. aus Darlehens- [§ 488 I 2] oder Mietverträgen [§ 535 II]) können daher theoretisch auch andere als Geldforderungen und gem. § 765 II sogar **künftige** oder **bedingte** Forderungen Gegenstand einer Bürgschaft sein. Ob diese ihrerseits aus Vertrag oder Gesetz resultieren bzw. überhaupt zivilrechtlich sind, ist gleichgültig.

Eine Einigung der Parteien über einen Bürgschaftsvertrag setzt neben einer (jdf.) **Bestimmbarkeit** der zu sichernden Forderung und der Person des Gläubigers sowie des Hauptschuldners insb. einen **Verbürgungswillen** voraus. Ob ein solcher vorliegt ist durch Auslegung in Abgrenzung zu anderen Personalsicherheiten (Rn. 7) festzustellen. Eine **Globalbürgschaft** ist grds. zulässig, i.d.R. nicht jedoch in AGB.

2. Akzessorietät

Die Bürgschaft ist – wie die Hypothek (§ 1153) und anders z.B. als die Grundschuld (§ 1192 I) – eine **akzessorische Sicherheit**, d.h. die Bürgenschuld ist sowohl hinsichtlich ihrer **Entstehung** als auch ihres **Fortbestehens** – d.h. Entwicklung – vom Bestand und Umfang der zu sichernden Hauptforderung abhängig, § 767 I. Das Gleiche gilt im gesetzlichen Regelfall hinsichtlich der **Durchsetzbarkeit** (§§ 768, 770).

Solange die Hauptschuld (noch) gar nicht entstanden ist, besteht daher auch keine Bürgschaftsverpflichtung. Wird hingegen die Hauptforderung (teilweise) erfüllt, erlischt **automatisch** auch die Bürgenschuld (ggf. partiell). Und gem. **§ 768 I 1 kann ein Bürge zudem Einreden** des Hauptschuldners i.B.a. die Hauptforderung (z.B.: §§ 214 I;

320 I, 438 IV 2) geltend machen (Ausnahme: § 768 I 2), und zwar gem. § 768 II selbst dann, wenn jener auf sie **verzichtet** (worunter *nicht* sonstiger Verlust oder Verjährungshemmung fällt).

Gem. § 770 I kann sich ein Bürge zudem **einredeweise** einer Inanspruchnahme widersetzen, solange (!) dem Hauptschuldner ein **Anfechtungs**recht i.B.a. das der Hauptforderung zugrunde liegende Rechtsgeschäft zusteht; nach h.M. gilt § 770 I **analog** für sonstige Gestaltungsrechte des Hauptschuldners, z.B. Rücktritt, Widerruf.

Das Gleiche gilt gem. **§ 770 II**, solange sich der *Gläubiger* (!) durch **Aufrechnung** gegen eine fällige Forderung des Hauptschuldners befriedigen kann; kann hingegen umgekehrt nur der Hauptschuldner aufrechnen, gilt § 770 II nach h.M. *nicht* analog (sehr umstr.).

Wurde ein Gestaltungsrecht bereits **ausgeübt**, greift nicht § 770, sondern § 767 I 1 ein. Überdies verliert ein Bürge die Einreden aus § 770, wenn der Hauptschuldner bzw. der Gläubiger das jeweilige Gestaltungsrecht **verliert** oder darauf verzichtet (≠ § 768 II).

14 Infolge der Akzessorietät kann sich eine Bürgschaftsverpflichtung nicht nur verringern, sondern ggf. auch **vergrößern**. Bei Fehlen einer anderweitigen Vereinbarung ist dies gem. § 767 I 2 jedoch nur möglich i.B.a. solche *Erweiterungen oder Veränderungen, die* in der Hauptforderung – *kraft Gesetzes* – *angelegt sind (z.B. die Rechtsfolgen eines Verzugs [etwa Zinsen], Sekundäransprüche aus §§ 280 ff. oder eine Vorfälligkeitsentschädigung i.S.v. § 490 II 3)*. Eine *nach* Abschluss des Bürgschaftsvertrags erfolgende **vertragliche** Änderung der Hauptforderung ist hingegen für die Bürgenschuld grds. ohne Belang, § 767 I 3.

15 Fraglich und durch Auslegung zu klären ist, ob eine Bürgschaft im Einzelfall statt der intendierten Hauptforderung ggf. auch **Ersatzansprüche** erfasst, die an deren Stelle treten. Paradebeispiel ist der wegen Wucherzinsen **sittenwidrige** (§ 138 I) Darlehensvertrag: Wurde die Darlehenssumme bereits ausgezahlt, schuldet der Darlehensnehmer dann zwar keine Zinsen (§ 488 I 2 Alt. 1), gem. § 812 I 1 Alt. 1 jedoch Rückzahlung der Valuta (§ 817 S. 2 bezieht sich nach h.M. nur auf die Überlassung auf Zeit). Insofern soll eine an sich für die Pflichten aus § 488 I 2 übernommene Bürgschaft nach h.M. im Wege der Auslegung i.d.R. auch Bereicherungsansprüche erfassen, es sei denn, sie wurde nur aus **Gefälligkeit** übernommen.

16 Aus dem Grundsatz der Akzessorietät folgt weiterhin, dass **keine isolierte Abtretung** der Forderung aus § 765 I möglich ist. Vielmehr geht die Bürgenschuld nach § 401 I (mit) über, wenn die gesicherte Hauptforderung abgetreten wird (oder: § 412); in einem derartigen Fall erwirbt der Abtretungsempfänger auch die Bürgschaftsforderung.

Nach § 401 gehen bei Abtretung einer Forderung kraft Gesetzes auch die zu ihrer Sicherung bestellten **akzessorischen Sicherungsrechte** auf den jeweiligen Zessionar über. Neben der (nur) mittelbaren Abtretbarkeit einer Bürgschaftsforderung hat dies i.R.e. Bürgschaft zur weiteren Konsequenz, dass ein Bürge, der nach Inanspruchnahme gem. § 774 I 1 kraft Legalzession die Hauptforderung gegen den Hauptschuldner erwirbt, zugleich nach §§ 401 I, 412 etwaige weitere für diese bestellte akzessorische Sicherheiten (z.B. eine Hypothek oder weitere Bürgschaftsforderungen) erhält. 17

Um dabei einen **„Wettlauf der Sicherungsgeber"** zu verhindern, schränkt § 774 II zwischen Mitbürgen (§ 769) die *cessio legis* des § 401 I insofern ein, als ein vorleistender Mitbürge die Bürgschaftsforderungen gegen seine Mitbürgen nur **anteilig** – d.h. entsprechend dem zwischen ihnen bestehenden Ausgleichsverhältnis – erwirbt. Nach **h.M.** soll dies auch (entsprechend) bei Zusammentreffen einer Bürgschaft mit einer dinglichen Sicherheit (z.B.: Hypothek) gelten.

Gibt ein Gläubiger andere akzessorische Sicherheiten auf und verliert der Bürge dadurch seine (potentielle) Rückgriffsmöglichkeit nach §§ 774 I 1, 412, 401 I, **erlischt** gem. **§ 776** die Bürgschaftsforderung, „insoweit" der Bürge Regress hätte nehmen können. Auch auf nicht akzessorische Sicherungsrechte ist § 776 analog anzuwenden, falls der Gläubiger dem Bürgen deren Übertragung schuldet.

3. Subsidiarität

Die Verpflichtung eines Bürgen ist – jdf. nach der gesetzlichen Grundkonzeption – **subsidiär** zu derjenigen des Hauptschuldners. Das Gesetz bringt dies in **§§ 771 S. 1**, 772 zum Ausdruck, wonach ein Bürge die Befriedigung des Gläubigers solange verweigern kann, bis der Gläubiger erfolglos eine – vom Bürgen mitzubezahlende, § 767 II – Zwangsvollstreckung gegen den Hauptschuldner versucht hat (**Einrede der Vorausklage** mit Folge einer Verjährungshemmung, § 771 S. 2). 18

In der Praxis wird die Einrede der Vorausklage oftmals abbedungen. Dass dies – vorbehaltlich § 307 I 2 ggf. sogar in AGB – möglich ist, zeigt § 773 I Nr. 1 am Beispiel der sog. **selbstschuldnerischen Bürgschaft**. Für Bürgschaften, deren Übernahme aus Sicht des Bürgen ein 19

Handelsgeschäft (§ 343 I HGB) darstellt, ist § 771 ohnehin kraft Gesetzes (**§ 349 HGB**) ausgeschlossen. Bei der Bürgschaft auf erstes Anfordern verzichtet der Bürge zusätzlich auf die Einreden in §§ 768, 770.

20 Aus der Subsidiarität der Bürgenverpflichtung folgt, dass Bürge und Hauptschuldner **keine Gesamtschuldner** i.S.v. § 421 sind (h.M.).

4. Rechtsnatur und Rechtsgrund

21 Der Bürgschaftsvertrag ist ein (den Bürgen) **einseitig verpflichtender** Vertrag, d.h. der Bürge erhält – jdf. aus dem Bürgschaftsvertrag – keine Gegenleistung. Allerdings liegt dem Bürgschaftsvertrag i.d.R. ein weiteres Schuldverhältnis zwischen Hauptschuldner und Bürgen zugrunde (meist: Auftrag oder Geschäftsbesorgungs(werk)vertrag, § 675 I). Aus diesem „Grundverhältnis" kann sich – neben Rückgriffsansprüchen im Falle einer Inanspruchnahme – ggf. ein Anspruch des Bürgen auf Gegenleistung ergeben. Dennoch ist eine Bürgschaft – anders als z.B. eine Hypothek – **kein abstraktes Rechtsgeschäft**. Vielmehr trägt sie ihren Rechtsgrund (i.S.v. § 812 I) als kausales Rechtsgeschäft in sich. **Weder** bedarf es daher einer zugrunde liegenden Sicherungsabrede, **noch** kann der Bürge die Bürgschaft mit der Begründung **kondizieren**, dass das Rechtsverhältnis zwischen ihm und dem Hauptschuldner unwirksam ist. Auch eine Anfechtung der Bürgschaft wegen Täuschung durch den Hauptschuldner scheitert i.d.R. an **§ 123 II 1**.

II. Wirksamkeit des Bürgschaftsvertrags

22 Die Übernahme einer Bürgschaft stellt ein großes Risiko dar; anders als bei den Realsicherheiten, die lediglich ein dingliches Vorzugsrecht an einem *bestimmten* Vermögensgegenstand begründen, haftet ein Bürge **i.d.R. mit seinem gesamten Vermögen**. Zudem erhält er – jdf. aus dem Bürgschaftsvertrag selbst und auch jenseits davon z.B. bei Angehörigen- oder Gefälligkeitsbürgschaften – oftmals keine Gegenleistung. Vor diesem Hintergrund ist die Frage der Wirksamkeit eines Bürgschaftsvertrags i.S.d. **§§ 105 ff.** von besonders großer Bedeutung.

1. Form, § 766

23 Aus den soeben (Rn. 22) genannten Gründen findet sich in **§ 766 S. 1** eine Formvorschrift, die in teleologischer Reduktion des § 167 II sogar für die Erteilung einer Vollmacht zum Abschluss eines Bürgschaftsvertrags gilt; denn § 766 S. 1 hat **Warnfunktion**. Danach ist zur Gültigkeit des Bürgschaftsvertrags, d.h. zur Vermeidung der Nichtigkeitsfolge des § 125 S. 1, zweierlei erforderlich: die (**1.**) **schriftliche** (**2.**) **Erteilung** der

Bürgschaftserklärung. Stellt die Übernahme einer Bürgschaft für den Bürgen allerdings ein Handelsgeschäft (§ 343 I HGB) dar, kann sie gem. **§ 350 HGB** auch formlos geschehen.

In allen anderen Fällen bedarf **die Willenserklärung des Bürgen** 24 (die „Bürgschaftserklärung") der Schriftform i.S.v. § 126. (Nur) diese muss grds. insgesamt, d.h. einschließlich aller Nebenabreden (außer diese schränken die Bürgenhaftung ein), in einer **eigenhändig unterschriebenen Urkunde** dargestellt sein. Die Erklärung des anderen Teils – i.d.R. des Gläubigers – ist hingegen formlos möglich; denn das Schriftformerfordernis des § 766 betrifft *nicht* den gesamten Vertrag.

> Dem **zusätzlichen** Erfordernis der „**Erteilung**" genügt nicht etwa 25 jeglicher Zugang i.S.v. § 130 I 1; erforderlich ist vielmehr eine *Entäußerung gegenüber dem Gläubiger* (i.d.R. durch Übergabe). Diesem (oder einem Empfangsvertreter bzw. -boten) muss die Urkunde zu (irgend)einem Zeitpunkt zur Verfügung gestellt worden sein.

Entgegen § 126 III kann eine Bürgschaftserklärung nicht in elektro- 26 nischer Form (§ 126a) erteilt werden, § 766 S. 2. Ein etwaiger Formmangel kann – vergleichbar § 311b I 2 und § 518 II – gem. § 766 S. 3 durch Erfüllung der Bürgenverbindlichkeit **geheilt** werden. Die Erteilung einer „**Blankettbürgschaft**" verstößt nach h.M. gegen § 766 S. 1, es sei denn, der dann Ausfüllende wurde schriftlich dazu ermächtigt.

2. Sittenwidrigkeit, § 138 I

Nach klassischem Verständnis ist eine Bürgschaft – im Lichte der 27 Privatautonomie – nicht alleine deshalb sittenwidrig, weil die potentielle Haftungssumme die **Leistungsfähigkeit** eines Bürgen **weit übersteigt**. Und obwohl sich die insofern überaus strenge Rspr. im Laufe der Zeit – u.a. auf Intervention des **BVerfG** (NJW 1994, 36) hin – etwas gelockert hat, müssen auch weiterhin neben eine etwaige „krasse Überforderung" **weitere Umstände** hinzutreten, damit eine Bürgschaft gegen das Anstandsgefühl aller billig und gerecht Denkenden verstößt.

Ein derartiger Umstand liegt nach gefestigter Rspr. des BGH insb. 28 dann vor, wenn (**1.**) dem Hauptschuldner emotional verbundene, **nahestehende Personen** [z.B.: Ehegatten, Kinder, ggf. auch Freunde] (**2.**) potentiell ruinöse, d.h. sie **krass überfordernde** Bürgschaftsverpflichtungen übernehmen und dies (**3.**) nicht auf einer von der persönlichen Nähebeziehung weitgehend **unbeeinflussten**, autonomen Entscheidung des Bürgen beruht (sog. **Angehörigenbürgschaft**); Letzteres – d.h. ein sittenwidriges Ausnutzen der psychischen Zwangslage eines Angehörigen – ist nach dem BGH bei Vorliegen der vorigen Voraussetzungen zu **vermuten**, d.h. muss ggf. vom Gläubiger widerlegt werden.

29 Eine krasse finanzielle **Überforderung** des Bürgen liegt vor, wenn ein grobes Missverhältnis zwischen der Verpflichtung und seinem – anhand einer Prognose ermittelten – Leistungsvermögen besteht, insb. wenn er voraussichtlich **nicht einmal die laufenden Zinsen** bedienen könnte.

30 Die **Vermutung** der Sittenwidrigkeit kann **entweder** dadurch **widerlegt** werden, dass ein eigenes wirtschaftliches Interesse des Bürgen dargelegt wird (z.B. wenn das Darlehen unmittelbar auch ihm zugute kommt), **oder** durch Nachweis fehlender Kenntnis der Überforderung.

31 Umgekehrt führt die Tatsache, dass eine Bürgschaft lediglich **Vermögensverschiebungen** zwischen Ehegatten verhindern soll, nicht *per se* zum Ausschluss eines ansonsten zu fällenden Sittenwidrigkeitsurteils. Nach überzeugenderer Ansicht hindert dies nur dann eine Sittenwidrigkeit, wenn die Zweckbindung im Vertrag festgelegt wird (umst.).

3. Verbraucherschutzrecht

32 Neben § 125 S. 1 und § 138 I kann ein Bürgschaftsvertrag auch nach **§ 355 I 1** unwirksam sein bzw. werden, falls ein Bürge i.B.a. den Bürgschaftsvertrag ein Widerrufsrecht (fristgerecht ausgeübt) hat.

33 Wird ein Bürgschaftsvertrag **außerhalb von Geschäftsräumen** (früher: „Haustürsituation") zwischen einem Verbraucher als Bürgen und einem Unternehmer abgeschlossen, steht dem Bürgen nach vorzugswürdiger h.Lit. – entgegen der Ansicht des BGH (JuS 2020, 1209) – ein Widerrufsrecht nach **§ 355 iVm** §§ 312g I, **312b I**, 312 I zu. Zweifeln könnte man daran **einerseits** unter dem Aspekt der „Entgeltlichkeit", welche der **BGH** der Bürgschaft auch tatsächlich mangels (direkter) Gegenleistung des Unternehmers aus demselben Verbrauchervertrag abspricht. Dem widerspricht jedoch mit guten Gründen die h.Lit.: Denn zum einen verlangt Art. 2 Nr. 8 der (vollharmonsierenden!) VRRL insofern *gar keine Gegenleistung (a.A. jedoch BGH JuS 2020, 1209)*; zum anderen ist ein Bürge potenziell sogar noch schutzwürdiger als ein Kreditnehmer (o.ä.). **Andererseits** könnte man, wie früher der EuGH in der Rs. *Dietzinger* (1998, d.h. noch vor Inkrafttreten der VRRL zur alten Haustürwiderrufsrichtlinie), in – verfehlter – Auslegung der „Akzessorietät" über die Verbrauchereigenschaft des Bürgen hinaus auch eine solche des Hauptschuldners fordern; jedenfalls dies lehnt die h.M. heute (völlig zu Recht) ab.

34 Ein Widerrufsrecht nach **§ 355 iVm** §§ 312g I, **312c I,** 312 I hingegen besteht nach h.Lit. bei Bürgschaftsverträgen nicht. Denn es ist kaum denkbar, dass eine Bürgschaft i.R.e. für den **Fernabsatz** organisierten Vertriebs- bzw. Dienstleistungssystems abgeschlossen wird.

Anders als beim Schuldbeitritt (s. Rn. 7) finden schließlich auch die **35** **§§ 491 ff. keine** – auch nicht analoge – **Anwendung auf Bürgschaften**.

III. Die Inanspruchnahme des Bürgen

Eine Inanspruchnahme des Bürgen setzt den Eintritt des sog. **Siche-** **36** **rungsfalls** voraus. Dessen Zeitpunkt hängt von der jeweiligen vertraglichen Vereinbarung ab; bei Übernahme einer selbstschuldnerischen Bürgschaft etwa (oder: Bürgschaft auf erstes Anfordern) kann der Bürge keine Einrede der Vorausklage (§ 771 S. 1) erheben, § 773 I Nr. 1.

Minimalvoraussetzung ist stets die **Fälligkeit** der **Hauptforderung**. **37** I.R.d. Prüfung von § 765 I ist daher wegen der Akzessorietät der Bürgenverpflichtung (§ 767 I 1) neben dem Vorliegen eines wirksamen Bürgschaftsvertrags das Bestehen der Hauptforderung zu untersuchen.

Darüber hinaus darf weder die Bürgenschuld selbst (z.B. gem. §§ 355 **38** S. 1, 362 I, 776 oder § 777), noch – wegen der Akzessorietät der Verpflichtung des Bürgen (§ 767 I 1; dazu näher Rn. 12 ff.) – die Hauptforderung (z.B. gem. §§ 362 I, 389 oder § 142 I) **erloschen** sein.

Und selbst wenn die Verpflichtung des Bürgen entstanden und nicht **39** erloschen ist, scheitert eine Inanspruchnahme des Bürgen oft an deren fehlender **Durchsetzbarkeit**. Denn neben „eigenen" Einreden i.B.a. die Bürgschaftsschuld selbst (z.B. deren Verjährung [§ 214 I] oder Stundung) kann ein Bürge gem. **§ 768 I 1** auch die dem Hauptschuldner i.B.a. die Hauptforderung zustehenden Einreden (z.B. *deren* Verjährung, § 214 I) geltend machen (vgl. Rn. 13), und zwar selbst dann, wenn dieser auf sie verzichtet hat (§ 768 II). Darüber hinaus beinhalten §§ 770 und 771 eigenständige Bürgeneinreden (dazu näher Rn. 13).

Insb. hinsichtlich der **Verjährung** ist sorgfältig zwischen der Haupt- **40** schuld (§ 768 I 1) und der – trotz Akzessorietät einer **eigenen** Verjährung (§§ 195, 199) unterliegenden – Bürgschaftsverpflichtung selbst zu **unterscheiden**. Der Beginn der Verjährung der Bürgschaftsforderung wird nicht durch den Vertragsschluss, sondern ihre Fälligkeit ausgelöst; diese wiederum tritt frühestens (nämlich nur bei der selbstschuldnerischen Bürgschaft; sonst: § 771 S. 2) mit Fälligkeit der Hauptschuld ein. Eine *spätere* Hemmung der Verjährung (oder: Stundung) nur der Hauptschuld wirkt sich nicht auf die Verjährung der Bürgenschuld aus.

41 **Prüfungsschema 41:** Anspruch gegen den Bürgen aus § 765 I

I. Anspruch **entstanden**?

1. Abschluss eines wirksamen Bürgschaftsvertrags
   a) Einigung, §§ 145 ff. (**P**) Verbürgungswille (Abgrenzung)
   b) Wirksamkeitshindernisse, zB §§ 105 ff., 125 iVm 766, 138
2. Bestand der gesicherten Hauptforderung, § 767 I 1

II. Anspruch **erloschen**? = Rechtsvernichtende Einwendungen ...

1. i.B.a. die Bürgschaft selbst (z.B. §§ 362 I, 142 I, 355 S. 1, 776)
2. i.B.a. die Hauptforderung iVm § 767 I 1 (z.B. §§ 362 I, 389)

III. Anspruch **durchsetzbar**?

1. Einreden i.B.a. die Bürgschaftsforderung selbst (z.B. § 214 I)
2. Einreden des Hauptschuldners (z.B. § 214 I) iVm § 768 I
3. Bürgeneinreden, §§ 770 I, 770 II, 771 S. 1

IV. Der Regress des Bürgen

42 Wird ein Bürge in Anspruch genommen, stehen ihm i.d.R. **Regressansprüche** (u.a.) gegen den Hauptschuldner zu, und zwar (**1.**) aus dem jeweiligen **Grundverhältnis** (dazu Rn. 21), z.B.: §§ 670, (675 I). Darüber hinaus geht (**2.**) die Hauptforderung gem. **§ 774 I 1** kraft Legalzession (mitsamt etwaiger akzessorischer Sicherheiten, §§ 401 I, 412) auf ihn über (dazu und zum **Wettlauf der Sicherungsgeber:** Rn. 17).

Kapitel 10. Verträge zur Feststellung von Forderungen

In vielen Fällen ist das (ggf. einredefreie) Bestehen bzw. der Umfang 1
oder die Rechtmäßigkeit einer Forderung – d.h. eines schuldrechtlichen
Anspruchs (vgl. Einleitung Rn. 2) – zwischen den Parteien **ungewiss** oder
in Streit. Insofern sieht das BGB mehrere Vertragsarten vor, die entweder der Mobilisierung oder der verbindlichen Feststellung einer Forderung (bzw. ggf. deren Einredefreiheit) dienen. Neben der Verbriefung i.R.e. **Inhaberschuldverschreibung** (§§ 793–808: einem Wertpapier; darunter fallen z.B. auch Staatsanleihen) sind dies insb. der in §§ 779, (782) normierte **Vergleichsvertrag** und das in §§ 780, 781 geregelte **Schuldversprechen** bzw. **-anerkenntnis**.

A. Vergleichsvertrag

Der Vergleichsvertrag ist – anders als „die" §§ 780, 781 – ein **kausa-** 2
les Rechtsgeschäft, d.h. er trägt i.d.R. seinen Rechtsgrund in sich. Durch
ihn wird **unabhängig** von der an sich gegebenen Rechtslage festgelegt,
was künftig zwischen den Parteien gelten soll; ob das ursprüngliche
Rechtsverhältnis dabei fortbesteht, ist Auslegungsfrage.

Der Vergleich wird in **§ 779 I** legaldefiniert als Vertrag, durch den 3
der Streit oder die Ungewissheit der Parteien über ein Rechtsverhältnis
im Wege gegenseitigen Nachgebens beseitigt wird. Das Vorliegen eines
Streits oder einer **Ungewissheit** ist dabei – ebenso wie der Begriff des
(lediglich eine Verfügungsbefugnis der Parteien voraussetzenden, z.B.
auch zukünftigen) „Rechtsverhältnisses" – **weit** auszulegen

Gem. **§ 779 II** steht es einer Ungewissheit i.S.v. § 779 I gleich, wenn 4
nur die Anspruchs*verwirklichung* unsicher ist; sogar eine bloß subjektive Unsicherheit genügt. Dem Erfordernis eines **gegenseitigen Nachgebens** ist Genüge getan, wenn die Parteien einander *irgendwelche*, selbst minimale (Stundung, Zinsverzicht) und nicht notwendigerweise gleichwertige Zugeständnisse (ggf. außerhalb des betroffenen Rechtsverhältnisses) machen. **Einseitige** Zugeständnisse reichen nicht.

Von diesem materiell-rechtlichen Vergleich begrifflich zu trennen ist 5
der sog. **Prozessvergleich**, der – partiell – in § 794 I Nr. 1 ZPO geregelt
ist und dem eine unmittelbar prozessbeendigende Wirkung zukommt;

ein Prozessvergleich hat nach h.M. eine sog. **Doppelnatur** sowohl als privatrechtlicher Vertrag als auch Prozesshandlung.

6 Der in § 779 I angesprochene **beiderseitige Irrtum** in Bezug (nur!) auf den als *feststehend* erachteten **Sachverhalt** ist nach h.M. ein gesetzlich normierter Sonderfall einer Störung der Geschäftsgrundlage (vgl. § 313 II) und führt zu einer Unwirksamkeit des Vergleichs.

B. Schuldversprechen und Schuldanerkenntnis

7 Sowohl das in § 780 geregelte Schuldversprechen als auch das in § 781 normierte Schuldanerkenntnis gleichen sich hinsichtlich ihrer Voraussetzungen, wirtschaftlichen Zwecksetzung und Rechtsfolgen. Nach h.M. erübrigt sich daher eine Differenzierung zwischen beiden.

8 Schuldversprechen und Schuldanerkenntnis sind **einseitig verpflichtende** Verträge, durch die eine **selbständige** Verpflichtung begründet wird, die hinsichtlich ihrer Wirksamkeit unabhängig von einer dem Versprechen (etc.) etwaig zugrunde liegenden Forderung ist.

9 Schuldversprechen und -anerkenntnis bedürfen zu ihrer Wirksamkeit – außer in den Fällen des § 350 HGB und von § 782 – gem. §§ 780, 781 einer **schriftlichen Erteilung** (s. dazu Kap. 9 Rn. 25).

10 Anders als fast alle sonstigen Vertragsarten des Schuldrechts sind Schuldversprechen und -anerkenntnis **abstrakte Schuldverträge**, d.h. sie tragen ihren Rechtsgrund *nicht* in sich. Damit stellen §§ 780, 781 zwar eine eigene **Anspruchsgrundlage** dar, die grds. unabhängig von einem Grundverhältnis besteht; bei Fehlen eines solchen Rechtsgrunds können sie jedoch kondiziert bzw. kann einer Inanspruchnahme aus ihnen die Bereicherungseinrede aus § 821 entgegengehalten werden.

11 I.R.e. Klausur sind Schuldversprechen und -anerkenntnis – im Wege der Auslegung – insb. abzugrenzen von (**1.**) bloß **tatsächlichen Erklärungen** ohne Vertragscharakter sowie vom (**2.**) sog. **deklaratorischen** (oder: **kausalen**) **Schuldanerkenntnis**. Durch einen solchen – *nicht* abstrakten! – Vertrag wird keine komplett eigenständige, neue Verpflichtung bzw. Anspruchsgrundlage erschaffen; vielmehr führt er „lediglich" dazu, dass der Anerkennende etwaige Einreden und Einwendungen i.B.a. den anerkannten Anspruch verliert.

12 Wird nach einem Verkehrsunfall direkt **am Unfallort** ein „Anerkenntnis" abgegeben, hängt dessen Einordnung von den Umständen des jeweiligen Einzelfalls ab. Nach der Rspr. soll jedoch im Zweifel lediglich eine bloß tatsächliche Erklärung vorliegen (umstr.).

Kapitel 11. Typengemischte und atypische Verträge

A. Einführung: Typenfremde Verträge

Das Schuldrecht ist wegen der Relativität der Schuldverhältnisse in großen Teilen **dispositiv**. Das Gesetz bringt dies – unzureichend – in § 311 I zum Ausdruck. Die dort verankerte **Vertragsfreiheit** gewährleistet – naturgemäß innerhalb der vom Gesetz (z.B.: §§ 134, 138, 311b und 476) gesetzten Grenzen – neben einer Abschluss- sowie Formfreiheit grds. auch eine **inhaltliche Gestaltungsfreiheit**. Danach steht es etwaig Vertragsschließenden nicht nur frei, einzelne Gesetzesbestimmungen abzubedingen, sondern auch, neue, aus Sicht der gesetzlichen Regelung atypische oder typengemischte Verträge abzuschließen. 1

Andernfalls wäre das über **120 Jahre alte BGB** schwerlich in der Lage, allen Bedürfnissen des modernen Rechtsverkehrs zu genügen. 2

Von einem **typengemischten Vertrag** spricht man, wenn die Parteien die Elemente verschiedener gesetzlich geregelter Verträge miteinander kombinieren. Paradebeispiel ist der (Hotel-)**Beherbergungsvertrag** als Vertrag mit primär mietrechtlichen Elementen und ggf. solchen eines Kauf-, Werk-, Dienst- oder auch Verwahrungsvertrags. Auch z.B. der **Facebook**- oder Instagram-Nutzungsvertrag ist typengemischt. 3

Gemischte Verträge können Typenkombinations-, Typenverschmelzungs- oder Verträge mit anderstypischer Gegenleistung sein. 4

Die rechtliche Behandlung typengemischter Verträge ist umstr.: Nach der **Absorptionsmethode** findet einheitlich das den Hauptgegenstand des Vertrags bildende Recht Anwendung; die **Kombinationsmethode** will dagegen jeden einzelnen Vertragsbestandteil nach dem für ihn geltenden Recht behandeln. Die h.M. entscheidet von Fall zu Fall. 5

Ein **atypischer Vertrag** hingegen enthält keine Elemente der gesetzlichen Vertragstypen; auf ihn ist grds. nur SchR AT anzuwenden. 6

B. Leasing

Literatur: *Bayerle*, JA 2013, 659; *Canaris*, AcP 190 (1990), 410; *Omlor*, JuS 2011, 305; *Pierson*, JuS 2021, 8.

7 Der jedenfalls für die Ausbildung wichtigste der **nicht im Gesetz geregelten** Vertragstypen ist das in verschiedenen Spielarten vorkommende – nach h.M. stets jedoch mietähnliche – Leasing. Seine große Beliebtheit verdankt es u.a. bestimmten **steuer-** und bilanzrechtlichen Vorzügen.

I. Charakteristik und Arten

8 Allgemein gesprochen zeichnet sich ein Leasingvertrag dadurch aus, dass der Leasinggeber (ähnlich dem Mietvertrag) dem Leasingnehmer einen Leasinggegenstand – i.d.R. eine Sache (z.B.: Pkw) oder Sachgesamtheit (z.B.: EDV-Anlage) – für einen **bestimmten Zeitraum gegen Entgelt** überlässt, und zwar – jedenfalls zunächst – nicht zu Eigentum.

9 Der **Hauptunterschied zum Mietvertrag** liegt darin, dass der Leasinggeber den Leasinggegenstand i.d.R. zunächst bei einem Dritten – oftmals sogar nach Vorgaben des Leasingnehmers – erwirbt (Ausnahme: Herstellerleasing). Als Folge dessen sind die meisten Leasingverträge zusätzlich darauf ausgerichtet, dem Leasinggeber eine *volle Amortisation* seiner Investitionskosten (nebst Gewinn) zu verschaffen.

10 Beim sog. **Eintrittsmodell** schließt demgegenüber zunächst der Leasingnehmer den Kaufvertrag über den späteren Leasinggegenstand ab und „überträgt" den Vertrag dann – im Wege einer dreiseitigen Vertragsübernahme (§ 311 I) – auf den Leasinggeber.

11 In der Praxis haben sich insb. zwei Leasingarten durchgesetzt: Zum einen das operative oder **Operatingleasing**, d.h. die i.d.R. nur kurzfristige Überlassung von bestimmten Wirtschaftsgütern (z.B.: Produktionsmaschinen) an meist gewerbliche Leasingnehmer, zum anderen – für die Ausbildung bedeutsamer – das **Finanzierungsleasing**.

12 Dieses dient v.a. der *Fremdfinanzierung* einer bestimmten Investition und ähnelt daher an sich eher einem Darlehen oder Abzahlungskauf als einem Mietvertrag. V.a. aus steuerlichen Gründen verbleibt beim Finanzierungsleasing jedoch das Eigentum am Leasinggegenstand – jdf. bis Ablauf der (meist längerfristigen) Vertragslaufzeit – beim Leasinggeber. Da der Leasinggeber i.d.R. kein Interesse an jenem hat, ist der Vertrag meist auf eine **Vollamortisation** ausgelegt; z.T. wird dies durch eine Pflicht zum Erwerb nach Vertragsende erreicht. Keine derartige

Pflicht besteht hingegen bei den in der Praxis überaus verbereiteten sog. **„Kilometerleasingverträgen"**; zu diesem s. Rn. 22.

II. Dreipersonenverhältnis

Leasingsachverhalte sind meist **Dreipersonenverhältnisse**: Denn 13 neben (**1.**) dem Leasingvertrag zwischen **Leasingnehmer** und **Leasinggeber** schließt der Leasinggeber i.d.R. (außer beim sog. Eintrittsmodell [dazu Rn. 10] oder beim Herstellerleasing) zusätzlich noch (**2.**) einen Kaufvertrag mit einem Dritten (dem **Lieferanten**) über den dann dem Leasingnehmer zur Verfügung gestellten Leasinggegenstand ab.

> Wirtschaftlich logische und auch leasingtypische Konsequenz dieser 14 Dreieckskonstellation ist, dass der Leasinggeber dem Leasingnehmer i.d.R. seine etwaigen Gewährleistungsansprüche gegen den Lieferanten aus §§ 434 ff. unter **Ausschluss** einer eigenen Haftung aus dem Leasingvertrag abtritt (sog. **Abtretungskonstruktion**).
>
> Nach dem BGH stellt dies selbst dann, wenn der Leasingnehmer Verbraucher ist, **kein Umgehungsgeschäft** i.S.v. § 476 I 2 dar, obwohl dieser ggf. mangels Verbrauchereigenschaft des Leasinggebers den Schutz der §§ 474 ff. „verliert". Allerdings soll der Ausschluss der Gewährleistung des Leasinggebers in **AGB** gegen § 307 verstoßen, falls eine Haftung des Lieferanten ausgeschlossen wurde.

III. Rechtsnatur des Finanzierungsleasings

Ein Finanzierungsleasingvertrag ist nach h.M. ein **atypischer Miet-** 15 **vertrag**. Denn trotz seiner starken Finanzierungsfunktion sei auch das Finanzierungsleasing im Regelfall nicht auf Erwerb, sondern lediglich bloße Gebrauchsüberlassung ausgerichtet. Atypisch ist der Finanzierungsleasingvertrag deshalb, weil i.d.R. (entgegen § 535 I 2) ein Übergang der Leistungs- und Gegenleistungsgefahr auf den Leasingnehmer vereinbart und die mietrechtliche Haftung abbedungen wird (Rn. 14).

> Daneben wird z.T. vertreten, der Finanzierungsleasingvertrag sei ein 16 **typengemischter** Vertrag mit v.a. darlehens- und geschäftsbesorgungsrechtlichen Elementen (*Canaris*, AcP 190 (1990), 410); wieder andere sehen ihn als **atypischen Vertrag** *sui generis* an.

IV. Rechtliche Behandlung des Finanzierungsleasings

17 Die – neben der umstr. Einordnung des Leasingvertrags – **wichtigsten Klausurprobleme** beim Leasing sind: (**1.**) Die Behandlung von Leistungsstörungen (Abtretungskonstruktion), (**2.**) die Anwendbarkeit und Rechtsfolgen von Verbraucherschutznormen (§ 506 I, II) sowie (**3.**) die AGB-rechtliche Zulässigkeit bestimmter Klauseln.

1. Leistungsstörungen

18 Erweist sich ein Leasinggegenstand als **mangelhaft**, hätte die herrschende Einstufung des Leasingvertrags als atypischer Mietvertrag an sich zur Konsequenz, dass der Leasinggeber hierfür gem. §§ **536 ff.** haftet. I.d.R. wird jedoch eine derartige Haftung des Leasinggebers ausgeschlossen; als Ausgleich tritt der Leasinggeber dem Leasingnehmer etwaige Gewährleistungsansprüche gegen seinen Lieferanten aus § 437 ab (vgl. Rn. 14; zur **AGB**-rechtlichen Zulässigkeit s. unter 3.).

19 Entsprechend stehen einem Leasingnehmer bei Mangelhaftigkeit des Leasinggegenstands im Regelfall – jdf. zunächst – nur (abgetretene) **kaufrechtliche** Gewährleistungsansprüche des Leasinggebers gegen den Lieferanten zu. I.R.d. Falllösung ist daher neben den Voraussetzungen der §§ **434 ff.** insb. auch die Wirksamkeit der entsprechenden Abtretung zu prüfen und zu bedenken, dass ggf. der Leasing*geber* Adressat bestimmter Gewährleistungs(folge)ansprüche ist.

20 **Tritt** der Leasing*nehmer* vom Kaufvertrag zwischen Leasing*geber* und Lieferanten **zurück**, entfällt dadurch nach h.M. die **Geschäftsgrundlage** des Leasingvertrags, und der Leasingnehmer kann gem. § 313 III 1 *ex tunc* (nicht § 313 III 2) zurücktreten + § 346 (umstr.).

21 Sehr **umstr.** ist auch, ob ein Verbraucher-Leasingnehmer die Mangelhaftigkeit eines Leasinggegenstands gem. §§ **359, 506 I, II** seiner Pflicht zur Zahlung der vereinbarten Leasingraten entgegenhalten kann; der **BGH** (NJW 2014, 1519, zum Einstiegsmodell) lehnt dies ab.

21a Hiervon zu unterscheiden sind hingegen **deliktische** Ansprüche (u.a. aus § 7 I StVG oder § 823 I, z.B. infolge eines Verkehrsunfalls). Diese stehen grds. nicht nur dem Leasinggeber, sondern auch dem Leasinggeber zu, ist doch der berechtigte unmittelbare Besitz als **„sonstiges Recht"** iSv § 823 I und – über dessen Wortlaut hinaus – auch § 7 I sowie 18 I StVG anerkannt. Nach herkömmlicher Anicht kann ein Leasingnehmer allerdings grds. nur Ersatz seines **Nut-**

zungs- und **Haftungsschadens**, nicht jedoch auch des Substanzschadens verlangen (umstr.; der BGH [NJW 2019, 1669] hat dies jüngst offengelassen und es dem Leasingnehmer untersagt, ohne Zustimmung des Eigentümers statt der Herstellung jedenfalls die fiktiven Herstellungskosten nach § 249 II 1 zu verlangen).

2. Verbraucherschutz

Ein Leasingvertrag, bei dem der Leasingnehmer **Verbraucher** i.S.v. § 13 ist und der eine **Vollamortisation** vorsieht, unterfällt i.d.R. (unter den Voraussetzungen von **§ 506 II** – lesen!) als „sonstige entgeltliche Finanzierungshilfe" **§ 506 I**, so dass auf einen derartigen Vertrag die meisten Vorschriften über Verbraucherkreditverträge (§§ 491 ff.) Anwendung finden. Hinzuweisen ist insb. auf die Geltung eines **Formzwangs** gem. § 492 (Rechtsfolge: § 494) sowie das **Widerrufsrecht** nach §§ 355, 495, 506 I, II. **Kein** Widerrufsrecht besteht allerdings nach Ansicht des BGH und im Lichte von § 506 II bei reinen **„Kilometerleasingverträgen"** (d.h. Leasingverträgen über Neufahrzeuge nur mit Kilometerabrechnung), weil (und solange) dort weder eine Restwertgarantie noch eine Erwerbspflicht des Leasingnehmers oder ein Andienungsrecht des Leasinggebers vorgesehen wird (so nunmehr – unter Aufgabe seiner gegenteiligen Rspr. zum Verbraucherkreditgesetz – BGH JuS 2021, 549; die bislang wohl h.Lit. hingegen will insofern § 506 II 1 Nr. 3 analog anwenden). Im Übrigen sind in diesem Zusammenhang § 310 III und § 513 im Blick zu behalten. 22

Denkbar ist auch eine Anwendbarkeit der **§§ 312b ff.** Zu § 476 I 2 vgl. bereits Rn. 14 und zu den **§§ 358 ff.** die Ausführungen in Rn. 21. 23

3. AGB

Mangels gesetzlicher Normierung im BGB ist ein Leasingvertrag mehr noch als die herkömmlichen Vertragstypen auf eine vertragliche Ausgestaltung der jeweiligen Vertragspflichten etc. angewiesen; aus Gründen der Praktikabilität geschieht dies naturgemäß oft durch **AGB**. 24

Insofern stellt sich in Klausuren v.a. die Frage einer Zulässigkeit (**1.**) einerseits der **Abbedingung** der Gewährleistungshaftung des Leasinggebers sowie andererseits (**2.**) der § 535 I 2 widersprechenden **Abwälzung** der Leistungs- und Gegenleistungsgefahr auf den Leasingnehmer. 25

Nach h.M. hält beides – **grds.** – **einer AGB-rechtlichen Prüfung stand** (wobei Maßstab grds. die §§ 535 ff. sind). Eine Ausnahme gilt (neben § 309 Nr. 7) allerdings, wenn der Leasingnehmer – z.B. wegen eines Haftungs*ausschlusses* zwischen Leasinggeber und Lieferant – 26 rechtlos gestellt wird (s. Rn. 14); ob dies auch gilt, wenn zwischen Leasinggeber und Lieferant nur eine Haftungs*beschränkung* vereinbart wurde, ist umstr. und bislang noch nicht vom BGH entschieden.

C. Factoring

27 Ein weiterer wichtiger nicht im Gesetz geregelter Vertagstyp ist das **Factoring**, welches ebenfalls – ähnlich dem Finanzierungsleasing – eine Art Finanzdienstleistung darstellt. Der Sache nach geht es beim Factoring um den (untechnisch gesprochen) „Verkauf" – nebst **Abtretung**, §§ 398 ff. – von meist erst später fällig werdenden oder entstehenden Forderungen durch einen Kunden (den **Zedenten**) an einen **Factor** (i.d.R. ein Kreditinstitut) gegen einen gewissen Abschlag zur Vermeidung oder Überbrückung etwaiger Liquiditätsengpässe des Zedenten.

I. Charakteristik und Arten

28 Je nach Gestaltung des konkreten Factoringvertrags trägt das Bonitätsrisiko (nicht: das Veritätsriskiko!) i.B.a. die jeweils abzutretende(n) Forderung(en) entweder der Factor (**echtes Factoring**), oder aber dieses verbleibt beim Zedenten (dann: **unechtes Factoring**).

29 Bonitätsrisiko bezeichnet die „Gefahr", dass eine abgetretene Forderung, obwohl existent (sonst: **Veritätsrisiko**) – z.B. wegen einer Insolvenz des Forderungsschuldners – nicht realisiert werden kann.

30 Da der Zedent beim **echten Factoring** nur für die Verität, nicht jedoch Bonität der von ihm „verkauften" und abtretenen Forderung(en) haften soll (sog. ***Delkredere*-Funktion**), stuft die h.M. dieses als **Forderungskauf** i.S.v. § 453 I Alt. 1 ein (umstr.; a.A.: atypischer Darlehensvertrag). Denn nach h.M. gehört nur die Verität, nicht aber die Bonität zu der Beschaffenheit einer Forderung i.S.v. §§ 434, 453 I (vgl. Kap. 2 Rn. 283); der Verkäufer einer Forderung haftet daher nach der gesetzlichen Grundregel nicht nach §§ 437, 453 I, wenn jene uneinbringlich ist. Eine Erlaubnispflicht i.S.v. **§ 2 II 1 RDG** besteht nicht.

31 Das **unechte Factoring** hingegen, bei dem der Zedent auch für die Bonität der abgetretenen Forderungen haftet, ist nach h.M. ein **Darlehensvertrag** i.S.d. §§ 488 ff., und zwar in Höhe des jeweiligen „Kaufpreises" der Forderung(en); deren Abtretung an den Factor erfolgt dabei lediglich **erfüllungshalber** (§ 364 II), und zwar i.B.a. die Rückzahlungsverpflichtung des Zedenten aus § 488 I 2. Auf diese darf der Factor wegen der § 364 II immanenten **Stundungsabrede** erst zurückgreifen, wenn die Inanspruchnahme des Drittschuldners gescheitert ist. Damit besitzt das unechte Facoring zugleich **Dienstleistungs**charakter, da der Factor die Forderungseinziehung für den Zedenten übernimmt.

II. Verhältnis zum verlängerten Eigentumsvorbehalt

Nach dem Gesagten steht jdf. die Forderungsabtretung beim unechten Factoring einer Sicherungsabtretung nahe. Gleichzeitig trifft die Abtretung von Forderungen i.R.d. – echten wie unechten – Factorings oftmals mit anderen (Sicherungs-)Abtretungen zusammen. Insofern stellen sich **Konkurrenzfragen**, insb. wenn eine Zession i.R.d. Factorings mit einer Vorausabtretung zugunsten anderer (i.d.R.: Warenlieferanten) i.R.e. verlängerten Eigentumsvorbehalts zusammentrifft. 32

Ein **verlängerter Eigentumsvorbehalt** zeichnet sich dadurch aus, dass ein Lieferant einem Käufer Waren unter (**1.**) Eigentumsvorbehalt verkauft (§ 449) und übereignet (§§ 929, 158 I) und diesem zugleich (**2.**) gestattet (§ 185 I), die Ware weiterzuveräußern, sich jedoch als „Verlängerung" (Ersatz) des dadurch verlorenen Eigentums (**3.**) vorab die Entgeltforderung aus dem Weiterverkauf abtreten lässt, meist (**4.**) verbunden mit einer Einziehungsermächtigung. 33

Nach dem BGH geht bei **Zusammentreffen** einer Globalzession zur Sicherung eines Kreditgebers mit einer Vorausabtretung i.R.e. verlängerten Eigentumsvorbehalts – in Abweichung vom „normalen" **Prioritätsprinzip** und damit losgelöst vom dem jeweiligen Vornahmezeitpunkt – die Vorausabtretung (d.h. der „Warenkredit") vor; denn – so die in der Lit. umstr. Begründung des BGH – eine Sicherungsglobalzession, die derartige Forderungen nicht mit dinglicher Wirkung ausnimmt, sei i.d.R. wegen **Gläubigerbenachteiligung** und Verleitung des Zedenten zum Vertragsbruch gem. **§ 138 I** sittenwidrig und damit nichtig („Vertragsbruchtheorie"). Dies entspricht der allgemeinen (sich u.a. auch bei der Rspr. zu § 562 I und den „Verarbeitungsklauseln" i.R.v. § 950 äußernden) Tendenz des BGH (nicht: des Gesetzgebers), die Anschaffungsfinanzierung (d.h. den „Warenkredit") generell gegenüber einem reinen Geldkredit (i.d.R. durch Banken) zu bevorzugen. 34

Diese Grundsätze finden nach ganz h.M. **keine Anwendung** auf das **echte Factoring**. Denn die i.R.e. verlängerten Eigentumsvorbehalts erteilte Einziehungsermächtigung umfasst grds. ohnehin auch eine Abtretung; zudem erhält der Zedent als Ersatz für die abgetretene Forderung – ähnlich der ja i.d.R. gestatteten Einziehung – einen Gegenwert. 35

36 Anders verhält es sich demgegenüber nach h.M. beim **unechten Factoring**; „dort" ist eine zeitlich vor Vereinbarung eines verlängerten Eigentumsvorbehalts (erfüllungshalber) erfolgte (Sicherungs-)Abtretung i.d.R. **gem. § 138 I nichtig**, soweit sie auch von jenem erfasste Ansprüche betrifft (sehr umstr.). Erfolgt hingegen – andersherum – die Vereinbarung eines verlängerten Eigentumsvorbehalts zuerst, gilt ganz normal das Prioritätsprinzip.

Stichwortverzeichnis

Die Zahlen beziehen sich auf Seitenzahlen.

Abgrenzung 29, 60, 64
Abhilfe 182, 198
Abhilfeverlangen 198
Ablieferung 91
Abmahnung 137, 182
Abnahme 11, 158, 159
Absorptionsmethode 227
Abstraktionsprinzip 7
Abtretung 96, 219, 230
AG 212
AGB 89, 111, 121, 133, 194, 217, 219, 230, 231
Agenturgeschäft 105
Aktualisierung 23
Aktualisierungspflicht 23
Akzessorietät 217
Amortisation 228
Anfechtung 85, 118, 134, 158
Anforderungsgarantie 93
Angehörigenbürgschaft 221
Anmietungskosten 75
Annahmeverzug 11, 27, 76, 160, 165, 187
Anspruch 1, 90
   verhaltener 37, 170
Anspruchsaufbau 4
Anspruchskonkurrenz 86
Anwartschaftsrecht 96, 110, 111, 142, 161
Äquivalenzinteresse 61
Arbeitsrecht 188
Arbeitsvertrag 188
Architektenvertrag 153, 183
Arglist 85, 87, 88, 89, 90, 133, 179
asset deal 98

atypischer Vertrag 227
Aufklärungspflicht 87
Auflösung 194
Aufrechnung 218
Auftrag 204
Aufwendungen 38, 40, 43, 80, 82, 103, 132, 199, 205
   ersparte 181
   vergebliche 80, 178
Aufwendungsersatz 80, 81, 130, 132, 171, 178, 199, 202, 205
Ausbaukosten 39
Ausbaukosten 39
Ausbesserungsanspruch 35
Auslegung 36
   richtlinienkonforme 8, 45, 100, 189
Auslobung 2, 215
Äußerungen
   öffentliche 19
Bauhandwerkersicherung 161, 183
Bauträgervertrag 155, 184
Bauvertrag 161, 183
Bauwerk 90, 155, 180, 183
Bedingung 110, 111, 115
Beeinträchtigung
   erhebliche 203
Behandlungsvertrag 208
Beherbergung 190, 209
Beherbergungsvertrag 227
Bereicherungeinrede 226
Bereicherungsrecht 2, 43, 56, 114, 122, 126, 129, 151, 218
Bereitstellung 23

Beschaffenheit 14, 17, 127, 162, 196
Beschaffenheitsgarantie 93
Beschaffenheitsvereinbarung 16, 79, 120, 127, 162, 196
Beschaffungsrisiko 79
Bestimmbarkeit 217
Beweislast 131
Beweislastumkehr 106, 202
Beweislastverteilung nach Gefahrenbereichen 124, 131
Bezugspunkt 60, 64, 67, 68, 70, 74, 76, 77, 176
Billigung 111, 159
Bonität 232
Bringschuld 46
Bruchteilsgemeinschaft 213
Brückennorm 30, 31, 167, 197
Bürge 217
Bürgschaft 216
Bürgschaftserklärung 221
cic 85, 99, 110
CISG 9, 25, 79, 88
click-through-Regelung 191
COVID 128
Darlehensvertrag 148, 216, 232
Datenträger 23, 97
Dauerschuldverhältnis 118, 147, 186, 207
Deckungskauf 63
  verfrühter 63
Deliktsrecht 2, 86, 115, 125, 140
Dienstleistung 101, 185
Dienstvertrag 185
Digitale Produkte 116, 144
Digitale-Inhalte-Richtline 95
Digitale-Inhalte-Richtlinie 117, 154
digitaler Inhalt 8
Digitaler Inhalt 97
Digitales Produkt 117
Doppelvermietung 128
Dreipersonenverhältnis 216, 229

Dritter 25, 94, 115, 123, 130, 141, 164, 194, 217
  Vertrag zugunsten 115, 192, 194, 217
Drohung 85
Druckzuschlag 179
dual use 101
Eigenbedarf 139
eigene Leute 28
Eigenschafsirrtum 85
Eigentum 7, 10, 25, 96, 128, 213
Eigentumsvorbehalt 27, 110, 233
Ein- und Ausbaukosten 38, 103
Einheitslösung 196, 197
Einrede 41, 48, 179, 217
  der Vorausklage 219, 223
  des nicht erfüllten Vertrags 84, 126, 133, 156, 178
Eintrittsmodell 228
elektive Konkurrenz 85, 167, 170
Endrenovierungsklausel 121
Erbbaurecht 91
Erfüllung 32
Erfüllungsgehilfe 78, 193
Erfüllungsinteresse 64
Erfüllungsort 28, 37
erga omnes 1
Erlass 114
Ersatzanmietung 75
Ersatzleistung 198, 199
Ersatzunterkunft 200
Ersetzungsbefugnis 194
Erteilung 221, 226
EuGH 39
Existenzgründung 101
Facebook 227
Factoring 232
Fahrlässigkeit 37, 69, 77
  grobe 87
Fahrzeugbrief 111
Fälligkeit 36, 37, 47, 102, 133, 144, 150, 223

Falschlieferung 21
Fehlschlag 36, 49, 80
Fiktion 13, 159
fiktive Nachbesserungskosten 178
Finanzierungsleasing 228
Fixgeschäft
　absolutes 48, 118, 186
　relatives 47
Forderung 1
Forderung 96
Forderungskauf 232
Form 16, 115, 119, 136, 150, 212, 220
Fremdnützigkeit 204
Frist 46, 65, 138, 182, 200
Fristenplan
　flexibler 122
　starrer 121
Fristsetzung 45, 66, 76, 137, 171, 172, 176, 181, 199
　Entbehrlichkeit 47, 65, 137, 199
funktionaler Mangelbegriff 163
Funktionalität 15
Garantie 52, 77, 79, 87, 89, 92, 109, 180
Garantiehaftung 130
Garantievertrag 93, 94, 216
Gastwirt 209
Gattungsschuld 80
GbR 211
Gebäude 183
Gebrauchserhaltungspflicht 120
Gebrauchsüberlassung 147
Gefahr 26, 164
Gefahrbesorgnis 127
Gefährdungshaftung 209
Gefahrtragung 26, 164
Gefahrübergang 26, 32
Gefälligkeit 204
Gegenleistungsgefahr 27, 28, 102, 165

Gegenstand 7
　körperlicher 7
　sonstiger 8, 97, 114, 147
Geld 7, 11, 117, 148, 157
Gesamtschuld 194, 216, 220
Geschäftsbesorgung 204, 206
Geschäftsbesorgungsvertrag 206
Geschäftsgrundlage 85, 100, 122, 134, 226, 230
Gesellschaftsanteil 96, 99
Gesellschaftsvertrag 211
Gestaltungsrecht 43, 54, 91, 135, 218
Gestaltungsverjährung 54, 90, 92, 180
Gewährleistung 12, 123, 126, 166, 195
Gewinnerzielungsabsicht 101, 191
Gewinnmitteilung 208
Girokonto 207
Gläubigerbenachteiligung 233
GmbH 99, 100, 212
GoA 37, 43, 206
grober Undank 116
Grundbuch 87, 91
Grundmangel 107
Grundschuld 87, 96, 216
Grundstück 117, 144
Grundverhältnis 220, 226
gutgläubiger Erwerb 142, 161
Haftung 77
Haftungsausfüllung 57, 73
Haftungsprivilegierung 115, 148, 209
Haltbarkeit 19
Haltbarkeitsgarantie 93, 107
Handelsgeschäft 88, 220, 221
Handelskauf 9
Handschenkung 114
Hauptforderung 217
Hauptleistungspflicht 9
Hauptschuldner 217

Haustürsituation 191, 222
Herausgabe 83
Herausgabeanspruch 91, 205
Hersteller 60, 78, 94, 160
Herstellerleasing 228
Herstellungsrisiko 165
Höchstpersönlichkeit 185, 205
Hypothek 216, 219
Identitätsaliud 21
Immaterialgüterrechte 25, 96, 164
Informationspflicht 68
Ingenieurvertrag 183
Inhaberschuldverschreibung 225
Insolvenzrisiko 110
Installation 24
Integritätsinteresse 175
inter partes 1
Intcresse
  negatives 69, 205
  positives 59, 65, 68, 176
Internet of Things 16
Interoperabilität 15
IPR 208
IZVR 208
Kauf auf Probe 111
Kauf bricht nicht Miete 143
Kaufmann 9, 88
Kaufpreis 11, 56
Kaufrecht 7
Kaution 142, 143
Kenntnis 69, 78, 87, 179
Kombinationsmethode 227
Kommanditgesellschaft 212
Kompatibilität 15
Konkretisierung 26, 27
Konkurrenz 33, 85, 233
Kostenanschlag 158, 182
Kreditauftrag 216
Kreditsicherheit 151
Kreditsicherung 216
Kündigung 43, 118, 125, 135, 151, 152, 181, 187, 200, 206
  außerordentliche 136, 182, 187
  befristete 125, 136, 138
  fristlose 125, 136
  ordentliche 138
  ordentliche 187
Kündigungsfrist 151
Kündigungsgrund 139
Langzeitschuldverhältnis 154
Lasten 11, 27, 122
Leasing 228
Legalzession 219, 224
Leibrente 215
Leihvertrag 147
Leistung
  an Erfüllungs statt 11, 113
  erfüllungshalber 11, 232
Leistungserbringer 193
Leistungsgefahr 26, 164
Leistungspflicht 58
Leistungsstörung 3, 11
Leistungsträger 193
Lieferant 49, 81, 108
Lieferantenregress 81, 90, 109
Lieferkette 49, 82, 107, 109
Lieferung 31, 37
Lotterievertrag 215
Mahnung 64, 66, 76, 131
Makler 207
Maklervertrag 207
Mangel 12, 37, 41, 57, 162
  der Kaufsache 12
  funktionaler 163
  offener 88
  verdeckter 88
Mängelanzeige 107, 123, 134, 199
Mangelbeseitigung 198
Mängeleinrede 84, 92
Mangelerscheinung 163
Mangelfolgeschaden 60, 69, 73, 86, 177, 201
Mängelrüge 88

Mangelverdacht 14
Miete 117, 122
Mieter 122
Mietpreisbremse 122, 142
Mietvertrag 25, 117
Mietzins 117
Minderung 54, 129, 169, 174, 201
Minderungserklärung 54, 174
Miteigentum 144
Mitverschulden 55
Mitwirkungsobliegenheit 160, 181
Montageanleitung 21
Montagefehler 21
Nachbesserung 33, 34, 49, 170
Nacherfüllung 33, 41, 59, 169
Nacherfüllungsverlangen 37, 170
Nachlieferung 33, 35, 49
Naturalobligation 207, 215
Nebenleistungspflicht 9, 39, 122
Nebenpflicht 10, 58
Neuherstellung 157, 170
Nichtantritt 195
Nichtleistung 76, 91, 96
Nießbrauch 91
Notmaßnahmen 132
Nutzungen 11, 27, 53, 56, 102
Nutzungsausfallschaden 62, 64, 73
Nutzungsentschädigung 125
Obliegenheit 11, 88, 160
oHG 211
Online-Reiseportal 190
Operatingleasing 228
Optionsrecht 112
Pächterpfandrecht 147
Pachtvertrag 147
Paketvertrag 23, 97, 98
Partnervermittlung 208
Patronatserklärung 216
Pauschalreise 189

Pauschalreisevertrag 188
Paypal 11
Personalsicherheit 216
Personenbeförderung 182
Persönlichkeitsrechte 25
Pfandrecht 87, 91, 142, 160
Pflichtverletzung 3, 12, 31, 58, 59, 60, 64, 67, 161
 unerhebliche 52, 55, 72
Preisgefahr 27
Prozessvergleich 225
PRRL 189
Prüfungsreihenfolge 4
Rat 206
Rechenschaft 205
Rechtsbindungswille 204, 206, 212
Rechtsgeschäft 1, 44, 54
Rechtsgrund 114, 215, 220, 225, 226
Rechtsgrundverweisung 31, 167, 197
Rechtskauf 96, 99, 110
Rechtsleihe 148
Rechtsmangel 24, 96, 128, 164
Rechtsmissbrauch 140
Rechtsverfolgungskosten 38, 75
Regress 81, 224
Reisebüro 190
Reiseleistung 189
Reisemangel 196
Reisender 192
Reiseprospekt 191, 196
Reiseteilnehmer 192
Reiseveranstalter 192
Reisevermittler 193
Reisevermittlungsvertrag 193
Reisevertrag 188
Rentabilitätsvermutung 80
Risiko 215
Rückbeförderung 201
Rückgewährschuldverhältnis 43, 53

Rücknahmepflicht 36
Rücktritt 43, 172, 195
Rücktrittserklärung 61
Rügeobliegenheit 88
Sache 7, 21, 27, 49, 113, 117, 147
  mangelhafte 31
  unbewegliche 8, 90, 155
Sachgefahr 27, 166
Sachmangel 13, 127, 162
Schaden 57, 80, 129
Schadensersatz 37, 56, 124, 129, 175, 201
  immaterieller 203
schadensphänomenologische Lehre 61
Schengener Informationssystem 25
Schenkung
  gemischte 115
  unter Auflage 115
  von Todes wegen 115
Schenkungsversprechen 114
Schenkungsvertrag 114
Schickschuld 28, 32, 102, 165
Schlechtleistung 67, 186
Schmerzensgeld 201
Schonfristzahlung 137
Schönheitsreparaturen 121
Schriftform 119, 136, 150, 181, 183, 187, 221
Schuldanerkenntnis 226
Schuldbeitritt 216
Schuldrecht AT 2, 12, 30, 153, 162
SchuldRMod 153
Schuldübernahme 216
Schuldverhältnis 1
  i.e.S. 1
  i.w.S. 1
Schuldversprechen 226
Schutzgesetz 140
Schutzpflicht 74

Selbstabhilfe 199
Selbstermächtigung 169
Selbstvornahme 38, 42, 53, 132, 171
SENL 59, 61, 64, 73, 167, 175
SESL 58, 61, 65, 75, 113, 122, 167, 176
  großer 72
  kleiner 42, 52, 72
share deal 99
Sicherheitsupdate 23
Sicherungsfall 223
Sicherungshypothek 161, 183
Sicherungsübereignung 142
Sittenwidrigkeit 150, 218, 221, 233
Software 8, 97, 117
Sonderrechtsnachfolge 141
Sozialschutz 141, 188
Sphäre 28
Sphärengedanke 166
Spielvertrag 215
Staatsanleihe 225
stellvertretendes commodum 83
Stellvertretung 87, 192
stillschweigend 135, 141, 158
Stoff 166
Stundung 232
Surrogat 83
Synallagma 9, 84, 118, 150, 153, 186
Täuschung 52, 85, 87, 220
Tauschvertrag 113
Teilkündigung 182
Textform 159, 183
Tod 135, 141, 144, 187, 206, 215
Touristische Leistung 190
Transportperson 28
Trennungstheorie 206
typengemischter Vertrag 184, 227
Übereignung 7, 10, 157

Übergabe 11, 27, 91
Überkompensation 63
Überlassung 123, 127
Umfeldmängel 127
Umgehung 105, 106
Umstände 37, 48, 66
  außergewöhnliche 202
Unentgeltlichkeit 114, 147, 148,
  152, 204, 209, 220
Unmöglichkeit 30, 41, 48, 51, 68
  anfängliche 68, 69, 74, 177
  nachträgliche 70, 177
unrenovierter Wohnraum 121
Unternehmen 90, 98, 147
Unternehmenskauf 98
Unternehmer 82, 100, 152, 154,
  183, 188, 192
Untervermietung 118
  unberechtigte 118
unverzüglich 88, 102
Unzeit 206
Urlaubszeit 203
Verbraucher 100, 152, 183, 193,
  208, 229
Verbraucherbauvertrag 153, 183
Verbraucherdarlehen 149, 152
Verbraucherschutz 189, 231
Verbrauchsgüterkauf 8, 28, 37,
  39, 45, 82, 89, 100
Verbrauchsgütertausch 113
VerbrGKRL 35, 39, 45
Verbürgungswille 217
Verdacht 14
Verein 212
Vereitelung 203
Vergleich 104, 225
Vergütung 156, 157, 187
Verität 232
Verjährung 44, 54, 82, 103, 105,
  134, 176, 180, 196, 223
  besondere 90, 180
  regelmäßige 90, 180
Verjährung 90

Verjährungshemmung 218, 219
Vermieter 118, 120
Vermieterpfandrecht 142
Vermittlerklausel 193
Vermittlung 190, 207
Vermögen 114
Verschaffungspflicht 157
Verschulden 77, 78, 79, 102
Verschweigen 87
Versicherungsvertrag 215
Versteigerung 87, 101, 143, 144
Vertrag 1
  unvollkommen zweiseitig
    verpflichtender 148, 205
Vertragsänderung 119, 150, 200
Vertragsbruchtheorie 233
Vertragsfreiheit 2
Vertragsschluss 36, 69
Vertragsübernahme 141, 143,
  194, 228
Vertretenmüssen 26, 67, 76, 77,
  79, 94, 131, 177, 202
Verwendbarkeit 13, 17, 162
Verwendungen 81
Verzögerungsschaden 64
Verzug 64, 76, 131, 132
VOB/B 153, 183
Vollendung 159
Vollharmonisierung 189
Vollmacht 150, 220
Vorkaufsrecht 112
Vorleistungspflicht 110, 156,
  158
Vormerkung 87
Vorratsschuld 36
Vorsatz 77
Vorschuss 38, 103, 132, 171,
  205
VRRL 48, 93, 100, 149, 222
Wahlrecht 34, 170
Ware 88
Ware mit digitalen Elementen 8,
  22, 97

Warenkaufrichtlinie 8, 60, 100
Weiterfresserschaden 34, 86, 175
Weiterveräußerungsschäden 62
Werbung 19, 93
Werk 154
Werklieferungsvertrag 7, 154
Werkunternehmerpfandrecht 160
Werkvertrag 153
Wertpapier 225
Wettlauf der Sicherungsgeber 219
Wettvertrag 215
wichtiger Grund 136, 182
Widerlegung 108, 202
Widerruf 206
Widerrufsrecht 135, 152, 183, 191, 222, 231
Wiederkauf 112
Willenserklärung 1
Wissensmitteilung 16
Wohnraum 141
Wohnraummiete 119, 138, 141
Wucher 151, 218
wucherähnliches Rechtsgeschäft 151
Zahlungsdienstevertrag 207
Zauberformel 61, 69
ZDRL 207
Zeit 61, 64, 71, 188
Zinsen 53, 150, 205, 218, 222
Zufall 26, 215
zugesicherte Eigenschaft 128
Zurückbehaltungsrecht 84, 133
Zuweniglieferung 53